文化名家暨"四个一批"人才项目研究成果、国家社科基金项目"国际话语权视域下出版走出去创新体系研究"（项目批准号：19BXW032）阶段性成果。

出版
转型升级
研究

谢清风 著

湖南人民出版社·长沙

图书在版编目（CIP）数据

出版转型升级研究 / 谢清风著. —长沙：湖南人民出版社，2021.6
ISBN 978-7-5561-2725-2

Ⅰ．①出… Ⅱ．①谢… Ⅲ．①出版业—中国—文集 Ⅳ．①G239.2-53

中国版本图书馆CIP数据核字（2021）第127795号

CHUBAN ZHUANXING SHENGJI YANJIU
出版转型升级研究

著　　者　谢清风
责任编辑　曾诗玉
装帧设计　许婷怡
责任校对　丁　雯

出版发行　湖南人民出版社［http://www.hnppp.com］
地　　址　长沙市营盘东路3号
邮　　编　410005
经　　销　湖南省新华书店

印　　刷　长沙超峰印刷有限公司
版　　次　2021年6月第1版
印　　次　2021年6月第1次印刷
开　　本　710 mm × 1000 mm　1/16
印　　张　26.75
字　　数　335千字
书　　号　ISBN 978-7-5561-2725-2
定　　价　79.00 元

营销电话：0731-82221529　（如发现印装质量问题请与出版社调换）

自序

　　1978年后，伴随着改革开放的实施，出版日益大发展大繁荣。回溯40多年的历程，转型升级是出版发展的关键词。梳理出版前行的轨迹，市场化、数字化、国际化三大转型升级始终扮演着引领者的角色。在转型升级中，出版始终坚守精品化原则，始终朝向出版强国的目标，始终在增强中国国际话语权。这些是出版发展规律的体现，也是出版发展带来的启示。

一、回溯历史：转型升级是关键

　　改革开放以来，出版的发展史是转型升级史。出版的这段发展是持续性和阶段性的统一。这种持续性总体体现为出版的升级，即在持续发展中升级，在不断升级中实现可持续。这种阶段性鲜明地体现为出版的转型，即转型是出版发展阶段的标志。出版的转型意味着出版发展的大变化，这种大变化持续着，甚至跨越阶段。

1. 出版转型升级的内涵和特点

转型升级指观念、形态、结构、模式等的根本性变化及这种变化带来的存在状态的提质和价值的提升。根据转型升级的界定，结合出版的特性，出版转型升级的内涵是出版观念、出版业态、出版结构、出版模式的根本变化和出版质量、出版功能、出版价值的提升。出版转型升级的特点遵循出版作为意识形态重要领域的要求，体现转型升级的内在规律，表现如下：其一，充分体现精神生产规律，始终突出追求精品。其二，与我国现代化进程一致，始终追求现代化，体现现代性。其三，出版业态的变化是显在标志，始终服务于出版质量的提高。其四，出版结构的优化是主线，始终指向出版功能的增强。其五，出版模式的创新创造是关键，始终围绕出版价值的提升。

2. 环境影响出版转型升级

出版与所处环境相互作用、相互影响，环境影响出版，出版适应和改造环境。出版转型升级是环境影响出版的反映，也是出版适应环境、改造环境的表现。影响出版转型升级的环境有大环境和小环境，大环境指政治、经济、社会、技术等，小环境指特定出版存在所拥有和面对的人、资金、制度、观念等特定条件。改革开放时期，出版作为意识形态的重要阵地，是精神文明建设的重要领域，得到党的格外重视，这是出版的重要政治基础和政治优势。这段时期，我国经济持续快速增长，为出版准备了经济基础；我国教育事业成就显著，社会积极向上，在人文社会科学等领域硕果累累，为出版准备了发展氛围和内容；科技被定位为第一生产力，科技发展日新月异，科技实力日益增强，科技应用无处不在，特别是大数据、AR（增强现实）技术、VR（虚拟现实）技术、人工智能等新技术的涌现和快速普及应用，带来新的技术革命，为出版准备了发展引擎。可以说，大环境既需要出版大发展大繁荣，也为出版的又好又快发展提供了充分的条件和保障。所有这些无疑极大地影响着出版转型升级，塑造着出版转型升级的面貌。

出版转型升级有行业层面、产业层面的，也有出版企业层面的。行业层面、产业层面的出版转型升级直接受到大环境的影响，出版企业层面的出版转型升级受到大环境影响，更受到小环境影响，甚至被小环境左右。因为大环境提供大条件，出版企业是否适应和适配大条件，取决于其小环境，譬如，出版企业的责任人是否具有企业家精神，是否在观念上开放、在决策上果断等。

3.内在动力决定出版转型升级

环境的力量是外在的，出版本身有其发展规律，出版转型升级有其内源性力量，发展规律和内源性力量是出版转型升级的决定性力量。有时环境的力量足够强大，可以让出版转型升级产生突变，但结出来的不是自然的果实，终究要回到正常的轨道。具体来说，出版转型升级的内在动力包括精神生产规律、读者需求规律、出版传播规律等。出版的内容由作者创造，作者创造从积累素材、构思作品到表现表达，犹如十月怀胎，只有过程完整、充分，才有成果的饱满、高质。这决定了出版的周期性，也决定了出版转型升级的周期性。读者阅读被其素养影响，读者的阅读需求被众多条件约束，读者阅读欲望和兴趣的存在和激发必须适应读者本身。从读者靠近、接受阅读到受阅读影响再造读者，过程漫长，成效点滴积累。这决定了出版转型升级的复杂性。出版传播基于内容，激发和适应读者阅读需求，体现传播规律和技术，炒作可以产生一时效应，但离转型升级甚远。这意味着出版转型升级的艰巨性。

二、梳理轨迹：三大转型升级导引发展

改革开放以来，大大小小的出版转型升级纷呈，但是，塑造了

出版的既有状况又决定着出版未来的转型升级是市场化、数字化和国际化，这三大转型升级导引出版发展的三条路，它们的影响起点不一样、可持续性相同。

1. 出版市场化转型升级是主线

从计划经济到市场经济，从局部的市场经济到更大范围的市场经济，从市场经济尝试到市场经济体系的构建，市场化转型升级之路走得漫长且艰难。与此相一致的出版市场化转型升级一直持续，始终是发展中的主线。

出版市场化转型升级首要的是观念的改变和突破，这集中体现为反映主流意志的出版市场政策的提出和倡导。1983 年，中共中央、国务院颁发《关于加强出版工作的决定》。2005 年，中共中央、国务院颁发《关于深化文化体制改革的若干意见》。2012 年，国家新闻出版总署的《关于支持民间资本参与出版经营活动的实施细则》面世。2014 年，国家新闻出版广电总局制定《非公有制文化企业参与对外专项出版业务试点办法》。2018 年，中央全面深化改革委员会第五次会议审议通过了《关于加强和改进出版工作的意见》。这些政策和体现政策的规定是出版市场化转型升级众多政策中的代表，它们的出台与国家对市场经济认识的转变一致，与以计划经济为主、市场调节为辅，到要使市场在资源配置中起基础性作用，再到使市场在资源配置中起决定性作用的观念转变匹配。

市场体系的构建是出版市场化转型升级的基础。出版市场从起步到发展到做大，经历了复杂的过程。1980 年 12 月，国家出版局发布《建议有计划有步骤地发展集体所有制和个体所有制的书店、书亭、书摊和书贩》的通知。1999 年 11 月，国家新闻出版署推出《出版物市场管理暂行规定》。2003 年 7 月，国家新闻出版总署发布《出版物市场管理规定》。伴随着出版政策的明确和出版市场化推进力度的加强，出版市场一步步建立和发展起来了。市场主体的确立是市场体系的重要组成部分，从供货方的出版社到经营方的书店，都在改革中逐渐明确属性、角色，特别是出版社的转企改制。2003年，国务院办公厅发布《文化体制改革试点中支持文化产业发展和经营性文化事业单位转制为企业的两个规定的通知》。2017年，中央文化体制改革和发展工作领导小组发布《关于加快推进国有文化企业公司制股份制改革有关工作的通知》。2018年，财政部、中宣部等推出《中央文化企业公司制改制工作实施方案》。这些制度、规定的出台，既是出版社转企改制尝试经验的总结，也是出版社转企改制的保障，更是出版社成为市场主体的保障。

法治是出版市场化转型升级的保障。《著作权法》是出版法律法规体系的主体，部门规章是辅助，规范性文件是补充。《著作权法》1990年9月正式颁布，历经2001年、2010年、2020年三次修订，在出版市场化转型升级中起着基础性保障作用。出版市场化转型升级过程中，部门特别是出版管理部门基于出版发展的目标，根据出版发展的规律和需要颁发的规章，既促进又保障了出版的市场化。规范性文件针对出版市场化转型升级中的不规范现象，为解决出版市场化转型升级中存在的问题而出台。

2.出版数字化转型升级是核心

技术推动出版发展，出版发展始终围绕技术的进步而前行。从铅与火到光与电再到信息化与人工智能，出版数字化转型升级居于出版发展的核心。特别是近30年，在新技术的影响下，伴随社会信息化，出版数字化转型升级处于急剧变化、快速发展中，并带来显著成效。

出版数字化转型升级为传统出版所处的困境提供解决方案。内容价值受限和信息不对称是传统出版发展中的两大困境。内容价值受限指内容评价标准的不合理和内容价值实现的局限。传统出版物的价格基本上以承载物的价格为依据，不能充分反映内容的价值和内容价值的差异化。内容价值实现的局限指内容扩散的有限和扩散成本高。传统出版的传播能力有限，以致内容扩散难以突破边界。传统出版内容扩散的成本主要包括内容承载物的成本和内容扩散本身的成本，两项成本相对消费者的接受度而言明显偏高。信息不对称指信息在出版相关主体间的传递不充分，供需达成度有限。出版主体对消费者需求了解不到位，对社会把握不全面，对出版物的调研无法充分，而消费者对出版主体、出版物等了解不多也无法更多了解。凡此种种，供需双方都处于不确定中。出版数字化转型升级后，出版产品在线上流通，复制成本几乎等于零，线上信息承载的无限和信息传递速度的快捷降低了运营成本，供需双方都集中于内容本身，以内容本身作为价值评价标准。同样，出版供需双方在大数据、人工智能等支撑下可以充分了解彼此，可以在即时互动中充分满足需要。

出版数字化转型升级让出版面貌一新。就对象而言，出版物更加丰富多彩。从介质看，音视频的引入，富媒体产品成为主流。从主体看，技术商、运营商等进入出版主体，出版主体阵营数量扩大，结构改变，素养和能力与传统出版商差异大。从业态看，出版模式、商业模式等日新月异，出版活动迥异于传统出版。从价值看，数字出版的年度价值成效几倍于传统出版，价值空间扩大，价值张力增强。从影响看，数字出版占有读者的时间多，读者依赖性强，对社会、读者等的渗透力强、改变力大。

融合是出版数字化转型升级的路径。出版数字化转型升级不是抛弃传统出版，而是和传统出版融合，借助传统出版的优势蜕变。传统出版数千年的积淀成就的内容和内容生产机制，是数字出版的养料，是其创意的源泉。传统出版培养的人才是数字出版的财富，是数字出版发展的基础。出版数字化转型升级在数字出版与传统出版的融合中行进，经历二者并行，数字出版逐渐占支配地位，进而传统出版退出。出版数字化转型升级是科技与文化的融合，文化借助科技让出版提供更好的产品与服务，满足消费者的需求，科技推动文化内容创作、文化内容产品塑造、文化内容服务提供等的更专业更便捷而且成本更低。融合体现在出版数字化转型升级的方方面面，既是观念指导，也是方法论，还是问题的具体解决方案。

3. 出版国际化转型升级是关键

出版国际化转型升级指我国出版走向世界，世界出版进入我国。从资源到市场，从出版物到出版主体，出版国际化转型升级打破国家空间局限。这既给我国出版的发展带来压力，也带来机遇。我国出版只有在国际竞争环境中立住脚、获得发展，才是真正的做大做强。因此，出版国际化转型升级是我国出版发展的关键。

观念突破是出版国际化转型升级的前提。开放是国际化的前提，在此条件下，我国的出版大门打开，融入国外出版因素和力量，国外的出版大门开启，接纳我国出版。开放是观念之门，要突破不容易。开放战略的制定，开放国策的实施，为我国的出版国际化转型升级提供了前提。1981年10月，国务院批准国家出版局《加强对外合作出版管理的暂行规定》，这是出版国际化转型升级重启阶段的标志性政策。2005年7月，中共中央办公厅、国务院办公厅印发《关于进一步加强和改进文化产品和服务出口工作的意见》，这是紧跟走出去战略实现出版国际化转型升级的重要促进。新时代，国家开放进入新阶段，以构建人类命运共同体为目标，顺应"一带一路"倡议，以"丝路书香"工程建设等为抓手，出版国际化转型升级也必然提升到新的层级。

本土化是出版国际化转型升级的基本策略。出版物出口、版权贸易、到国外创办出版机构是出版国际化的基本方式，在出版国际化转型升级过程中我国的出版力量得到充分运用。无论哪种方式的实施，都离不开本土化。国家新闻出版总署2011年发布《新闻出版业"十二五"时期走出去发展规划》，2012年1月制定《关于加快我国新闻出版业走出去的若干意见》，这两个文件被公认为实施和推进出版走出去战略的重要指导，都把本土化作为基本策略加以强调。实践证明，本土化策略有力地推动和促进了我国出版国际化转型升级，特别体现在围绕讲好中国故事、传播好中国声音的国外本土化机构的创办、运营上。

三、关于本书："四化"一体

本书不是出版转型升级的严密阐释，而是其见证、思考。出版市场化、数字化、国际化转型升级是40多年出版发展的现象、事实，在见证中思考，在思考中实践，在实践中总结，在总结中提升，是本书的完成路径。因为无论出版如何转型升级，服务读者是其宗旨，而精品是提供给读者的最好服务，所以，精品化是出版转型升级的原则。精品化、市场化、数字化、国际化是本书的四大主题，也是主体内容，这"四化"从一个侧面反映出版发展的一段历史，依托史料昭示出版发展的规律，通过总结出版实践的经验和教训等给出版发展提供借鉴和启示。

《第一章 精品化：出版转型升级的原则》，从供给侧结构性改革、成就经典、精品出版规律、出版企业绩效评估等方面阐述精品出版理念，从责任编辑审稿原则、编辑细分等方面认为责任编辑是精品出版的把关人、责任编辑的把关机制会得到强化，在主题出版领域总结精品出版的经验和教训。

《第二章 市场化：出版转型升级的基础》，从市场调研、市场运营两方面展开，市场调研是市场化的重要条件，市场运营是市场化的重要检验，二者都是出版市场化转型升级操作层面的话题。市场调研部分包括以书博会、年度科技图书出版为例的调研案例，读者需求变化分析，出版细分市场的调研分析。市场运营部分包括阅读生态下高校校园实体书店的业态创新、书店连锁经营、畅销书促销宣传、动画片配套图书的商业模式等。

《第三章 数字化：出版转型升级的重点》，阐述了数字化对出版未来的影响和出版数字化的核心——版权运营。出版的未来是借助新技术变文化中介为文化中心，定制出版是出版的目标和理想的产品、服务。版权运营是出版数字化的根本，涉及版权运营的内涵和特点、版权集成、版权运营方式，它推动出版融合发展，释放出版的潜力，构筑其未来空间。

《第四章 国际化：出版转型升级的关键》，首先论理念，包括探索基于文化自信理论的出版走出去之路，从话语权、品牌力、传播力谈走出去，出版国际化的核心，出版沿"一带一路"形成国际竞争力，图书外译出版的原则和理论等。其次论策略，包括当代文学在"一带一路"沿线国家的传播策略、中国出版在国外的本土化出版传播策略、图书外译中的出版机构策略、对外出版传播的运营策略等。

本书的内容撰写时间跨度大，整体感弱，体系性不强，有些内容观念、材料等都具有局限性，请方家不吝批评指正。

目 录

第一章

精品化：出版转型升级的原则

第二章

市场化：出版转型升级的基础

第三章

数字化：出版转型升级的重点

第四章

国际化：出版转型升级的关键

第一章

精品化：出版转型升级的原则

Chuban Zhuanxing
Shengji Yanjiu

第一节　坚持精品出版理念

一、以供给侧结构性改革提升出版社会效益

供给侧结构性改革是国家在经济领域采取的重大策略，它直击供给侧存在的问题，重在去过剩产能、调结构、促新生，提高供给体系的质量和效率，增强持续增长能力，推动生产力水平整体跃升，提高整体效益。中共中央办公厅、国务院办公厅印发的《关于推动国有文化企业把社会效益放在首位、实现社会效益和经济效益相统一的指导意见》指出，社会效益考核要细化量化到政治导向、文化创作生产和服务、受众反应、社会影响、内部制度和队伍建设等具体指标中。就出版业而言，这六个指标中有四个针对提供出版产品的不足，有两个针对提供出版服务的不足，强调要通过改善出版产品和出版服务提升社会效益。因此，出版业直面社会效益的困境，找到导致困境的原因，采取措施落实供给侧改革，催生好内容，多出好书，多为读好书服务，围绕好书形成机制，可以摆脱困境，提升社会效益。

（一）供给侧问题导致出版社会效益困境

1.内容资源有限，特别是原创不足

我国历史文化源远流长，文源精深，文脉宽广，文气浓郁，

为传承优秀传统文化的出版提供了充分的内容资源。不过，相对来说，我国内容原创处于发展过程中，科学技术与医学等领域产生的成果以世界标准权衡还有距离，虽然偶尔有顶级影响，但整体来说影响力弱；哲学社会科学、文学艺术等领域的创造力不强，有高原，没高峰。如此原创现实让以积累和建设文化为己任的出版业捉襟见肘。重复出版现象严重、平庸图书数量庞大是出版界的老问题，年年提，年年解决不了。出版走出去的国家策略实施多年，数据显示我国版权贸易中引进图书量和输出图书量之比缩小了，但是，在富有影响力的书展上对比我版和外版图书，看看我国输出国外的图书在当地的阅读影响力和引进版图书在我国读者中的盛行和流行，内容特别是原创内容的水平高低自然有结果。

内容资源有限、原创不足导致我国出版产生较大的局限性。第一，出版整体不强。出版做强意味着在专业内容和业务本事两个向度发力，掌握两套话语，形成两方面的影响力。出版业务能力是出版界分内之事，内容专业能力得依靠作者。整体强大的出版实力造就居于主流和中心的社会影响力，成就影响深、渗透广、可感受到的社会效益。反之，如同当前的出版，出了不少书，但给读者的获得感不充分不强烈。第二，图书精品少，出版社会效益缺少高点，社会主流意识不能有效引领。出版需要一批批好书成为图书金字塔的基础，更需要一本本精品图书居于出版金字塔塔尖号召和引领读者、社会的阅读趋势。精品图书来源于原创，原创乏力则精品出版乏力。从2006年起，主题出版逐渐形成影响，成为主流出版中的一支。但十几年过去，主题出版中兼具畅销书市场效应和精品书内容感受的品种屈指可数。

2. 出版力量庞大，特别是编辑人数不少

我国出版社570多家，数量不多，但是，无法统计的图书工作室、出版公司是比出版社大得多的力量。我国出版社的在岗编辑几万人，数量不大，但是，出版社以外从事图书编辑工作的人员多少，无法掌握准确数字，应比出版社在岗编辑多数倍。出版社边缘化、出版社创意策划空心化是这些年热议的话题，话题表明我国出版力量远非出版社和出版社在岗人员数量所能体现。众多高校设立编辑出版专业，为出版提供从业人员。这些年出版社招聘编辑出版专业学生的量不大，但是，这些学生融入了出版行业，日益成为重要出版力量。出版社的一个编辑一年推出图书十几二十种甚至更多，完全不可思议，但是，如果这些编辑背后站的是出版社以外的一个人数不少的团队，那么多出书也就可以理解了。这样，一方面出版社多年积累的生产机制失效，把关功能日益丧失；另一方面，在出版社以外力量的推动下，出版社管控渐松，极端情况下甚至因没有管控而丧失底线。

大量的图书品种平均到编辑出版从业人数特别是出版社的团队，得到的结论是：编辑出版人员人均出书数量大，似乎是不可承受之重，绝无产能过剩的可能。实际上，出书是精神产品的生产，是精细活，是厚积薄发的活，很可能几年才能出一本好书甚至要几十年等着出一本好书。当然，出书也可以如同印刷厂印书，在纸上加油墨变成白纸黑字即可，这样出书想出多少就能出多少。我国如此庞大的出书品种对于出版社编辑来说，虽不至于是印刷机印书，但是失去了出书之本，投入太少，的确是事实。如此情况持续，问题书多不可避免。我国每年出版的图书中，存在导向隐患的书有，低俗媚俗庸俗的书有，质量堪忧的书大量存在。近年，国家新闻出版管理部门加大图书质量抽查频次和力度，国家媒体曝光印制和编校质量不合格图书，提醒和警示出版社和编辑出版从业人员。国家如此重视图书质量，一则表明作为精神食粮的图书的质量要得到格外的重视，二则说明现有图书质量有待改善和提高。从公布的数据看，这几年图书编校质量抽查合格率徘徊在 80% 多，不合格比率过高。

3. 图书品种太多，特别是与销售规模不相称

我国图书年度品种规模相比年度销售规模太大。我国图书年销售规模和日本差不多，不到美国的一半。2015 年，我国出书42 万多种，美国约 20 万种，日本约 8 万种。品种规模大，销售规模有限，导致单品销售册数有限、单品平均读者数少、影响不大、效益不高。同时，图书品种过多，读者无所适从，选书难，买书难，读书难。如此难，读者不读书或少读书，书给予读者积极影响的机会少了，出版社会效益产生的入口窄了。

我国图书品种规模带来生产的绝对规模和与销售比较存在的相对规模，绝对规模不大不强，相对规模过大过弱。我国库存总码洋比年度销售总码洋多 150 多亿元，流转速度慢，运转效率低。我国每年化为纸浆的图书总码洋 200 多亿元，超过年度图书销售总码洋的 10%，浪费大，损失大。如此规模的低效、无效和负效应生产，导致的是经济效益问题，更是社会效益问题。

4. 图书整体层次不高，特别是出版精神匮乏

如果用生存、发展、享受来区分图书整体层次，那么我国图书居于生存层和发展层：教材教辅、求职求财等类型的图书多，愉悦感官、低级娱乐等趣味的图书多。如果用马斯洛需求层次理论来评价图书整体层次，那么我国图书更多集中在生理、安全、社交的需求层，在尊重和自我实现需求层投入和产出不够：内容和形式都利于滋养民族精气神的图书比例低，价值观、审美观、阅读体验俱佳的图书数量偏少。

书如其人，这里的人指作者，也指出版人，特别是编辑。出版精神集中表现为编辑精神，体现在编辑主体。张元济、王云五、鲁迅、邹韬奋、巴金、叶圣陶，我国近现代出版史上一长串出版家、编辑家的名字构建了这一时期的出版脊梁，彰显了这一时段的出版精神。当下，我们很难概括出版界的精神，很难用几个有足够说服力的名字诠释和标举一代或两代出版人、编辑的价值和追求。因为出版精神匮乏，所以无法言说。因为出版精神匮乏，所以图书整体格调低、品位低。

（二）导致出版社会效益困境的供给侧原因

1. 价值观偏向

价值观回答的是为了谁的问题。为社会主义服务为人民服务确立和确定了我国出版的价值观。在实践中，出版主流坚守和坚持了出版的价值观，主流出版单位把经营价值观摆在战略位置上。但是，在生产量不断突破天花板、出版新门类不断出现、出版社会力量不断融入的情况下，出版界存在价值观偏向。这种偏向主要表现在两个方面：出版产能推动唯经济效益，唯发行量销售量；迁就一些利益主体的单一选择而放松生产把关。就出版领域来说：低俗媚俗的青春文学、漫画游戏读物等带来大销量，在校园盛行；低质、误导、伪劣的养生保健类读物等产生大利益，在读者中传播。就出版利益主体来说：一些出版社成为质量不高、内容误导的教辅的背后推手，因为这些出版社不能对操作这些教辅的书商说不，满足了他们的不合理利益诉求；一些出版社放行有导向隐患的图书，这些图书出版后给一些出版策划公司带来了利益，却在读者中带来极坏影响，给社会带来极大负能量。

2. 经营观偏离

经营观指的是通过什么路径实现经营目标的问题。传播、积累和建设文化是出版的基本职能，通过有品质的出版产品和服务满足读者的需要并因此达成经营意愿是出版社的经营路径。这样的经营路径选择是把社会效益放在首位，是实现社会效益和经济效益统一的有效方式。但是，我国出版经营的主要显在路径有两条：靠优势行业政府资源出版发行指定读物和靠可依赖地方政府资源出版发行教材教辅。这两条路径使得出版行业的整体经营观在认识和实践上产生偏离，导致一些出版社千方百计走上这两条路。党员"两学一做"学习教育开展，一些出版社围绕如何开展学习教育、如何做合格共产党员推出了一批好书。一些出版社闻风而动，扎堆进来，不认真调研、组织内容创造，推出山寨读物。在教辅领域，许多出版社不管能力和资源如何，成套成群地推出大量读物，为了利益模仿甚至抄袭品牌教辅，有些不择手段。在出版主业外多元化是出版经营观偏离的一种显在表现。一些出版集团和出版公司房地产业务火爆、主业外的业务量大、金融投资投入大，出版主业或者边缘化或者口号喊得多喊得响实质发力小，以致主业弱到难符出版单位之名，而失出版阵地之实。在出版主业上制造泡沫是出版经营观偏离的另一种显在表现。出版的周期性和不确定性决定了容易产生泡沫。譬如，投资拉动规模导致图书大量生产后大批进入渠道成为在途商品，一段时间后退货返回成为无效库存。再譬如，IP热催生资本故事，引发内容空泛定价虚高，导致出版虚假繁荣。

3.评价标准偏差

转企改制、集团风、上市风在出版行业盛行，力度大，势头强。短短的时间里，出版行业完成了改变，在文化产业体系中领了先、出了彩。但是，由此出现的评价标准迥异于以往，出现了偏差：过度强调出版的经济效益，给出版社过大的经济增长压力；过度强调编辑的创利能力和利润量。评价标准的偏差夸大了出版的产业功能，轻视甚至忽视了出版的精神生产属性和社会效益评价。一年一年过去，出版社和编辑队伍在这种评价标准的衡量和引导下，在完成经济指标的高压以及完成指标后伴随而来的利益回报的高度兴奋中形成了过度追逐经济利益的心态和取向，出版社和编辑在浮躁中加大生产量、扩张图书品种，自己做不过来则引进社会力量，广种薄收。

4. 出版管理偏位

最近十几年，出版变化太多太快，增加了管理的难度，导致了管理的偏位。宏观上，出版管理很难形成体系和进行前瞻性的预判。譬如，书号管理是控制出书规模的有力手段。出版管理部门实施书号实名管理，放松了对书号的数量限制，是促进和解放出版生产力的有力措施。一些出版社因此加大了生产力度，还和社会出版发行力量联合推动图书品种的快速增长，但在有效规模有所扩张的同时，低效、无效甚至负效规模得到了更大扩张。微观上，出版管理难以处理好破和立的关系，该立的不立或立得不及时，该破的没破而不该丢的丢了。譬如，导向和质量管理机制是出版社多年形成的传家宝，一些出版社在改革过程中简化了三审制导致三审流于形式，撤掉了校对部门进而让"三校一读制"没了。导向和内容把关机制与编校质量控制机制的放松甚至缺失为出版产能的扩张准备了条件，图书品种数持续增加、无效码洋持续增长、问题书持续面世自然出现。

（三）以供给侧改革提升出版社会效益的措施

1. 围绕出好书调结构，固出版社会效益之本

好书以好内容为源，为好内容做加法是出版业的首要着力点。创造有其规律，创作是个过程，出版不能违背创造规律，需要给创作以时间和条件。创造和创作是出版的上游环节，好作品是出版的基础，是成功出版的逻辑。出版业成就好内容，要在催生创造上做乘法。出版可以做创造和创作的助产士，助力内容成果。出版了解、理解、融合创造和创作，与其协同，为其提供条件，为其服务，那么作品和成果的产生速度会快些、质量会更高。科

研成果转化法、工作成果提炼法、作者协同创作法是出版界总结选题生成而得到的有效方法。选题生成与好内容创造一致，这些选题生成方法的实施，既为作者的创造和创作提供了好题目，也为作品的成型和面世提供了推力。在发现好内容上出版业要做巧算。作者创作了好作品，期待出版方和编辑肯定其价值。出版方和编辑的认同于作者是鼓舞和希望，是鞭策和激励。这样，好内容遇上伯乐，共同奠定好书的基础。看明白作者、理解作品不容易，做好内容的伯乐不简单，出版方需要智慧，编辑需要用心，不巧不智则不成。

从好内容到好书不只是物化，还是再创造。当下，在一些人看来，出版业的功能是提供书号。一些需要出书的机构、一些作者动不动就说，什么都准备好了，出版社办一下手续就可以了。这与这部分机构和人的认识有关，也因为出版社没有提供具有足够说服力的价值有关。出版业提供好书及其相关出版服务、变好内容为好书的第一道坎是解决合不合适的问题。产能过剩导致社会效益困境的一种表现是出版业什么书都出，没有选择，没有取舍。实际上，什么书都出是不可能的，也是做不到的。无论是出版业还是一家出版社，具有中长期发展战略且有匹配发展战略的出书规划和计划，是经营管理必备条件，也是考察和评价其社会效益的重要指标。具有融专业特色和影响力于一体的板块和品牌是出版业实力的体现，也是保证出版社会效益的条件。这些会形成出版的产品结构，创造选择好内容的标准。再好的内容若不能融入出版体系和结构中，就不是出版要的好内容，只有舍弃。出版业做好书的第二道坎是精益求精完成好内容到好书的蜕变。对于一家出版社来说，从起初的三审到图书大批面世前的样书检查，出版社的流程保障出版物的质量。编辑们常说，出书如生孩子。十月怀胎是其投入，一个字一个字地看、一页纸一页纸地挑选是出书的用心和用力。以如此标准要求书，如此节奏对待书，好书水到渠成，出版社会效益可期。每家出版社都用如此态度、理念和投入对待好内容，出版业充分满足需求方诉求可期，形象和品牌塑造可期，圆满完成国家和社会赋予的职责和使命可期。

出版业重视好内容，催生好内容，是在源头为产品标准的提高准备条件，是对现有产品结构的整体提升。以好内容为源做好书，自然排除了不好的内容，必然要求出版业对好内容进行选择。排除不好的内容，就减少了坏书和平庸书，对图书结构进行了调整。出版业对好内容有取舍，根据所获取的好内容形成专业特色和品牌优势，是对行业的图书产品结构的改善和优化调整。

2. 围绕读好书供服务，补出版社会效益之短

出版业面对充分竞争的市场环境，从为出好书而出好书到不但出好书而且推好书，是在认识上改变观念，在行动上调整着力点。全民阅读成为国策，建设书香社会需要充分发挥图书的功能，充分实现图书的价值。推好书，扩大好书的好影响，是出版业的责任，也是义务。出版业出书懂书，具备推好书的优势。扩大好书的影响，一书顶多书，出版业的供给效率提高、效益发挥。如此道理看似容易懂，但是，真正用来指导出版、融入出版战略和策略之中不容易。如果做书的出版业没有传播观念，出书的编辑没有分享理念，那么推好书是不会融入出版流程，落实到出版实务中的。只有把书作为传播知识的传媒，用书传播知识和价值，以书释放知识和价值的能量，才能真正有效做书和供书。

推好书是帮助读好书。一个读者读的书有限，出版业出书再少对一个读者来说都是天文数字。懂书的人推书，帮助读者降低读书成本，利于读者保留读书兴趣，坚守读书生活。在推好书的过程中，出版业更懂读书喜好，更明白读者于书的诉求，利于催

生好内容，多出好书。因此，无论催生好内容、做好书还是推好书，都以读好书为实。

源头上的内容选择加强就有了好内容，依托好内容用心用力就做成了好书。有了好书，就有了推好书的底气。有了对好书的有效推广，好书的销售量就会扩大，影响力就会增强。这样，图书出版进入良性循环，也就意味着收入增多，既然相对投入降低了，那么经济效益和社会效益自然提升了。

3. 围绕做好书成机制，保出版社会效益之长

出版业的内部制度形成催生好内容、做好书、推好书的机制，为出版社会效益的可持续提供保障。实践证明，选题论证制、三审三校制、重大选题备案制等是有效的，出版业要强化和巩固它们，确保执行到位。以成熟的成型的机制把好关，保障和提高图书质量，减少甚至做到没有不必要的损失，就降低了直接成本。新技术为已有制度的执行和可持续效力的发挥提供了更好的条件，出版业借助 ERP 企业管理系统、OA 办公系统、内部即时沟通平台等可提高制度执行的质量和效率。同时，出版业基于新技术带来的流程和组织再造以及支撑新流程和组织的制度、程序和标准，可以形成新机制。融合已有机制的优势和基于新技术的新机制的优势，出版业的管理获得升级，新的出版模式可以产生。这样，出版管理创新释放出版生产力，提高出版产品和服务质量，提升出版生产和运转效率。因此，出版管理的改革和创新可降低管理费用，增强有效产能，扩大效益空间。

团队是形成和推动机制的基础和动力。老编辑们说，培养一名成熟的编辑需要六到八年。编辑是门手艺活，师傅带徒弟，传技术，帮学习，带素养，言传身教，既教招式也练品质，没有较长时间的熏陶是难出或不可能出好编辑的。当下，有利条件多了，节奏快了，新编辑掌握门道也快了，但服务作者盼着好内容、敬

畏好内容出好书、懂得好书不易而为读好书尽力的精气神速成不得。修炼员工、培养团队是出版业的永恒课题，因为老问题难解决，新问题层出不穷。没有好团队不可能形成真正的好机制，因为队伍建设是以供给侧改革提升出版社会效益的基础。面对新环境，既要运用市场的因素解决外在激励的问题，也要遵循出版的规律和逻辑解决出版人格养成等内在激励的问题。

二、成就经典是出版之本

研读习近平总书记的《在文艺工作座谈会上的讲话》，思考其深刻阐释经典的三大特性：精品性、人民性和精神性，领会这种阐释在品质标准、价值取向、影响程度三方面对出版成就经典的重要指导意义，在总结这三年出版成就经典的成绩和不足的基础上，确立党的十九大后出版成就经典的主要措施，是出版的重要机遇，也是重大课题。

（一）《在文艺工作座谈会上的讲话》深刻阐释经典的主要特性
《在文艺工作座谈会上的讲话》基于大量文艺大家和文艺经典以及文艺现象，深刻阐释了含文艺经典在内的经典的主要特性——精品性、人民性和精神性，不但回答了经典的内涵、品质标准、价值取向和影响程度，而且提出了创造经典的条件、路径和方法。这是文艺创作经典和出版成就经典的指南。

1. 精品性：经典的品质标准

经典的精品性首先表现在"思想精深"[①]。经典问天、问地、问社会、问人性……这种持续而深入的问体现了经典的探索性。"无论是对已知世界的解释，还是对未知事物的求索，经典都充满了强烈的探索气息……一个是责任，一个是求知，这两者使经典作家成为探索自然与社会问题的前行者，并用他们的作品为读者揭示、解释自然与人类未知的世界，为人类的不断进步指明方向。"[②]经典的探索性引向思想的深入，经典探索的成果是深刻的思想。其次，经典的精品性表现在"艺术精湛"[③]。经典是独创的、不可重复的。经典有自己的独特个性，这种个性具有唯一性，不可复制。经典有自己的形象。这些形象是具体的，因为可感；这些形象是抽象的，因为承载思想。无论可感还是承载思想，它们都属于某一部经典，都是这一部经典的形象。经典在文本上富有追求，特别是体裁和表达的突破。体裁和表达等文本特性是形式因素，但是这种强烈的形式感和内容融为一体，表现为艺术表现的张力和效果。最后，经典的精品性表现在"制作精良"[④]。经典讲究工艺、材料，其物化成果完美表现内容、体现设计效果。这种基于艺术设计的制作是再创造，是对经典内容的审美提升，是对经典的再创造。

2. 人民性：经典的价值取向

经典源于人民，经典创作需要的审美素材、审美体验在人民那里，"文艺创作方法有一百条、一千条，但最根本、最关键、最牢

[①] 习近平.习近平：在文艺工作座谈会上的讲话 [EB/OL].（2015-10-14）[2017-08-30]. http：//news.xinhuanet.com/politics/2015-10/14/c_1116825558.htm.

[②] 詹福瑞.经典的魅力 [N].光明日报，2016-10-27.

[③] 习近平.习近平：在文艺工作座谈会上的讲话 [EB/OL].（2015-10-14）[2017-08-30]. http：//news.xinhuanet.com/politics/2015-10/14/c_1116825558.htm.

[④] 习近平.习近平：在文艺工作座谈会上的讲话 [EB/OL].（2015-10-14）[2017-08-30]. http：//news.xinhuanet.com/politics/2015-10/14/c_1116825558.htm.

靠的办法是扎根人民、扎根生活"①，"文艺的一切创新，归根到底都直接或间接来源于人民"②。经典是否做到了源于人民，要看阅读时是否让人民有熟悉感，因为"一部经典作品是一本即使我们初读也好像是在重温的书"③，"经典之所以吸引人，使人百读不厌，在于它与读者的切近，就是说经典为读者提供了他所关心的内容"④。经典写照人民，"能不能搞出优秀作品，最根本的决定于是否能为人民抒写、为人民抒情、为人民抒怀"⑤。写人民就要反映人民的生活，欣赏人民的趣味，张扬人民的人性美，"文艺只有植根现实生活、紧跟时代潮流，才能发展繁荣；只有顺应人民意愿、反映人民关切，才能充满活力"⑥。经典满足人民需要，这种需要是人民的心灵诉求、精神意愿。随着社会的进一步发展，物质的进一步丰富，人民对经典的需要会更丰富、更高标准、更好体验。真正做到了源于人民、写照人民，经典也就能让人民得到更好的满足感。

3. 精神性：经典的影响程度

经典反映的精神指中国精神，含传统精神、时代精神、世界精神。这三种精神的核心分别是爱国主义、改革创新、和平共处和命运共同体。没有这些精神必然没有经典，因为经典都会充分表现和张扬这些精神或者这些精神的某一种或某些方面。经典的精神性表现为影响的超越性，即产生超越时间、超越空间、超越

① 习近平.习近平：在文艺工作座谈会上的讲话 [EB/OL].（2015-10-14）[2017-08-30].
http：//news.xinhuanet.com/politics/2015-10/14/c_1116825558.htm.
② 习近平.习近平：在文艺工作座谈会上的讲话 [EB/OL].（2015-10-14）[2017-08-30].
http：//news.xinhuanet.com/politics/2015-10/14/c_1116825558.htm.
③ [意]伊塔洛·卡尔维诺.为什么读经典 [M].黄灿然，李桂蜜，译.南京：译林出版社，2006：4.
④ 詹福瑞.陌生与熟识：经典的耐读性 [J].河北学刊，2014（6）：66.
⑤ 习近平.习近平：在文艺工作座谈会上的讲话 [EB/OL].（2015-10-14）[2017-08-30].
http：//news.xinhuanet.com/politics/2015-10/14/c_1116825558.htm.
⑥ 习近平.习近平：在文艺工作座谈会上的讲话 [EB/OL].（2015-10-14）[2017-08-30].
http：//news.xinhuanet.com/politics/2015-10/14/c_1116825558.htm.

社会的效应。超越时间既指经典可能不被当下理解却在多少年之后引起极大共鸣，也指经典影响的持续性和持久性。超越空间指经典可以打破地域的限制，得到更宽广的传播和接受。超越社会指经典可以不受社会制度等限制，得到更广泛的共鸣和认同。"千万别忘记，这些著作不能只读一次；应该一读再读。它和畅销小说不同，它是无穷尽的宝藏。二十五岁时读柏拉图，跟四十五读柏拉图，感受是不相同的……因为《哈姆雷特》会随你的年纪的增长，人生体验的深刻丰富，而变成另外一个《哈姆雷特》。"①这是对经典精神超越性的生动而深刻的阐释。

（二）2014年至2016年出版成就经典的主要成绩

2014年至2016年，尽管存在规模大质不精、一些内容低俗、有些浮躁、作风欠踏实、价值观偏离、外版书比重过大、过于重视经济效益等问题，但是，出版遵循《在文艺工作座谈会上的讲话》的精神和要求，在认真解决上述问题的同时，努力成就经典并取得了显著成绩。这些成绩主要表现为：催生经典有办法、激活经典有效果、原创出版多精品。

1. 催生经典有办法

出版激励经典内容的创造。出版对作者的尊重、认同和服务等是经典内容创造的不竭动力。一些出版社利用期刊相对于图书的"快效应"满足作者期盼作品快速面世的诉求，借助期刊的读者群扩大作品的阅读面和阅读人群以提升作者、作品的影响力，然后让作品以图书形式面世，持续实现和扩大价值。出版融入经典内容的创造。在众多经典内容的创作过程中，以为他人作嫁衣为价值的编辑把自己的心血和智慧给了作者、融入了作品。

---

① ［美］费迪曼. 一生的读书计划 [M]. 广州：花城出版社，1981：10—11.

出版发现经典内容的创造。经典内容的创作者是千里马，编辑出版者起到了伯乐的作用，用发现的眼光和智慧得到了经典内容。

出版在提升价值中创造经典形式。经典的艺术表达和表现是内在形式，这种内在形式和内容一起突出呈现其价值。编辑出版者着力于经典的内在形式，往往以概念和特定表达提升作品的价值。出版在审美追求中创造经典形式。这种形式是外在的，指的是装帧设计。书籍因作者创作的好内容而恒久，因出版者创造的好包装而气质升华。出版在形态创新中创造经典形式。形式和设计物化后成为经典的形态，这种形态是可视可感可触的美。新技术为经典的形态创新提供了新路径和新空间。

出版致力于分享经典。出版过程中，编辑和作者分享经典。经典面世后，出版和读者分享。出版的过程是一个分享的过程，在这个过程中，出版或自主或自创或组织，通过动员媒体、卖场活动、读者活动等，全心全力分享经典，并在分享中实现"双效"。出版力促经典润泽读者。"天下之事，利害常相伴，有全利而无少害者，惟书。不问贵贱、贫富、老少，观书一卷则有一卷之益；观书一日则有一日之益。"[1] "好书可引为净友，一如既往，永不改变，两心相伴，陶陶其乐。"[2] 出版几年甚至几十年如一日地和读者在一起，激发读者阅读热情、激活读者阅读兴趣、培养读者阅读习惯。出版让经典造福社会。"阅读与人类文明史同步。阅读，为人类开创了一个文明社会。文明历史有多久，阅读历史也会有多久。社会文明程度越高，阅读水平也会越高。"[3] "阅读习惯和阅读能力的欠缺将极大地损害人们的想象力和创造力，而想象力和创造力是一个国家一个民族拥抱活力

---

① 吴应箕.读书止观录[M].合肥：黄山书社，1985：44.

② 老品.外国文化名人论读书苦乐[M].北京：中央编译出版社，1996：184.

③ 曾祥芹，韩雪屏.阅读学原理[M].郑州：大象出版社，1992：2-3.

的源泉。"①让经典造福社会是出版的责任和使命，出版以恒久之心锻造阅读品牌，推动阅读，影响读者进而影响社会。

2. 激活经典有效果

2014年至2016年，大量中国和世界经典被推出。一些被重新校注和翻译而更好读更好理解了，一些加上精美插图成为图文本而更有趣更有视觉感了，一些经再创作后成为针对诸如儿童、学生的特殊本子而得到特别的喜爱，一些富媒体加工后成为演播本等而焕发新生命，一些作为脚本被改编成互联网上的读物而得到年轻人的追捧。经典出版丰富多样满足读者多样性的阅读诉求，推动经典阅读，助力全民阅读。"对于读者来说，经典的魅力不在于好读，而在于我们的需要，社会的需要、个人成长的心理需要、精神需要。"②书香社会成为热词，全民阅读蔚然成风。"人们通过'阅读'接受'经典'影响，进而再创造形成新'经典'，由此不断地进行'阅读——经典——再阅读——新经典'的螺旋式上升，推动文化向前发展。"③经典阅读、经典出版良性循环形成经典效应，经典效应助推优秀传统文化普及，带动文化发展和繁荣。同时，我国的经典不只属于我们，因为作为人类的精神财富，世界也需要它们。人类命运共同体既是经济的共赢也是文化的共享，"一带一路"倡议为沿线各国间的人文交流提供了一个广阔的舞台。中国经典国际出版工程、丝路书香工程等适应需要，推动我国的经典在全球特别是我们的朋友圈中扩散、影响。

3. 原创出版多精品

2014年至2016年，编辑出版者"感国运之变化、立时代之

---

① 张贺. 涵养一个书香中国 [N]. 人民日报，2009-04-22.
② 詹福瑞. 经典的魅力 [N]. 光明日报，2016-10-27.
③ 于友先. 全民阅读的实质是"经典阅读" [J]. 中国出版，2017（8）：4.

潮头、发时代之先声"①，确立了大批原创精品项目。2014 年度全国图书选题分析小组评价说："2014 年全国共有 495 家出版社报送文学类选题 21484 种……其中长篇小说选题 2165 种，含原创新书约 600 种……""在 2014 年度少儿类图书选题中，原创儿童文学图书选题品牌化、系列化、规模化趋势更加明显，展现了我国出版领域近年来倡导原创、扶持原创的最新成果。"②2015 年度全国图书选题分析小组对原创选题高度肯定："原创出版是精品出版的核心和重要组成部分。2015 年，突出原创出版进一步成为业界共识……由国内学者、作家自主创作，国内出版单位首次出版，体现国家意志、代表国家学术研究和出版水平的选题数量众多，成为 2015 年选题的亮点。"③

　　2014 年至 2016 年，文艺出版在发展高位上品种数稳定、销售册数和销售码洋较快增长。这种整体强劲的局面因为规模效应，更因为原创长篇小说等核心精品图书的定调、引领和拉动。著名文学评论家白烨如此评价 2016 年长篇小说创作和出版："这种不约而同的写作追求，使得 2016 年的长篇小说，既在内蕴营构上更具现实性，又在形式表现上更有故事性……这一切，都可进而概况为，我们的作家，越来越重视以自己的方式讲述精彩的中国故事，当下的长篇小说创作，也越来越在独特的中国故事中回荡着动人的中国旋律。"④ 在儿童文学方面，佳作纷呈，形势令人振奋。"2014 年，'童书热'仍在升温，在良性发展、健康繁荣的大框架下呈现出一种百花齐放、争奇斗艳的态势……对于

① 习近平. 习近平：在文艺工作座谈会上的讲话 [EB/OL]. (2015-10-14)[2017-08-30]. http://news.xinhuanet.com/politics/2015-10/14/c_1116825558.htm.
② 2014 年度全国图书选题分析小组. 2014 年度全国图书选题分析报告 [EB/OL]. [2017-09-10]. https://site.douban.com/210084/widget/notes/13276908/note/337750487/.
③ 二〇一五年度全国图书选题分析小组. 量减质更优 原创出精品 全力攀高峰——2015 年度全国图书选题分析综述 [N]. 中国新闻出版报，2015-03-20.
④ 白烨. 聆听 2016 年长篇小说中的中国旋律 [N]. 新华书目报，2017-01-12.

各大出版社来说，2014 年可谓儿童文学的丰收年……"① "2016 年的儿童文学出版依旧保持着大增幅、多元化与国际化的特点，在中国出版界鳌头独占。"②

2014 年至 2016 年文艺图书生产和销售基本情况表③④⑤

年份	总品种数（种）	初版品种数（种）	总销售册数（亿册）	总销售码洋（亿元）
2014	73694	52818	2.33	40.31
2015	76308	52634	2.46	44.86
2016	81999	55893	2.81	55.26

2014 年至 2016 年少儿图书生产和销售基本情况表③④⑤

年份	总品种数（种）	初版品种数（种）	总销售册数（亿册）	总销售码洋（亿元）
2014	32712	19896	1.90	24.16
2015	36633	22114	1.94	26.87
2016	43639	25422	2.00	35.88

---

① 谭旭东，陈曦.2014 年儿童文学出版状况盘点与评述 [J]. 中国图书评论，2015（1）：73.

② 陈曦.2016 年儿童文学出版状况盘点 [J]. 中国图书评论，2017（1）：61.

③ 2016 年全国新闻出版业基本情况 [EB/OL]. （2017-07-25）[2017-09-10]. http：//www.chinaxwcb.com/2017-07/25/content_358666.htm.

④ 2015 年全国新闻出版业基本情况 [EB/OL]. （2016-09-01）[2017-09-10]. http：//www.chinaxwcb.com/2016/09/01/content_344617.htm.

⑤ 2014 年全国新闻出版业基本情况 [EB/OL]. [2016-05-12]. （2016-09-01）http：//www.gov.cn/guoqing/2016-05/12/content_5072682.htm.

（三）党的十九大后出版成就经典的主要措施

"伟大事业需要伟大精神。"[①]党的十九大将给出版带来重大机遇，将对出版提出更高要求。出版成就经典需要对时代有更强感悟以确立使命感，需要进一步深化改革以扫清体制障碍、构建新机制，需要融合发展、平台运营以获得新技术红利，需要切实行动以在项目中达成效益。

1. 提高认识：确立时代使命感

伟大时代与伟大文明相伴。在世界范围看，公元前 800 年到公元前 200 年的"轴心时代"，古希腊、古中国、古印度等文明产生。欧洲的文艺复兴运动引领一个伟大的文明时代。在中国历史上，古有先秦时期百家争鸣的文明兴盛，近有 20 世纪初五四新文化运动的思想激荡成就现代文明。习近平总书记指出："现在，我们比历史上任何时期都更接近中华民族伟大复兴的目标，比历史上任何时期都更有信心、有能力实现这个目标。"[②]当前，我们处于伟大的复兴时代。复兴时代需要中华文化繁荣兴盛。于出版而言，时代主潮是需要经典也能产生经典。因此，出版成就经典是时代赋予这个行业的使命，是这个行业务必达成的共识，是这个行业的责任担当，而增强使命感是每一个编辑出版工作者的必修课。确立了出版成就经典的时代使命感，意味着有了目标。出版成就经典需要量，因为没有一定的规模，出版成就经典难以营造时风、形成气候。出版成就经典需要质，因为离开了品相、品位、品质，出版成就经典就会成为一句空话、笑话。将时代的使命感化为出版行业的目标感，将出版成就经典作为一种信条融入每一位编辑出版者的意识、意念和行动中。如此认识

---

① 习近平. 习近平：在文艺工作座谈会上的讲话 [EB/OL]. （2015-10-14）[2017-08-30]. http://news.xinhuanet.com/politics/2015-10/14/c_1116825558.htm.

② 中共中央宣传部. 习近平总书记系列重要讲话读本 [M]. 北京：学习出版社，人民出版社，2014：27.

到位，认识就会成为初始力量，出版成就经典就会自觉而为、自信而立。

2. 提供保障：扫除体制障碍、构建新机制

作为文化领域改革的排头兵，出版依靠改革改变了自身，成就了现在。可以说，没有改革，就没有 2014 年至 2016 年出版成就经典的成绩。也可以说，因为改革不全面、不彻底，出版成就经典的潜力没有充分挖掘出来，还存在问题，还令人不满意。全面深化改革，扫除出版成就经典的体制障碍，是出路，也是难题。为出版成就经典扫清体制障碍而深化改革，原则是根据市场规律确立市场规则，实现真正由市场为主配置资源、整合和提升能力；路径是打破地域保护造成的僵局，建立体系性支撑的大出版平台，产生航空母舰型骨干出版企业。以骨干出版企业的产生提高出版行业的集中度，围绕骨干出版企业在做大出版产业的同时做大出版企业，在提高出版产业的核心能力的同时提升出版企业的国际竞争力，同时实施国际化战略，到国外历练，在全球做强。

在为出版成就经典扫清体制障碍的同时，构建新机制、铺设新的发展道路成为必要之举。从行业来看，构建出版成就经典的新机制是成型顶层设计—工程保障—评奖、评选激励的系统，它从上到下，从宏观到具体，从规划到执行，形成整体，汇聚合力，既统筹考虑又落实落小落细。首先，做出顶层设计，让出版成就经典体现更强的规划性、自觉性。其次，用大工程引领和带动出版成就经典，保证顶层设计有支撑点和落脚点。最后，通过评奖和评选激励出版成就经典，激发活力。当前，这三个方面都有了想法和措施，但出自多头，系统性和整体性不够，合力有待形成，效果有待增强。从出版企业来看，出版成就经典的决心和信心要增强，目标需要明确、量化，流程需要专业化、程序化，组织和团队需要和经典的要求匹配。同时，要基于经典的特性而将相关

因素整合为体系，确保长久、长效。

3.增强活力：融合发展、平台运营、获得新技术红利

人工智能、即时通信、互联网等新技术改变了经典的形态，改变了经典的业态，改变了经典产生和影响的轨迹与模式。以为经典是净土因而抗拒新技术是死路，顺应技术革命因而充分利用新技术改造、改变自身进而获得新技术红利才是活路。这要求编辑出版者改变观念、更新观念。融合发展是传统经典出版和新兴经典出版的一体化运作，是出版行业直面新技术挑战必须实现的目标，也是获得新技术红利的途径。出版成就经典的融合发展贯穿经典研发、生产和实现价值的全程，灌注在经典运作、运营的各个方面。适应内容融合，让经典的存在、表现和呈现更多元。适应渠道融合，让经典的运营、售卖和商业实现更丰富。适应终端的融合，让经典的阅读、体验和价值获得更立体。出版成就经典在适应中接受新技术的挑战，也在适应中得到新技术带来的机遇，而平台经济是这种适应的有效选择。平台经济是利益相关方的共享体系，平台容纳的各方达到一定的规模则产生平台效益倍增效应。新技术克服在场、现场等搭台唱戏的传统平台模式的局限，在更广阔的时空中集聚利益各方。出版成就经典的平台与深化改革推动体制机制创新一致，需要政府主导的公共服务型平台和企业主导的商业创新型平台。公共服务型平台为出版成就经典提供推力，商业创新型平台为出版成就经典提供生产力。

4.切实行动：做到项目化和效益化

出版成就经典在具体项目的实施中落实，在具体项目的操作中体现效益。基于需要确立项目是出版成就经典的前提，基于资源和能力创造价值是出版成就经典的重点，基于目的和目标获取预期效益是出版成就经典的关键。项目因为自信自觉而确立，产品因为笃定扎实而创造，运营因为需要诉求而服务，效益自然而

然会产生。这种效益的基本是社会反响带来的社会效益，是基于社会效益的经济效益，是两个效益的统一和叠加。大时代自然孕育大项目而获得出版经典，大时代也需要主动设计大项目而创造出版经典。譬如，围绕党的十九大就可以设计系列项目。一方面，党的十九大本身，包括提出的新理念新思想新战略以及与此相关的人和事，都是典型思想、典型人物、典型事件，都可以成为出版成就经典的方向、项目素材、选题触点和耕耘领域。另一方面，党的十九大召开后进一步彰显的时代特性，既是包括中华民族伟大复兴、中国梦、脱贫攻坚、全面建成小康社会、为两个百年目标奋力拼搏等大事件的完成过程，也是这些大事件承载和体现的精神的呈现、表现和张扬，还是时代背景下丰富多彩的故事、形象等的集聚。这些是大题目，这些大题目彰显大精神，需要大题化小、大题小入、以小见大的体验、丰富的素材、切实的求真以及对审美的追求等，加上极致的表现力和表达力。这样，思想性、艺术性、观赏性有机融于一体，精品性、人民性、精神性完美汇聚一身，作品和产品立起来了，经典也就出来了。

三、精品出版：生成、规范、分享

在学习中央《关于推动国有文化企业把社会效益放在首位、实现社会效益和经济效益相统一的指导意见》时，一位出版社社长非常遗憾地说："社里的销售收入和利润在几年内翻了番，但是，在业内的影响力下降了，原因是什么呢？其实简单，那就是好书少了，精品少了。"这位社长道出了众多编辑出版者的心声，点明了出版界精品出版力度不够、精品不能满足读者需求的痛处。

相比日常生活用品，作为精神食粮的出版物是奢侈品，出版精品是奢侈品中的精华。一位有心的编辑把图书出版的过程细化为几百个节点，精品出版是系统工程，更要把握规律，深耕细节。精品出版的生成逻辑、规范逻辑和分享逻辑体现出版规律，串联出版细节，涵盖出版的一般要求又高于出版的常规标准，特别值得编辑出版者掌握、运用和创新。

（一）生成逻辑：精品内容水到渠成

时下，互联网上盛行"去编辑"，认为作品直达读者，无须编辑中介；而互联网下盛行"策划万能"，认为通过编辑的策划，什么读物都可以出来，什么目的都可以达到。实际上，编辑行当于阅读有其独有的价值，阅读在编辑即在，只是作业方式和方法因时因技术之变而变。然而，编辑的功能是有限的，特别是不能与创作混同，更不能替代创作。正是从这个层面，强调精品内容产生和获得要水到渠成，编辑要尊重生成逻辑，组织精心创造作品，催生优秀创作成果。

水到渠成的精品创作需要作者认真准备，在体验和研究中沉淀和突破，在写作中有效表达。在作者创作的过程中，编辑融入其中，起到助产作用。中南出版传媒集团将体现其核心价值和理念的宣传语确定为"催生创造，致力分享"，充分体现了编辑出版规律，和精品出版需要遵循的生成逻辑一致。近年，在振兴传统出版战略指导下，该集团原创出版得力、文化工程精品迭出，出版主业强势发展。该集团的湖南文艺出版社持续十多年力推的"大风原创"工程，编辑们以作家助手身份提供服务，以专家身份提供建议，以自身的准备融入作家的创作过程中。这样，既成就了作家也成长了编辑。《命运》《机器》荣获中宣部"五个一工程"奖，《活着至上》《爱历元年》等反响强烈。名编辑龚湘海不善言辞，却与作家们打成一片，在一些作家心里，他是可靠的品牌，作品交到他手里就放心。

创意是编辑创新的重要方面，它适应作者的准备，诱发作者的潜力，释放作者的能量。策划是创意的具体化和可操作化，约束创意实现的路径和方法。无论创意和策划都必须与作者协同，和作者产生共鸣。一些编辑提不出选题的重要原因是专业修养不够，积累不充分，调研不到位，进不了创作圈子，以致没有想法；一些编辑有火花式闪现的意念，但没有深入思考并将其具体化，意念转瞬即逝，不能转化为策划方案。有准备的编辑和有准备的作者一旦碰撞，必然产生创作的冲动和精品内容的火花，往往殊途同归。《中国古代历史图谱》是湖南人民出版社的出版精品，它的面世是编辑、作者融合互动的范例。20世纪60年代，著名历史学家张政烺先生根据历史文献和文物研究互动促进历史研究的想法，提出打通历史文献和文物，出版图书《中国古代历史图谱》。这成了中国社科院历史所持续几十年的接力工程，社里编辑和所里专家见面深聊，彼此高度认同，项目马上实质性操作。社里专门派出两位编辑常驻北京一年多，几百万字、几千张图片的作品成型，为出版精品准备了优质内容。

遵循生成逻辑的内容创作过程充溢着选择。选择既有取又有舍，一个创意可以通过多种方式用内容实现，一个策划案可以通过不同的作者完成创作，作品出来后可以直接出版、修改或者放弃。"编辑培育精品，精品成就人才。归根结底，精品力作来源于编辑的发掘和加工，编辑的眼光和水平决定着出版物的品质。"[1] 吴尚之在《努力培养更多优秀编辑人才》一文中的表述有道理，因为在内容创作过程中成功选择依赖专业，决

---

[1] 吴尚之. 努力培养更多优秀编辑人才 [J]. 中国编辑，2016（1）：4-5.

定于编辑的素养和能力。编辑术业有专攻，不是什么都能做、什么都要做。出版社的产品规划是编辑选择的方向和路径，编辑的专业和专长约束和成就对作者和内容的选择。一些出版社在考核编辑时，除了结果指向的利润和获奖、进重点书目等外，加上专业、质量、品牌和成长指标，是要引导编辑聚焦、上路，符合精品出版的生成逻辑和编辑的成长规律，长期坚持自然有效。编辑到底是专还是杂曾经有过争议。实际上，专是必需的，哪怕杂也是基于专，是在多个领域专，哪有因为肤浅的杂而成为编辑大家的呢？出版界如此编辑典范不胜枚举。钟叔河因为专而编辑《走向世界丛书》，因为编辑这套书而成就学术著作《从东方到西方——走向世界丛书叙论集》。唐浩明积多年之功编辑《曾国藩全集》而成为曾国藩研究专家，而创作长篇历史小说《曾国藩》。一些年轻编辑说时代不同了，钟叔河、唐浩明等不可能出现了。然而，尽管个人的成就和成就的类型不可重复，但是，退一步来说，编辑修炼自己的专业，基于懂而出版更多精品成为职业追求一定是应该的。

生成逻辑意味着出版创新主要在集成上下功夫，或者说出版创新主要是集成创新。这要求编辑在确定的专业领域进行充分的调研，掌握充分的基础素材，对材料进行充分的整理和分析。在做学术出版时，一位编辑提供一条集成创新路径，具有一定的方法价值：第一步，搜索多年国家社科基金课题等资料，依托想主攻的专业出版领域，把所有相关课题列出来，在充分整理和分析基础上了解该出版领域的前沿状况、学者情况，细化和基本确定主攻出版领域的关键词。第二步，和开卷公司等市场调研专业机构沟通，做出主攻出版领域的同类产品分析报告，了解市场和影响力状况。第三步，在当当网、亚马逊、京东商城等网店搜索同类书，捕捉同类书的特点和市场情况，买下最有特点的书进行分析。第四步，到实体书店做调研，体验书的陈列和购书者的心理倾向；到图书馆查查和咨询，了解借书者和读者的情况。第五步，精心撰写编辑出版方案并多方论证加以确定和完善。第六步，和学术界的专家沟通，论证编辑出版方案，确定拟约请的作者名单。第七步，和拟约作者沟通，确定作者，确定书稿撰写计划。如果编辑能依托本法步步为营，扎实实施，那么做出学术出版精品的可能性大增。

（二）规范逻辑：精品生产质量可靠

规范思维是编辑活动的基本思维方式，规范逻辑是编辑工作的基本规律体现。当下，很多编辑失去或没有养成这种思维方式，不懂出版规矩，不具备出版工作的基本作业能力，连出版合格图书的素养都缺乏，更谈不上出版精品。在《编辑本论》中，吴平把编辑规范分为道德规范、工作规范和技术规范，并强调指出"编辑工作必须遵守编辑规范，因为它们是保证出版物质量的基本条件，不可缺少，不可忽视，不可违反"。[①]这对精品出版富有借鉴意义，精品出版必须遵循规范逻辑。

道德规范基于法，高于法；遵循党和国家的方针、政策。积累、传播、传承和建设文化是出版的根本，是出版的基本价值和道德准则。精品是编辑坚守文化之本的证明，是编辑组织、催生和创造文化成果的标志。精品出版物将深刻的记忆镌刻在一代代读者的心中，创造编辑和作者以文会友的佳话和故事。作为出版人，丢了文化是忘本，没有了做精品的念想也就在价值观上出了问题，在道德规范上出了问题。近年来，出版产业化、集团化、上市化，一些出版社经济压力巨大，被逼得唯利是图。更令人忧虑的是，

---

① 吴平.编辑本论[M].武汉：武汉大学出版社，2005.

在这一时段成长的编辑的价值观出现偏差，在编辑出版的道德规范上既没有强烈意识也缺乏系统训练，以致没有良好的受道德规范约束的工作习惯，精品意识匮乏，远离了精品出版。我国现代出版100多年，涌现出诸如鲁迅、邹韬奋、叶圣陶等编辑出版大家。他们既是编辑出版大家，也是思想大家、文化大家。只要编辑出版者记住他们，就会在潜移默化中增强文化素质、修炼文化情怀，为精品出版做好准备，自觉投入精品出版的行动中。出版机构是意识形态领域的重要阵地，编辑出版者从事的是精神生产工作。坚守政治之位，是出版机构和编辑出版者的基本职责和基本道德规范。因此，出版机构和编辑出版者都务必坚持正确的出版导向，自觉践行社会主义核心价值观。2012年，中南出版传媒集团提出在内容生产标准上坚持"四个一"的基本原则，并以此构建图书产品内容标准管理体系："明确一种身份。中南传媒是国家控股的公众企业，企业员工是国家资本雇员。为以国家为代表的全体股东创造经济价值、为以国家为代表的社会主流思想形态传播服务是公司每个内容生产企业、每个员工的基本义务。""坚定一个立场。公司每个出版单位、每位员工的出版行为、每个图书产品，都要致力并服务于人类文明传播、民族团结进步和国家繁荣昌盛。""严守一条纪律。公司对所有内容产品的评价、调整或停产，属于公司商业机密，未经公司授权，任何企业、任何个人不得在任何媒体和场合泄露。""划定一批禁区。划定一批题材领域为内容产品禁入区，任何单位和员工均不得在这些题材领域提出选题、创作、组稿、传播、发行。"此举堪称出版企业坚守道德规范、把社会效益放在首位的典范，保障了集团这些年的精品出版，保证了集团的顺畅发展和显著绩效。

工作规范主要表现为出版行业的行规以及编辑出版工作的

流程、程序和制度，包含《图书质量保障体系》、从选题审批到成品检查等的全流程工作制度等。精品出版居于出版金字塔的顶层，但是，其基石是编辑出版业务的基本功，其保障是编辑出版工作规范。一些出版社精品缺失，出版物质量下滑，很大程度上是工作规范出了问题，是编辑出版人员的专业素养出了问题。一些出版社根据自身情况，创造性地实施工作规范管理，成就了一些富有特色的做法，有力地支持着精品出版。譬如，人民出版社在社里局域网上执行的"双盲投票"是有效的选题论证制度。该社成立了21位专家组成的选题论证委员会，投票全部在社内局域网上进行。专家投票时不知道选题的责任编辑，避免了"人情票"；专家投票后，选题的责任编辑也不知道是谁投的票，避免了专家得罪人等问题。专家"盲投"时出现分歧的选题，提交社选题论证委员会进行面对面的讨论。人民出版社这些年精品纷呈，有效的选题论证功不可没。编校质量问题是出版界的顽疾，不良现象愈演愈烈。一些编辑不看稿子和清样，一些编辑不知道怎么看稿子和清样。一方面因为做书太多，没有时间和精力看；另一方面是价值观、观念、能力上有问题，不知道看稿子、清样的必要性、重要性，不想看稿子、清样，不投入看稿子、清样，不寻找看稿子、清样的规律，退化和没有了看稿子、清样的能力。编辑出版工作专业性强，编校工作有相应的专业知识，有必要的技术和规范。精品出版不只要求编校质量合格，还要追求出版物质量的完善和完美，对编辑出版者的专业素质和业务素养要求高，编辑出版者必须带着不容有错的心态投入。出版工作是整体，编辑工作是体系，工作规律贯穿全程。没有审稿能力、编辑加工能力不可能成为好编辑，也不可能持续地提出好选题、写出好的出版方案，出版图书精品。《新华字典》零差错，该书的出版成就了"新华字典精神"。这种精神保障精品出版，值得出版人认真学习和发扬。

编辑出版技术规范有一部分由国家制定颁布，也有一部分是编辑实践中约定俗成的习惯，是统一的标准和规则。譬如，《科学技术期刊管理办法》明晰了科技期刊编排规则、版式、名词术语、计量单位、简化字等标准化项目。编辑出版技术规范是动态的，编辑出版工作者要加强学习，掌握最新标准，确保出版产品高质量，确保精品出版的顺畅实施。《新华字典》至今已出12版，不断地修订和完善，确保字典与最新的技术规范和标准以及知识一致，始终捍卫和维护着字典精品的品牌含金量。

（三）分享逻辑：精品影响深入人心

从与作者等交流的人际传播到大量读者阅读的大众传播，编辑出版活动是分享的过程，分享逻辑融入其中。很多编辑出版者谈到，做编辑的乐趣和意义集中体现在书中的知识、思想充分传播，被读者分享，影响读者。出版精品理当分享，在分享的过程中，编辑尤其需要出力。鲁迅一生编辑出版过不少书报刊，他亲自撰写图书广告、书讯等，利用演讲等各种机会推介图书。当前，和作者、读者通信，写书评、发书讯，这些出版界的好传统淡去，出版的分享逻辑日远。这与编辑出版者的浮躁心态有关，也与他们缺乏分享意识有关。精品出版意味着精品影响，编辑出版者有责任和义务帮助精品深入读者内心，留下因为精品或精品中的某种想法、某段文字影响读者生活、人生的记忆和故事。

分享从出版社的编辑开始，落实在众多的编辑出版活动中。不过，逐利、竞争、老好人习气削弱了出版社的和谐，一些编辑彼此防着，担心别人抢了自己的想法、项目、资源；选题论证会上，大家相对无言，不愿意提意见和建议，不愿意分享，也似乎没有东西分享。一些出版社通过制定制度、设立机制推动和鼓励编辑出版人员分享精品图书的方方面面。譬如,湖南人民出版社多层次组织月度好书评比和分享,其乐融融中多方共赢。在编辑、读者、专家、媒介人士四方面各自独立又融合评出月度好书的过程中,编辑出版经验得到总结,读者意见得到反馈,专家建议得到吸纳,媒介反响产生。尽管组织起来有些繁复,但是,爱书人在一块,不知不觉中就把事情做好了。分享充溢出版行业,大家交流充分,共同成长,创造行业兴旺。书博会上,来自天南地北的编辑出版者或单独或在某种特定场合,言来语往,各自收获满满。出版界因出版类别有诸如人民社联盟、少儿出版联合体等,因地域共性有诸如中南人民社群、华东六家少儿社联盟等,或交流或抱团做业务,风风火火,在分享中促进精品图书的出版。美国一家出版公司的资深策划编辑介绍经验时说,她一年参加的与书相关的活动两百多场。乍一听不以为然,细一想,她在这么多的分享活动中成就了包括她自己在内的书圈中的人,她的做法应该是出版精品的编辑出版常态。

分享逻辑要求编辑出版者千方百计把书推出去、卖出去,让更多人阅读和受益。一些编辑对出版没有热情,对书的面世投入不够,不怎么牵挂。书如其人,这里的人既指作者也指编辑。出书如十月怀胎,用心自然期盼。书业的顶级编辑在成书前后的许多环节和细节上留下故事,拥有刻骨铭心的体验,书业因为这些故事而美好而令人向往。香港一家出版公司的老总如数家珍地谈起她在印刷厂检查蓝样、感受油墨的细节,深情露于脸,快乐弥漫、充溢。此情此景下,要求编辑如同"慢出版"时期的编辑一样一年磨一书不现实,但是,无论怎么匆忙,总得给自己留下些用心过的痕迹。书业生态变化,渠道不确定性增强,好多书销量极为有限,一些书连陈列的机会都没有了。这样做,虽然少了退货,单个项目降低了风险,但是整体的规模和影响没了,操盘的能力没了，编辑和读者分享阅读的体验没了。价值链条一断，进入恶性循环，几年下来，编辑的动力没了，追求没了，功力废了。实际上，无论编辑、营销人员还是出版社的其他员工，都要以有人买书、看书为乐，都要为买书、看书提供服务。互联网和现代通信技术产生了圈子营销模式。编辑可以利用新技术和影响力形成自己的圈子，可以在圈里分享出版精品的情和理，让更多人和自己以及精品图书产生共鸣。

四、基于双效平衡目标的出版企业绩效评估方法

注重和强调社会效益是党和国家要求出版工作的主线，融入经济效益则历经认识和实践的过程。1983 年中共中央、国务院于《关于加强出版工作的决定》中提出出版工作两个效益的兼顾论，兼顾经济效益。1997 年 1 月颁发的《出版管理条例》提出出版活动两个效益的"首位加结合"论。2015 年 9 月中共中央办公厅、国务院办公厅印发的《关于推动国有文化企业把社会效益放在首位、实现社会效益和经济效益相统一的指导意见》明确了出版企业两个效益的"首位加统一"论。在这一过程中，出版物的商品属性得到认识和确立，出版社基本完成转企改制后融入社会主义市场经济体系中。遵循出版历史的理路和出版发展的规律，双效平衡且充分发展体现为确定的方向和目标引领、要求和规约出版的绩效评估。因此，基于出版的现状，梳理出版企业双效失衡、社会效益不足的问题，探索其绩效评估的理论，进而提出其绩效评估的方案，是实现其双效平衡目标的重要课题和举措，具有特别的价值和意义。

（一）问题：出版企业双效失衡、社会效益不足的困境

出版企业的经济效益指投入的经济回报，可用货币予以衡量。出版企业的社会效益指有益于社会发展的非经济性效果和利益，包括企业的社会责任和出版产品带来的社会正效应。本文的阐释集中于出版产品。

1. 出版企业双效失衡、社会效益不足的表现

出版企业双效失衡、社会效益不足主要表现为社会效益和经济效益对立，生产和传播结构不稳定；正能量不足，消极负面影响突出，出版企业功能不稳定；内容生产和传播不稳定，控制力弱。整体来看，就是出版企业通过出版物品种规模的扩张以求得经济效益成为主调，处于相对粗放的数量规模型发展阶段；出版提供给读者和社会的积极影响与党和国家对出版企业的期望和要求不相称，出版企业背离出版使命和职责的现象存在，其功能实现不充分、不突出；出版内容跟风模仿，"同质化"现象严重，一些"三俗"图书充斥市场，有些编校质量问题比较突出，丧失底线的宣传炒作不时出现，过分注重经济利益的策划运营时有露面。

2. 出版企业双效失衡、社会效益不足的危害

出版企业双效失衡、社会效益不足的直接受害者是读者。读者得不到好书的愉悦、熏陶和滋养，其精神园地少了获得能量的重要路径，其生活工作少了得到精神营养的重要来源。更有甚者，一本坏书或者一些有害读物影响读者特别是少年儿童的成长。譬如，无所不能、没有规则、充斥血腥暴力的网络内容转化而来的图书在校园盛行，一些学生为之入迷，极个别学生受其影响或厌学或伤害他人或自杀。出版双效失衡导致读者越来越少，阅读越来越衰，以致出版业的土壤日益流失，根基日益崩塌，可持续发展力被削弱。当前的出版总体上在走下坡路，这

固然与出版面临的新技术挑战有关，但双效失衡、社会效益不足带来出版与阅读、编辑出版者与读者关系的恶性循环难辞其咎。出版企业不能充分满足读者对好书和阅读的需求，影响主流价值文化的构建，有损社会的和谐与稳定。在主流价值文化的构建方面，图书是重要载体，阅读是重要方式，图书和阅读的缺失和不足让这种构建少了力量。阅读是人们生活的一部分，阅读生活受损，人心浮躁，自然给社会带来不安定隐患。

3. 出版企业双效失衡、社会效益不足的原因

出版企业双效失衡、社会效益不足的原因主要是如下三点：第一，出版企业追求经济效益最大化。出版企业以企业身份自居，以市场需要为单一遵循，以经济效益为首要目标，放大经济效益和社会效益对立的一面，把社会效益放在一边。第二，出版企业投机社会结构偏好和个人偏好。社会的丰富性和多样性、个人需求的复杂性和选择性带来社会结构偏好和个人偏好，即社会末流暗流、人性恶在社会和人群中是现实存在的，成为一种市场。譬如，血腥暴力弥漫在社会的某些层面和角落，血腥暴力内容是某些人群的潜在需要。推出满足社会结构偏好和个人偏好的读物，往往能够带来巨大的市场回报，产生可观的经济效益。于是，一些出版企业铤而走险，违背社会管控体系的要求踩红线、打擦边球。第三，出版企业绩效评估的偏向。从不提出版的经济效益到转企改制后轻视和忽视社会效益再到强化社会效益，出版企业绩效评估一直跛脚般前行，从认识到实践都存在偏颇。这种偏颇加重了出版企业双效的对立，弱化了双效的统一。

（二）理论：出版企业双效平衡的逻辑支撑

双效统一、共同充分突出的平衡状态是出版企业的发展导向，

这种导向基于对社会效益和经济效益关系的正确认识，有赖于出版企业正确选择发展区域。根据这种导向，探索出版企业绩效评估的理论，确立出版企业绩效评估的逻辑，为出版企业绩效评估提供理论基础和逻辑条件。

1. 出版企业双效矩阵

出版企业的社会效益和经济效益是边界清晰、没有交集而互为补集的两个范畴，二者有着矛盾的对立关系，也有着相互依存、相互促进的统一关系[①]。在出版企业的发展历程中，其社会效益、经济效益高高低低，在特定时段或阶段形成特定的状态，具体显示为四种：双效突出的高级平衡状态、双效平庸的低级平衡状态、社会效益低而经济效益高的失衡状态、社会效益高而经济效益低的失衡状态，分别为发展区、舍弃区、打击区、扶持区。

2. 基于双效平衡的出版企业绩效评估理论

价值链理论为出版企业的绩效评估奠定基础。价值链理论由迈克尔·波特提出，通过分析企业的价值活动洞察企业的实力和竞争力，评判企业的绩效和优势。该理论将企业的价值活动分为基本活动和辅助活动，这些活动相互联系和联结而成为价值链。活动的质量和活动与活动之间的关系决定价值链的成效，进而决定企业的效率和效益。国内学者将价值链理论和出版实际结合，有了观察、判断和认识出版的研究成果。譬如，应中伟把出版企业的价值活动分为上游价值活动、内部活动和下游价值活动[②]，并以大量出版企业作为样本，分析这些活动影响出版企业的核心竞争力，进而影响其长期绩效[③]。

平衡记分卡理论为出版企业的绩效评估提供战略工具。平

---

① 徐同亮. 出版单位社会效益论析 [J]. 出版发行研究，2017（1）：11-12.
② 应中伟. 出版企业价值链结构特征及其增值模式 [J]. 出版发行研究，2010（6）：29-32.
③ 应中伟. 出版企业核心能力对长期绩效的影响 [J]. 科技与出版，2011（5）：68-72.

衡记分卡理论由美国学者罗伯特·卡普兰和戴维·诺顿于 1992 年发表的《平衡记分卡——绩效驱动的衡量方法》一文中提出，基于战略管理，从财务、客户、内部流程、学习与成长四个维度界定组织的绩效目标，具有"战略性""层次性与平衡性""因果性""系统性"等特点[①]，强调"平衡财务指标与非财务指标间的关系""平衡内部与外部利益相关者的预期""平衡体系内部各维度间的关系""平衡组织的短期增长与长期发展"[②]。刘建岭、李燕等利用平衡记分卡理论构建了出版企业的绩效评估体系和方法[③][④]。

利益相关者理论为出版企业的绩效评估提供分析方法。1963 年，美国斯坦福研究院提出利益相关者理论，把所有与企业发生密切关系的人界定为利益相关者。美国弗吉尼亚大学爱德华·弗里曼教授定义利益相关者为能影响企业目标实现，或者能被企业所影响的任何个人和群体，将他们分为股东、雇员、消费者、供应者、社会和政府六类。顾永才利用利益相关者理论分析出版企业的社会责任，认为"出版企业的利益相关者主要包括出资人、员工、读者、商业伙伴（经销商、供应商、其他竞争与合作伙伴）、政府、社区、其他利益相关方"[⑤]。

3. 实现双效平衡的出版企业绩效评估的逻辑

价值决定效益，出版企业的绩效评估基于其创造的价值。价值逻辑包括价值是什么、价值从哪里来、价值如何来三个问题，三个问题对应构建价值基础、形成价值载体、扩大价值效应三种创

---

① 林绚晖，朱睿，车宏生. 平衡记分卡理论及其发展进程 [J]. 现代管理科学，2007（10）：8-9.
② 何建国，赵澄. 平衡记分卡理论与实务问题研究 [J]. 财会月刊，2011（3）：8-10.
③ 刘建岭. 基于平衡计分卡的出版企业绩效评估体系构建研究 [J]. 科技与出版，2017（7）：39-43.
④ 李燕. 构建基于平衡计分卡的出版企业绩效评价体系 [J]. 财务研究，2015（5）：89-96.
⑤ 顾永才. 从利益相关者理论谈出版企业社会责任 [J]. 编辑之友，2010（8）：28-30.

造活动。催生好内容、生产好书、致力分享、产生好影响是出版企业的主要价值，是出版企业绩效评估的主体内容。出版企业的价值主要体现为出版物的价值。"出版物作为商品，也在两个效益中体现其双重属性：社会效益是商品使用价值的某种体现，经济效益则是商品价值的体现。"① 评估出版企业的社会效益主要衡量其出版物对读者和社会等的精神影响和效力，评估出版企业的经济效益主要衡量其出版物给它们带来的经济回报。然而，无论是社会效益还是经济效益，都源于出版企业的价值。这样，从出版企业的价值出发评估其绩效，就不会割裂社会效益和经济效益，就不会产生偏向。价值链理论解构企业价值，理清其组成部分，又将企业的价值活动贯串为链条，结构为系统，这既为出版企业看清楚价值创造提供工具，又为它们创造价值提供路径，当然也是分析和评估价值创造及其价值影响的观念和方法论。

发展意味着效益，出版企业的绩效评估反映其发展理念和发展程度。发展逻辑要求出版企业双效统一、互补、突出。在出版企业的双效矩阵中，低社会效益、高经济效益部分为国家政府打击区，是政府通过手段管控市场失灵的领域；高社会效益、低经济效益部分为国家扶持区，是政府通过补贴、奖励等方式发展的领域；低社会效益、低经济效益是政府、企业都不为的领域，是舍弃区；高社会效益、高经济效益是企业发力、政府认同和鼓励的领域，是发展区。出版企业的绩效评估主要指其在高社会效益、高经济效益领域的作为和效果，因为其他三个区域或者放弃或者是政府负责的。即算是政府补贴或奖励、出版企业执行的扶持区，对于出版企业来说如同高社会效益、高经济效益区域，目标始终是双效突出。

---

① 吴子明.试论出版社会效益和经济效益的辩证关系 [J]. 出版参考，2018（12）：39.

出版企业的发展关注当前，更着眼长远，然而，无论当前还是长远都需要战略指引方向、提供支撑。平衡记分卡理论基于战略管理为企业提供绩效评估方法论和工具，符合出版企业的发展规律和需要，以这一理论指导绩效评估匹配双效平衡目标，利于创造双效突出的高级平衡状态，利于其长期发展。

效益的合理分配带来利益主体的再创造能量，出版企业的绩效评估考量和促进利益主体间的协同和合力。提供产品和服务是出版企业的基本职能，出版企业因为提供产品和服务而获得效益。产品生产因为供应链而一体化，服务提供因为服务对象而存在。供应链主体是出版企业的利益共存者，服务对象是出版企业的服务受益者。在众多利益主体中，政府、作者、读者是出版企业的主要服务对象，加上出版企业因为提供产品、服务而得到回报，四者成为利益系统，四者利益均衡由利益逻辑决定和体现。利益相关者理论回答了出版企业如何通过提供产品、服务满足利益相关主体，如何通过满足利益相关主体的需要实现效益和利益的问题，这让出版企业的绩效评估有了更强的对象性和适应性，助力其可持续发展。

（三）方案：出版企业双效平衡的绩效评估体系

从问题到理论，说清楚双效平衡目标的内涵和必要性，确立出版企业绩效评估的方向和目的，为出版企业绩效评估提供观念和思维方式。具体来说，出版企业的绩效评估解决方案需要模型确定思路和结构，需要明确、具体的指标体系提供路径、标准和方法。

1. 出版企业绩效评估模型

"'双效'考核指标体系的建立，不能够孤立、片面地理解为建立经济与社会效益两方面的量化评价指标体系，而应该在统筹管理的基础上，将多方面考核指标有层次、有目标地融合为一个整体。"[1] 因为从价值创造来说，出版企业的活动是整体，不会机械分离为一部分活动创造经济效益，而另一部分活动带来社会效益。从管理来看，出版企业的管控体系围绕着资源的充分利用、能力的充分发挥形成竞争优势，获得融社会效益和经济效益于一体的整体效益。从运营视角分析，出版企业面对各个利益相关者提供的边界，寻找机遇空间，获得效果和利益，形成利益体系。价值链理论、平衡记分卡理论和利益相关者理论分析的成果，利于看清出版企业的绩效生成逻辑和创造过程，而基于双效平衡目标的出版企业绩效评估需要整合这些分析成果，形成指导评估体系构建和运用的模型。

出版企业绩效评估模型注重结果和过程。它以效益为中心，将出版企业、政府和社会、读者、作者结构为利益共同体。它以价值为目标，围绕出版企业的价值活动，整合出版上下游价值活动，形成创造利益的价值链。创造利益的共同体决定效益，服务于利益共同体。

出版企业绩效评估模型反映和遵循精神生产的规律和要求。出版企业生产和经营内容产品并提供相关服务，作者是内容的创造者，作者创造的个性和出版物内容的唯一性决定内容创新对出版企业绩效的意义和价值。有学者提出内容创新驱动性图书质量评价与绩效考核的观点和方法[2]，用意在此。出版企业绩效评估模型将作者作为重要主体列入其中，意在强调此意。作为公共物品，精神产品和服务的外部性和溢出价值意味着精品在出版企业价值体系中的地位，意味着创意产业的基本战略是精品

---

[1] 李友生．社会效益与经济效益统一与中小出版社的路径 [J]．传播与版权，2016（11）：125．

[2] 易图强．以内容创新促出版物质量——内容创新驱动性图书质量评价与绩效考核刍议 [J]．出版广角，2018（11）：18-21．

战略。因此，精品出版能力是出版企业的核心竞争力，精品是体现出版企业绩效的重要指标①。出版企业绩效评估模型体现价值对效益的决定作用，认识到了精品在出版企业绩效创造中的意义。

2. 出版企业绩效评估指标体系

出版企业绩效评估指标体系的设计遵循如下原则：第一，系统性。评估指标具有确定的理论、逻辑基础，形成富有结构的体系，凸显整体功能。评估指标体系通过评价出版企业的绩效发现其优势和劣势，促使其朝双效统一、突出的方向发展。第二，突出核心。双效平衡且充分是出版企业绩效评估的核心，质量是基础内容，客户是重点，管理是保障，人力是关键。评估指标体系强调出版企业内容及其产品的质量，突出人力在绩效创造中的关键作用，这两方面是双效平衡且充分的保障。第三，客观。遵循出版企业精神生产规律、逻辑和原则，确保评估指标体系的科学，是最大的客观。注重数据可得易得，以量化指标为主体，顾及定性指标，突出简便性和操作性。第四，导向性。评估指标体系反映和支持出版企业的发展战略，基于双效平衡目标，战略性和目标性确定。

出版企业绩效评估指标体系包含一级指标、二级指标和三级指标三个层次。一级指标为质量、客户、管理和人力，分别指出版企业提供产品和服务的品质、满足市场需要的活动和效果、内部素养和价值呈现、团队素养和能力，是出版企业绩效评估的四个维度。二级指标以《关于推动国有文化企业把社会效益放在首位、实现社会效益和经济效益相统一的指导意见》提到的社会效益六项指标为基础，融入商业模式和平衡记分卡理论包括的基本要素，对应一级指标分别是：质量维度的二级指标为政治导向、

---

① 恭竞平，戴思俊.精品出版融入绩效考核的制度性思考和建议[J].科技与出版，2018(6)：88-91.

文化创作生产和服务，客户维度的二级指标为受众反应、社会影响，管理维度的二级指标为内部制度和财务指标，人力维度的二级指标为队伍结构、学习与成长。三级指标根据出版行业和出版企业的价值活动分别对应二级指标列出。

基于双效平衡的出版企业绩效评估指标体系

一级指标	二级指标	三级指标
质量	政治导向	政治问题
	文化创作生产和服务	产品结构合理性
		作者结构优质率
		编校质量合格率
		印制质量合格率
		设计质量合格率
		重印再版率
		退货率
		新媒体业务增长率
客户	受众反应	客户满意度
		市场占有率
		品牌排名
		畅销书榜占有率
	社会影响	精品工程完成数量和质量
		获奖数量和质量
		公益出版物数量和质量
		"走出去"数量和质量
		媒体好评度

续表

一级指标	二级指标	三级指标
管理	内部制度	制度体系性
		制度执行率
		制度创新度
	财务指标	销售收入增长率
		利润增长率
		应收账款周转率
		存货周转率
人力	队伍结构	国家级人才数
		行业领军人才数
		名编辑数
		编辑数量和结构
		业务人员数量和结构
	学习与成长	员工满意度
		劳动效率
		薪酬增长率
		培训保障率

（四）结语

落实《关于推动国有文化企业把社会效益放在首位、实现社会效益和经济效益相统一的指导意见》中"完善治理结构，加强绩效考核"，"建立健全两个效益相统一的评价考核机制"的要求，出版企业绩效评估需走出由过度考核经济效益以致社会效益考核"虚无化""泛化""简单化"[①]，或一味强调社会效益以致影响出版企业活力和能力的思维桎梏，要在遵循出版企业发展规律的前提下把其绩效评估体系作为其战略发展的重要组成部分进行设计，并利用这一绩效评估体系的引领、管理、监督、激励作用，促进其能力提升和可持续发展。尊重出版企业作为精神生产组织的特殊性，借助价值链理论、平衡记分卡理论和利益相关者理论等为出版企业绩效评估把脉、指路，提出基于双效平衡目标的出版企业绩效评估的思路、路径和指标体系，是我们对中央和国家要求的理解和执行，也会在出版企业的实践中运用、细化、调整和优化。

---

① 魏玉山.关于开展出版单位社会效益考核评估的思考 [J].现代出版，2015（3）：11.

第二节　责任编辑是精品出版的把关人

一、责任编辑审稿原则

近几年，党和国家强调国有文化企业要把社会效益摆在首位，全社会渴望更多好内容、好书，出版行业大力推进供给侧结构性改革，追求高质量发展，但是，在年度出书总规模基本维持在30多万种高位的状况下，好书比例没有实质性提高，精品匮乏局面没有实质性改变，编校质量依然堪忧，时不时冒出来的坏书让人心有余悸。为什么呢？原因当然是多方面的，但是，其中责任编辑审稿的不用心、不得力是重要原因。在数据库里检索关键词"审稿"，近年发表的论文不多。调研责任编辑审稿现状，认真、踏实地按规矩审稿的不多，基本到位的审稿报告不多。为此，笔者强调审稿是责任编辑的中心工作，提出责任编辑审稿的十条原则，以提高责任编辑的审稿素养和能力，助力改善审稿质量进而提升出书总体质量。

（一）审稿是责任编辑的中心工作

一段时间以来，责任编辑被过分要求市场化、经济效益化，策划、炒作等成为他们工作的重点。实际上，审稿是编辑工作的中心环节，"三审制"是编辑工作的基本保障，作为审稿基础工作的初审责任人，责任编辑的中心工作是审稿。工作重心从策划、炒作等调整至审稿，责任编辑的工作归于本分、本位。

1. 审稿是编辑工作的中心环节

在包含选题、审稿、编辑加工等在内的编辑流程中，审稿居于承上启下的枢纽位置。内容的质量如何，选题确定的是方向和路径，审稿确定的是实质和结论。编辑加工如何进行、怎样推进，审稿提供方向、路径和着力点。因此，审稿到位了，选题的方案就实了，编辑加工的实效就可预期了。编辑工作的目的和目标是出好书，好书的基础是好内容，而审稿是好内容的保证和保障。在编辑实践中，因为审稿促进和提升好内容的案例不胜枚举，因为审稿扼杀和痛失好内容的例子也不少。曹禺的剧本《雷雨》创作出来后躺了近三年，不能与读者见面。巴金发现了，发表了《雷雨》，发现了曹禺。这样，读者分享到了好内容，好作者热情高涨，推出了更多好内容好作品。余秋雨的代表作《文化苦旅》被一家出版社的编辑删删改改后在他的书房里积灰纳垢，上海知识出版社的编辑王国伟偶尔得知这部书稿的遭遇，向余秋雨索稿审阅，最终让好内容与读者见面。

2. "三审制"是编辑工作的基本保障

"三审制"即稿件的三级审查责任制度，根据1997年颁布的《图书质量保障体系》的规定，指责任编辑初审、编辑室主任复审、总编辑终审，其中责任编辑为编审、副编审、编辑、助理编辑，编辑室主任（副主任）要具有正、副编审职称，出版社领导可委托编审、副编审担任复审、终审，非社长、总编辑终审的书稿意见，要经过社长、总编辑审核。"三审制"是执行审稿安排、完成审稿任务、达成审稿目的的制度，该制度到位了，编辑工作的中心就守住了，编辑工作也就可靠了，因此它是编辑工作的基本保障。

3. 初审是"三审制"的基础

根据《图书质量保障体系》的规定，在"三审制"中，初审"在审读全部稿件的基础上，主要负责从专业的角度对稿件的社会价值和文化学术价值进行审查，把好政治关、知识关、文字关。要写出初审报告，并对稿件提出取舍意见和修改建议"；"复审应审读全部稿件，并对稿件质量及初审报告提出复审意见，作出总的评价，并解决初审中提出的问题"；一般情况下，终审"根据初、复审意见，主要负责对稿件的内容，包括思想政治倾向、学术质量、社会效果、是否符合党和国家的政策规定等方面做出评价"。在审稿实践中，因为书稿的多样性、复杂性和复审、终审的某些特殊情况，初审的责任更重、压力更大。显然，初审是"三审制"的基础。因此，审稿是责任编辑的中心工作。

（二）责任编辑审稿原则及其实践

审稿原则是责任编辑审稿时必须坚持的重要准则和要求。从对书稿内在质量的把握来看，责任编辑的审稿原则有导向性、思想性、科学性、创造性、规范性、一致性和审美性。从影响审稿的外在因素来看，责任编辑的审稿原则是适应性。从执行主体来看，责任编辑的审稿原则是主体性。从整合审稿主体责任编辑、审稿客体书稿到影响审稿的各种因素来看，责任编辑的审稿原则是整体性。

1. 导向性

导向性即政治正确。责任编辑审稿的第一责任和要务是政治把关，是评判书稿是否有政治性问题。政治正确是出版的前提，政治问题于出版物是一票否决，"导向错了，一了百了"强调的是政治导向的极端重要性。在我国成立一家出版社不容易，但是退出的也不多，至今被撤销的出版社往往是因为政治上严重犯错。

一些出版机构的负责人指出，审批制实际上是出版社的保护伞，而能让出版社消失的是丧失意识形态主阵地的定位、职责和能力，出版反党反社会主义反国家的出版物。推出存在政治问题的读物，不管有意无意，都是不应该的，也是不可饶恕的。因此，出版机构在政治把关上都格外着力，确保万无一失。譬如，中南出版传媒集团制定的"四个一"制度，指出要"坚守一个立场""明确一种身份""严守一条纪律""划定一批禁区"，以此强化编辑出版者的角色，强调要守住底线，明确不能"碰红线""踩雷区"。大连理工大学出版社探索出内部审读室审读模式，通过专职管理人员、社内外审读专家充分合作，确保出版物的政治质量。

责任编辑审稿时要做到政治正确，则需突出重点，不留死角。所谓突出重点是指责任编辑从题材、作者等方面提高敏感性，格外注意涉及党和国家领导人、党史军史国史、国际关系、民族宗教、疆域边境等题材，特别慎重对待开口闭口言论自由和"文责自负"、思想西化或存在反党反社会主义倾向的作者。譬如，一部介绍和描述古巴的书稿，充满异域风情和特别的味道，但是，不时拿古巴和中国比较，将看到的现象和中国"文化大革命"联系起来等，这些内容既没必要也是严重的政治问题。一些被称之为"公共知识分子"的学者，借助平常的题材发挥，针对性地留下一两句看似不经意却特别有倾向的话。在审阅一部介绍晚清风物的书稿时，作者总在描述之后加上一两句个人牢骚式的问题揭示和话题评述，而且和现实联系起来以表达对现实不满甚至批判。这种画蛇添足的内容存在政治问题，不能用，这类书稿不能出版。所谓不留死角是指要发现潜藏在学术观点和现象描述等后面的错误看法，不因为忽视细节而留下大隐患、出现大问题。一些书稿的表述结论是对的，但原因阐述存在政治问题。譬如，一部法律方面的书稿阐述我国的法治教育是个较长的过程时，把原因归结为"文化大革命"的破坏。一些书稿描述的现象是存在的，但剖析现象时透出政治问题。譬如，一部关于道德建设的书稿描述了道德沦丧的现象，但是在分析时批判市场经济，贬斥和否定改革开放。

宗教类书稿是确保政治正确的重点领域，也是问题多发区。这不仅表现在当下，历史上也屡有教训。1932 年 11 月 3 日，鲁迅在给许寿裳的信中说："北新所出小册子，弟尚未见，要之此种无实之言，本不当宣传，既启回民之愤怒，又导汉人之轻薄，彼局有编辑四五人，而悠悠忽忽，漫不经心，视一切事如儿戏，其误一也。"[①] 这里言及的是 1932 年上海北新书局出版民间故事丛书之《小猪八戒》一册，因为猪的内容违背了伊斯兰教教义，引起了上海、北京等地伊斯兰教徒的不满。当前，审阅宗教类书稿，要掌握我国的宗教政策和精神——"积极引导宗教与社会主义社会相适应，一个重要的任务就是支持我国宗教坚持中国化方向。""对教规教义作出符合当代中国发展进步要求、符合中华优秀传统文化的阐释"[②]。要了解宗教类书稿的依据和标准——2017 年新修订的《宗教事务条例》，要懂得宗教知识。譬如，哈尔滨出版社推出的《108 影响人类的重大事件》《108 影响人类的著名人物》，严重丑化了伊斯兰教创始人穆罕默德的形象，违背了《古兰经》的教义，犯了政治问题。这是审稿时不懂宗教知识又不查对《古兰经》或其他解释伊斯兰教教义的权威读物而犯的大错。

---

① 鲁迅.鲁迅全集：第 12 卷 [M].北京：人民文学出版社，2005：335.
② 新华社.习近平出席全国宗教工作会议并发表重要讲话 [EB/OL].（2016-04-23）[2018-09-10]. http://politics.people.com.cn/n1/2016/0423/c1001-28299513-2.html.

2. 思想性

书稿的思想、思想性是结果、成果，思考是形成思想、体现思想性的过程。审稿首先看作者对待思考的态度、思考投入的程度、思考方法的选择等，即作者有没有独立思考、到底思考了什么、是怎样思考的。审阅一本关于湖南省法治建设的书稿，总有似曾相识之感，用查重软件一查，重复率达到 60%。一问，才知作者接到课题后交给学生做，缺乏指导和督查，也没有统稿。这种稿子是典型的没有认真思考，也就不可能有思想。从概念到推理到结论是思维的基本路径，思想必然聚焦到特定的领域甚至点上，需要通过特定的概念、判断等得到体现。审稿是理清、理解作者思维的过程，是描绘作者思维导图的过程，是梳理和分析作者写作思路的过程。审阅以文物图片书写中国历史的《中国古代历史图谱》的书稿，作者们借助文物复原历史，不仅让一张张图片回归历史的现场，而且通过图片与图片的关系将历史结构为整体，并且在此基础上彰显我国的传承和精神，思考路径清晰，思维对象明确，体现了完整而充分的思维素养和能力。

"思想精深"是书稿思想性的充分体现，是书稿思想含量和质量的充分表现。审稿以此为标准，评判作者对所写对象是否精通，书稿内容是否深厚。"思想精深"要求作者明确表达观点、理念，是什么，不是什么，主张什么，反对什么，要清楚、明白，要始终如一。"思想精深"必然产生影响力，具备改变人或环境等的力量。审阅书稿《长征改变中国》，为人、事和环境等背后的长征精神所震撼，这种长征精神既是长征所蕴含的也是作者挖掘长征现象而得到思想，反映了内容的思想含量和深度。选题立项"从家风到作风"的本意是将家风和作风背后的思想挖掘出来，并加以联系和融通，为党员干部提供修炼的指导。审阅书稿《从家风到作风》，发现作者不但没有把成就家风的思想表达清楚，也没有把支撑作风的思想阐释明白，更没有将二者的关系真正弄明白、说清楚，只得退稿给作者。经过作者努力，书稿基本达到了要求，具有了较为充分的思想。

消极落后、背离主流甚至反主流的思想往往以某种较为隐蔽的方式被遮盖或者潜藏于书稿中，需要责任编辑火眼金睛。一些书稿，作者态度暧昧，左左右右，没有明确的立场和态度，但是，素材集中于社会的不良现象，事实聚焦于边缘领域，这实际上透露了作者的思想，这种稿子不能出版。譬如，书稿《苦力》是从国外引进的，是一位在我国生活了多年的外国人写的，主要内容反映生活在城乡接合带的底层人群的生活，确实是真实的人和事，但满满一本书表达这些，意味着改革开放带来的就是这样，明显具有不良思想倾向，会给读者和社会带来不良影响。一些以青少年为读者对象的书稿，或者展现成人世界的非典型情感生活，或者集中描写校园中少数边缘学生非典型的社会化生活，二者的思想底色充斥颓废甚至堕落，显然不能出版。

3. 科学性

科学性是书稿的生命，是出版的基础和基本。书稿的科学性指内容真实、准确，合乎逻辑和规律，要求实事求是、结构逻辑顺畅、专业把握到位、知识正确完整等。"因为真实，所以也有力。"[1] 这是鲁迅审稿时说的话，强调了书稿内容要真实。

把握书稿的科学性首先要辨伪。一些书稿的作者主观上存在想法，有意剽窃、抄袭别人的作品。一些书稿的作者并不想剽窃、抄袭别人的作品，但因为疏忽或无知而在引文等方面处理不当，实际上剽窃、抄袭了别人的作品。编辑要充分了解作者的情况，充分将书稿和作者的其他作品进行比较，充分将作者的作品和同类作品

---

① 鲁迅. 鲁迅全集：第6卷 [M]. 北京：人民文学出版社，2005：242.

进行比较，特别是针对作品的文献以及前言、后记等辅文，发现书稿真伪的依据和线索，避免推出剽窃、抄袭的作品。譬如，曾经风行一时的伪书是对书稿科学性的挑战，新闻出版管理部门多次公布伪书书目，诸如机械工业出版社的《没有任何借口》、吉林文史出版社的《世界 500 强最需要的 13 种人》等伪书成为书业的笑话。

书稿实事求是即书稿内容依托的事实真实，符合实际。直接的真实经确认后自然确凿，间接的真实需要有权威机构的评定。书稿的真实性有两方面值得特别注意：第一，在报刊网络上发表的不等于真实。这一则因为发表的内容本身不真实，二则聚集一类真实的素材可能导致整体的不真实，即有限的碎片化的真实导向的结论不一定真实。第二，作者"文责自负"不等于真实，不等于责任编辑可以逃避责任。2009 年，华夏出版社出版、黄晓阳创作的《印象中国：张艺谋传》被北京市第一中级人民法院判决赔偿张艺谋经济和精神损失 45 万元；2011 年，北京工业大学出版社出版、李文静创作的《杨澜给女人的 24 堂幸福课》被北京朝阳区人民法院判决赔偿杨澜经济和精神损失费 45 万元；2012 年，中国电影出版社出版、黄远高创作的《我叫小沈阳——小沈阳成长密码》被北京市海淀区人民法院判决赔偿小沈阳 9 万余元，江苏人民出版社出版、上海本周图书公司创作的《苦女人周迅——爱情是伤人利器》被北京市朝阳区人民法院判决赔偿周迅经济和精神损失 28 万元。这 4 个案例是书稿不真实导致官司的典型，是书业审稿的经典教训。

书稿结构逻辑顺畅有三个要求：明确表达观念、观点；事实、素材充分，基础扎实；叙述、阐释、说理的过程明白、线索明晰。这样，书稿的构件完整、饱满，构件组合的方式有想法有层次，结构导向的功能确定，结论水到渠成。结构逻辑顺畅的书稿在一定的表达技术、技巧的支撑下，往往形成健全的基本框架，给人体例合理、到位之感。纲举目张、层次分明、重点突出是书稿基本框架健全的特点和表现。有些书稿压根没有自觉构建基本框架，写作思路乱，体例不完整，不能出版。譬如，审阅关于人类命运共同体的书稿，多个作者共同撰写，共 12 章，内容涉及传统、价值观、治理理念等。因为主编投入不够，书稿显得内容多而庞杂，前后有些重复。审稿后，从传统到现在，从价值观到理念，从理论到实务，从目标到路径，从篇到章，一一说明并列出要求后退给主编。主编接受了意见，组织作者们认真修改。修改后书稿质量明显提升，出版后反响较大较好。

专业把握到位一方面要求对一定专业领域掌握的情况全面、充分、深刻，另一方面要求对专业领域有自己的独立思考并形成一些确定的认识。这与知识正确完整一致，即不只是懂得某专业的碎片化的知识，还掌握该专业的规律和特点，能将该领域的这些知识结构为整体。譬如，审阅解读省里党代会报告的系列书稿，因为内容涉及专业多，只得组织各方面的专家和责任编辑们一起审稿，以守住确保科学性的底线，努力提高质量。时效性是影响专业把握和知识正确完整的重要因素。因为人对专业的认识是阶段性和持续性的统一，基本原理的时间局限性相对弱些，具体知识的时间局限性较强，特别是社会科学领域的知识往往此一时彼一时。譬如，法律类、时政类的书稿，审阅时要特别注意其内容的时效性。

4. 创造性

创造性是书稿内容的核心价值，组织、发现、成就具有创造性的书稿是编辑的重要价值。中南出版传媒集团将核心价值和核心能力之一定位为"催生创造"，这是对出版创造性的适应，也是创新之举。审稿的创造性和编辑出版的创造性一致，充分体现责任编辑的价值。

责任编辑把握书稿的创造性要充分尊重、发现、挖掘内容和形式的创新。所谓尊重指重视书稿的创新，以作者的创新作为书稿的重要价值标准，同时不以责任编辑自己的主观意见自以为是地盲目肯定或无端否定书稿的创新。所谓发现指创新往往从无到有或者突破了现有的框架和基础，不容易识别和认同，要求责任编辑以开放的心态和主动的作为注意、感知、体会、理解书稿的新。所谓挖掘指书稿的新或许只冒了点头或者有了好的基础但需要提升，责任编辑要珍惜苗子，和作者多交流，让创新之苗长出来。人民文学出版社的编辑龙世辉收到初次创作的曲波的小说《林海雪原荡匪记》，透过一堆乱七八糟的稿子，他认为作品是具有浪漫主义色彩的传奇英雄故事，建议接受出版。后经他和作者共同努力，更名为《林海雪原》的作品出版了，成就了一部经典和一位新作家。

书稿内容和形式的创新有原创、集成创新和消化吸收后创新。自然科学的发明发现，社会科学的新理念、新模式，人文学科的新观点、新主张，总结前人的成果并得出新的结论，引进国外的新理论、新方法等后结合国内的情况提出想法或方法，在表现形式、表达方式等方面找到新的样式进而创造新的文学艺术范式，如此等等都可能产生富有创新价值的书稿。责任编辑审稿时，切记避免因为名人效应而导致失误。因为一方面名人挂虚名做主编或著作，实际上不投入的书稿多；另一方面哪怕名人投入撰写书稿，也不一定有新意。

5. 规范性

审稿的规范性指审稿时必须遵守约定的规范，按照统一的规矩执行。这些规范有出版行业的规范、标准的规范和符号的规范等。出版行业的规范约束着所有出版物，是图书出版行业的基本遵循。标准的规范涉及各个领域，是各个领域的基本衡量准则，是各个领域书稿内容的表达话语，是书稿审读必须遵照的。符号的规范指特定内容的表达形式和方式，涉及出版行业的规范、各行各业的标准、各个学科的规范等。因为规范具有专业性，所以书稿出现较多或较严重的规范问题时，责任编辑要退回作者修改。譬如，一部社会史方面的书稿，统计数据比率不合理，引用文献没有遵循学术规范，开始以为是个别性的，持续看下去，发现是整体不到位，于是退回作者，要求作者解决这些问题。

规范是编辑工作的基本职能，是编辑工作行业价值的集中体现。责任编辑需要懂得甚至牢记规范，以确定、严格的规范意识审稿。一些规范的遵循没有什么理由好解释，责任编辑审稿时照做即可。尽管审稿的规范性要求是确定的，但是，规范本身是动态的，责任编辑必须适时跟进，及时掌握规范的调整情况，用新的规范实现审稿的规范性。辟如，以前"1970年代"必须改为"20世纪70年代"，现在这个说法予以接受。

6. 一致性

审稿的一致性与规范性有重叠的地方，因为规范意味着一致；也有不同的地方，因为需要一致的不只是规范所要求的范围和情况。书稿的一致性包括图文的一致性、表述的一致性、约定的一致性等。图文的一致性指图和文在内容、位置等方面的匹配性。表述的一致性指表达逻辑的统一性，一个作者的书稿尚且因为时间、情景等的不同出现表达风格的不一致，多作者的书稿就更存在表达差异甚至极度差异的问题。约定的一致性指有些做法并没有规范和标准规定，但有约定俗成的惯例，譬如作者的署名和排序等。

书稿的一致性在许多情况下具有强制性，甚至有些令人无法理解。譬如，书稿中的人名、地名等必须全稿一致。实际上，从长期和更大范围看，这些一致性的规定是必需的，只是一些责任编辑碰到的多些因而能自然接受，一些责任编辑见得少些因而有些不理解。一致性和个性是冲突的、矛盾的，而个性往往和创造性息息相关。因此，对待文学艺术等领域的书稿，责任编辑要妥善处理好审稿的一致性和个性的关系，既不能因为不一致而影响书稿的质量，也不能因为强求一致而影响书稿的创造性。

7. 审美性

审稿求美，这种美包含内在的内容美、趣味美、文字美、格式美，外在的形式美、方式美等。有人从审美创造的角度，认为审稿是"披沙拣金的艺术""损丰益歉的艺术""集中有序的艺术""统一规范的艺术""核对求正的艺术"[①]。确实，求美、审美创造、审美性贯穿和融汇于审稿全程，凝聚在责任编辑对书稿的理解、提升和完善中。一方面，责任编辑审稿时需理解作者和书稿的审美趣味和对美的创造，在真和善的基础上将美融入，求得三者的统一。审阅国外引进的理论读物时，一些译者将文字写得佶屈聱牙，句子长而且结构复杂，意思含混、模糊，总是似是而非。这是在表达上的偏向，背离了对美的追求，难怪人们一时调侃和贬斥这种现象说，凡属理论家的书稿都看不懂，凡属看不懂的都是高深的理论。另一方面，责任编辑审稿需努力促成书稿独立的美学追求和美的存在，理解拥有独特形式或表达方式的书稿对美的创造，对创新的追求。譬如，《画说〈资本论〉》用漫画的方式传播高深的理论是在创造富有特色的形式美、审美性，责任编辑审读书稿需要创造性和突破性的视野和思想，否则可能扼杀它。

8. 适应性

外在来看，审稿需要适应市场、社会和出版社的需要，体

---

① 杨秦予. 编辑在书稿审读加工中的审美创造 [J]. 科技与出版，2009（8）：30-32.

现为市场适应性、社会适应性和出版社适应性。市场适应性主要对应读者，即责任编辑审稿时要顾及读者，考虑到读者的需求和利益。考虑读者意味着思考消费和经济效益，意味着责任编辑履行经济责任。社会适应性对应责任编辑审稿时的社会责任，需要责任编辑顾及书稿的社会影响。出版社适应性指书稿与出版社专业分工、出书方向、出书结构等的匹配性，有时书稿内容好但是不能出版，往往由出版社的个性和特性所限。譬如，中南出版传媒集团立足专业化发展，基于市场、社会的要求和旗下出版社的特点，确定各出版社的专业领域、核心产品、产品结构等，这为审稿提供了确定的方向、范围、路径和标准。

市场适应性、社会适应性、出版社适应性既部分融合在书稿内在要素和质量的审阅中，也需要责任编辑将其作为独立的要求和标准在审稿时加以考虑。这些需要考虑的要素一般集中体现在书稿与选题策划方案或图书编辑出版方案的对应性和匹配度上。责任编辑审稿时需要对照方案并衡量书稿对方案的实现程度，又不能拘泥于方案，要分析书稿对方案的创新和突破程度以及这种创新和突破的合理性和价值含量。譬如，审阅外向型书稿《什么是中国特色社会主义》，发现内容基本按照中国人的接受思维和习惯展开，虽然逻辑严谨、理论性强，但是不适合外国人读，背离了初衷。经过和作者沟通，弱化了理论，增加了故事、案例等内容，强化了表达的通俗性、生动性。这样，书稿和编辑出版方案匹配度高了，更能达成出版意图。

9. 整体性

书稿是个整体，审稿时无论责任编辑通过何种方式对其组成部分进行怎样的分析，最终要把这些组成部分结构为整体，也要从整体的高度和层次评价稿件，判断书稿可否出版。鲁迅堪称整体对待书稿的楷模，这可从三个方面学习：其一，鲁迅审稿时考虑到了稿件所处的环境，从稿件与环境结合形成的整体来审稿。其二，鲁迅审稿时从稿件整体出发，寻找对稿件整体起决定作用的因素来评判稿件的价值，如果稿件的中心价值突出，其他方面弱一些，他往往认为这样的稿件可取。其三，稿件由很多因素构成，这些因素各自有着独立的要求和评判标准，但是任一因素不管如何好，都要以整体作为核心，否则就不是有利于书稿的因素。鲁迅审稿立足整体评判各个因素，以是否有助于整体效应的提高来评判各个因素的功能。

从纵向看，审稿从第一个字到最后一个字，走过线性的过程。从横向看，审稿从一个角度、标准到另一个角度、标准，留下多个截面的分析和思考。最终，纵向和横向构建为整体，要以整体观看待书稿，要以整体性把握书稿的整体，以此评判书稿的价值。一些责任编辑混同审稿和加工，往往一拿到作者的书稿，就红笔挥舞，一边看一边动手。这是错误的做法。审稿从初读开始，通过初读一遍整体把握书稿，掌握了整体，局部处理就更能到位。

10. 主体性

审稿的主体性指责任编辑是审稿的主体，责任编辑的特性对审稿会产生有利、不利二重效应，既要充分发挥有利的积极效应，又要减少直至避免不利的消极效应。

责任编辑审稿时的主体性职能表现为把关和选择。责任编辑的审稿是把关，因为他们在对作者负责的同时，要对读者、文化、国家、社会负责。或一定要出版作者的作品，相反，要充分学会和运用退改的权利，要在说不的过程中敢于拒绝出版作者的作品。价值观、学术质量存在较严重问题的书稿不能出版，虽然问题不严重但作者拒绝修改的也不能出版。书稿整体质量不高，思想内容低质粗劣，无法通过退改达到出书标准的不能出版。作者不重视作品质量，不配合修改书稿，其作品不能出版。责任编辑要特别运用退改的手段，和作者一起提高作品质量，因为推出高质量的读物是责任编辑和作者共同的目标，需要二者一起为之付出心血和智慧。责任编辑审稿时还需特别把关著作权，避免侵权。

责任编辑的基本职能是选择。从浩渺的内容海洋中得到所需要的编辑出版原料是选择，从不计其数的作者中找到某部作品的创作者是选择，通过审稿把关内容、发现价值还是选择。坚守选择性意味着在审稿时切实尊重作者的著作权。这种尊重表现在承认凡属与作品相关的权利都属于作者，一旦要动作品意味着动作者的权利，因而动之前必须得到作者的同意，动之后得到作者的书面认可并留档备查。这种尊重表现在对于作者的作品，要尽可能少改，在可改可不改时选择不改，在可删可不删时选择不删，在非改不可时尽量保留作者的原意，在非删不可时不破坏作品的整体性。发现是选择的更高境界，充分体现责任编辑审稿的主体性追求。发现作品的价值，发现好作品。发现作者的价值，发现作者的潜力。责任编辑往往在这种发现中实现价值，创造效益。

责任编辑的审稿主体性从结果看表现为评价和判断，即基于对书稿的全面评价而做出"退稿""退改"和"出版"的判断性结论。审稿具有主观性，因为它受制于责任编辑的素养、心理等不可控因素。审稿具有客观性，因为书稿是客观对象，书稿的评价和判断标准是确定的、客观的。责任编辑审稿以怀疑一切、验证所有的态度考量稿件和作者，在质疑中得到求证书稿价值的路径，在质疑的消除中看清书稿的价值。责任编辑对书稿的评价和判断通过审稿报告体现。审稿报告是责任编辑的创作，既反映其审稿的成果，也彰显其表达的素养和能力。一般来说，审稿报告包含稿件的背景等基本情况、审稿基本情况、书稿评价、书稿处理意见等内容。

伴随着各种条件的改善和发展，审稿日益现代化，特别是以人工智能为代表的新技术，给审稿带来了便利，提高了审稿的效率，增强了审稿的客观性。譬如，网络文学网站一般都执行违禁词筛查制度，借助违禁词筛查系统对包含违禁字词的内容进行高亮标注以促进审稿，出版社也把类似的数据库和软件技术运用于审稿中。当然，审稿现代化的决定性力量是责任编辑等主体，人工智能等最新技术只能起到辅助作用。

（三）结语

出版转型升级发展既要充分利用好新技术新条件，也要充分发扬诸如内容把关机制等传统优势。"三审制""责任编辑制"是有力有效的制度，强化责任编辑审稿在当下尤其具有特别的意义。责任编辑坚持审稿的原则，利于审稿，利于其价值的实现，利于编辑工作的开展，利于出版的高质量发展。

二、图书编辑细分和态势

图书编辑细分是编辑出版实践发展的必然结果，具有多方面的意义和价值，呈现出可预见的态势。

（一）图书编辑细分的种类

按照不同的标准，图书编辑可细分为不同的群体。

1. 助理编辑、编辑、副编审、编审

这是按专业技术职务对图书编辑进行细分。国家的相关规定对每一个层级的专业技术职务的内涵进行了细致的规定。在长期的实践中，编辑的专业技术职务与其水平、待遇等对接，是对编辑评价的重要指标和参照系。近年，随着编辑出版环境新变化的出现，编辑出版实践对编辑提出了新的要求，对习以为常的编辑专业技术职务也提出了新的挑战。编辑的专业技术职务评聘分开，编辑的专业技术职务采用考、评结合的新机制产生。在一些出版单位，编辑的专业技术职务的象征意义大于实际价值，在改革中，编审下岗的例子已不新鲜。这些变化表明：一方面，出版专业技术职务的评聘机制需要进一步改革，必须跟上出版实践的新形势。另一方面，编辑的专业技术职务作为国家管理编辑的一种手段，需要增加新的内涵，对其作用和价值需要重新定位。还有，编辑的专业技术职务在出版管理中将得到强化。因为专业技术职务是出版管理机制中的重要组成部分，也是相对可控的管理手段，一段时期以来没有严格执行的管理制度已经引起重视并会得到更认真的对待。譬如，三审制执行中对编辑资质的要求倒逼出版界重视专业技术职务。

2. 学者型编辑、杂家型编辑

从编著合一到编著分离到出现职业编辑，编辑的角色在变，但是，编辑的素质始终得到充分的重视和十足的强调。学者型编辑的讨论，学者型编辑、杂家型编辑的图书编辑细分，一方面体现了编辑出版实践对编辑的要求，另一方面体现了对编辑角色认识的深入。无论是学者型编辑还是杂家型编辑，都要求具有相当的专业功底和业务功底。当前，编辑队伍滥竽充数者有之、素质低下者有之、品质恶劣者有之，面对利益驱动和编辑的商业化，学者型编辑和杂家型编辑的强调应时而出，十分必要。

3. 文字编辑、美术编辑

顾名思义，文字编辑即在编辑出版实践中负责文字的审读和加工工作的编辑，而美术编辑即负责装帧设计等美术工作的编辑。文字编辑和美术编辑的细分与图书形态的特点息息相关，文字编辑负责图书的文字，美术编辑负责图书的装帧设计等美术工作，二者结合共同创造图书。近年，出版社出现了两种现象：其一，美术编辑从出版社独立出来，成立工作室等机构，在负责出版社美术编辑工作的同时，承接社外的美术编辑工作。其二，一些出版社撤销了装帧设计室或者美术编辑室，美术编辑的工作逐渐外包。显然，传统的文字编辑和美术编辑的细分太过机械和粗糙，已满足不了编辑出版实践的需要。

4.总编辑、编辑室主任、编辑

这是按工作职务对编辑进行的细分。总编辑、编辑室主任、编辑的工作职务从高到低，责权利各有差别。这种责权利的差异包含管理和业务两方面。对这种责权利，国家的相关规定进行了规约，但是这种规约是粗线条的，需要出版单位根据编辑出版实践和单位实际情况进行充实和丰富。仅有职务晋升通道，工作职务的晋升成了众多编辑的追求。而对工作职务的过分重视，不利于编辑的培养和成长。

5.策划编辑、组稿编辑、案头编辑、技术编辑、生产编辑

策划编辑负责图书选题的创意和策划，组稿编辑负责作者的联系和稿件的组织，案头编辑负责稿件的审读和加工，技术编辑负责图书的装帧设计，生产编辑负责图书的印制。策划编辑、组稿编辑、案头编辑、技术编辑、生产编辑是根据出版流程并以编辑为核心对编辑的细分。显然，这种细分太细，增加了协调的成本，且由于缺少核心而失去了集中效应。

6.策划编辑、责任编辑

责任编辑包含两层含义：一是在一定的历史条件下，按照一定的编辑方针对出版物进行策划、组织、审读、加工、评价，为文化建设提供支持和保障。二是从本职工作出发，干什么工作必须对什么负责，责任编辑应对自己所经手的出版物承担一定的责任。策划编辑策划和确立选题，责任编辑承担后续的工作。与

策划编辑、组稿编辑、案头编辑、技术编辑、生产编辑的细分相
对比，策划编辑和责任编辑的细分更符合编辑出版的实际，更能
满足编辑出版实践的需要。在这种细分中，策划编辑是发动机，
而责任编辑在追随策划编辑意图的基础上创造性地执行，是图书
出版的关键。责任编辑应当控制选题、生产的全过程，除了对
组稿、稿件编辑加工要具体实施外，对装帧设计、印刷复制、市
场营销、货款回笼等都有提出要求并一一落实的必要。

7. 核心编辑、辅助编辑

核心编辑既是策划编辑，又是图书项目的全程执行人和监
控者。辅助编辑是核心编辑的辅助者，即充分延伸核心编辑的
长处，补足核心编辑的短处。核心编辑制围绕核心编辑打造编
辑团队，充分发挥核心编辑的核心作用，充分扩大核心编辑的
优势和能量。显然，核心编辑融合了策划编辑、责任编辑的最
主要的作用和功能。

8. 首席编辑、资深编辑、编辑、助理编辑

这是首席编辑制对编辑的细分。首席编辑制是对编辑职称的
调整，又是在现有形势下，对编辑成长和培养模式的探讨。首席
编辑是编辑队伍中的领头人，在首席编辑的带领和培养下，形成
编辑的梯队和团队，于是出现了资深编辑、编辑、助理编辑。首
席编辑、资深编辑、编辑、助理编辑不仅仅是一个称号，还与其
待遇等挂钩，对他们的评聘完全根据出版单位的实际情况确定，
其内涵可因出版单位不同而不同。

（二）从责任编辑的发展历程看编辑细分中的角色强化

责任编辑在我国的存在已有 60 多年历史，作为责任编辑制
的主体，其定位、角色、作用在发展中越来越明确、巩固和强化。
梳理责任编辑的发展历程，可分为三个阶段，划分标志是国家出

版管理部门颁发的三个制度性文件——《关于国营出版社编辑机构及工作制度的规定》《国家出版局关于加强和改进出版工作的报告》和《出版专业技术人员职业资格管理规定》。

1. 从 1952 年至 1978 年的探索阶段

20 世纪 50 年代，"责任编辑"一词从俄文翻译引进。1952 年 10 月，国家出版总署在《关于国营出版社编辑机构及工作制度的规定》中说："编辑过程中的每一工作步骤完成时，所有有关负责人都须签字，以明确责任。"虽然这里没有提出"责任编辑"一词，但是着重强调了编辑的责任。1954 年 4 月，国家出版总署的《关于图书版本记录的规定》说："除著作者、编辑者、翻译者姓名外，需要时可以载明负责的校订者、责任编辑，优秀的装帧设计者、插图者及校对者的姓名。""责任编辑"通过官方文件明确成为我国出版工作中的术语，第一次被正式定名。此后，经过一段时间的正常发展后直到 1978 年，"责任编辑"处于波折中，甚至停止了工作。

2. 从 1978 年到 2008 年的落实阶段

1978 年 7 月，国务院批转的《国家出版局关于加强和改进出版工作的报告》中"恢复总编辑、主任编辑、责任编辑三级审稿制"，明确责任编辑重新进入角色状态。1980 年 4 月，中宣部转发国家出版事业管理局制定的《出版社工作暂行条例》说："凡采用的书稿出版时，作者、编著者、译者以及集体编著书稿的主编或执笔者都应署名。出版社的责任编辑、装帧设计也可以署名。"这里关于责任编辑署名的表述和 30 年前一样，是重申和强调。1997 年 6 月，国家新闻出版署颁布的《图书质量保障体系》指出："坚持责任编辑制度。图书的责任编辑由出版社指定，一般由初审者担任。"这是落实责任编辑制的标志性制度，将责任编辑作为保障图书质量的主要主体融入图书质量保障体系。尽管由于市场的冲击，在经济效益的导引下，有过关于"三审制"去留的讨论，责任编辑的作用、功能等实际上弱化了，但是，责任编辑制和责任编辑一直在实践中坚持。

3. 从 2008 年至今的强化阶段

2008 年 2 月颁布，6 月 1 日起施行的《出版专业技术人员职业资格管理规定》定义责任编辑说："本规定所称责任编辑是指在出版单位为保证出版物的质量符合出版要求，专门负责对拟出版的作品内容进行全面审核和加工整理并在出版物上署名的编辑人员。"它对责任编辑提出要求说："在出版单位担任责任编辑的人员必须在到岗前取得中级以上出版专业职业资格，并办理注册手续，领取责任编辑证书。"2020 年 11 月修正的《出版管理条例》规定说："出版单位实行编辑责任制度，保障出版物刊载的内容符合本条例的规定。"这是对责任编辑的确认和进一步强调。随着意识形态工作认识的深入和工作的加强，加上机构改革的推进和落实，出版日益回归本位、本质，责任编辑的责任、作用、价值、功能等进一步突出和强调。

（三）图书编辑细分的意义

1. 促进编辑成长，为编辑的培养和培训提供模式

图书编辑细分自然形成编辑的层级和序列，编辑层级和序列的存在为编辑的发展和晋升提供阶梯。编辑的职业阶梯是编辑的重要评价标准，是衡量编辑价值的重要指标。因此，图书编辑细分客观上为编辑的成长提供了方向、途径和轨道。

每一种图书编辑的细分实际上都提供了一种编辑的培养模式。无论是编辑专业职务、工作职务，还是新推出的图书编辑细分种类，都对相应层级的编辑提出了明确的要求。从低层级

到高层级，需要具备什么素质，需要达到什么标准，都有清晰的说明。这样，编辑对号入座，按照要求设计成长的模式，实际上是对自我的一种培养。从出版单位来说，根据这些要求和标准，对编辑的成长提出更具体的细则和方案，实际上推出和提供了培养、培训的模式。

为了编辑队伍的建设，在出版实践中推出一些更具实用性的编辑细分种类，更是直接提供了编辑的培养和培训模式，如首席编辑制。传统的编辑成长模式是老编辑对新编辑的传帮带，在出版日益市场化的今天，这种模式失去了存在的土壤。首席编辑制在借鉴传统的传帮带的好处的基础上，将首席编辑的传帮带与编辑团队建设和编辑绩效的考核结合起来，提高了编辑带头人的积极性，也有利于新编辑的成长。

2. 促进编辑实践，为图书出版的专业和高效提供基础

随着编辑出版的发展，图书出版的品种日益增多，图书产品的规模不断扩大，图书生产的专业化程度显著提高。在这种形势下，编辑细分以满足编辑工作分工的需要成为一种必然。换句话说，编辑出版实践在逼迫编辑进行细分。显然，编辑不细分满足不了编辑出版实践的需要，会拖出版生产力的后腿。

编辑生产力是出版生产力的核心，包含编辑能力、选题策划能力、创新能力、市场竞争力等。编辑生产力要求编辑主体根据编辑流程的需要加强社会分工，在专业的平台上不断提高能力，并最终提高编辑生产力。分工的细化带来工作主体的细化，于是编辑细分成为必然。所以，编辑细分是编辑生产力的需要。同时，编辑细分也为编辑生产力的提高提供了基础，为出版生产力的提高提供了条件。

编辑流程细化，编辑不断细分，各司其职，编辑活动的专业化程度提高，编辑工作的程序性增强。这样，编辑工作过程中的

内耗减少，效率提高。然而，编辑细分不是无限的，因为编辑的过度细分意味着编辑环节的过度细化。这种过度细分和细化一方面增加了协调的成本，另一方面过度的机械化削弱了创造性，不符合编辑出版作为强创造性劳动的特性和定位。

3. 促进编辑管理，为编辑团队的组成和建设提供条件

编辑群体从某种意义上来说是一个系统，这一系统的存在追求一加一大于二的效应。要实现这一追求，编辑个体的素质需要提高。同时，编辑个体要根据一定的规则形成结构，成为整体。

编辑细分强调编辑的专业定位和专业发展，为编辑专业素质和业务素质的提高提供了平台，有利于编辑个体素质的提升。同时，编辑细分表现出明显的层级特征。这种层次性本身是一种结构方式，同时也为结构方式的再创造提供了条件。因此，编辑细分有利于发挥编辑群体的系统功能，有利于形成编辑群体的系统效应。

在编辑细分的种类中，有些本身就是围绕编辑团队建设而设计的。譬如核心编辑和辅助编辑的细分。这种细分是核心编辑制在编辑细分方面的体现。核心编辑制强调围绕核心编辑组建团队。核心编辑围绕出版社的某一出版领域创造和形成项目，在此基础上形成实现项目的团队。这种团队作战的编辑管理模式，一方面充分释放了核心编辑的作用，另一方面也充分发挥了辅助编辑的长处和优势，是强势突出和强化的模式，是攻克出版高地、创造出版强势的模式，是有效管理编辑的模式。

4. 促进编辑改革，为出版改革提供动力和支持

出版改革是为了提高出版生产力。编辑是出版的核心，编辑生产力是出版生产力的核心。改革编辑，提高编辑生产力，是出版改革的重要任务和重要方面，可以为出版改革提供动力和支持。

编辑细分实质上是编辑改革，任何一种新的细分方式的提

出都是对原有编辑管理和编辑队伍存在状态的改变，而新的编辑细分方式是编辑出版实践新的需要要求的，是出版改革的需要要求的。

在出版改革的过程中，编辑细分成为一些重要改革措施推出的重要组成部分，是一些重要改革措施付诸实施的重要助推力。譬如，出版界倡导的事业部制牵涉到人、财、物等许多方面的改革，其中很重要的方面是编辑团队的建设，而这种建设实质上是编辑改革，是编辑管理和培养模式的改革。如果说编辑细分到位，为编辑改革提供了支持，释放了编辑的能量，提高了编辑的积极性，解放了编辑生产力，那么事业部制的推行就完成了主要的工作，改革的预期可能更快更好地实现。

（四）图书编辑细分的态势

1. 图书编辑细分趋势渐强，图书编辑分工日益细化

尽管小型出版社的存在要求编辑从事更复合的工作，但是，出版发展的整体趋势是强者愈强、大者愈大。规模的扩张和实力的增强将导致出版的集中，这种集中的趋势必然带来经营和发展的专业化，必然带来编辑的专业细分。

图书编辑细分的渐强趋势与编辑主体的局限性息息相关。社会的进步和出版的发展增加了编辑出版工作的复杂性，而编辑主体在认识和适应等方面都具有局限性，不能穷尽外在环境的无限要求，只能在一定范围内精心修养，提高素质，才能和环境带来的挑战与实践的新需要匹配。这样，图书编辑必然集中于某一方面耕耘，也就是说必然接受工作细化要求的主体细化，进而找到自己的合适位置。在图书编辑细分整体趋强的态势下，对核心编辑或首席编辑提出了更高的要求，要求他们具有更复合的才能，要求他们在专业的基础上提高普遍素质，具备统筹能力，具备充

分发挥团队内员工的专业优势的组织和协调能力。

2. 策划编辑的地位日益重要，将成为出版社编辑出版实践的主力

策划编辑的出现是市场条件下编辑出版发展的必然结果，因为出版资源的稀缺和竞争的加剧要求专门的图书项目策划人出现，以增强出版社出版资源的占有能力和创造能力。随着编辑出版的继续发展和社会主义市场经济的进一步完善，策划编辑的功能会得到进一步强化和突出。

从编辑出版实践的实际来看，策划编辑从过程和结果都带来了新的因素。策划编辑的存在让习以为常的编辑过程充满了活力，让平淡的出版过程变得刺激，增加了编辑出版实践的风险，也带来了编辑出版实践的高收益。一些出版社引进一个策划编辑等于引进了优势资源和优势管理，从而带动了整个社的改善和发展。出版业是知识密集型的创新性产业，其竞争归根结底是知识和人才的竞争，从某种意义上是策划型人才的竞争。培养和拥有高水平的策划编辑是出版社的重要任务，是日后决胜的重要保障。

3. 出版社的文字编辑、技术编辑、生产编辑日益弱化，外包趋势明显

为了在竞争的环境下得到生存和发展的机会，出版社把打造核心竞争力作为第一要务。打造核心竞争力必然围绕自己的优势和独一无二的资源进行重点投入和发展，同时将一些辅助性的工作社会化。文字编辑、技术编辑、生产编辑是一些规范化的工作，尽管是编辑出版过程中不可或缺的，但是，它们不是出版社的核心竞争力，必然在出版社的战略决策中处于弱化的位置。

同时，从出版社的实际情况来看，和外包相比，出版社自己承担文字编辑、技术编辑、生产编辑的工作弊大于利。因为，一方面出版社承担这样的工作需要耗费大量的人力、物力和财力，

导致机构庞大、效率低下；另一方面社会上的专业化机构从事这样的工作可以充分发挥其集中优势，降低成本，提高效益。

当前，技术编辑外包已较普遍，一些出版社采用和工作室各种形式的合作解决美术方面的问题效果较好。在文字编辑、生产编辑方面，一些出版社已经在社内成立专职部门承担工作。随着出版的发展和环境的变化，这些专职部门一旦独立就是专业的公司，就可能实现社会化。显然，这是外包在出版社内部的一种变通形式。

4.围绕核心编辑组建的小团队在编辑出版实践中发挥重要作用，将成为出版单位的重要力量

图书出版多项目的特点是小团队在编辑出版实践中发挥重要作用的土壤。图书市场纷繁复杂，读者需求日益个性化，出版社在经营时必然针对细分市场专门经营，而每一个细分市场的介入和拓展，都需要一支小队伍承担。这支小队伍最好的组织形式是小团队。

围绕出版项目而组织的小团队以核心编辑为核心进行组织，既能发挥团队的优势，又能发挥核心编辑的核心作用。管理学上强调二八定律，出版界对此已颇为认同。核心编辑的核心作用，小团队的作用，符合这一定律，在实践中也产生了实效，得到了证明。

围绕核心编辑组建小团队，一方面要培养和拥有核心编辑，另一方面要以核心编辑为核心组建小团队。出版社实施核心编辑制的重要意义在于在这两方面着手，寻找突破，以求在竞争中拥有最关键的资源和最具优势的资源。

第三节　主题出版的精品追求

一、主题阅读的问题和出路

主题阅读对应主题出版。主题出版聚焦国家政治生活、经济发展、社会进步、文化繁荣、生态文明等，是以重大理论、热点事件、重点题材、重要人物等为对象的出版活动，重在推出优秀主题读物。主题阅读指读者在一定环境下对主题出版物的认识过程和心理活动。主题阅读重在以情感染读者，以识引领读者，以理影响读者。党的十九大明时代、立思想、设征程、定方略、强力量，为主题阅读丰富了思想、精神、资源，明晰了任务、要求、标准，确定了方向、领域、战略，提供了路径、策略、方法。充分认识到面临的重大发展机遇，直面不足、厘清思路，以有力的措施迎接和实现这一机遇，是主题阅读的重要理论课题和实践命题。

（一）问题：三大矛盾

1.低水平读物过剩和优秀读物不足并存

根据中国版本图书馆 CIP 中心的统计，2016 年发放 2297 个主题出版 CIP[①]。2016 年 9 月至 2017 年 9 月，推出"一带一路"

---

① 李建红.2013–2017 年主题出版的选题特点、矛盾及对策 [J]. 出版科学，2018（1）：33–37.

倡议主题图书 980 余种 ①。2017 年、2018 年，全国出版社分别报送参评国家重点主题出版工程的图书选题 1506 种、1340 种，入选品种数为 77 种、69 种 ②③。显然，主题出版的年度绝对品种数不小，在一定时段内针对某一主题的出版物不少。但是，除少量的畅销书外，主题出版物因质量不高以致平均印量不多，平均曝光率不高，平均有效阅读率低，其中较高比例的读物在有限的圈里打转，甚至没有在大众市场面世。同时，充满店堂书架的主题读物质量参差不齐，部分读物因重复出版而大同小异，部分读物内容空洞、表达方式陈旧、包装过时；主题读物占出版社的库存比例越来越高，库龄越来越长。因此，主题阅读领域低水平读物过剩和优秀读物不足并存，供给体系矛盾较突出、问题较严重。

2. 阅读需求大、阅读满足率低并存

2018 年 2 月 2 日，《习近平谈治国理政》（第二卷）中英版全球发行突破 1300 万册 ④。2017 年 9 月红旗出版社推出何建明撰写的报告文学《那山，那水》，该书以文学形式阐述习近平总书记"绿水青山就是金山银山"的科学论断，不到 3 个月发行量突破 20 万册 ⑤。这些时不时推出来的畅销书说明主题阅读的需求大、市场大、潜力大。同时，读者对主题阅读的常态化需求满足率低，他们日常想读的主题读物缺乏，想得到的主题读物信息得不到，想买的主题读物买不到，想参与的主题

---

① 孙海悦 . 2018 年重点主题出版物选题目录公布 [EB/OL].（2018-06-08）[2018-07-05]. http://www.chinaxwcb.com/2018-06/08/content_371787.htm.

② 中宣部 . 2017 年主题出版重点出版物选题公布（后附名单）[EB/OL].[2018-07-05]. http://www.cbbr.com.cn/article/112085.html.

③ 张君成 . 盘点 2017 年出版关键词：主题出版、传统文化等 [EB/OL].（2018-06-08）[2018-07-05]. http://www.chinaxwcb.com/2018-06/08/content_371787.htm.

④ 马桂花 . 习近平谈治国理政第二卷全球发行突破 1300 万册 [EB/OL].（2018-02-04）[2018-03-25].http://cpc.people.com.cn/n1/2018/0204/c64387-29804441.html.

⑤ 王坤宁 . 报告文学《那山，那水》销量超 20 万册 [EB/OL].（2017-11-13）[2018-03-25]. http://www.chinawriter.com.cn/n1/2017/1113/c403994-29643318.html.

阅读活动少。阅读需求大和阅读满足率低的矛盾反映了主题阅读存在供给不充分、信息不对称、服务不到位等问题，不但缺好书，而且哪怕有好书也不能被读者有效消费，不能给读者带来获得感、满足感。

3. 重视程度高、发展现状堪忧并存

从党和政府倡导的主题出版工程、主题读物展销和集中宣传、主题阅读活动以及越来越多的出版补贴与奖励，到出版社的高投入、读者的高期待，主题阅读得到了方方面面的足够重视。同时，主题阅读事实上成效不显著，党和政府的管理者、社会组织、出版社、读者等主题阅读的相关方对发展现状评价不高、忧虑颇多。这种投入和产出的矛盾说明主题阅读的问题在于局部，更在于系统和整体，改革和发展的任务繁重而且紧迫。

（二）体系："三位一体"

1. 主题阅读体系

主题阅读包括主体、客体和环境三部分。主体指读者，客体指主题读物，环境指主题阅读的条件，三者相互作用、相互影响，按照一定的方式组合成整体，意味着形成"三位一体"主题阅读体系、产生主题阅读的系统功能[①]。读者素质、主题读物品质、主题阅读环境状况是主题阅读体系的基础，三者的结构方式是主题阅读体系的关键。没有读者素质、主题读物品质、主题阅读环境状况，主题阅读体系无从谈起。没有合理的结构方式，读者、主题读物、主题阅读环境不能形成整体，不能发挥充分效能。只有当三者各自优良且结构方式合理，主题阅读体系才活力足、功能足、作

[①] 张怀涛 . "阅读"概念的词源含义、学术定义及其阐释 [J]. 图书情报研究，2013（4）：32–35.

用大、效益显著，主题阅读才进入充足状态。如果三者中任何一项或多项缺失或者某项、某几项品质不高、作用不足或者结构方式不合理，那么主题阅读体系活力弱、功能弱、作用小、效益低，主题阅读处于不足状态。

2. 系统性是主题阅读体系的最大特点

"三位一体"主题阅读体系是整体，主题读物、读者、主题阅读环境在整体中各有其位置和作用，但不能代表和取代整体。其中，主题读物是基础，读者是中心，主题阅读环境是条件，主题阅读围绕读者提供主题读物、匹配主题阅读条件。读者的需求和主题读物、主题阅读环境不足的矛盾是主题阅读的主要矛盾，是其发展的动力。在与这种矛盾相关的反馈与控制中主题阅读的主题读物、主题阅读环境不断调整，持续满足读者的需求，主题阅读在动态变化中不断发展。读者是特定的社会主体，出版社是提供主题读物的主体，主题阅读环境是社会的一部分，由政府、行业等相关组织营造和管理。读者、出版社、社会、政府等与主题阅读相关的各种力量协同一致，主题阅读体系的整体性强，系统性特征显著，主题阅读的综合效应发挥，主题阅读良性发展，否则，任何一股力量的缺位和不作为或结构方式不合理、不到位，都可能伤害到主题阅读体系，影响其功能和效应的发挥，损毁主题阅读。

3. 统一律和转化律是主题阅读体系的两大规律

在"三位一体"主题阅读体系中，读者、主题读物、主题阅读环境有对立的一面，也有统一的一面。譬如，读者需求的多样性、丰富性、持续性与主题读物的确定性、时效性以及主题阅读环境的局限性等有对立的成分，而对于实现主题阅读培育主流价值文化的核心功能来说，三者是统一的。主题阅读体系的变化发展过程是不断通过改善读者、主题读物、主题阅读环境的素养、品质和结构方式，减弱和消除三者对立的一面，增强和集中到三者的统一面的过程。这个过程由主题阅读体系的统一律决定，也充分体现其支配性作用。

转化律指主题阅读的状态在充足状态和不足状态间转移和变化，即主题阅读充足状态在出现缺失项或某项、某些项状态变差或结构方式不合理后成为不足状态，主题阅读的不足状态在补足缺失项、各项作用充分发挥且通过调整找到合理结构方式后进入充足状态。转化律和统一律是一致的，因为转化律的目的是促使主题阅读体系走向统一，而统一律借助转化律对主题阅读体系的作用促进统一，产生系统效应。

（三）出路："六位一体"

1. 绘制新蓝图：出台顶层设计

第一，明白出台主题阅读顶层设计的重要性和紧迫性。首先，主题阅读极为重要，值得系统规划，统筹管理。其次，主题阅读管理体系利于整体掌握主题阅读，利于立足整体解决主题阅读的局部问题，利于充分发挥主题阅读的核心功能和作用。最后，主题阅读肇始于主题出版，主题出版源于出版项目和工程。在发展的过程中，主题出版、主题阅读的管理多了方式方法，调整了手段，但是没有形成体系，没有实现系统管理。这是产生主题阅读当前问题的一个方面的原因，当然也是解决主题阅读存在的问题的重要措施。

第二，明晰主题阅读顶层设计的目标、构建逻辑和主要内容。主题阅读顶层设计的目标是提高和增强读者、主题读物、主题阅读环境的素质或品质，形成强化建设主流价值文化的核心功能、凸显三者各自的层次性以及体系整体层次性的结构方式。它的构建逻辑是"三位一体"主题阅读体系的系统性特点以及统一律和转化律。它包括如下主要内容：指导构建主题读物生产体系、主题阅读服务体系、主题阅读文化、主题阅读走出去体系，对应解决主题读物供给体系质量、读者需求满足、主题阅读环境和主题阅读国外实现价值等方面的问题，统合促进和发展主题阅读的力量，形成主题阅读体系。

第三，明确出台主题阅读顶层设计的责任主体、路线图和时间表。伴随机构改革，主题阅读顶层设计的责任主体是宣传部门。从中央到地方，主题阅读顶层设计体现纲领性和层次性特征，即中央有总的要求和宏观指导，地方根据所处层次既落实中央的精神和要求又凸显地方的创新和个性。面对国内外环境的复杂和严峻，出台主题阅读顶层设计的时间紧迫，需要有确定的时间安排。一方面将零散的主题阅读工程和项目整合到体系中作为近期任务马上实施，另一方面将主题阅读体系的完整构建和效能发挥作为长远工作予以安排。

2. 铸就新基础：用精品出版带动生产体系

第一，实施主题阅读供给侧结构性改革，建设主题阅读的读物供给体系。这种改革和建设的方向是变主题阅读产品的规模战略为质量效益战略，以市场化手段催生主题阅读产品提供主体的活力和动力，调整主题阅读产品的结构。

第二，改变任务性、指令性、工程性活动的主题出版认识，走出"管理部门下任务—出版社领任务—作者命题作文—书出来了事"的循环，做到主动规划、早准备、早安排；追求大影响和高实效，用新观念创造新面貌；遵守生成规律、规范规律和分享规律等基本出版规律，以新技术作为维度调整结构，扩大新兴主题读物的量和在整体中的份额并提高其地位，加强传统主题读物的新技术含量以充分实现其丰富性、立体性和吸引力。譬如，2018 年 3 月，湖南人民出版社以"不忘初心、牢记使命"为主题，激活存量精品红色资源，和咪咕平台合作推出湖南党员干部红色阅读 KINDLE 阅读器"湘江红潮"，纸质图书和移动数字阅读任由读者选择，受到各界肯定，反响强烈。

第三，以精品案例示范业界，以精品出版创造主题读物生产模式，汇聚主题读物生产模式形成主题读物生产体系。譬如，2017 年，电视理论片《社会主义有点"潮"》于十九大召开期间热播，以理论片的框架为基础，精心创作的同期出版的同名图书，和理论片互推。紧跟着，在"社会主义有点'潮'"品牌引领下，"潮"系列涌现。这个案例创造了多媒体互动互推共创品牌、共推主题阅读的生产模式。与此一致的是 2017 年人民出版社、学习出版社等联合出版的中央电视台主题片《将改革进行到底》等的系列视频及相关读物。

3. 抓好新关键：以新业态倒逼服务

第一，以新业态倒逼主题阅读服务水平的提升。新技术带来的新服务催生主题阅读的新业态，这些新业态基于服务理念，坚持极致的服务标准，提供精准的贴心服务。以新业态的标准倒逼主题阅读服务，将纸质书阅读的体验和线上线下服务结合，更能满足读者的阅读需求。譬如，人民出版社基于理论数据推出的马克思主义经典著作查询和阅读分享应用，既满足读者个性化需求又基于社群满足读者群的分享需要，线上的服务既带来新价值新效益又宣传推广纸质书，促进纸质书的销售。

第二，以新业态的新技术应用模式倒逼主题阅读服务体系的构建，真正以服务促进主题阅读。首先，运用新技术畅通信息流，实现信息对称。新技术是构建信息流体系的条件，无论是自带信息和信息链接还是新媒体的信息融通，无论是读者、出版主体、管理主体的充分提供信息还是它们之间的充分分享信息，都要借助新技术。信息流体系是主题阅读服务体系的组成部分，意在为"三位一体"主题阅读体系实现即时互动，使结构中的三方彼此了解信息，以畅通的信息流融合服务体系，进而润滑和推动主题阅读体系。其次，借助新技术理顺流通，助力充分提供读物及其相关服务。高质量主题读物的存在是前提，其提供是条件。主题读物的充分提供包含已有读物的适时提供和需要但无库存读物的及时提供。便捷、低价的物流为已有读物的适时提供创造了条件，按需印刷为需要但无库存读物的及时提供创造了可能。二者结合，充分提供阅读物可以实现。"出版服务不再局限于图书产品，新的服务形式包括数据租售、内容分发、全产业链服务、知识服务、教育服务等，出版业市场服务环节进一步增值，形成了多种全新的大数据应用模式。"[①] 主题阅读服务体系反过来可能通过创新新技术运用创造主题阅读的新业态，进一步促进主题阅读的发展。

4. 提供新保障：构建主题阅读文化

"阅读文化是建立在一定的技术形态和物质形态基础上，受社会意识和环境制度制约而形成的阅读价值观念和阅读文化活动。"[②] 主题阅读文化是阅读文化的一支，在社会功能与价值上为主题阅读提供价值取向和价值准则，在社会意识与时尚上为主题阅读提供影响力边界和影响趋向，在环境和教育上为主题阅读提供硬件支持和潜在读者。首先，构建主题阅读文化要形成重视主题阅读的价值观念。党和政府有关部门及其相关行业组织要制定和推出制度，通过制度约束继续硬性强化主题阅读，巩固主题阅读意识。譬如，2018 年国家新闻出版广电总局关于推进全民阅读的通知，将主题阅读单列，提出特别要求，对主题阅读

---

① 张博，雷锦，楼文高.新闻出版领域大数据应用模式研究 [J].出版发行研究，2017（12）：34.
② 王余光，汪琴.关于阅读文化研究的几个问题 [J].图书·情报·知识，2004（5）：5.

的倡导具有积极意义。其次，要开展丰富多样的主题阅读活动，以活动促进主题阅读文化的构建。譬如，领导干部可以针对主题阅读提出高标准严要求，可以组织专门的主题阅读活动，通过这种活动掀起主题阅读高潮，影响更多人，吸引更多人。再次，要在各级教育中融入主题阅读。譬如，对于青少年，要将主题阅读作为必修课进校园进课堂进头脑，以此培养他们的兴趣，改变他们的观念。又次，要将主题阅读与人们的生活融合起来，使主题阅读进入主流生活，成为社会时尚。"十八大以来，我们整个国家的社会环境、氛围发生了变化，人们对一些重大问题的关切、关注比以往更加深入了……"[1] 主题阅读与人们生活融合有了更好的条件。最后，在硬件设施等方面加大投入，在公共场合突出主题读物，用阅读氛围感染人们，用便捷、舒适的环境吸引人们。譬如，在图书馆和教室的图书角强化主题读物的展示，强化主题阅读印象，吸引读者。

5. 扩大新影响：推动走出去

第一，顺应需求推动主题阅读走出去。需要和渴望了解我国情况、理解我国发展道路和模式的国家越来越多、人群越来越大，特别是大中华文化圈里的国家和"一带一路"沿线国家，特别是国外友好人士和华人。随着"一带一路"建设的深入推进，以文明交流和民心相通为主题的文化建设需要加强，主题阅读走出去势在必行。

第二，顺势而为推动主题阅读走出去。"人类命运共同体""共商共建共享的国家合作"等写入联合国文件中，许多国家在研究我国的情况，一些国家在学习我国的发展道路和模式，如此表明我国的国际影响日益扩大，国际话语权逐渐建立。话语权引领文化

---

① 才佳玉. 主题出版彰显中国发展"软实力"[N]. 新华书目报，2018-01-26.

走出去，主题阅读走出去水到渠成。我国出版由大变强的发展必须经历国际化的必由之路，在这个过程中，包括主题阅读在内的出版行动和活动需要走出去。我国的出版理念、出版资源、出版能力为主题阅读走出去提供了行业经验、行业支持和行业保证。

第三，构建主题阅读走出去体系实现主题阅读走出去。构建主题阅读走出去体系是统合国内外力量在国外建设"三位一体"主题阅读体系，使国内主题阅读资源、能力等走出去。首先，构建主题阅读走出去体系不能遍地开花，不能盲目追求一步到位，要选择合适的目标区域，要针对合适的人群进行富有针对性的服务。譬如，可以某个国家的华人作为主题阅读的覆盖人群，以主题阅读的关键环节为支撑点加以掌控，外联合作伙伴，逐渐实现对这一人群的阅读服务提供，进而实现主题阅读体系的构建和运营。其次，在出版产品走出去的同时要让阅读服务走出去。比照"三位一体"主题阅读体系，出版产品走出去只是阅读的一部分到了国外，主题阅读走出去不仅是主题读物到了国外，更重要的是要在国外提供主题阅读服务，同时营造合适的主题阅读环境。譬如，2017年，"一带一路"国家主题图书巡回展主办方先后在曼谷、华沙、雅加达、沙迦等地举办中国主题图书展等活动。[①] 最后，主题阅读服务不但要走出去，还要跟着主题读物走进去。譬如，2017年，党史专家金冲及著的《生死关头——中国共产党的道路抉择》由加拿大学术出版社出版，国内出版方三联书店的阅读服务同步跟进，进入加拿大主流阅读领域[②]。

6. 增强新力量：改变两主体

第一，改变出版社，改善供给主体，优化供给。首先是调

---

① 郑杨.“一带一路”主题图书再掀出版热潮 [EB/OL].（2017-04-11）[2018-07-10]. http://www.cnpubg.com/news/2017/0411/34002.shtml.

② 孙玮. 红色经典学术走向国际市场《生死关头——中国共产党的道路抉择》英文版面世 [EB/OL].（2017-10-12）[2018-07-10]. http://www.cnpubc.com/newstrends/2017/1012/34182.shtml.

结构。所有参与主题阅读的出版社必须从整体上理顺结构、确立重点，各自主攻富有资源且擅长的领域。人民出版社群体一直是主题阅读的主力军，在主题阅读的主体中起着主要作用。一些中央和国家部委的出版社加上一些大学出版社在主题阅读方面富有建树，是主题阅读的重要主体。其他出版社不时参与主题阅读，但资源和能力有限，可持续性不强。这种主题阅读的主体结构既昭示了现状，也形成了门槛。以主题读物和拥有的主题读物内容资源、出版能力来看，出版社也形成了结构。中央的重大理论和文献、重大节庆读物等集中在学习出版社、中央文献出版社、人民出版社等，通俗政治理论读物、政策解读读物等较为集中于中国方正出版社、中国人民大学出版社等，地方资源特性明显的主题读物集中在各省的人民出版社。其次是强素养。无论是主题读物生产体系、主题阅读服务体系还是主题阅读文化、主题阅读走出去体系，都不是出版社原有的资源和能力能够承担的，都需要合适的组织结构形成足够的力量去设计、实践和推动。出版主体要根据"三位一体"主题阅读体系的需要，在逐项提高能力的基础上，从分散到集中，从兼职到专门，从零碎到整体，构建和优化组织，以组织力提升主题阅读的供给力、服务力、影响力和效力。譬如，中南出版传媒集团成立重点项目办，专门协调包括主题读物在内的项目实施，效果非常好。人民出版社、中国人民大学出版社率先成立服务主题阅读的编辑部，专攻主题出版，探索主题阅读的营运模式，有突破有收获。最后，强合作。这种合作既与结构相关也有助于素养的提高。譬如，2018年，人民出版社联合全国各省人民出版社出版《中国改革开放全景录》，人民出版社负责国家卷，各省人民出版社负责各省卷。该项目得到中央领导批示、党和国家相关部门的支持，效果和效益可期。在这种项目合作中，人民出版社联盟在人民出版社的带领下特色更鲜明，在主题读物出版和主题阅读促进的主体中更突出，彰显了整体实力，展现了在结构中的主要角色感。同时，各省人民出版社之间交流充分、取长补短、共同长进。

第二，改变读者，改善需求主体，拉动需求。首先，价值观改变。读者对主题阅读有正确的态度和认识，走出主题阅读离生活远、与自己不相关、功利性等误区，认识到它与生活和工作的关系，进而接受它、亲近它。其次，阅读习惯改变。让读者特别是青少年、党员干部等核心读者群形成主题阅读习惯，使之成为他们生活的一部分。最后，影响力改变。发动读者参与主题阅读活动，促进主题读物的扩散，让读者在活动参与中提升主题阅读的成就感，进一步推动主题阅读的发展。

（四）结语

主题阅读需要系统思考、整体推进、统筹管控，需要以体系结构系统，需要遵循"三位一体"主题阅读体系的逻辑、特点和规律。主题阅读的政府和行业管理者需要用系统思维制定和出台新的顶层设计，以系统管理引领和指导主题阅读体系的构建，保障主题阅读的可持续发展。主题读物生产体系、主题阅读服务体系、主题阅读文化分别对应主题读物、读者和主题阅读环境，都在自身的构建和运营中促进主题阅读体系的形成，实现主题阅读的核心功能。主题阅读走出去体系不是简单地在国外复制国内的主题阅读体系，而是将国内的主题阅读资源、能力等在国外本土化，充分服务和满足国外读者的阅读需要。出版主体在政府和行业管理者的统筹、指导、引领下，担当建设者、协调者，通过围绕主题阅读的需要调整结构、再造组织、提升能力。读者在国家、社会以及各级各类主体的行动和活动中理解、接受、亲近主题阅读，成为促进主题阅读体系构建的重要力量，同时享受主题阅读带来的获得感和满足感。

二、主题出版回溯、展望和发展策略

主题出版历经 15 年多的发展，日益彰显其价值，日渐暴露其问题。近两年，关于主题出版的文章井喷，这既是对丰富实践的呼应，也是思考和提醒。此时，回溯主题出版的过去，梳理它的现在，思考它的未来，冷静发掘热闹背后的本质，理性探究喧嚣遮掩的规律，能为它的提升、升级、升华找准调子、找到策略、走对路子。

（一）主题出版的提出

2003 年，国家新闻出版总署提出主题出版有其必然性和深刻性。内在来看，它遵循了出版发展规律；外在来看，它反映了社会的愿望和全球出版发展对我国的影响。因其必然性，所以可持续；因其深刻性，所以价值凸显。

1.对应出版改革的需要：为行业铸精神

2000 年 10 月 11 日，党的第十五届五中全会通过的《中共中央关于制定国民经济和社会发展第十个五年计划的建议》，提出要"完善文化产业政策，加强文化市场建设和管理，推动有关文化产业发展"。这一年 1 月，辽宁出版集团与原行政管理机关辽宁省新闻出版局彻底脱钩后正式成立，成为我国出版界第一家真正实现政企分开、政事分开，并获得国有资产授权经营的出版产业集团。在文化领域的改革中，出版率先突破，始终排头，最先接受市场的冲击，最先卷入价值观、精神的矛盾冲突。一边是长期的体制机制束缚松绑了，一边是活力和空间无限的市场机遇，出版在奋力摆脱桎梏的同时有丢掉优良传统的危险，在充分融入市场的同时被纸醉金迷的怪象包裹而有定力不够的危险。出版的本丢了，也就没有了出版；出版的精神迷失了，出版就脱轨了。在这种迷眼的纷乱和纠缠的嘈杂中，特别需要一种声音来明确出版的立场和根本，特别需要一股力量来导引出版的目标和精神。主题出版的提出是在发出这种声音、提供这股力量，是在回答出版改革的问题、为出版改革排忧。因此，主题出版是出版改革的产物，也为出版改革指明目标、明确定力、铸就精神。

2. 回应社会对出版发展的吁求：为大众树理想

1978年以来，我国社会发展一直处于转型中，西方文化较为盛行，后现代特征较为明显，特别是20世纪90年代末和21世纪初，舶来文化、消费主义、个性主义等颇有影响，精神迷失、理想匮乏、信仰弱化、价值观困惑是较普遍的问题。社会对此感到忧虑，对出版充满期待，希望出版多出好书，多倡导正能量阅读，助力构建主流价值文化，重塑社会理想。主题出版的提出是在回应社会的重要关切，响应社会对出版发展的要求，通过以重大会议、重大活动、重大任务、重大事件等为对象的主题出版物吸引大众的注意，引导大众通过阅读主题出版物找到精神的家园、价值的归宿。

3. 顺应世界出版开放的潮流：为国家塑形象

20世纪90年代以来，知识经济的勃兴、新技术的广泛运用带来全球文化的大发展。1998年，美国的消费类视听技术文化产品出口达到600亿美元，取代了航空航天工业在出口产品中排名第一的位置。全球受众强烈地体会到美国大片、日本漫画、韩国游戏等的十足魅力和强劲影响力。这些拥有文化优势和强势的国家，都通过种种方式千方百计向世界传播其价值观，塑造和展示其国家形象。然而，这些高级文化产品形态的基础内容是出版提供的，这些文化强国无一例外都是出版强国，出版是这些国家塑造国家形象的基础和核心。2001 年 12 月 11 日，我国加入 WTO，面临文化的竞争、冲击和挑战，也带来了千载难逢的文化发展机遇。主题出版的提出是顺应世界出版开放的潮流，通过凝聚自身的力量，为我国文化走出去和国家形象的塑造培植土壤，夯实基础，是具有战略意义的重要举措。

（二）主题出版的发展

主题出版是党和政府自上而下做出的设计，体现为每年评选出的重点项目，因此从党和政府的角度梳理其发展阶段利于把握线索和轨迹。区分主题出版发展阶段的标志是党五年一度的全国代表大会，而在一个阶段内往往因为党和政府推出的重要的具有影响力的政策和措施决定着主题出版发展的程度。

1. 第一阶段（2003—2007 年）：倡导和指引

2003 年，主题出版以政策性语言的方式首次出现。2007 年 12 月 21 日，北方联合出版传媒集团成功上市，成为"中国出版传媒第一股"，这标志着我国出版改革和市场化发展的深入。同年，党的十七大召开，意味着又一个新的五年计划开始。整体来看，这一阶段的主题出版重在倡导和指引，没有出台有力的措施和手段。出版社主要的力量投放在体制机制改革、市场的开发和资本的运营上，尽管在配合着政府的管理从事主题出版，但无论认识还是作为都较为有限。

2. 第二阶段（2008—2012 年）：支持和强调

2007 年，国家出版基金建立。这是出版界的大事，也会成为出版史上的重要一笔。2008 年，国家出版基金对出版项目的支持正式启动，强调资助项目的重大文化价值和文化传承价值。后来，出版基金管理办法进行修订，把体现国家意志、推动文化发展、提升文化软实力、扶持精品作为宗旨和评价资助项目的主要标准。这样，主题出版自然成为其资助重点。2011年，党的十七届六中全会审议通过《中共中央关于深化文化体制改革 推动社会主义文化大发展大繁荣若干重大问题的决定》，确立文化强国的国家战略，出版迎来重大发展机遇。2012年，党的十八大召开，我国进入新时代。中宣部以"余声"的名义在《中国编辑》2012年第5期发表的《做好主题出版，更好地为党和国家工作大局服务》，对这一阶段的主题出版进行了全面而深刻的总结。在这一阶段，国家出版基金对主题出版的支持是强有力的信号，也是具体的措施。中宣部出版局、新闻出版总署出版司等党和国家的出版管理部门，除了选择并推出主题出版重点项目，还在特定时点上要求和发动宣传平台、渠道平台等为主题出版服务，真正营造影响和引导社会风尚的氛围。

3. 第三阶段（2013年至今）：强化和拓展

赓续迎接党的十八大的有力作为，2013年起的主题出版呈现出新的面貌。国家出版基金为主题出版提供特别通道，单列单独评选新闻出版广电总局发布的主题出版重点项目，而且出版社不受申报名额限制。2015年，中共中央办公厅、国务院办公厅颁发的《关于推动国有文化企业把社会效益放在首位、实现社会效益和经济效益相统一的指导意见》，既为国有文化企业进行了准确定位，也提出了明确的社会效益要求。以此文件为基础和指导，出版社的社会效益考核被量化，主题出版成为重要的考核指标。2016年，"十三五"国家重点图书出版规划项目发布，主题出版单列成一类，排在规划之首，共110个项目。2018年，中共中央印发《深化党和国家机构改革方案》，原国家新闻出版广电总局的新闻出版管理职能并入中宣部。这一阶段，除了惯常的主题，新闻出版广电总局发布的年度重点主题出版项目，明确把社会主义核心价值观、习近平系列重要讲话精神、中国梦等列入，业界也丰富了主题出版的内涵、拓展了其外延，认为"可以从国家的发展、时代的变迁以及社会和文明的演进等视角去挖掘选题资源，以中国的现代化进程为目标，以政治、经济、社会、文化和生态文明建设为内容素材的选题，都属于主题出版"①。同时，党和国家的出版管理部门特别强调主题出版的影响力和实际效果，通过典型的精品项目探索和生成主题出版的发展模式。还有，主题出版走出去步伐明显加快，力度增强，有了《习近平谈治国理政》等在全球产生巨大影响的标杆案例。与管理和实践强化、拓展相伴的主题出版理论探讨十分活跃，成果卓著，既总结经验教训又前瞻性地指导实务。业界、学界的共识是，党和国家出版管理机构的改革将给主题出版提出新的更高的要求，也必然带来新的机遇。

（三）主题出版的痛点

主题出版存在不少问题，这些问题板结为痛点。痛点表现为现象，更沉淀为掣肘的积习。对照初心发现痛点，发掘致痛的原因，于主题出版极为重要。

1. 改革之痛：出版社动力不足

主题出版的提出是重要的改革举措，改革的目的是激发出版社主题出版的活力，增强其主题出版的动力，激励其集中更多力量投入这一领域。然而，对照这一目的，出版社的现实呈现为另一种景象：一方面，全国 570 多家出版社中部分出版社没有真正参与和投入到主题出版中，在这方面压根就没有心动，更没有

---

① 于殿利 . 主题出版与时代之需 [J]. 中国出版，2016（7）：52—53.

行动；另一方面，在有所动的出版社中，不少出版社的状况如下：从态度看，管理部门的重视程度远胜于出版社，这些出版社没有真正着力于主题出版，于是看着办、等着做成了主要的状态。从认识看，这些出版社认为更具体的是市场和经济压力，是为了生存更好、收入更高，这才是作为市场主体的任务，觉得主题出版要做，但是应以经济条件作为做的前提，而实际上是选择少做和不做。从行动看，这些出版社报一堆选题碰运气，有资助则动，资助大则多动，资助少则小动；有项目被看上、评中则做，上级领导明确要求的项目就做，否则不动不做。从绩效看，出版社做主题出版的动机是资助，算得多的是经济账；做主题出版的目的是完成考核，对应的是指标，关心的是考核得多少分。显然，全国出版社对主题出版的整体动能不足，自主性不强，积极性不高，投入不够。

2. 发展之痛：精品太少

通过党和政府出版管理部门集中评选主题出版选题，目的是以文件的形式强调精品出版，以出版工程的模式引领精品出版，以重点出版项目的方式催生精品出版。然而，主题出版的现实和现状是精品太少，集中表现在两个方面：低端主题出版物绝对过剩，能满足读者需求的优秀主题出版物严重不足。以党和政府出版管理部门每年推动的重点主题出版项目为例来说，每年重点推出的项目不多，多也就百种出头，少则只有几十种。首先，这些项目并没有全部完成；其次，部分项目没有按时完成，往往时间节点过了还在做，拖得厉害的两三年后完成的也有；最后，完成了的整体质量不高，或者内容的含金量不高，或者可读性不强，或者编校质量差，或者装帧设计不到位，或者印制有问题。还有，"双效"显著的凤毛麟角。显然，在每年几十上百种的重点主题出版物中，低端品种占有一定比例。除此以外，每年推出的主题出版物不少，根据国家 CIP 中心统计的数据，2003 年、2006 年、2012 年、2013 年、2016 年的主题出版选题数量分别为 489 种、734 种、1608 种、2190 种、2297 种[①]。这些主题出版物中，很大一部分是为出版而出版，如下问题一直不同程度地存在，没有实质性改善："简单将主题出版物作为宣传品，或者将主题出版工作当成'任务'，选题求大求全，主题宏大，内容空洞，说教痕迹严重，口号式的完全正确，却不能给人以触动和思考，更无法感染、说服人。""选题重复较多，有分量、畅销的品种较少。……不少作品流于赶热点，内容同质化、重复出版现象仍然存在……一些作品明显属于拼凑之作……""……不管什么主题，都是雷同的党史国史军史，具有深刻思想内涵的作品还不多，把历史进程的回顾同现实关切的回应结合起来，深入解读当下重大现实问题的优秀作品还不多，关注当前社会热点、正确引导社会思潮的优秀作品不多。"[②]

3. 开放之痛：引进来顶不住

我国加入 WTO 时，根据文化例外原则，给出版留出了一段保护期，开放的门没有一下子打开。主题出版的提出是为了苦练内功、提升能力，成就核心能力，形成比较优势，然而，假如今天放开出版，让国外的出版力量进来，那么我们很可能被冲垮，甚至没有立锥之地。以出版的核心能力之创意力、内容力、运营力来看，主题出版"还不能完全摈弃旧有的思维方式和出版模式"，"选题缺乏创意，许多作品内容缺乏创新，框架结构陈旧简单，远不能适应新形势下的需要"，"选题思路存在局限性"，"策划选题的视野仍不够开阔"[③]；不能有效地组织作者进行内

---

① 李建红.2003-2017 年主题出版的选题特点、矛盾及对策 [J]. 出版科学，2018（1）：33-37.

② 余声. 做好主题出版，更好地为党和国家工作大局服务 [J]. 中国编辑，2012（5）：5-8.

③ 余声. 做好主题出版，更好地为党和国家工作大局服务 [J]. 中国编辑，2012（5）：5-8.

容创新，进而催生创造成果，形成内容优势；不能以出版内容为基础，创造高级形态的产品，既发挥出版内容的效力，又推动和拓展出版物的价值实现；不能有效地提高审美水准，创造富有思想内涵和视觉冲击力的包装设计；不能充分借助新技术、运用互联网思维，有效地整合传播，发挥价值扩散和扩大效应；不能充分地调动读者的积极性、创造性，营造阅读氛围，达成出版效应；更不能打开视野，在世界范围内思考、认识，在全球组织资源、提升能力。出版开放是一种观念，也是作为，符合出版规律，而且我们要求的保护期逐渐到了，保护的力度会越来越弱。这样，一方面是主题出版需要开放，另一方面是国内出版社顶不住，这种尴尬、纠结和矛盾实在是难言之痛。

（四）主题出版的展望

高质量发展是主题出版的唯一出路。短期看，党和政府需要通过改革进一步强化对主题出版的重视，同时改变和调整管理方式，重在构建引导出版社的合理有效机制，形成利于主题出版高质量发展的顶层设计，做到管理的高质量。长期看，主题出版靠市场。随着中国特色社会主义现代经济体系建设的推进和完善，市场配置资源于发展的决定性作用必然越来越凸显，要基于市场逻辑和规律完成三大转型，建设通往高质量发展的三条路径，在六大市场空间拓展。国际性是主题出版的基本特征，是其高质量发展的重要方面。经济全球化带来的文化世界化趋势不可遏止，主题出版在立足国内做大做强的同时，配合我国日益靠近世界舞台中央的步伐走出去，是任务，也是难题。

1. 政策影响短期态势：重视和调整

党和政府会更加重视主题出版。首先，中国特色社会主义的体制优势之一是能集中力量干大事，能在相对较短的时间内干成别人干不成的事，能实现弯道超车，能在困难和挫折中充分体现韧性，凭借意志和毅力取得最终的胜利。主题出版从提出至今，依靠和展现了我国体制的优势，这种体制优势在未来一段时间里还是主题出版发展的重要力量。其次，主题出版发展的惯性在延续。从不显山不露水的第一阶段，到执着向前的第二阶段，再到可以明显感受到影响力和号召力的第三阶段，出版社习惯了党和政府出版管理部门牵引和指导主题出版，习惯了跟着干，习惯了一起坚持和坚守。再次，党和政府对主题出版的支持具有战略意义，会从外部不停地给出版社以决心和信心。在主题出版的发展过程中，党和政府始终举着航灯以指引方向，始终通过各种方式和手段以彰显指挥棒的作用，始终借助实实在在的措施激荡和激励出版社。在今后一段时间，从外部环境看，国际国内的形势将给主题出版的发展带来严峻考验；从内部条件看，出版被新技术等裹挟着转型升级一直给主题出版的发展带来众多难题。党和政府是主题出版经受考验、解决难题的重要保障，党和政府的出版管理部门是提供这种保障的主体，也必然成为出版社发展主题出版的依靠。最后，宣传部门直接管理出版，既是重视的标志也是重要措施。主题出版作为体现党和国家意志的出版类别，必然更被重视，更会成为落实意识形态责任、体现意识形态建设作为的重要路径和方式。

党和政府会调整支持主题出版的措施和手段。首先，党和政府对主题出版的管理从主导走向指引，该管的管彻底管到位，不该管也管不好的、不该负责也负不起责的交给市场，由出版社根据市场规律和规则处理。其次，党和政府对主题出版的支持遵循问题导向，即针对问题出台解决方案以切实支持。这是一贯的有效做法，坚持这种做法是延续，也是发扬。最后，过去管得具体，围绕一件件事在转，今后会构建机制，确保在方向确立、路径构建、绩效评价等方面进行引领和指导。譬如，过去针对重点项目实现率不高，提出成稿率要求以促进和解决；针对重点项目质量不高，绩效不突出，通过专家和出版社面对面论证以激发创意、完善方案、提高稿件质量。这些点对点的具体事宜，既因为碎片化影响党和政府对主题出版管理的系统性，也因为人力有限等导致党和政府不能真正做到面面俱到的无限管理。今后如果构建了机制，那么党和政府能遵循管理逻辑牵住主题出版发展的牛鼻子，就能提高管理效能、质量和效益。

2. 市场决定长期态势：高质量发展和六大市场空间

主题出版的发展会借助市场之手实现高质量发展。主题出版以读者需求作为发展的逻辑起点，以市场规律作为发展的支配力量，将在三方面完成转型：第一，发展方式由粗放型转变为集约型、精准型、高效型。主题出版的集中度会提高，有实力有作为的出版社会更强，以强出版社为龙头围绕大项目组织多家出版社合作的案例会更多，会在形成规模的同时产生集约效应。主题出版的每一种书会根据市场的需求精准开发，会对其读者群产生精准影响。集约和精准自然带来主题出版的高效率和高效益，实现"三型"合一。第二，产品结构由平庸散乱状态向精品体系调整。"一本好的作品胜过几十种平庸作品的影响力，做主题出版只有符合精品的要求，才能真正实现主题出版的目的。"[1]主题出版不但会砍掉平庸出版，而且会推出精品群，构建富有结构特性的精品体系。第三，发展动力由出版社被动应对型向主动作为型转换。中国出版集团出台了《加强主题出版的若干意见》，从组织领导、选题源头、内容把控、营销推广、资金支持、考核激励、人才培养等七个方面构建机制，为旗下出版

---

[1] 佘声. 做好主题出版，更好地为党和国家工作大局服务 [J]. 中国编辑，2012（5）：6-8.

社的主题出版提供强有力的保障。在市场需求的拉动下，出版集团、出版社会普遍推出这样的积极举措，主题出版的发展动力将会更强劲。

主题出版"它反映的是国家之需、民族之需和时代之需，中国近现代的出版史告诉我们，国家之需、民族之需和时代之需就是最大、最持久的市场"[①]。主题出版的发展将在六大市场空间开拓：第一，党中央和党中央总书记的精神和思想普及。一方面是自上而下的精神和思想的阐释和解读，另一方面是自下而上的精神和思想的实践和对实践的总结。这方面有着巨大的需要，存在巨大的市场空间。第二，给领导干部读的主题出版物。领导干部是主题出版物的主力阅读群体，只要出版社能够推出适合他们的好书，辅之以切实、周到的服务，就可能在满足他们现有阅读需要的同时激发他们的潜在阅读需要，创造出可观的市场。第三，给少年儿童读的主题出版物。培养少年儿童的"三观"，是国家、民族、社会的共同期盼，是老师、家长、大众的共同心愿。既根据他们成长成才的需要又找到他们喜欢的内容和表达方式，推出能入脑入心的主题出版物，就可能开发和拥有这一庞大市场。第四，给一般大众读的主题出版物。在大众中有一群关心国家、民族、社会，关注时事热点、难点的人，他们对主题出版物的阅读需要强烈，是富有潜力的市场。第五，主题出版物的国际市场。相比我国对国外的了解，国外对我国的了解不对称。这一则表明出版社需要有一种责任感去消除这种不对称，二则随着我国影响力的增强，需要推出民族文化特色鲜明的主题出版物，通过讲中国故事，满足国外读者了解和认识我国的需要，充分开发和拥有这一国际市场。第六，数字型主题出版。借助新技术开

---

① 于殿利. 主题出版与时代之需 [J]. 中国出版，2016（7）：52-53.

发更多形态、更好体验的主题出版物，等于开创出新的市场空间。

　　3. 走出去是难题：势在必行和赢得话语权

　　主题出版走出去势在必行。人类命运共同体、"一带一路"倡议等的提出和在全球形成深刻而巨大的影响，表明我国和世界已日益融合，正在共同前行和发展。国际性特征强烈的主题出版需要走出去，需要对外讲好中国梦的故事、中国发展的故事，讲清楚我国发展道路、政治制度、文化传统、价值观念，更好地阐释中国特色，树立中国形象，帮助世界了解我国、懂得我国，促进我国和世界的民心相通、文化融通。主题出版走出去有版权输出、成品出口、共同出版、在国外建立出版机构、并购国外的出版机构等方式。本土化是主题出版走出去的必由之路。主题出版走出去要选择合适的目标区域。一般来说，西方控制力较弱、对我国较为友善、与我国合作较为深入、我国出版具有比较优势的区域是首选的目标市场。譬如，"一带一路"沿线国家、非洲国家等。在这些目标市场进行主题出版，出版社要充分结合当地的情况，将我国的出版内容和出版运作模式巧妙地融入，用他们熟悉的素材出版具有我国元素和精神的主题出版物。

　　主题出版走出去是要赢得话语权。"主题出版经过长期的积累有可能发展成为中国贡献给世界的独特的知识体系。"[①]这种知识体系是话语权。主题出版走出去是话语权的建立和获取过程，是打破西方话语权控制、赢得我国话语权的过程。赢得我国的话语权要用国外的思维方式、表达方式传播包含我国价值观的内容，要用生动的故事和案例告诉他们今日我国的变化和现状，要用轻松、易懂、生动的形式传播我们的优秀传统文化、阐释我国的学术和文化。赢得话语权要针对特定的人群提供对路的主题

---

① 于殿利 . 主题出版与时代之需 [J]. 中国出版，2016（7）：52-53.

出版物，进行富有针对性的主题出版活动。华侨是主题出版服务的重要群体，需要根据他们的特点提供主题出版物，并通过他们影响其他人群。在国外长期务工或进行其他活动的国人是主题出版服务的影响群体，他们代表着我国文化，他们阅读主题出版物既能被潜移默化地影响，也能通过他们影响相关人群。国外的友好人士是主题出版服务的核心人群，他们愿意接纳主题出版物，愿意传播与我国相关的声音，愿意用他们的善意为我国带来更多的友好人士。国外拥有话语权的主流人群是主题出版服务的关键人群，他们接受了主题出版物，可以产生更大的影响力。

（五）主题出版的发展策略

2003 年，主题出版的提法因新闻出版总署实施的主题出版工程面世。根据国家出版信息中心的统计数据，2003 年的主题出版 CIP 批复数是 489 个，2016 年是 2297 个[①]，14 年增长 3 倍多。截至 2017 年底，《习近平谈治国理政》（第一卷）全球出版 20 多个语种的版本，总发行量超 640 万册，境外发行量超 50 万册。显然，从规模到精品，从扩散面到影响力，主题出版展示实力，富有成效。但是，主题出版存在社会认同度、亲和力、号召力、影响力亟待提高，有效供给不足与低水平过剩并存，服务欠缺，营运乏力，国际影响力偏弱等问题。党的十九大是新时代的里程碑，十九大精神为主题出版的指导思想提供了新内容——习近平新时代中国特色社会主义思想，对主题出版提出了新任务、新要求、新标准，为主题出版确立了重要方向、重点领域、重大题目。面对重大机遇，主题出版原有的发展策略不适应了，必须做出相应调整。

---

① 李建红 .2003-2017 年主题出版的选题特点、矛盾及对策 [J]. 出版科学，2018（1）：33-36.

1. 方向策略：明晰方位、战略和核心功能

第一，发展进入新阶段

经历初始期（2003—2006 年）、成长期（2007—2012 年）、快速发展期（2013—2017 年）[①]后，主题出版的发展进入新阶段，理由主要有三点：①主题出版发展的环境、条件不同。这种不同不只是量上的更是质上的，它带来的挑战和机遇是前所未有的、根本上的。②党、国家和社会对主题出版的目标更高、要求更严。这种高和严达到极致，没有余地。③主题出版经过三个时期的准备后的发展，既是扬弃又是创新、突破，还是蜕变。新阶段的主题出版之"新"主要体现在四个方面：①党和国家对主题出版的管理新。管理机制集中化、体系化、智能化，管理的系统性、整体性、协同性更强。②主题出版的供给体系新。从没有主题出版的供给体系到构建供给体系是创新，同时对这种供给体系的系统管理也是创新。③主题出版的服务体系新。强调主题出版要加强服务是观念创新，构建主题出版服务体系是能力创新，主题出版的服务涵盖国内、国际是空间创新，主题出版的业态突破是基于服务体系的模式创新。④主题出版的成效新。从国内碎片化热闹、国外音量小到国内整体做实做强、国外做大做亮，主题出版创造新成效、铸就新地位。

第二，强化精品战略

强化主题出版的精品战略主要因为：精品战略体现出版规律，是出版的一般战略。这些年，主题出版整体而言对精品战略实施不力，以致质量不高，屡遭诟病。主题出版强化精品战略的路径是实施供给侧改革。国家、社会、人们对主题阅读的需求存在而且强烈，主题出版存在的问题是供给侧不强，不能提供满足需要

[①] 李建红 .2003-2017 年主题出版的选题特点、矛盾及对策 [J]. 出版科学，2018（1）：33-36.

的出版物。懂得主题出版存在的问题主要在于供给方，是观念上的认识到位、判断上的精准确立，利于实践上的措施对路、方法上的解决方案提供，十分重要。主题出版过大的品种数，由各种补贴和奖励带来的过多投入，过量生产加上不适销对路造成的高库存，稿酬虚高、产品过度包装、促销的形式主义等带来的高成本，创意枯竭、不重视市场调研、没有全程掌控等不足，都是供给侧改革针对的典型问题。解决这些问题是通过供给侧改革强化主题出版精品战略的重要举措，在此基础上更重要的是：由数量规模型向质量效益型转变发展方式；突出精品生产和运营，并通过精品确立产品核心，形成新的产品结构；由优秀编辑和运营团队借助新技术，形成主题出版发展的新动能。这样，主题出版新的顶层设计就有了落实和产生效益的系统抓手，也就有了可持续发展的战略保障。

第三，凸显核心功能

我国文化体系中有主流价值文化、非主流价值文化，主题出版的核心功能是构建和传播主流价值文化——中国特色社会主义文化。"一个国家的主流价值文化是这个国家的主流价值观的直接体现，只有当这种价值观对于社会公众有亲和力和感召力，才能说它是这个国家的主流价值观价值文化。""我国公众对我国主流价值文化的基本期待是：它应该既是国家倡导的又是社会流行，既具有包容力又具有开放性，既应当以中国传统文化又应当以马克思主义为主导，既越来越有中国特色又越来越国际化的进一步繁荣的价值文化。"[①] 主题出版培育和践行社会主义核心价值观，满足读者对中国特色社会主义文化的期待，实现其核心功能。主题出版凸显核心功能的主要策略是：①更自信。中国

① 江畅. 公众对我国主流价值文化的期待及其启示 [J]. 华中科技大学学报（社会科学版），2013（5）：1-6.

特色社会主义文化代表广大中国人民的利益，具有科学、合理、可行的体系，主题出版将以十足的底气构建和传播它，以开放、包容面对非主流文化且充分吸收其优秀成分。②更自觉。主题出版以理论、理性自觉阐释和传播中国特色社会主义文化的理路和逻辑，以责任、情感自觉交流和传递中国特色社会主义文化的担当和情怀。③更自为。这种自为集中体现为主题出版的斗争精神和斗争力，即承认存在斗争且需要伟大斗争，充分展现伟大斗争的现实、传扬斗争精神；面对敌对和敌意价值文化，主题出版不躲闪不逃避，勇于出击，敢于亮剑。

2. 专业策略：提高供给体系质量

第一，创新内容机制

主题出版的主要内容是中国特色社会主义文化，包括中华优秀传统文化、党领导的革命文化和社会主义文化，其中心是阐释和传播习近平新时代中国特色社会主义思想。这种阐释和传播根植于中国特色社会主义实践，融思想性、时代性、大众性于一体。主题出版的内容创造既有自上而下的规划和要求，又有自下而上的自觉和激情，两者结合后将推出标杆作品，铸就不负于新时代的思想精神高峰。主题出版的内容创作主体主要是领导、学者、创作者、中国特色社会主义实践者、年轻"草根"、国外的中国友好者，其中，年轻"草根"用独特的方式表达他们自己呼应和融入新时代后对时代精神和思想的感受、理解以及解读，国外的中国友好者用比较的方法、他国思维表达他们认识和理解新时代的中国后对中国精神、中国道路、中国模式等的想法。年轻"草根"和国外的中国友好者将在所有作者中占有重要的作品量份额和创作地位，将体现为鲜明的新特色。主题出版的内容评价将有确定的标准，这种标准把意识形态要求摆在第一位，充分体现思想性、精品性、人民性。主题出版的内容审读、编辑加工和校对，既依托出版主体长期坚持的"三审三校"等内容质量把关和提升制度，又会在要求和执行的力度、强度和完善程度上提高标准，保证守住牢牢掌握意识形态的底线，实现内容的高价值高水准。这样，从内容的内涵到内容的创造和创造主体到内容的评价标准再到内容的出版传播把关，主题出版的内容生产逻辑明晰，内容机制进行了创新构建，充分保障内容的来源和质量。

第二，突破表达、表现

2016 年出版的《马克思靠谱》用走心、妥帖且青春的叙述方式讲述了马克思的一生及思想理论精髓，得到包括中央和国家领导人在内的大量读者的认同和喝彩，刮起主流阅读的流行风。2017 年推出的《社会主义有点"潮"》系列作品表达、表现创新，潮如其名，深受各界欢迎，特别得到中央领导点赞。这两个案例充分说明：包括党和国家领导人在内的读者对主题出版表达、表现创新突破有标准有要求有期待。同时，党和国家领导人对主题出版表达、表现的规律认识深刻，在表达、表现方式和形式上给予的创作和创造空间超出作者们的预期。基于此，主题出版的表达、表现创新突破，尽管任重道远但策略和路径清晰：①在优秀传统文化中寻找既经典又具有改造空间的表达、表现方式，融合经典性和时代感，让恒在的民族形式赋予鲜明的当代味道。②在中国特色社会主义实践中寻找鲜活的形式感，将这种形式感融入主题出版的表达和表现中，以"具体"塑造形象，以"生动"激活形象。③吸纳新技术带来的新兴表达力、表现力及其创造规律，借鉴其创新的表达、表现形式、方式，创新主题出版的表达、表现，创造主题出版的新形式、新方式。④融合多种多样的表达、表现，创造更丰富的形态，其载体做到传统与数字结合，其形式做到民族特色与当代审美结合，其方式做到静态与互动结合。

第三，"三维"调整结构

时间、空间和技术是调整主题出版结构的"三维"。中华优秀传统文化、党领导的革命文化和社会主义文化是历时性的，具有时间上的区分度。这三方面的内容决定主题出版的产品内核，从一个维度决定着主题出版的结构。实施主题出版的节奏表现为时间控制，影响某个时段内主题出版的量，也就从一个向度影响这个时段内主题出版的结构。空间维度首先表现为国家和地方的空间差异带来的主题出版量和质的差异，其次表现为主题出版的素材和内容因地方不同而出现差异。国家层面的主题出版强调代表性和引领性，必然数量少质量高效益大，譬如《习近平谈治国理政》等；地方层面的主题出版重视地域特色和丰富性，会更大程度地覆盖地方资源，譬如，湖南省的《湖湘红色基因文库》。技术维度指新技术给主题出版带来的影响。主题出版分为传统主题出版和新兴主题出版两类，这两类主题出版相互影响和借鉴，在并行中新兴主题出版逐渐拥有优势并最终获得支配地位，这种变化调整和改变着主题出版的结构。在"三维"调整主题出版结构的过程中，力量不是均衡的，也不是单一的，是合力作用的结果。"三维"调整主题出版结构的策略和特点是：①纸质读物的数量适度控制后在现有基础上下降，供给体系质量提升，单品效益和效应增强。数字读物品种数快速增长，既激活存量内容又创造新形态的产品。②线上线下结合、传统和新兴主题出版互通的融合出版成为主流，立体形态的主题出版产品占比将增大。③主题出版层次性凸显。国家层、地方层，短期、中期、长期层，多个向度对主题出版进行层次区分，以层次性调整和强化主题出版的结构。这种层次性是主题出版强规划性和计划性决定的，可以保障主题出版结构的相对稳定和可持续。

3. 业务策略：创新服务体系

第一，服务创新催生新业态

在观念上，主题出版服务重于主题出版产品会得到更充分的认同。主题出版属于服务业，但由于运营欠缺、服务不力，往往止于出版产品的提供，以致服务功能弱、服务特性不显、读者满意度低。但是，这不但不能改变和替换主题出版的服务属性，反而表明在市场的支配下，主题出版的这一短板会补齐、服务作用会彰显。在条件上，新技术为主题出版服务的实现和创新提供了更大的可能性，因为新技术能支持主题出版精确把握读者需求，精准提供服务。在模式上，主题出版的服务创新催生新业态。一些主题出版的新业态是贯通线上线下的服务产生的。譬如，线上的主题出版服务落地成为线下的主题出版产品或服务，就打通了线上线下，形成全链型业态。一些主题出版的新业态是新技术带来的新服务产生的。譬如，主题出版的定制服务为读者提供个性化的产品和服务，基于社群满足读者需要，是全新的主题出版业态。在体系上，主题出版的服务创新基于传播规律构建传播体系，以传播体系支持服务体系，以服务体系催生新业态，传播体系、服务体系是过程和路径，新业态是效果和效益。

第二，依托"三力"扩大国际影响

扩大国际影响是主题出版的重要需要，满足这一重要需要的是"三力"——话语力、品牌力和传播力。话语力指主题出版拥有的国际话语权，品牌力指主题出版在国际上创造品牌并产生品牌影响力，传播力指主题出版拥有国际传播渠道、具备国际传播实力、掌控国际传播效果。《习近平谈治国理政》（第一卷）是主题出版"三力"充分发挥作用的典型案例。根据这个案例的逻辑和经验，主题出版依托"三力"扩大国际影响的策略是：①有信心。国际上对中华文化、中国道路、中国模式、中国现实感兴趣有需求，这些兴趣和需求是主题出版的机会。我国的出版综合实力表明我们具备满足国际上对主题出版需求的能力，可以抓住主题出版走出去和国际化的机会。②有做法。包括主题出版在内的我国出版走出去、国际化有限，没有充分走进国外读者。主题出版走出去，特别是沿"一带一路"走出去，会格外有机会。中华优秀文化的现代解读，中国当下变化的国际解答，中国经验的国外传播，将成为主题出版走出去的热点。当然，所有这些都需要主题出版的出版主体将实实在在的创意和服务付诸行动。③有成效。在"三力"的支持下，主题出版充分塑造国家形象，国家形象得到充分认同，文化软实力极大增强，文化对经济的贡献率极大提高。实际上，"三力"归根结底是主题出版的国际服务力，因为无论是主题出版国际化的研发还是运营都属于出版服务范围[①]。主题出版国际服务力的提升是对我国诸如国际印刷基地和出版制造力等的升级，是出版实力的体现，是实现出版强国的必由之路。

4. 保障策略：新的顶层设计实现系统管控和引导、再造组织

第一，出台新的顶层设计

主题出版的管理以主题出版实践为基础，遵循主题出版规律，历经"倡导—引领—管理—服务"的务实过程。"自2013年，主题出版呈现一种趋势——从以出版业自下而上报选题的'基层探索'为主，逐渐强化为以国家管理层自上而下总体策划的'顶层设计'为核心。"[②] 从选题管理的顶层设计到宣传、营销的顶层拉动，主题出版新的更具系统性、整体性、协同性的顶层设计呼之欲出，也迫在眉睫。主题出版的需求满足路径和方式是主题

① 谢清风."一带一路"倡议与提高中国出版国际竞争力分析 [J].科技与出版，2018（1）：20—25.
② 范燕莹，涂桂林.主题出版："接地气"赢市场 [N].中国新闻出版报，2014—05—12.

阅读，其顶层设计的根据是"三位一体"主题阅读结构。主题阅读包含阅读主体、阅读客体和阅读环境三个要素。在主题阅读活动中，阅读主体即读者，阅读客体是主题出版物，阅读环境指社会环境、信息环境、物理环境、语言环境等条件[①]。在三个要素中，读者是主导者，主题出版物是基础，主题阅读环境是条件，主题出版物和主题阅读环境围绕读者产生阅读活动。三个要素都进入阅读活动、都充分发挥作用的情况是主题阅读充足状态，三个要素中有缺失项或某项状态差的情况是主题阅读的不足状态。主题阅读充足状态在出现缺失项或某项状态变差后成为不足状态，主题阅读的不足状态在补足缺失项、各项作用充分且形成结构后进入充足状态，主题阅读在充足状态和不足状态的转换中发展变化。主题出版新的顶层设计协同读者、主题出版物、主题阅读环境的所能，汇聚为合力，产生协同效应；它以供给方为基础、以读者为中心融合主题出版物、主题阅读环境，结构为整体，产生整体效应；它借助互动、反馈、控制、智能，演化为系统，产生系统效应。

第二，重塑出版主体

外在来说，主题出版的出版主体重塑指提高集中度。这种集中度提高首先表现在分层。国家队形成以人民出版社、党建读物出版社、学习出版社、中国人民大学出版社等为代表的阵营，地方队以各省人民出版社为主。其次表现在极化。国家队中的主要出版社和各省人民出版社在主题出版资源、能力等方面会更加增强，其他出版社会弱化。再次表现在联合增加。主题出版的强社围绕大项目联合，组队执行，通过整合力量加快项目的进度，加强项目的运营，获得项目的最大效益。特别是在新兴出

---

① 张怀涛.“阅读”概念的词源含义、学术定义及其阐释 [J]. 图书情报研究，2013（4）：32-35.

版领域，出版主体通过抱团整合资源，利于项目实施，利于促进整体转型。譬如，人民出版社带领各省人民出版社已成功开发过不少传统和新兴的主题出版项目。此外，还表现在保障集中。承担主题出版的主要出版主体在考核和评价中基于分类分层的原则，会在某种程度上被区别对待，会被给予相对充足的保障。主题出版的出版主体集中度提高是政府管控、引导与市场选择的结果。主题出版作为牢牢掌握党对意识形态领导权的重点工程，其出版主体必然遵循党和政府的意志与规则，也只有在党和政府的管控与引导下才可能有效发展。主题出版的发展充分尊重读者的意愿，充分增强对读者的吸引力，必然接受市场的选择。主题出版的出版主体集中度提高利于党和政府实施管理，利于主题出版的供给体系构建和质量提升，利于主题出版的发展促进和保障。内在来说，主题出版的出版主体重塑指出版主体的组织再造。这种组织再造源于主题出版供给体系提质和服务体系突破的需要，即"再专业"和"再服务"与"再组织"一致。譬如，中南出版传媒集团提出基于合伙人制的出版事务所，以专业聚焦、"脑力入股"、作者经纪服务、全方位运营服务为基石，是突破现有体制机制局限的有效的"再组织"形式，为主题出版的发展提供了包括组织力在内的生产关系力。

（六）结语

党的十八届三中全会做出了使市场在资源配置中起决定性作用和更好发挥政府作用的重要论断，其核心是处理好政府和市场的关系。回溯主题出版印证了这一重大理论观点，展望主题出版是要根据这一重大理论观点对主题出版进行顶层设计，保障和实现高质量发展。党的十九大后，作为构建和践行主流价值文化的重要抓手，主题出版的价值、地位、作用和影响更加凸显。与此相应的主题出版发展策略的调整和变化，需要着眼于整体，针对绘制新蓝图、奠定新基础、确立新关键、提供新合力，分别推出方向策略、专业策略、业务策略、保障策略。四个策略催生和形成主题出版新的发展体系和力量，升级其发展层次，加强其发展力量。这既是认识提升、共识达成，也是路径选择、方法突破。

第二章
市场化：出版转型升级的基础

Chuban Zhuanxing
Shengji Yanjiu

第一节　调研是出版市场化的重要条件

一、第 29 届书博会视域下的出版大势

5000 多年文明史、3100 多年建城史、1100 多年建都史，作为丝绸之路的起点、中华文明和中华民族的重要源头，西安文源深、文脉广、文气厚。1998 年，全国书市在此举办，文化传承与现代文明激荡，西安人在书业史上写就了令人难忘的篇章。2019 年，第 29 届书博会来到这里。21 年过去，西安今非昔比，特别是新时代的"一带一路"建设等让西安搭上了发展的快车。徜徉在街头，文化底蕴和现代技术辉映，西安的精气神愈益饱满；摩天大厦与古旧遗迹和谐，西安的民族性、现代感和国际范十足。西安的书博会是怎样的面貌？西安人给了大家怎样的惊喜？

（一）现象：书写新时代

2019 年 3 月 4 日，习近平总书记在看望政协文艺界、社科界委员时，指出要"从当代中国的伟大创造中发现创作的主题、捕捉创新的灵感，深刻反映我们这个时代的历史巨变，描绘我们

这个时代的精神图谱，为时代画像、为时代立传、为时代明德"①。进入书博会，"书写新时代"突然进入脑海，我不禁感叹：这样的画像、立传和明德，一定就是新时代的写照，也一定会促进对新时代的书写。

1. 画像：聚焦主题展形象

"礼赞新中国，书香新丝路"是书博会的主题，书博会给新中国塑形象，给新丝路展文化。2019 年是中华人民共和国成立 70 周年，偌大的展馆内，随处可见的红色"70"logo，让人自豪，催人振奋，与 70 年相关的主题图书、主题活动是各展区的亮色，赚足眼球和人心。江苏展区，《探路者的足迹》《日益走向舞台中心——中国与联合国》等让读者流连。湖南展区，《我的十八洞村》《大国新征程》等受读者热捧。16 家出版社联合策划组织"庆祝新中国成立 70 年'寻找建国、国庆'与赠书活动"，9 位"建国、国庆"代表和多位文化界大家对话访谈，讲述自己的姓名故事，分享自己于祖国的深情②。书博会的主会场专设了丝绸之路展区，一路品味，丝路风情映入眼帘，丝路文化进入脑海，丝路于读者顿时鲜活、明亮起来。参加完丝路之路文化行、丝路国际书店论坛，聆听联合国教科文组织执行局前主席迈克尔·沃布斯等的高论，我被丝路文化深深吸引，强烈感受到"文明交流互鉴"的新时代强音。

2. 立传：精品读物促传承

精品图书展是第 29 届书博会的重头戏，精品陈列是各个展区的焦点。我把大部分精力投入其中，融入焦点。在《今天，我们怎样走群众路线》等新时代中宣部"五个一工程"奖优秀图

<hr>

① 张旭东，张晓松. 为时代画像、为时代立传.（）2019-03-06、为时代明德——习近平看望政协文艺界社科界委员并参加联组会侧记 [EB/OL] [2019-7-29].http：//www.xinhuanet.com/politics/2019lh/2019-03/06/c_1124197333.htm.

② 郝天韵. 书博会唱响礼赞新中国主旋律 [N]. 中国新闻出版广电报，2019-07-29.

书中，我感受到中国特色社会主义制度的先进和纯粹。在《中国文化发展史》等中国出版政府奖和中华优秀出版物奖获奖图书中，我体会到中华优秀传统文化的弥足珍贵和分量。在《幸福列车》《农村普法读本》等向青少年推荐的100种优秀图书和农家书屋重点出版物中，我品味到党和国家始终以人民为中心的立场。这些精品图书以新时代为题材，以展现新时代的思想、精神等为主题，是在为新时代立传，是在为新时代积累文化、传递精神。建党98年，中华人民共和国70年，我们拥有了道路自信、理论自信、制度自信和文化自信，而文化自信是更基础、更广泛、更深厚的自信。书博会上，原国家新闻出版总署署长、中国出版协会理事长柳斌杰做客"红沙发"系列访谈，畅谈"纪念新中国成立70周年，坚定文化自信、推动社会主义文化繁荣兴盛"的主题。文化自信从哪里来？它来自绵延5000年而且不曾中断的中华文明、中华民族优秀传统，来自血染的革命文化，来自现代、先进的中国特色社会主义文化。中国特色社会主义文化根植于优秀传统文化，吸纳世界各国优秀文化，文化本体科学、系统，文化实践自觉、自立、实在、实效。新中国、新时代的伟大实践，产生了众多可歌可泣的事、可敬可爱的人，这些中国故事是精品读物最可宝贵的内容，是中国特色社会主义文化特别值得传承的财富。书博会是中国故事的大剧场，是中国故事的大舞台。北京展区的《常修共产党人的心学：不忘初心再出发》《强国长征路》《中国天眼：南仁东传》等，河南展区的《焦裕禄传》等，每种精品都是生动的中国故事会，每场故事会都是满满的文化自信。这种故事不仅讲给中国人听，也让全世界听到。这种文化自信不仅属于我们，也让全世界沐浴其灿烂。

3. 明德：新思想领风尚

第29届书博会以学习、宣传、推广习近平新时代中国特色社会主义思想为主线，以传扬新时代精神为主调，通过主线主调的充分突出和落实引领盛会、感染读者、服务观众。精品展区推介 159 种习近平新时代中国特色社会主义思想读物，我和众多读者一起，翻阅《平"语"近人——习近平总书记用典》《习近平谈治国理政》《习近平讲故事》等。这些书尽管读过，但是，此情此景下和大家共读，我感到特别的享受在心头。在人民出版社的展区，编辑和读者分享着读习近平新时代中国特色社会主义思想读物的感受。在中国社会科学出版社展区，《习近平新时代中国特色社会主义思想学习丛书》特别抢眼，不少单位联系购书，现场成交。在陕西人民出版社展区，该社总编辑宋亚萍骄傲地介绍着《梁家河》，这种骄傲中充溢着对习近平总书记的敬意。书博会上的出版物、出版活动通过讲述故事、阐释理论、解剖案例，既生动具体又深刻全面地让习近平新时代中国特色社会主义思想和新时代精神，贴近读者，入脑入心，融入其工作和生活，进而引领出版风尚、文化风尚、社会风尚和时代风尚。

（二）方向：在变与不变中前行

书博会、出版既是结果又是过程。第 29 届书博会呈现为一种状态可谓结果，它历经 28 届、从立项到开展和撤展可谓过程。出版物表现为结果，其生产和消费都经历过程。变伴随书博会、出版，总在发生，促其与时俱进，保持活力；不变的是其初心、使命，因为不变所以其宗旨和性质依旧，灵魂和根本凸显。

1. 创新驱动发展

第 29 届书博会重视数字出版、展示 IP 并倡导对话、开启出版项目投资洽谈、充分融合西安特点以突出地方特色等，是空前的，是基于之前 28 届的创新，实现了发展书博会的目标。实际上，从全国书市到书博会，从以展销为主到区域文化盛会，大会一直在创新中发展。创新驱动书博会发展，也驱动出版发展。倡导新理念、运用新技术和催生新业态是书博会与出版创新的三个重要方面。书博会力推"数字时代出版业融媒体发展与合作"理念，专家们立于出版发展前沿，呼应出版转型急需，从国家战略任务、人民热切期盼、产业发展必然要求，力陈融合发展之重大重要，从体制、技术、内容、渠道、市场、模式六方面阐释融合发展的内涵和着力点，提出了聚焦全产业链、提供知识服务、利用大数据、开发人工智能等实现路径。新技术改变了出版物的状态，纸质出版物通过二维码等连接手段，可以和线上结合，丰富内容和阅读体验，拓展知识和服务领域与程度，同时，线上出版物得到用户喜欢，成为独立的产品和服务，还有与此变化相关的即时互动、信息对称等，和前者一起形成新的体系。从产品、消费到服务，从出版者、读者到平台，如此等等创造出版的新业态、新模式、新天地。书博会对应出版创新，推出新的产品、服务，呈现为新的场景，也就有了新的业态。第 29 届书博会线上线下融合，在"互联网+"上大胆突破。譬如，优惠券的线上发动、传播和线下体验，多地展览各有特色又通过互联网共享数据、共通信息等。作为从业 20 多年的老出版人，我沉浸在书博会创新的氛围中，试试这样新产品，感受那种新工艺，充满好奇，充溢兴奋。博览会西安主会场馆配和民营订货总收入超 2 亿元，共吸收市民读者 41.2 万人次，零售图书 3.1 万册（套），营销总收入 2192 万元。显然，创新为书博会带来展销两旺，也为出版业的发展带来新活力。

2. 坚守意识形态责任的初心

第 29 届书博会共开展 500 多场展场活动，共在陕西各地开展相关活动 1000 多场，汇聚 20 多万种图书，每天入场 10 多万人。如此大规模的文化互动交流，影响面大力强，渗透深广。积极来说，传递巨大正能量，造就巨大影响力。消极来说，面上的坏影响可能造成舆论洪流，点上的不良影响可能改变一位读者，影响其一生，特别是未成年人。书博会的初心是坚守意识形态责任，对党和国家负责，并把这种责任落实到每一场活动、每一种图书的把关，落实到为每一位参展者提供积极服务、带来积极影响。说句心里话，我挺替书博会组委会担心的。但是，我的担心是多余的。出版社的初心和书博会一致，为其提供有保证的资源和服务，对每一种参展出版物、每一场活动、每一位参展人员负责，确保导向正确。作为出版社的负责人，我要求检查参加书博会的每一种读物、每一个文字、每一张图片。唯其如此，我放心了，书博会才省心。

3. 担当主流价值文化建设的使命

第29届书博会从主题到展馆布置、展出物、现场活动等，都精心准备、精心组织、精心把关、精心掌控，确保突出了新时代特性，确保体现了党和国家意志，确保积累、传播了优秀文化，确保是主流价值文化建设的重要行动、手段和使命担当。包括全国所有出版社在内的1234个参展单位，借助3245个展位，用产品、服务、活动等吸引、影响读者，促进主流价值文化建设，实现使命担当重任。走在书博会展场，阵阵正气迎面扑来，股股正能量涌向心田，每个参展者、每位观众、每个读者都被主流价值文化浸润着影响着。

（三）路径：在对环境的适应和适配中发展

发展离不开环境，新时代新情况新环境，社会在发展，市场在变化，行业在转型，读者在调整，阅读习惯在转换。基于自身条件，遵循行业规律，适应和适配新环境，是书博会和出版的发展路径。

1. 品牌力是基础

书博会是强势品牌，能聚集以当地读者为主体的全国读者，作者、出版社、发行商、印制商及其相关主体围绕读者而动，形成特别的生态体系。直接算账，众多参展者不可能有经济效益，但是算大账整体账，来到书博会的主体都能得到预期的综合效益，都能体会和分享书博会品牌的力量，都满载而归。第29届书博会以历届最大的展览场地，顺应中华人民共和国成立70周年和西安特殊地理位置、特别文化底蕴等优势，立体、丰富、先进地呈现，进一步擦亮了书博会品牌。出版品牌是书博会品牌的核心、基础支撑，围绕展销功能体系性亮相和表演，区域出版品牌如"中南出版 天下书香"的湖南出版，机构品牌如"主流出版型、融合发展型、国际传播型"的中国出版集团，出版物品牌如主题出版，图书市场品牌如"博集天卷""读客""后浪"，宣传推广品牌如"红沙发"访谈，数字出版品牌如"咪咕""喜马拉雅"，这些品牌主导书博会的文化品位、阅读趋向。书博会的信息交流功能、专业导引功能、市场拓展功能等与其品牌活动息息相关。在第29届书博会上，由柳斌杰等意见领袖主讲的"一带一路"出版工作交流座谈会和数字时代融媒体发展与合作论坛，是坚持多年的论坛活动的强力持续，这些论坛以其高深和前瞻，指点书业，激励出版。出版精品展是书博会品牌，出版社、编辑们以在此找到与己相关的出版物为荣，它通过展示、诠释精品倡导出版品位，引导出版追求[①]。

2. 传播力是关键

书博会是平台，以展场为基础硬件，以制度和运作规则为软件，通过团队的智慧和心血，为各主体提供服务。第29

---

① 郑豪杰.打造美丽中国文化坐标——关于书博会发展历程之思考[J].中国出版，2013（5）：9-10.

届书博会充分发挥平台优势，将平台力转化为传播力。信息的流动始终以读者为中心，遵循读者至上的理念。从读者需求开始，以新时代要求为指引，囊括出版物信息、出版机构信息、发行销售信息等，读者在哪里，信息到哪里；需求在哪里，出版物及其相关服务到哪里。短短几天的第29届书博会是精心创建、暂时存在的生态系统，在大数据、新技术的支持下，信息流畅通，传播效率高，传播质量高，传播效益高。500多场展馆活动，随便走到哪里，都有活动在进行，有准备的参展者，有的放矢地在现场，无确定目标的参展者，随时可能被吸引。现场活动通过各种媒介特别是新媒体扩散，倍增流量，倍速传播，服务更广大的读者。据统计，书博会相关稿件的网络阅读量累计超过1.31亿人次。书博会官网发稿近400篇，页面访问量达127万余次，官微关注粉丝9.6万多人，涵盖全国各省区市和港澳台地区，影响广泛。信息流打通是出版的七寸，是达成出版与读者、用户的信息对称，实现供求无缝对接的必由之路。第29届书博会让作者、出版者、读者及其相关者，以极近的距离创造传播的机会，以极致的创意提供无限传播的可能，在信息流打通上提供了理念和实践的突破。

3. 阅读力是要义

社会信息化是新时代的主要特征之一，在浏览的时代如何提供和实现阅读，是重要课题、实践命题。第29届书博会激发阅读热情，引爆阅读力，实现阅读，营造书香氛围。为此，组委会开创性地在主馆开展首届书博会少儿阅读节，开辟少儿图书展销和文化体验专区，设置"阅读主题乐园"，组织以"如何推动家庭阅读"为主题的高峰论坛。阅读推广、阅读指导是达成和提高阅读力的有效途径。持续数月的书博会宣传、造势始终围绕阅读，围绕服务读者。书博会针对读者阅读的需求、心理、困惑，

——提供解决方案，让读者因 8 万张、400 万元惠民购书券提升和激发购买力，让读者心向好书、得到好书信息、买到好书、懂得如何读好书、积极分享好书阅读感受。书博会期间，在展场，在书店，在社区，150 多位作家向读者讲述作品和创作，500 多家出版社的 40000 多名出版从业者向读者解释好书的来路和编辑的梦想，数以千计的阅读推广人和志愿者向读者诉说好书的好、阅读的趣和味。无疑，这是阅读推广的典型状态。在这种状态中，读者、读物、阅读环境达到极致且充分和谐，阅读力充分释放，获得感充分体现，书博会自然"双效"显著。出版不可能常态化地处于书博会状态，但是，书博会提供的阅读力解决方案可以常态化地因地制宜地实施。一部分人的阅读习惯养成了，阅读理性造就了，读者群的滚雪球效应出现，阅读社会、书香社会的梦想就近了。

4. 现代化是保障

书博会的现代化和出版的现代化一致，在现代理念的指导下，在现代新技术的推动下，充分达成工具、手段、方式的现代化，进而实现人的现代化。第 29 届书博会以其强烈的现代感，倡导和践行现代化。从视野看，全面开放式买卖版权，全球化得到倡导和体现。从理念看，读者至上的人本思想处处体现，书博会于读者是零门槛参展。从经营哲学看，现代经营观融入，于合作者是平台吸纳后的规模型外部效应模式。从技术运用看，从直接的新技术产品到无形的新技术服务，新技术的能量充分得到释放。从管理看，政府、协会、企业、社会都充分发挥且形成合力，在体系构建、能力形成等方面现代特征明显。出版按照书博会体系和能力现代化的要求，提供产品和服务，组织团队和活动，既满足组委会要求又彰显现代化成色①。

二、科技图书出版：2018年面相显现的产业趋势

科技图书出版，作为专业出版的核心组成部分，在出版产业体系中具有重要的地位和价值。在国家调整书号管理、出版强调高质量发展、线上知识服务火爆的大背景下，承接一段时期以来的变化累积，透过生动面相和典型个案，2018年的科技图书出版在产业层面展露出较为强烈的节点意义，特别值得观察和分析。

（一）事件背后的产业喜忧

出版事件、出版现象等是出版文化的表征，往往是出版产业的晴雨表。这些事件、现象等或者与科技图书出版直接关联而对其形成"肌注效应"，或者距离较远但因"蝴蝶效应"而对它产生特别影响。

1.霍金逝世：直接的近利和间接的反思

2018年3月14日，霍金逝世。因其伟大的科学成就，这成为科学事件。因其对出版的巨大影响，这成为出版事件。霍金逝世对出版的直接影响集中体现在两个方面：其一，霍金著作热销，一时洛阳纸贵。霍金著作集中于湖南科学技术出版社出版，该年度销量同比上年差不多翻番，明星品种《时间简史（插图版）》年销售近70万册。该社科普品牌"第一推动丛书"于2017年改版后整体推出，霍金著作的热销带动丛书大卖，年内一印再印。其二，科学传播和普及热议，一时舆论弥漫。媒

---

① 穆宏志. 书博会模式变迁见证中国书业改革开放40年 [N]. 中国出版传媒商报，2018-07-17.

体等因霍金逝世推动的议题设置，使得科学传播和普及成为大众话题，促进了大众科学意识的养成，加强了大众对科学素养的关注。这为科技图书出版培育了土壤、培养了读者、形成了氛围、创造了潜力。透过霍金逝世对科技图书出版的影响，我们可以看到：第一，科学家明星化利于科学传播和普及，利于科技图书出版产业。传播和普及的引领者是具有公众影响的意见领袖，科学家因为专业和权威成为科学界的意见领袖，但其影响往往局限于科学圈子，他们走向大众的过程是形成公众影响的过程，是由科学界的意见领袖成为科学影响大众、大众接受科学的意见领袖的过程。出版界只有选择价值观、素养、能力等各方面条件优越的科学家，经营他们，使他们拥有公众影响，产生明星效应，才能更有效地传播和普及科学，进而促进科技图书出版产业的发展。第二，科技图书出版产业相对脆弱。霍金著作确实难懂，但是，湖南科技出版社一句"阅读霍金：懂与不懂都是收获"的广告语，让大众觉得读不读这些书不是最重要的，让他们放下下、丢不起的是如果他们没有这些书则过时了。一个霍金、系列霍金著作引领科技图书出版潮流二十多年，这是湖南科学技术出版社的幸运，却是科技图书出版界的不幸。如果我国拥有一批霍金和霍金著作式影响的科学家和科学读物，那么霍金逝世的影响不至于产生如此效应。这从侧面表明科技图书出版的基础缺失、产品和品牌匮乏。

2. 美国打压中兴、华为：激愤而起的希望

2018 年，美国打压中兴、华为，对我国高科技企业的代表痛下狠手。在中兴的被打压中，公众为我国高科技企业没有掌握核心技术而懊恼和沮丧。在华为的被打压中，公众为我国在世界顶级前沿核心技术上的突破而倍受鼓舞。两重事件在引发公众悸动、增强全民科学意识的同时，国家、社会、企业等加强了对

科研的重视，加大了科研投入。"世界科技出版随经济和科研中心而转移，中国不应丢失经济社会发展带来的科技出版中心的可能机遇""科技出版、研发投入、经济发展的相互关系应该是：经济发展水平的 3% 用于研发投入，研发投入的 1% ~ 2% 用于科技出版"[1]。科研为科技图书出版带来内容资源，科研投入为科技图书出版产业带来实际收入。这是美国打压中兴、华为给科技图书出版产业带来的直接影响。另一方面，公众对科技的极大热情，增强已有读者对科技图书的忠诚度，进而扩大其价值回报，使得潜在读者变成现实读者，进入科技图书的消费圈，让不相关者关注科技图书而成为潜在读者，扩大潜在读者的范围和数量。所有这些为科技图书出版带来市场和效益。还有，我国把科技当作第一生产力，对科技本来就格外重视。美国打压中兴、华为犹如当头一棒，给科技的发展带来爆炸式动力，同样给科技图书出版带来发展的更好政策和更多支持。

（二）衰退期特性鲜明的产业现状

科技图书出版属于传统出版，在传统出版和新兴出版并行中，它日益丧失活力和能力。2018 年，科技图书出版步履艰难、老态毕现，衰退期特性鲜明。

1. 市场下行

产业服务市场，市场决定产业的发展。科技图书具有较强的专业性、时代性和科学性，科技图书出版内容专业度高、市场细分度高、营销对象明晰、知识累积性强、品牌效应明显、富有盈利能力。产品特点、生产特点、模式特点源于市场需求特色，又激发市场需求。只有在这种良性循环中，科技图书出版才能蒸

---

① 闫松 . 中国应抓住成为科技出版中心机遇 [N]. 中国新闻出版广电报，2018-08-30.

蒸日上。然而，近些年来，这些特点不再符合市场需要，面对读者不再展现为魅力，科技图书市场年年萎缩成为科技图书出版面临的严峻挑战。2018年，科技图书在整体图书市场中的份额再度下降，科技图书的年度销售总码洋、总册数再次缩水。"科技出版社的整体市场表现不容乐观""有数据显示，原来占据地科社45%以上零售市场份额的生活类图书在今年上半年下降到了30.33%，大农业图书则从1.77%下降为0.65%。"[1]"摆在地方科技出版社面前的一个严峻事实是，市场图书的销售不断下滑，尤其是科技类、生活类图书领域，需求的转场加之实体店渠道不断萎缩、网店折扣乱象、图书印制成本不断上涨等，让地科社处在'寒潮期'"[2]。2018年10月10日—11日，一年一度的地方科技出版社图书订货会在西安举行，参会书店不多，萧瑟之气逼人。对科技图书市场冲击最大的是线上的科学传播和普及，因为一方面是科技图书呈现的局限和阅读体验的不佳，另一方面是线上科学传播和普及的丰富、体验的完美，所以已有的科技图书读者或者放弃了这块阅读或者逐渐改变了阅读习惯而到了线上，新的科技图书读者数量极少，以致读者总数日少。科技图书市场的惯有特点是品种占有率高于码洋占有率，靠较低的单品效益维持和扩大市场。2017年纸张等材料持续涨价，一波接一波延续到2018年。材料涨价逼迫出版社提高书价，书价提高措施在2018年普遍实施。书价的高弹性带来读者的减少在2018年逐渐显露，2018年科技图书单品平均销售册数进一步减少。读者和单品销售册数的双重减少，既带来市场的萎缩，也因破坏了科技图书市场的惯有特点而带来更大的危机。

---

① 李丽萍. 调！调！调！地科社能否华丽"转身"？[N]. 中国出版传媒商报，2018-10-12.
② 李丽萍. 地科社逆袭实招"曝光"[N]. 中国出版传媒商报，2018-11-20.

2. 结构固化

从市场主体看，科技图书出版的集中度高，排名前10位的出版社总体市场占有率超过60%，强者愈强，马太效应明显。以清华大学出版社等为代表的少数大学出版社，和以机械工业出版社、科学出版社、化学工业出版社、电子工业出版社、人民邮电出版社、中国水利水电出版社等为代表的行业出版社，占据着科技图书出版的统治地位。2018年，一些出版社通过联合进一步巩固阵营。譬如，2017年初，中国水利水电出版社、中国铁道出版社、中国建筑工业出版社、国防工业出版社、人民交通出版社、中国电力出版社、中国农业出版社、中国协和医科大学出版社联合组建科技专业社馆配联盟，在2018年秋季馆配会上，该联盟统一展台和着装参会①。相对而言，地方科技出版社是科技图书出版的"弱势群体"，30余家地方科技出版社抱团成为地方科技出版社联合体，每年召开图书订货会，2018年已是第29届。市场主体结构超稳定，垄断性较强，消解了活力，削弱了体系的开放性和成长性。从产品看，大学社和行业社依托强势资源保持数量和结构稳定，一些看家的图书陆续推出。譬如，2018年4月26日，机械工业出版社在昆明进行《机械设计手册》（第六版）的新书发布会暨2018年机械行业高端学术会议。第十一届全国人大常委会副委员长、中国工程院院士桑国卫总主编的"十三五"国家重点出版物《中国临床药物大辞典》历经9年多完成，包含3卷5册、1391万字，由中国医药科技出版社2018年12月出版。同时，这些出版社或沿袭或新创一些方式占有和巩固强势内容资源。譬如，2018年5月2日，长江科学院和中国水利水电出版社科技著作出版基地挂牌成立，于中国水利水电出版社而言，

---

① 夜雨. 科技专业社馆配联盟的"真"与"实"[N]. 中国出版传媒商报，2018-11-27.

此举是对优质出版资源的战略性拥有和针对性运营。"近年来，水电社先后与 50 余家单位签订战略合作协议，并选择重要科研院所、勘测设计单位建立科技著作出版基地。以建立'科技著作出版基地'为重要抓手，专业社可以加强与行业有关单位的合作，拓展业务辐射范围，做到出版服务行业全覆盖、专业全覆盖、年龄层次全覆盖，不断夯实专业出版领域。"① 没有资源和能力优势的地方科技出版社基本上在收缩和聚焦中调整产品结构，品种数量和出书板块都在减少。"零售市场数据显示，地科社的新书品种数已经从 2014 年的 8845 种下降到 2017 年 7609 种，今年上半年新书品种数只剩下 3395 种。"② "总体来看，2017 年—2018 年是地科社产品线调整的关键时期，各家社都在强化原有的精品板块，并且通过拓展新门类，寻找新的经济增长点。"③ 2018 年，安徽科技社进一步为 2017 年撤掉理工、农业、外语板块善后，强化重新组建成立的医学编辑部、中医养生编辑部、运动与健康编辑部、少儿科普编辑部、青少年科技创新工作室，巩固"主攻大健康、辅攻青少年科普"的产品线定位。基于市场和资源霸权的产品垄断形成相对固化的产品结构，不利于产品创新。以迈克尔·波特的"五力模型"分析科技图书出版产业，作为供方的出版主体的议价能力不强，作为买方的读者的议价权大，异质的竞争者对资源和市场已处于支配地位，线上替代品已显现出强大的优势，行业内的竞争既剧烈又层次不高，显然，这一产业的结构已固化，生命力已僵滞，其发展已进入衰退期。

3. 业态老化

科技图书出版是知识密集型产业，靠高附加值支撑，其价值

---

① 韩珊珊. 专业出版社国家重大出版工程项目出版战略的思考——以中国水利水电出版社为例 [J]. 科技与出版，2018（9）：66.

② 李丽萍. 调！调！调！地科社能否华丽"转身"？[N]. 中国出版传媒商报，2018-10-12.

③ 李丽萍. 地科社逆袭实招"曝光" [N]. 中国出版传媒商报，2018-11-20.

以作者的创造为基础，关键在于编辑的创意、策划。放在产业价值链里看，创意、策划是研发。编辑的创意、策划不仅表现为提供满足读者需要的产品方案，而且表现为向读者提供阅读服务的运营、推广方案。2018年，科技图书出版领域一如既往地招人，该领域的领头人一如既往地表示缺乏人才。科技图书出版和整个出版产业一样，招不到优秀的人，留不住优秀的人。作为以创意、策划为核心竞争力的产业，没有优秀的人才，也就没有了核心资源，创造不出核心价值，失去了依托。因为这样，所以科技图书出版的业态不但没有新意和新貌，反而变异和退化了。一方面，在和作者的关系处理中话语权弱了、主导力缺了。编辑的素养和能力不足以提供令作者认同甚至赞赏的方案，不能有力有效地引导作者以读者为中心提供对路的内容，以致因为得不到作者的支持所以出不了好书，不得不陷入与个人或书业民营公司合作出版的困境。2018年，科技图书出版界，特别是地方科技出版社，合作出版比例大涨，业态出现畸形。另一方面，在和渠道的关系处理中丧失了筹码，被渠道牵着走，利润空间被极度挤压甚至丧失。这集中体现在出版社和电商的关系中。2018年，科技图书在线上的实际销售比例进一步提高，已达70%，而出版社给电商的实际结算折扣进一步下降，整体而言是微利甚至没有利润，但是，出于电商的垄断式强大及其对市场的引领和推广作用，这种非良性合作还在持续。对于实体店，科技图书出版依然不能有效地掌握数据，加上销量的萎缩，价值越来越弱。实体店中的独立书店因为对书的理解精准、数据清晰和畅通，在实体店的总销量中比例提高，给出版社带来效益和希望，但是总体销量有限，不足以提供有力支持。总之，科技图书出版自身作为上游的价值创造不力，以合作身份出现对下游的管控不能，其商业模式越来越不足以支撑其发展，逐渐丧失了盈利能力。

（三）"三化"进行中的产业转型

转型于科技图书出版意味着抓住机遇，意味着希望和未来。"在国家科技创新战略的指引下，未来科技创新从业者的规模会快速扩大，并且基础研究和技术应用的领域更新速度加快，传统的专业体系、学科结构亟待重构。……专业设置、学科领域和人才培养的更新必然蕴藏着新的阅读需求。""科技创新教育在整个教育体系中的地位随着国家科技创新战略的实施被逐步加强，中小学科技创新教育的需求进一步提升，科技创新教育课程的开发和教育服务成为新的主流需求。"① 转型是 2018 年科技图书出版发展的关键词。譬如，2018 年 10 月 26 日—27 日，科技图书出版的领头羊中国科技出版传媒集团召开战略研讨会，会议主题是"打造发展大格局，培育增长新动能"，其重点在于转型。"从当前参与市场竞争的角度来看，机工社将从三个方面持续构建自身的核心竞争力：一是进一步强化获取优质资源的能力，不断巩固竞争优势；二是积极开拓新领域、开发新产品，不断提升创新活力；三是持续优化人才选用环境，进一步打造机工团队作战能力。"② 机械工业出版社的用意是转型，想以转型创造核心价值。因此，无论战略还是战术，科技图书出版的目标指向转型，行动集中于转型。整体来看，2018 年科技图书出版的转型方向和重点是数字化、国际化和现代化。

1. 数字化：跨越盈利模式之坎

科技图书出版的数字化转型从内容的数字化开始，走过管控流程的数字化、生产的数字化、运营模式和推广的数字化等，进入产业体系的数字化，靠数字化经营创造价值、获得收入、产生利润。2018 年，科技图书出版的数字化在多个方

---

① 孙玲．基于国家科技创新战略的地方科技出版转型 [J]．出版发行研究，2018（6）：39-40．
② 李奇．"小书"塑造"大价值观" [N]．中国出版传媒商报，2018-07-17．

面开展和推进。第一是基于内容的数字化运营。譬如，中原农民出版社联合全国 30 家科技出版社，构建天下农书融合发展中心平台，打造天下农书数字图书馆品牌，依托中心的策划事业部策划内容，数字化事业部生产数字产品，融合推广部实施运营。2018 年 5 月 23 日在武汉召开工作会，大力推进。第二是基于项目的数字化运营。譬如，2018 年 5 月，科学技术文献出版社联合阿里健康上线了一款全新的互联网医学智库产品"医知鹿"，为用户提供权威可信、通俗易懂、实用的医学知识[①]。2018 年 6 月，清华大学出版社与中国机械工程学会就"智能制造资源库及知识服务平台"项目签约[②]。第三是基于流程的数字化再造。譬如，《中国沿海航行指南》系列图书整个编写流程充分利用即时通信方式和互联网交互平台——百度网盘，节约了编撰的时间成本，简化了诸如会议等流程，按标准编写模板进行模块化分工编写，保证了质量，提高了效率[③]。第四是基于服务传统产品的数字化创新。譬如，中国水利水电出版社借助《风力发电工程技术丛书》《新能源发电并网技术丛书》等，推出了数字水利出版平台和新能源发电技术内容服务平台两大行业级基础服务平台，为图书读者提供服务[④]。第五是基于体系的数字化创建。譬如，建筑工业出版社 2018 年的数字化转型升级围绕三个问题展开："传统出版和新兴出版业态怎样进行融合？""综合之后如何迭代升级？""如何保持可持续的

① 胡红亮，郭传斌. 行业生态变革中的医学知识服务模式创新——以科学技术文献出版社医学出版转型为例 [J]. 出版科学，2018（4）：49.

② 智能制造资源库及知识服务平台建设筹备启动会举行. [EB/OL].[2018-12-26]. http://www.tup.tsinghua.edu.cn/newscenter/news_3364.htm.

③ 杨川. 传统科技图书的互联网编写模式探讨——《中国沿海航行指南》系列丛书编写实例 [J]. 传播与版权，2018（3）：59.

④ 韩珊珊. 专业出版社国家重大出版工程项目出版战略的思考——以中国水利水电出版社为例 [J]. 科技与出版，2018（9）：66.

发展？"该年度是该社整体向知识服务型和智库服务型转变的极有收获的一年。该社建造师网站平台聚合了近 20 万用户，2018年收费课程有了爆发式增长，上半年实现近 2000 万元收入累计150 万人次用户使用，视频播放量达到 5000 多万次。2018 年二代数字化产品"中国工程建设标准知识服务网"推出，包含近4000 本标准，实现了智能"查标准"和多形式"用标准"两大功能 [①]。梳理多方探索的 2018 年科技图书出版数字化之旅，难能可贵的是商业模式的突破，是有了盈利路径和足够盈利。这种盈利或者因为和传统图书的融合所以从传统模式中获得，或者因为创造了独立的新模式而依托内容的价值创新获得。

2. 国际化：重视话语权是观念突破

图书出口、版权输出、合作出版是出版国际化的常规方式，2018 年的科技图书出版在这三个方面稳中有升。譬如，2018 年经典中国国际出版工程资助图书中科技类的有：人民军医出版社的《微小肺癌——影像诊断与应对策略》、北京理工大学出版社的《固体与软物质准晶——数学弹性与相关理论及应用》、长江出版社的《长江演变与水资源利用》、四川科学技术出版社的《太空日记：景海鹏、陈冬太空全纪实》、上海交通大学出版社的《问天之路：中国航天发展纪实》等 6 种英文版，约占总数 101 种的 6%。2018 年丝路书香重点翻译资助项目共375 个，其中科技类图书 31 种，约占 8%。以话语权构建和效益创造为目标的资本走出去、本土化运营是出版国际化的深入策略和措施，2018 年的科技图书出版基于以往的积累，在这方面更进一步了。譬如，2018 年 8 月 20 日，由中国出版协会科技出版工作委员会主办、人民卫生出版社承办的 2018 年科技出版国际

---

① 李明远. 中国建筑工业出版社党委书记尚春明：利用新思维构建出版新生态 [N]. 中国新闻出版广电报，2018-07-30.

合作研讨会在北京召开。这种会议指向科技图书出版国际话语权的构建。"根据国际权威传媒机构评估报告，人卫社在国际医学出版排名第七位，世界卫生组织卫生信息和出版合作中心落户该社。"① 这标志着科技图书出版国际话语权的拥有和增强。从常规的走出去到话语权构建，从数量的关注到实际效益的考核，2018 年意味着科技图书出版国际化的深入，意味着这一领域的思考和实践充分指向国家文化软实力的总体目标，意味着观念的创新和实践的突破。

3. 现代化：寻求治理体系和能力的蜕变

科技图书出版的现代化包括体制和机制的现代化、组织和管理的现代化、生产和运营的现代化等，其中最根本的是人的现代化。2018 年的科技图书出版在现代化的进程中富有收获。其一，一些出版社在体制和机制上攻坚克难。譬如，机械工业出版社反思自身："当然，机工社当前的短板也比较明显，体制机制相对不够灵活。"② 认识到了这个问题，接受了这个挑战，该社 2018 年工作会议的主题是"精准对接需求，深入挖掘价值，推动机工实现高质量发展"，其现代管理意识彰显。2018 年 11 月 26 日，人民交通出版社转企改制，成为本轮改革的代表。"随着改革的不断深入，人卫社企业市场化运营机制更加完善，集团化管控能力不断提升，企业运行质量和效率、发展活力和动力不断提升。"③ 人民卫生出版社改革在前，相对来说现代化程度更高。其二，一些出版社借助新技术大胆改革，出版管控、流程、组织等进入现代化发展快车道。譬如，建筑工业出版社基于 CNONIX 标准的 ERP 系统升级改造及客户端开发工程

---

① 闫松 . 中国应抓住成为科技出版中心机遇 [N]. 中国新闻出版广电报，2018-08-30.
② 李奇 ."小书"塑造"大价值观"[N]. 中国出版传媒商报，2018-07-17.
③ 郝阳 . 创建有文化特色现代企业制度 推动国有文化企业做强做优做大 [J]. 中国出版，2018（19）：34.

进一步优化完善，"初步实现了以出版为源头、自上而下的出版物生产和分销信息的有效传递""初步实现出版发行行业业务数据的标准化、传递的网络化和业务处理的自动化""推动传统出版数字化转型升级，提升出版产业实力""实现中国图书在线信息同国际图书在线信息交换标准接轨"[①]。人民邮电出版社开发的"基于大数据的出版经营管理模式"的"出版智能经营管理系统"，包含用户管理和数据营销系统、印数决策支撑系统等生产支撑系统，2017 年为该社带来 1000 多万元的经济效益，2018 年在电子工业出版社开始应用[②]。其三，在人的现代化方面，过程和结果都体现了进步。从过程看，2018 年的实践在两方面展开：一是环境的现代化培育和促使人的现代化，二是各种各样的培训修炼人的现代化素养。从结果看，2018 年科技图书出版主体的现代化变化体现了人的现代化，科技图书出版团队通过包括发表业务经验和教训特别是创新程度高的论文等充分展现了他们的现代素养。2018 年科技图书出版在现代化上的探索，有的是补体制机制改革的课，更有一些在管控方面提高效率和效能而采用的创新模式，而强调人的现代化更是抓住了关键。

（四）结论

科技图书出版已经进入生命周期的衰退阶段，2018 年的事件和现状无不表明这一点。一个周期的结束意味着另一个周期的开始，2018 年的科技图书出版用实践和个案彰显转型的决心、信心、目标和希望。作为专业出版，科技图书出版在数字化转型上具有基础优势。作为意识形态属性弱的出版领域，科技

---

① 曾学文，郭希增.赋能出版 服务应用——中国建筑工业出版社 CNONIX 应用实践 [J].出版参考，2018（10）：17.
② 季仲华.出版融合是未来发展方向 [N].国际出版周报，2018-08-06.

图书出版在国际化转型上拥有便利。伴随着国家现代化的进程，科技图书出版的现代化转型易于借势借力。"三化"转型基于现状，直面挑战，针对性地提出解决方案和出路，既是科技图书出版前行的方向和路径，也是产业的发展趋势。2018 年于科技图书出版的意义，在于带着情怀以特别事件为触点，理性深入产业的现状，理出转型的方向、思路和节点，然后决绝地投入行动中，于前史是总结，对未来是强化开启。

三、冷眼细看青春读物

青春读物的热闹和被图书界津津乐道是近些年的事情，但是，青春读物的脚步声却伴随读者久矣，由著名作家王蒙创作的在读者群中轰然炸响的《青春万岁》就是典型的青春自助文学读物。关于青春读物的谈资和嚼头很多，但是，要透过纷繁的现象理出些道道却不容易。这应该是难见关于青春读物妙论的缘由之一吧。实际上，青春读物就像躁动不安的青春，洒过来的全是梦幻般的美好，洋溢着的是十足的热情，而内里却耐人寻味、令人三思。

（一）界定不够确定的细分板块

北京开卷图书市场研究所这样限定青春读物："（青春读物）包括青春自助文学读物（如描写少男少女的小说、散文等）和青春非文学自助读物（如星座、求知读物、心理、生日、男孩女孩的心理自助图书）。"琢磨这个限定，至少有两点是可以明见的：其一，该限定说明青春读物是时间指向非常明确的读物。限定中用"少男少女"说明青春自助文学读物，用"男孩女孩"

修饰心理自助图书等青春非文学自助读物。"少男少女""男孩女孩"都是年龄区间特征明显的词语，而限定对青春读物的说明以这些区间为基准，也就赋予了明确的时间指向特色。其二，该限定以文学作为标尺来划分青春读物，将该类读物分为青春自助文学读物和青春非文学自助读物，而且对各自的主要品种门类进行了说明，即青春自助文学读物主要包括小说、散文两种，而青春非文学自助读物则包含星座、求知读物、心理、生日、心理自助图书等五大品种门类。这说明青春自助文学读物在青春读物中占有相当重要的位置，而青春小说又是青春自助文学读物中的主打品种。

时下，出版界也好，理论界也好，并没有给青春读物下一确切的定义，而北京开卷图书市场研究所对青春读物的限定随着该研究所研究成果对出版界、图书界的深入影响而得到了广泛的认同。因此，人们不自觉地把该所对青春读物的限定当作了青春读物的准定义而予以接受，他们对青春读物的关照、判断和认识基本上以此限定为依据。但是，面对该所对青春读物的限定有四点务必注意：第一，该所并非为青春读物下定义而从定义的角度限定青春读物，这一动机和目的就决定了该限定作为定义的局限性，也决定了人们把这个限定作为定义接受可能造成负面结果。第二，由于该所处于自身的需要和目的，对青春读物的限定着眼于这类读物的外延，并没有对其具体内涵进行说明，即使是说明所包含品种也采用不完全归纳法。因此，以此认识青春读物就非常不确定，也不完全。第三，即使是对青春读物时间区段的把握也令人费解。在开卷图书市场研究所对青春读物的限定中，同时使用了"青春""少男少女""男孩女孩"等时间指向非常明确的词语，而这些词语所标示的时间具有差异性。换句话说，青春是否和少男少女或者男孩女孩一致，还有待进一步说明和限定。但是，如果每一个概念都要重新予以限定，也就失去了其价值和意义了。第四，以文学作为划分青春读物所含品种的依据有些欠妥。图书细分市场的确定依赖于读者的需要和图书的功能，文学作为人们精神消费的一种形式，无疑不完全具备这个条件。北京开卷图书市场研究所从自己的需要出发给少儿图书进行分类，达到了自己的目的即行，但是，作为对一个图书细分市场的划分，则要更科学，要有更多的可靠依据和前提。

青春读物的定义是标举该类读物的旗帜，是人们赖以认识和区别青春读物与其他少儿图书细分市场的准则。它的定义的缺失必然导致其细分市场不够明确，必然让人们不能更真切和全面地认识和运作这个细分市场，必然导致多重后果。首先，它引起的是观念上的不确定。人们没办法真正认识青春读物，也没办法确定青春读物。即使是在开卷图书市场研究所的报告中也得到了体现，因为有些图书被同时放入两个细分板块。其次，对青春读物观念上的不确定引发了一系列不确定因素，如：对青春读物选题的判断就很不确定，一些出版社把明明不是青春读物的选题也模糊地摆入了青春读物的行列。再次，前列两项产生了许多现实的后果。譬如，一些出版社盲目地划分青春读物与非青春读物，以致在进行市场和读者定位时搞错了方向，尽管把一些读物当作青春读物进行开发花费了很多心血，但是效果极差。最后，由于没有对青春读物的明确定义，使得青春读物这一少儿读物的细分板块失去了存在的依据。不但不能让出版社在进行选择和判断时有一个正确的认识尺度，还误导了出版者，以致一些出版者在这一板块的运作一塌糊涂。

如果要给青春读物以定义，我们可以从其外延和内涵逐层加以分析。从外延来看，一般而言，青春读物从属于少儿读物，是少儿读物的一个细分板块。这给了青春读物读者接受年龄和大门类方面的限定，同时告诉我们不能按照青春二字字面意思来认识青春读物。因为青春有两个意思，一指青年时期，一指青年人的年龄。这与青春读物作为少儿读物的范围属性有些不符。通常男子的青春期是 14 岁到 16 岁，而女子的青春期是 13 岁到 14 岁。由此可以得出结论，青春读物的时间指向只能是青春期。因此，在少儿图书细分市场这个话题上谈论青春读物还不如直接用青春期读物更直接也更明确。有了年龄区间的明确限定，就有了对年龄特征的明确把握，也就有了符合该年龄特征的接受主体的主流需求的确定认识和把握。一纵一横基本上限定了青春读物的内涵和外延，使得该类读物获得了少儿读物细分板块之实。一句话，青春读物是指反映青春期男孩女孩现实和理想生存状态，满足其青春期身体、心理和精神需要的读物。

（二）令人尴尬的读物现状

读物内涵是衡量读物质量的重要指标。就青春非文学自助读物来看，其内涵非常确定，因为它包括的每一个分支都确指一些具体的知识，如星座、生日等。不过，即使是这些看起来非常确定的知识读物也存在着层次的差异，这决定了其内容和思想有的是积极向上的，有的是迎合低级趣味的，有的甚至具有负面影响。市场上时行的青春非文学自助读物中，星座类读物较多地探奇，在不知不觉中传播着一些背离常识甚至迷信的观念；而心理自助图书中相当一部分依托的不是科学的心理学研究成果，传布的知识当中有些是很不科学的，甚至有误导的负面影响。其中一些是直接引进国外的心理类图书，没有本土化，其内容也有脱离国内读者不适合国情的成分。就青春自助文学读物来看，大多反映了特定对象的生存状态，对他们自身及其环境等多方面的问题进行了一定程度的叙述和反映，对其理想生存状态也有所涉及。但是，至少有三个方面是令人担忧的：一是在反映其特定对象的生存状态时，较多猎奇，较多着眼于迎合特定接受对象的口味，提升和引导不够；二是对特定对象理想生存状态的憧憬不够，或者对其理想生存状态的构建方式和构建归宿有偏差，让人难以真切地感受到希望和前景；三是普遍品位偏低，往往是一阵嬉笑和刺激之后，什么都没有，什么值得咀嚼的余味也没有。

青春读物的形式可以从两个方面来分析。从文本的形式来看，青春读物的艺术性不够。青春非文学自助读物往往功能过于单一，只是为传播知识而传播知识，没有将传播的技巧和艺术融于传播的过程当中，语言干巴巴，叙述方式呆板。青春自助文学读物对艺术性的要求更高，其艺术性直接决定着其成效。令人遗憾的是，大多数青春自助文学读物的艺术水准偏低，对艺术表现工具的认识和运用都不够，审美效果较差。从图书的外在形式来看，青春读物的包装较之其他读物显得更为丰富一些，出版者在版式设计、封面设计和制作等方面试图有所变化和创新，但是，总的来说离这类特定读物的要求还有距离，在形式创新方面突破还太少。

这些年，出版界对青春读物的运作较为热闹，但是生产者的投资激情没有和读者的接受激情产生一致效应，多少有些一厢情愿的味道。也就是说，现有的青春读物对读者施加的影响不够。这表现在几个方面：一则现有青春读物相对于读者的阅读需要来说还是不够，没能充分占领读者精神消费的阵地；二则没有一批优秀的青春读物满足读者的需要，出版者也没能在读者心目中创造出期待心理；三则青春读物没能引导读者的阅读潮流，更没能在充分提高读者素质的同时创造读者。由于这种正面的影响不够，一些可能产生负面影响的青春读物就有了可乘之机，在读者中部分流传，造成了极其恶劣的影响。如含有迷信等不良思想的青春读物，又如色情细节若隐若现的青春读物。

（三）令人忧虑的作者群

青春读物的作者构成可以分青春非文学自助读物的作者和青春自助文学读物的作者两个部分加以分析。青春非文学自助读物的作者基本上是成人，由于这类读物的规模很有限，其作者队伍尚不专业和确定，大多是客串，没有成型，更谈不上有阵式，也就没有形成富于特色的结构。以往，青春自助文学读物主要是成人创作的，是成人以少儿的视角关照生活而创造的结果。自从《花季·雨季》的作者郁秀推出自己高中时期草就的大作，作者的小龄化成了一种趋势，并逐渐升温成热潮。这样，青春自助文学读物的作者构成也就有了两个特点：低龄作者占据了青春读物创作队伍的大部分空间；成人作者逐渐被挤压至仅仅由几位成名人物代言。青春非文学自助读物的作者构成无疑有待作者队伍的进一步建设和发展，青春自助文学读物的作者构成多少现出些畸形的形态，不能不说是一种具有相当缺陷的状态。

青春读物的质量依赖于其作者素质，而当前青春读物的作者群素质令人忧虑。总的来看，一是作者群不够强大，作者数量太少。二是作者群本身的质量不高，整体水平偏低。三是作者群对青春读物的接受对象不了解，不明白他们需要什么，不能切实地用作品去满足他们的需要。拿青春非文学自助读物的作者来说吧，作者的非专业化和客串性质导致作者队伍的整体素质相对于创作青春非文学自助读物的要求显得非常低，基本上是临时现炒现卖。或许知识的储备和传达的技巧等还是外在因素，如果这些作者能够带着一股为读者服务、真正对读者负责的精神撰写这类读物，这类读物也就至少不会对读者产生负面作用。事实是，这类作者连这些基本要求都没有达到，往往以剪刀加糨糊，辅之以自己的杜撰，渗入些吓人的或充满刺激的标题而成事。再拿青春自助文学读物来说吧，本来，成人作者相对于低龄作者具有生活阅历丰富、对生活的体验较多、艺术的技巧较为成熟等优点，但也存在着成人化倾向严重、过多地沉溺于自我的体验游戏、过分地强调自我的精神满足等不足。一些在读者中具有相当影响的成名作家较好地避免了成人作家们的这些痼疾，但是，过重的创作任务、过急的创作历程、过多的创作外的诱惑使得这些作家的创作水准不进则退。成人作家和低龄作家之间有着一定的互补关系，但是，过于低龄化则丧失了低龄作家的一切优势。同时，低龄作家的创作由成人代笔以致他们创作失实的现实不但彻底消弭了低龄作家的一切优势，而且产生了大量四不像的作品，产生了不良的影响。这就成了一个社会问题，值得反思。

出版界对青春读物的作者群令人忧虑的局面的形成有着一定的责任。首先，出版界未能利用自己的阵地有效地培养作者，致使青春读物作者队伍青黄不接。其次，出版界将眼光都集中在有限的成名作者身上，使得这些作者怎么忙也忙不过来。这一方面使这些作者的创作质量在催促中下降，一方面使他们不能腾出时间加强自我修养而导致素质下降。最后，出版界着眼于眼前利益过分炒作，以致在作者低龄化方面推波助澜，产生了不良影响。

（四）捉摸不透的读者需求

青春读物的读者群是一个变化不羁的群体，这个群体从身体到心理、从思想到精神都处于成长变化阶段，其年龄特征和心理特征虽然可以根据一些研究的成果宽泛地论述和评价，但是，很难得出具体结论。加上读者群的各种特性具有鲜明的地域性、民族性等特点，也就增加了这个群体的复杂度，增加了对这个群体认知的难度。读者群的复杂和多变直接导致两个结果：一方面，青春读物的作者没有办法全面而深刻地了解和理解读者群的生活，不能在作品中将他们的心里话和他们希望能够倾诉的话语讲出来。作者没有赢得读者群赋予的话语权，也就失去了在读者群中的亲和力，和读者群的距离越来越远。另一方面，青春读物不能真实而全面地反映读者群的生活，不能满足读者群的需要。读者群也就会对这些读物失望，最终会抛弃这些读物。这就形成了一个恶性循环。

青春读物读者群的图书需求心理既因为读者群本身的变化不羁又因为图书本身的复杂性而变得更令人难以捉摸。图书的出版和销售者都是成人，成人离青春读物的读者群存在一定的距离，成人务必俯身了解读者群之后才能将这些认识融入读物的出版和销售中。因为读者群的变化、成人认识的有限性和图书出版销售的周期性等原因，青春读物的出版销售具有滞后特征。当然也可以根据读者群的变化趋势和需求心理发展方向做些预测，提供些具有前瞻意味的图书，这增加了风险，往往为出版者所不愿意为。青春读物的读者群作为一个整体具有一些群体特征，但是，就图书等精神消费而言又分化出相当多的亚群体。这种图书消费亚群体的存在增加了对他们需求心理把握的难度。另外，通过读者群核心人群的分析和把握，常常可以得到关于读者群的整体需求倾向和方向的信息，图书的需求同样如此。要通过这条渠道获得成功，关键在于确定核心人群。青春读物的读者个性很强，缺乏较为明确的主流人群，因此确认其图书需求的核心人群比较困难。这也就同样增添了确认青春读物读者群图书需求的难度。

捉摸不透的读者和读者需求并非不可捉摸，通过一些途径至少还是可以进一步地走近读者群，可以更清楚地把握读者的需要。但是，出版界和图书界对读者调查研究的不力导致读者和读者需求变得更加不可捉摸。如果出版界和图书界要想更科学更准确地在青春读物这个细分市场运作，那么加强调查研究的力度是必要的。

（五）漂浮不定的市场

青春读物市场的漂浮不定首先表现在旧有的某些观念消解了部分市场。某种意义上，青春读物是较为敏感的读物，这种敏感表现在两个方面：一方面，青春读物涉及一些关系到其读者成长的敏感话题，如早恋、性知识等。这些话题对于西方国家来说，不算什么，而对于中国的家长和老师就不这么简单了，往往被人为地设计为禁区。这种禁区的设立使得某些青春读物品种的市场被消解了。另一方面，虽然素质教育在中国已经成为风尚，但是，根深蒂固的应试教育观念还依然左右着中国的家长、老师甚至孩子本身。青春读物往往被中国的家长和老师当作不入流的课外读物，绝对不能让它们浪费了孩子们宝贵的锤炼功课的时间。尽管孩子们在努力争取着消费青春读物的时空，但是，在家长和老师的挤压和严格控制下，他们的空间很小很小。这不能不对青春读物市场造成较大的负面影响，让这块市场大打折扣。

从理论上来说，青春读物的市场空间非常大。中国的家长重视孩子，中国的孩子基数特别大，而中国的经济发展导致孩子们的消费能力在提高。但是，青春读物的现实市场并不是很好，整体而言非常平淡。当然，在整体平淡的青春读物市场中，还有一些亮点。这些亮点的突出显出了青春读物的表面繁荣景象，实际上是对青春读物萧条的反衬。

青春读物市场的漂浮不定还表现在缺乏品牌读物支撑。成熟的市场离不开品牌，成熟的图书细分市场需要能够起品牌作用的品种。细分市场有了品牌，就等于有了支撑点。一旦有了品牌支撑点，就能够稳定地存在和发展。出版界试图创造青春读物品牌，但是，效果不是非常理想。

四、网络时代读者需求新变化

网络影响读者、改变读者，也影响和改变读者对图书的需求。网络时代读者需求的新变化主要体现在互动、话语权、体验和个性四个方面。

（一）重互动

网络创造了典型的互动阅读模式，在这种互动阅读中，读者阅读文本、参与文本的创造甚至创造独立文本。这种模式让创作者、出版者、读者模糊了身份，没有了距离。无疑，读者在这种模式中获得了极大的满足，也形成了对互动的阅读期待和接受心理。一方面，网络文本影响图书文本，让图书文本借鉴网络文本互动的内容和形式设计。另一方面，读者对图书和图书的编辑出版者有了互动的要求。

读者对图书的互动需求是全程的，贯穿于读者产生阅读需要到满足阅读需要到延伸阅读需要的过程中。读者对图书的互动需求是创造性的，他们只把图书文本作为自我创造的基础和诱因，阅读效应的实现和阅读需求的满足在于读者在阅读过程中的自我价值的实现和情绪情感的宣泄。具体可从三个方面认识读者的互动需求：

互动之一为编辑出版过程中读者和编辑的互动。编辑在策划、编辑和出版的过程中，为了充分把握读者的趣味和需要，就和读者在互动，在交流，并及时把交流所得融入图书中。《读者》杂志社设置短信平台，让读者对编辑所选文章进行投票。编辑根据读者投票的数额可以判断稿件被喜好程度，从而更好地满足读者的需要。试读是出版社和策划人常用的一种在和读者互动中寻求市场论证的行为。一些图书设计两个甚至四个封皮让读者在购买中选择，这种选择满足了读者互动的需求，也在互动中调研读者的需求。

互动之二为阅读过程中读者和图书的互动。读者在阅读图书时，不仅仅满足于线性的单向的被动接受信息，而是希望在围绕内容进行交流并融入内容之中时，能够参与到图书相关活动中。这样，图书需要设置一些互动的栏目或游戏，让读者参与。畅销书《冒险小虎队》附送解码卡，让读者利用解码卡在互动中增加阅读参与的乐趣和兴趣。许多图书玩具化、游戏化也是为了让读者拥有更多的参与机会。

互动之三为读者阅读后的延伸互动。这种互动既指与阅读相关的促销和宣传活动，也指围绕所阅读的图书内容和主题而组织的活动。根据畅销书《淘气包马小跳》的故事排练话剧，根据《富爸爸穷爸爸》设计富翁游戏，这些都是围绕图书阅读组织的后续互动活动。

（二）重话语权

社会需要议题，大众需要议题，读者需要议题，在泛议题的网络时代，图书要在话语权的设置和倡导上满足读者的话语权需求。

其一，读者从议题的追捧中争夺话语权。经典的阅读或者说经典的读者需求主要是接受，接受信息、方法、理念，进而接受议题。网络时代的话语自由和民主，让议题回到大众。但是，网络提供的海量信息模糊了读者的视野，让读者进入价值盲区，进入议题白痴状态。图书，作为积淀型的载体，相比网络等媒介，其主要的特点在于其价值判断和对读者价值观和社会价值观的引导。这是图书存在的基础，也是图书不可能被网络取代的依托。图书的价值判断表现为议题的设置。如果说网络时代每个人都有自己的议题，那么图书的议题则是个人议题的普遍性和社会化。正是这种普遍性、社会性的议题让读者类聚成群，而出现对某种图书的品牌认同。得到品牌认同的图书满足了读者的普遍需要，成为社会的需要，也就成了畅销书。譬如：《世界是平的》就是因为捕捉到了互联网时代的普遍价值，提出了大家关心的共同议题而得到各个阶层的认同，所以成了众所皆知的畅销书。谁掌握了议题，谁就拥有话语权。读者对普遍议题的追捧实际上也就成了话语权的争夺，也就成了个人话语社会化的转变。

其二，读者需要话语平台。每位读者都有话语，但话语的发布需要平台。互联网为读者提供了许多话语平台，图书的存在理由之一就在于能为读者提供和互联网不一样的话语平台。这种不一样的话语平台既表现在大众习惯意识的延续，也表现在图书的权威和神圣。在网络的冲击下，图书的权威和神圣在削弱。但是，我国是农业社会、工业社会、信息社会三者共存的社会，对图书的崇拜还会在相当一段时间内存在。因此，图书需要有意识地设置话语平台，在满足读者话语表达需求的同时获得读者价值的综合效应。畅销书《我为歌狂》在书中设置读者续写和感受的部分，让读者参与到话语的构建中。读者的参与让《我为歌狂》有了续集，扩大了对读者价值的开发和占有。出版者常常通过提供话语活动的方式让读者得到话语平台，这些话语活动包括读者与作者互动交流、图书漂流活动等。

（三）重体验

从经典阅读到现代阅读到后现代阅读，理论的灰色越来越淡，体验的橙色越来越浓。在物质和高科技提供的喧嚣和热闹中，读者变得更生动，也更需要体验。

首先，读者渴望投入。读者渴望智慧投入。就像下象棋和围棋一样，大众在智慧的投入中可以得到价值的实现，而在价值的实现中可以得到愉悦。侦探小说让读者在智慧的投入中愉悦了，读者喜欢。填字书、填数书在世界范围内流行，也是因为图书阅读智力游戏化的结果。读者渴望投入情感。投入情感并在虚拟的情感世界中体验情感是读者宣泄情感的方式。因为读者在阅读图书时，流一把泪，发一番感叹，是紧张后的松弛，是难得的生活调节。青春读物、流行情感小说应读者的这一需求而生，也因读者这一需求而畅销。读者渴望身体投入。网络的开放性满足和激发了很多人潜藏在内心深处的欲望，这种欲望部分表现在对动物性的满足上。

其次，读者在图书阅读的体验方式、体验强度和体验效果上有了新的变化。就体验方式来说，一方面读者寻求体验的多样化和新奇性。网络时代日新月异，充满变化，读者在接受了这种变化万千的体验后，对体验方式的要求高了。在图书阅读中，读者渴望走出以往直线型的单一接受式体验，得到双向甚至多向的体验。就体验强度来说，尽管不乏平和的读者，但总体来说，强度的要求在加大，对刺激的要求在提高，对刺激的方式在求新求异。这种需求引发了惊悚文学、盗墓文学等的流行。就体验效果来看，读者更多地通过释放来寻求体验效果，不像过去主要通过得到和提高来体验效果。

再次，读者需要现场感。一方面，一些具有较强现场感的图书得到读者青睐。譬如，一些反映重大事件的热点图书的快速面世。另一方面，读图时代的产生从某种意义上是现场感的需要。另外，图书杂志化成为一种趋势既是对读者现场感需求的满足，又是读者现场感需求加强的证明。读者对图书现场感的需求是读者多感官参与的表现。多感官参与是网络时代的共通特点，这一特点影响读者的生活方式。而改变了的读者又反过来影响诸如图书的内容和形式，形成出版的新趋势。

最后，读者追求娱乐。浅阅读、休闲阅读、游戏阅读和趣味阅读是网络时代关于阅读的流行词，它们的存在表明读书从过于功利的目的向求乐的方向转变。大众读者不再追求图书严密的知识体系，而重在图书提供的趣味。

（四）重个性

首先，读者追求流行和时尚。网络时代是大众时代，文化成为产业，图书的神圣受到挑战，图书成为大众消费品。与此相关的是读者的理性得到不同程度的消解，流行和时尚成为主题词，引领读者对图书的消费。这是畅销书产生的土壤，也是我国书业进入畅销书时代的标志。读者对流行和时尚的追逐，既是文化个性的模糊，又是读者个性的张扬和显现。读者在对流行色的选择和坚持中显现自己的个性，在畅销书的消费中体验自己的感受和向外界宣告自己的存在。

其次，读者倾向于调侃、解构，崇尚非权威。草根成为流行词，草根文化悄然代替精英文化而在读者心中扎下了根。这是网络时代消解价值的表现，也是读者集体需求的表露。读者在调侃中寻求乐子，在对权威的嘲弄中寻求自我的价值，在对已有价值体系的解构中找到精神的依托。理性失去了体系，价值失去了根基，精神失去了方向，这种什么都没有标准和原则成了时代的个性，也成了时代个体的个性，也即读者的个性。图书市场中标举后现代文化的文本的存在和受宠，戏说图书、大话图书等的流行，都是读者需求的表现，也是非权威时代到来的标志及其对读者影响的证明。

再次，读者叛逆和颠覆传统。传统与积淀和经典同在，但是，网络时代的读者不以继承为乐为荣，而以颠覆和叛逆为追求。他们接受传统不多，传统留给他们的不是文化传统的传承和延续，而是对传统文化的厌倦和反感。在他们眼里，遵循传统就是没有个性，张扬个性就要叛逆，就要颠覆传统。青春文学在这些年开创一个又一个消费高潮，不能不说就是读者在传统的颠覆中张扬个性的表现，因为青春文学的主题词是叛逆。

最后，读者追求图书的个人化满足。个性不等于个人，但是个性始终属于个人。网络时代的读者借助高科技生活在虚拟的环境中，不再一定要在类聚的现场享受集体的抚慰。有了网络，一个人一台电脑，整个世界就在其中。这种个性的个人化满足状态弥漫到图书的需求便成了读者需求的一种变化。图书所表达的情绪是大众的，而消费图书的个体是个人性的，是孤独的状态。读者往往是孤独地阅读图书，并通过网络传播感受。

第二节　运营是出版市场化的重要检验

一、阅读生态下高校校园实体书店业态创新

高校校园实体书店 20 世纪 90 年代初兴，2000 年至 2007 年处于黄金发展期，2011 年起陷入困境 [①]。2016 年，中宣部、国家新闻出版广电总局、教育部等 11 部门联合印发《关于支持实体书店发展的指导意见》，对高校校园实体书店提出专门要求。高校校园实体书店有所发展，但仍然经营困难。2019 年，教育部发布的《关于进一步支持高校校园实体书店发展的指导意见》指出："兼顾校园实体书店文化服务和产业经营的双重属性，以改革创新提升市场活力，以多元发展增强经营能力"，"基本形成全国高校校园实体书店的发展与全社会实体书店的总体布局、服务功能相匹配，主业突出、各具特色、多元经营的良好格局"，"鼓励校园实体书店针对本校学科专业特点和师生实际需求向'专、精、特、新'方向发展，强化专业、特色服务，做精做大细分市场"，"积极引导和支持校园实体书店在经营模式、空间布局和环境营造方面科学调整，打造特色鲜明的校园文化空间"，"努力探索把校园实体书店建设成集图书销售、阅读学习、展示交流、聚会休闲、创

---

① 果庆．大学校园书店特色经营管理 [J]．高校后勤研究，2012（5）：88-90.

意生活等多功能于一体的复合式校园文化活动场所"，"在发挥实体书店不可替代的空间优势的同时，充分利用互联网、人工智能等新兴技术手段……实现线上线下精准对接、融合经营、协调发展"。2020 年的当下，新冠肺炎疫情冲击高校校园实体书店。中宣部印刷发行局的调研报告指出，"实体书店作为微利服务行业，受此次疫情冲击较为严重，收入下滑、功能弱化、人员流失等问题凸显"[①]。是被最后一根稻草压垮，还是背水一战？是在怨天尤人中死去，还是在创新求变中活着？高校校园实体书店的操盘者需要用行动作答，而研究者需要用理论指点迷津。

（一）再定位：高校校园实体书店的阅读生态战略

高校校园实体书店指向单个书店，意味着某个高校校园实体书店和所在高校的小环境息息相关；指向所有书店，意味着作为一种书店类型和所处的社会大环境密切相连。社会大环境影响高校校园实体书店的生存发展，而具体校园实体书店更被所在高校的小环境影响。大环境形成大生态，小环境产生具体生态。特定高校校园实体书店要考虑大生态，更要判断具体生态。阅读是书店存在的土壤，校园阅读生态直接决定高校校园实体书店的命运。认识、适应、融入校园阅读生态，实施阅读生态战略，进而明确价值观、科学定位、合理布局、确立发展观念，是高校校园实体书店存在和发展的基础。

1. 高校校园形成典型的阅读生态

阅读生态是阅读主体、阅读客体和阅读环境相互作用、相互影响的有机统一。高校师生是高素质阅读主体，阅读需求旺，阅读能力强，阅读时间充裕。高校是优质内容的创造地，是优秀出

---

① 中宣部印刷发行局调研组. 生存隐忧 唯新唯变——疫情之下对实体书店困境与出路的调研及思考 [N]. 中国新闻出版广电报，2020-2-25.

版物的汇聚地。高校的基础设施、清幽环境、活动平台等提供了优越的阅读环境。同时，高校努力通过机制创新、管理优化等整合阅读主体、阅读客体和阅读环境的优势，构建和优化阅读生态，让书香和阅读风充溢校园。

高校文化体系培育阅读土壤，滋养阅读生态。文化体系是文化要素相互连接的整合系统。高校文化体系是中国特色社会主义文化的有机组成部分，以价值观念、信仰、知识、艺术、道德、行为规范、语言符号等，传扬优秀传统文化，传颂革命文化，传播社会主义文化，是主流价值文化的重要阵地。高校文化体系通过激励阅读主体、引入优秀读物、改善阅读环境，营造阅读氛围，改善阅读生态，促进和加强校园阅读，建设书香校园。

文化自觉、文化自信、文化自强养成高校的阅读自觉、阅读自信、阅读自强。高校意识到文化与教育的相生相容，懂得在社会主义文化建设中的使命和责任，具有高度的文化自觉。高校作为文化创造者、文化传播创新者、文化研究者，掌握文化创造和传播规律，拥有文化资源，文化自信足。高校在文化积累、传播和建设中增强实力，拥有文化获得感，增强文化实力，成为文化强者。阅读是高校文化体系建设、倡导和践行的重要通路、桥梁和手段，是高校校园文明建设的重要抓手。这样，文化自觉、文化自信、文化自强与阅读自觉、阅读自信、阅读自强相伴相随、相辅相成、相得益彰，彼此促进，彼此成就。

2. 高校校园实体书店要融入高校校园阅读生态

出版链条是高校校园实体书店融入高校校园阅读生态的路径。阅读是出版的基础，出版是阅读的保障。出版含编辑、印制、发行三块，处于中心地位的编辑提供出版内容，实现内容载体化的印制是支持者，关键部分是达成效果效益的发行。高校校园实体书店是发行销售主体，是出版链条中的龙头，要遵循出版规律和逻辑，借助高校高质量的内容创作主体及其作品，发挥高校文化体系的优势，从出版信息传播、出版物提供、出版内容分享、出版活动组织等向度融入校园阅读生态，以出版支持和服务阅读，优化阅读生态。譬如，北语书店构建的语言学习类读物研发调研平台、中外文化国际交流平台、北语师生社会实践平台，让它深深嵌入北京语言大学的阅读生态中。

高校校园实体书店的外部性为其融入高校校园阅读生态提供保障。外部性理论表明，带来外部性的机构因为投入和运营给其他机构或人群带来福利，而这些机构或人群不能回报它们，以致它们获利不足或亏损。高校校园实体书店具有强外部性，需要因市场失灵而得到补偿，以助其可持续发展。如果高校校园实体书店的属性明确为公益性、公共性，要求它们做到把社会效益放首位，充分利用市场方式追求经济效益，实现"双效"统一，那么它们的经营管理会更明晰，所在高校对它们的地位更明确、支持会更充分。教育部的指导意见对此表达得很明白，对支持要求提得很确定。事实上，不少高校理解高校校园实体书店的外部性，懂得其价值，知晓其状况，已为它们提供一定的保障，助其在校园扎根、服务、发展。譬如，商务印书馆在山西大学、华东师范大学等建立的体验店是出版社、高校合作的范例，得到了所在高校的充分支持。

3. 高校校园实体书店要激活高校校园阅读生态

高校校园实体书店产生高校校园阅读生态的"鲇鱼效应"。在市场经济的商业环境下，高校受铜臭味影响，高校校园阅读生态出现世俗化倾向，精神性和道德感削弱。作为高校的文化地标，高校校园实体书店以文化设施、文明载体和主流价值阵地的角色，传播先进文化，推动师生阅读，在高校校园阅读生态中起到鲇鱼功能，以其作为影响高校文化，以其力量改变校园阅读，以其作用优化校园阅读生态。譬如，复旦大学的鹿鸣书店坚守学术文化，掌握国内外学界的最新研究热点、成果以及市场和读者的反应，和师生有效互动，深受欢迎。当书店经营困难而准备撤出校园时，师生极力挽留，学校给予支持助其渡过难关。

高校校园实体书店与"技"俱进，为高校校园阅读生态提供活力。大数据、互联网、即时通信、人工智能、云计算等新技术掀起革命，形成信息化社会，给高校校园实体书店带来了线上线下融合、社群营销、凸显线下体验服务优势等红利。高校校园实体书店接纳新技术，将它们与文化融合，用它们武装自身，借助它们改造改变阅读环境，创新创造阅读服务，增强高校校园阅读生态的活力并形成新面貌，激发读者的阅读兴趣，产生阅读效果效应。譬如，中国建筑工业出版社打造大学"校园智慧书店"，将线下图书销售与线上课程结合，开展"网订店送""网订店取"等图书配送业务，推出 AI 智能导览机器人的荐书服务，成为校园富有吸引力的平台。

（二）再专业：高校校园实体书店升级

升级是功能和价值的提高，图书销售系统升级带来图书销售功能和价值的提高。图书销售系统是高校校园实体书店的核心支撑，要根据阅读生态战略，基于"实体书店＋互联网"模式，按照专业主义和工匠精神要求，匹配和适应高校校园阅读生态的变化，在和电商的竞争中强化"实"的理念、特色、优势，同时充分吸纳电商优点，做到线上线下融合，把图书销售做得更好。

1. 坚守图书销售主业是高校校园实体书店升级的前提

图书销售是高校校园实体书店的核心功能。阅读是阅读主体在阅读环境下识别、辨析、理解、接受阅读对象所包含信息、知识、意义等的过程，是培养理性、形成系统思维的过程，是提高判断力、增强素养、陶冶情操的过程。纸质书阅读是迄今为止享受阅读乐趣、达成阅读功能的最佳途径和方式。现有的线上信息化、体验化、娱乐化浅阅读存在消弭理性、弱化思维体系、钝化情感的消极性，是在新技术条件下形成的过渡性阅读状态。在线上线下阅读共同占有读者时间的情况下，在线上阅读生态不完善的条件下，提倡和强化纸质阅读具有重要意义。因此，图书销售的土壤在、需求在、市场在，图书销售可以有大作为。高校校园实体书店销售图书是天职，是存在的基本价值，如果不销售图书或不以销售图书为主业则不是书店。在高校校园里，有图书馆、资料室、阅览室，它们提供阅读服务，但是不销售图书，不是书店；有文化用品店、活动场所、娱乐场所、餐饮店等，它们提供文化服务，有些还以书为道具甚至销售图书，但是不以销售图书为主业，不是书店。在高校校园众多实体中，实体书店因为销售图书或以销售图书为主而存在和有意义，因为有销售图书的本钱、本领而得以确认得到认同。

高校校园实体书店在销售图书或者以销售图书作为主业的前提下实施多元化经营。多元化经营的基础是图书，其中心是图书销售，其存在形态是"图书+"。多元化经营的顾客和读者是一致的，因为读者的图书购买和阅读需求体系包含多元化需要所以进行经营。高校校园实体书店用与书相关的商品丰富经营品类，通过销售图书以外的经营活动拱卫主业。显然，多元化经营是高校校园实体书店销售图书系统的补充和延伸，只可强化和服务销售图书功能，不可喧宾夺主。譬如，高校校园实体书店以"图书+文创+咖啡茶饮"业态探索多元复合经营。师生围绕图书的内容或主题创意和制作文创产品，在书店销售。体现和表达书文化的咖啡茶饮适应读者的消费愿望，营造选书购书的氛围。

2. "实"是高校校园实体书店升级的依托

高校校园实体书店要坚守"实"的理念。这种"实"是相对电商的"虚"而言的，至少包括四个方面：其一，真实的存在感。作为物质的个体进入实体书店的物质空间，作为个人进入人群中，读者在比较、对照中感觉存在的确定、踏实。其二，实在的感觉体系。看一看，闻一闻，摸一摸，翻一翻，读者的视觉、听觉、触觉和动作一起形成丰富的感觉世界。其三，真的书味，实的体验。纸张的厚薄、粗细、硬软，油墨的浓淡、气味，印制工艺的虚实，开本的大小，如此等等体现出独有的味道，这种味道的体验让读者沉浸、舒适。其四，踏实的互动。和导购员的交流，在收银台的所见所闻所感，和顾客的眼神交汇、话语沟通，这些带来各种悸动，让读者踏实。"实"是人的需要，是高校校园实体书店的基础，是其可持续销售图书系统的核心。显然，"实"决定了高校校园实体书店"实"的理念，成就了其经营管理哲学。

高校校园实体书店要发挥"实"的优势。"实"的优势集中体现在现场感和由此创造的文化。空间生产理论认为，空间创造社会关系。高校校园实体书店的空间感带来在场感，来来往往的人在这里形成特定关系，这些人和这些人之间的关联是这里的机会空间，也是这里的优势。高校校园实体书店是文化产物，是文化的表现，是无数文化存在中的特定对象。它的场景、读物、活动等表达和表现它的文化气质和精神。这种个性文化具有独特魅力，是高校校园实体书店的标志，体现了它"实"的优势。譬如，上海交通大学曦潮书店"连绵不断的书墙"，华东理工大学"艺术画廊般的书店"陇上书店，上海大学"可以呼吸夏日阳光"的泮溪书店，北京大学"充满自然之气的书屋"北大书店，如此等等都给读者强烈的场景体验感和个性文化冲击力。

高校校园实体书店要提升"实"的能力。不管是作为市场主体还是公益事业机构，高校校园实体书店都得遵循市场规律，都需要提高市场竞争力。它的"实"的能力是"实"的理念的体现，是"实"的优势的利用和发挥，包括理念力、场景力、品牌力、文化力及四者的整合力。譬如，湖南师范大学的卡佛书店，空间不大，独特的设计、装修、装饰透出温馨调性、雅致品味；书的摆放以人为本，通过书榜引导、手工图片介绍、读者留言等营造浓浓书感和阅读吸引力；间杂着书摆放的书签、明信片、小件精品，既是对书的衬托和呼应，也是"图书销售＋"的体现；供阅读的书桌或高或低，在轻音乐中翻书读书，渴了咖啡，饿了简餐；卖场旁边的活动室，持续的活动开展有序安排，闲时是深度品书空间。这家书店引来了读者，留住了读者，展示了"实"力，成就了品牌。

3. 构建四大平台是高校校园实体书店升级的核心

高校校园实体书店是读物信息平台，要充分有效传播读物信息。信息流是校园阅读生态的神经网络，当充分有效的信息将作者、读物、读者连接，阅读就可能最大限度地实现。每年四五十万种新书，信息爆炸给读者带来混乱，令他们沮丧甚至崩溃。高校校园实体书店通过线上大数据、线下问卷和访谈等方式，搜集、汇聚作者、读物等的信息，做到全面、充分。然后，整理、分析这些信息，分门别类地展现、分享，做到实用、有效，特别是线下信息传播的亲切可感和线上信息传播的即时快捷。

高校校园实体书店是读物流通平台，要促进读物流通。就近、便捷是高校校园实体书店的优势之一，发挥这种优势的前提是备好货，读者在场时就提供。因为陈列面积有限，仓储有限，流通能力有限，所以不可能为读者提供全品种服务，而需要根据高校特点，针对校园师生的代表性需求，突出重点，在细分领域相对全面、充分满足。这需要充分利用新技术掌握作者信息、出版社书目和实物信息，和所选择领域的上游环节形成密切关系，得到其充分支持和重点服务。这需要特别做到线上信息流和线下实物流的呼应，两者都到位是目标，若实物流跟不上则需要信息流及时补救，以减缓读者顾虑。

高校校园实体书店是读物活动平台，要加强读物及其相关知识的分享。根据马斯洛需求层次理论，阅读是高级需求，读物及其相关知识的分享是这种高级需求的重要组成部分。读物及其相关知识分享需求的充分满足是阅读的积极推力，既可以促进读者对读物的完整深入阅读，也可以带来读物的深度消费和关联消费。高校校园实体书店借助校园的资源优势及时组织读物及其相关知识的分享活动，利用出版界为促进读物销售制订的读物及其相关知识分享安排，在校园持续进行读物及其相关知识分享，可以促进销售图书系统功能的发挥，提高读物销量。在借助新媒体、自媒体等的协同充分发挥线下活动优势的同时，高校校园实体书店要充分利用线上平台和通路扩散线下体验的面、覆盖更大数量的群体，加深线下体验的程度进而产生更大的消费者忠诚度。

高校校园实体书店是文化创意平台，要创建读物家园。读物汇聚在高校校园实体书店，因为创意、读物结构、读物面貌而拥有气质，因为理想、信念、追求而成就精神，可以说，高校校园实体书店是读物家园，也是因读物而形成的精神家园。高校校园实体书店要通过读物的选择标举文化创意平台的标准和格调，更要通过围绕读物的系列创意创造积极氛围、倡导正能量、成就精神吸引力与影响力，从而温暖和激励读者。高校校园实体书店作为精神家园的空间和载体，频次、人群、影响等都是有限的，它的扩散和放大、持续和延伸、拓展和深化要通过"＋互联网"来实现。

（三）再服务：高校校园实体书店转型

转型是观念、形态、结构、模式等的根本性变化。高校校园实体书店服务转型指服务理念、模式、方式等的创新创造及其带来的高附加值高效益。使用和满足理论认为，受众是因个人需求和愿望使用媒介，并在使用中获得满足感。读物是媒介的一种，读者在读物的得到和阅读中获得满足感是高校校园实体书店的目标。效用理论在假设消费者积极追求个人利益最大化前提下研究消费者行为。既然读者因为高校校园实体书店提供的服务而满足感强，那么他们在追求个人利益最大化上处于积极状态，他们的行为会趋向于此并在此实现更多消费。在社会信息化背景下，高校校园实体书店要围绕书、销售图书、读书、分享书，以校园师生为中心，以满足个性化阅读需求为目标，基于"互联网＋实体书店"，实现服务转型，创建新业态，提升附加值。

1.定制阅读服务：数据库驱动的线上线下融合

高校校园实体书店提供的服务以所在校园的师生为中心。市场由消费者的需求引导，所在校园师生是高校校园实体书店的目标市场，是其行为的逻辑起点和旨归。老师和学生是不同的读者群，在一些阅读领域，老师是学生阅读的意见领袖，对学生选书、读书具有决定性的影响力。老师群体、学生群体本身富有差异，需要进行细分，既对应其素养和需求分群，也得出这两个群体中的意见领袖。阅读具有较强口碑效应，发挥意见领袖的作用对于高校校园实体书店具有重要意义。

高校校园实体书店要利用数据库支撑个性化需求服务。老师是数量、流动有限的群体，老师的信息具有较高透明度，老师的主体特性具有较强的可把握性。构建可信度高、逻辑性强的老师数据库是高校校园实体书店的基础工作，这个数据库需具备智能性，可以自主分析并做出提醒、提示。学生的数量相对大些，细分性强，个性化足，而且信息透明度不高，个体信息可分析性不强，高校校园实体书店需针对性地构建基础数据库，并根据数据细分。基于老师、学生数据库，高校校园实体书店在三方面满足师生个性化需求：一是在数据库指导下选择推送读物，提高读物与师生需求的匹配性；二是根据数据库给师生中的意见领袖推送读物，以引领和形成校园阅读风；三是在数据库中挑选个性需求明晰且确定的师生推送读物，以达成个性化阅读需求满足。

高校校园实体书店要适应和突出高校的专业特色。高校的主导专业、特色专业经费多、影响力大、话语权足，往往师生人数多，在校园内处于支配地位，对校园外具有一定的带动力和辐射力。可以说，高校的主导专业、特色专业所形成的读物需求和市场，是高校校园实体书店的基本口粮，是其基本耕耘领域和重点服务对象。高校的学科和专业建设具有传承性和接续性，这为高校校园实体书店的服务提供了逻辑指向，在信息服务上以学科带头人为中心，在读物结构上围绕学科的权威老师于专业和普及两个向度展开，在活动服务上助力学科发展、促进学生成长成才。中央民族大学团结书社汇集民文版图书，博库书城徐州工学院店突出建筑专业精品图书，都在"专"上用足功夫。

2. 文化身份认同服务：社群价值的线上线下扩散

高校校园实体书店以品牌运营为要。品牌是识别的标记，是身份的标签。高校校园实体书店只有在品牌的层次设计、运营上下功夫，打造品牌，成就品牌，才可能让校园师生产生身份认同感，才可能吸引校外人员。高校校园实体书店的品牌运营立足文化，其成功的标志是成为文化地标。这种品牌打造从空间设计开始，通过空间特色奠定物质空间基础，经过社会空间发展到精神空间，一旦有了精神气质，那么品牌的灵魂就立起来了。随着品牌内涵的丰富和外延的扩张，高校校园实体书店可能从校园文化地标发展为区域甚至国家文化地标。

高校校园实体书店以创意活动促进社交空间的身份延展。相对来说，高校师生生活面较窄，身份认同意愿较强烈。以书为媒，以高校校园实体书店为空间，以活动为契机，构建社交平台，促进社交空间的身份延展，对师生具有较大吸引力。这种服务设计和模式，紧扣读物和阅读，突出参与者的角色感和身份感，融合线下体验和线上扩散的优势，令参与者分享信息知识的同时，感到贴心、温暖、愉悦、享受。譬如，广西师范大学出版社以"青年知识分子精神家园"为理念打造独秀书房，得到所在大学师生的广泛认同①。

3. 文化多元体验服务：读者群价值的线上线下开发

分享知识是高校校园实体书店给读者提供的基础服务。读物是知识的载体，活动是思想和情感的传递。高校校园实体书店的基本内核是知识体，它给予读者的基本印象是知识服务。分享知识意味着高校校园实体书店要基于价值判断而懂得知识，要因为内行而传播知识，要在服务中让读者体会到知识获得感。这种分享知识至少包括推荐书、导购书、助力阅读、沟通思想等。这种分享知识的方式多种多样，如图书的分类和陈列、图书的巧妙介绍、畅销书榜和读者最喜爱图书的描述、面对面推荐、阅读活动分享、针对书的讲座、作者见面会、读者分享会等。安徽农业大学的青禾书店以主会场、分会场的方式布局空间，通过读者沙龙、读书交流会等招牌活动，赢得了读者，塑造了品牌。

安放内心是高校校园实体书店给读者提供的重量级服务。解构无处不在的后现代社会，让人意义感丧失，往往六神无主，内心无着落。这在大学生群体中特别普遍，在大学老师群体中也存在。读

---

① 蒋正春. 独秀书房：创新打造阅读生态圈 [J]. 出版广角，2019（6）：18-20.

物促人平和，阅读调整心境，读物分享调适心态。高校校园实体书店通过担当和履行在校园阅读生态中的角色，通过围绕读物、阅读等的服务，促进师生阅读，帮助师生科学阅读，进而坚定信仰，拥有理想，充实内心。譬如：推荐的一本书影响了读者，让读者改变了，走出了情感旋涡；举办的一场阅读活动，触动了读者，让读者走出了情绪泥坑；因为围绕读物的社交让两个人有了高质量互动，一方的正能量让另一方面解除了精神困惑。就此而言，新华书店德州学院店以"学生心灵的栖息地"作为核心经营理念，在休闲区玻璃墙制作"心情寄语"栏，在日常服务上倡导"人文情怀"，颇有道理。

高校校园实体书店通过创造生活差异化体验，彰显读者的生活高级感。现实生活往往单调、乏味，店堂氛围带来的遐思，读物内容提供的想象，阅读活动带来的精神体验，都和现实生活拉开距离，让读者体验差异化生活，滋生生活高级感，提升生活享受度。这种服务从物质到精神给读者以别样的刺激，这种精神上的影响和吸引给高校校园实体书店带来极强的存在感和信任力。倍阅书店在华中师范大学等经营"轻文化"生活，反响强烈。

高校校园实体书店通过生活审美化体验，提升读者生活的质感。身处后现代社会，物质的极大丰富让人削弱甚至消失了体验的舒适感和幸福度，生活审美化成为追求和享受。高校校园实体书店空间设计的审美性，读物的审美呈现，阅读的审美趣味，参与人群的审美共鸣，所有这些都给读者带来生活的质感。高校师生是社会的精英人群，对精神的要求高，对审美的追求强，高校校园实体书店全方位的审美渗透和影响，给他们充盈的审美体验，对他们具有强烈的吸引力。

（四）结语

高校校园实体书店走出困境需要系统解决方案，其关键词是扎根出版业、战略高度、行动指向。基于出版龙头的角色，在战略层赋予高校校园实体书店融入和激活校园阅读生态的定位，让它自救、自立、自强。在坚守销售图书的前提下，高校校园实体书店突出"实"的核心竞争力，基于"实体书店＋互联网"模式打造新的销售图书系统，进行销售图书功能升级，提高销售图书的技术含量，创造更多价值。高校校园实体书店运用"互联网＋实体书店"的理念、思维、模式和方法，以校园师生为中心，以定制阅读服务为目标，创建新业态，放大实体书店的优势，扩充其附加值。这样，认识重构、专业重造、服务重生后的高校校园实体书店就能在凤凰涅槃后继续前行。

二、书业连锁经营的流弊和动力

（一）流弊

1. 一哄而上

首先，一哄而上表现在不尊崇企业的实际情况。一方面，企业的存在是历史和现实的统一。历史让企业积累了财富，也积存了问题。现实使企业必须奋斗，但不能回避困难。我国书店的历史是：在长期计划经济体制的影响下，书店存在着很多与书业连锁经营不相适应的情况。这些情况既表明书店必须通过实施连锁经营除旧纳新，也表明书店实施连锁经营难度大。我国书店的现实是：在市场和新技术的挑战下，在国家包括教材发行等的出版改革背景下，书店按照现有模式经营日益艰难，存在生存危机，必须迅速改善经营结构和定位，寻求新的生存机遇和空间。一些书店在实施连锁经营时，未能辩证地看待其历史和现状，试图割裂历史，试图超越现实。另一方面，企业是一定环境下的企业。在我国省域环境特征突出的条件下，书店推行连锁经营必须充分尊重所在省域的实际情况。我国的书店千差万别，条件各不相同。有些省的书店适合马上实施连锁经营，有些省的书店必须改善条件后才能实施连锁经营，有些省的书店根本没有必要实施连锁经营。但是，事实是大部分省份的书店争先恐后地实施连锁经营。这显然是不理智的，是误读国家政策后的草率。

其次，一哄而上表现在书店对书业连锁经营缺乏认识。许多书店的决策人员对书业连锁经营的了解、理解和认识既不全面，也不深刻。不全面表现在大都只看到书业连锁经营的好处，而对其可能引发的不适没有也不想多了解。不深刻表现在对书业连锁经营的准则、要求、规律及其可能带来的连锁反应缺乏思考。书业连锁经营沿袭一般商业连锁经营的基本规律，国外诸如沃尔玛等连锁经营巨头的成功经验是认识连锁经营的重要桥梁。而作为具有自身特色的书业连锁经营，也在国外诸如巴诺等书业连锁经营巨头在经营中积累了不少成功的经验，是我们直接学习的榜样。然而，我国书店对国外一般商业连锁经营和书业连锁经营的认识基本上止于参观和考察得到的认识和体验，而学界对书业连锁经营的规律缺乏研究。这样，书店对书业连锁经营的认识程度可想而知。另外，从 20 世纪 90 年代中期开始，我国书业的一些先行者已开始实施连锁经营。本土的这些个案可资借鉴的价值更直接更可信，可惜，许多书店对这些可贵的吃螃蟹者不重视，不是想想它们再行动，而是上头文件一提倡书业连锁经营，马上火急火燎地实施和推进。

最后，一哄而上表现在书店对连锁经营缺乏战略定位和规划。其一，书店对自身的经营缺乏战略意识和战略思考。国家推行书业连锁经营出于战略考虑，是战略决策。书店选择连锁经营模式不是简单的策略选择，而是战略调整，是经营方向意义上的作为。但是，书店往往缺乏战略意识，对书业连锁经营缺乏战略思考，仅仅把这种战略调整放在策略的层面上思考和定位，以致忽视了调整的整体性和系统性。其二，与缺乏战略定位一致的是书店对自己实施连锁经营缺乏科学的规划，往往是想到哪做到哪，头痛医头，脚痛医脚，以致问题层出不穷。书店实施连锁经营是一项系统工程，必须从宏观到微观到作业进行细致的规划和计划。一些书店未能充分估计到书业连锁经营的系统性，往往只是在操作层面着力，以致实施连锁经营时不但修修补补，而且老走歪路后还到不了目的地。

2. 形式主义

首先，形式主义表现在书店把连锁经营当作"政绩工程"来做。其一，书店在实施连锁经营时，目标设计不合理。每个管理者都要有"政绩"意识，但是把工作当政绩工程来做，则弊端丛生。这种形式主义的目标设计决定了这些书店推行连锁经营的局限性，也必然把书业连锁经营的好经念歪。其二，书店对连锁经营的意义和价值认识不深不透。国家倡导书业实施连锁经营，意在利用这种先进的经营模式改革现有书业流通企业。这种改革既有对已有体制和机制的变革，也包含新体制和新机制的建立。然而，许多书店一刀切式地理解国家的文件和精神，把实施书业连锁经营作为"政绩工程"来做，以致表面上像那么回事，实际上没有什么变化或者谬以千里。其三，书店实施连锁经营时未能把宗旨放在书店经营管理的整体升级上，未能切实提高效率和效益。换句话说，过程做得响，结果考虑得少，效果不好。

其次，形式主义表现在书店实施连锁经营表面化。其一，书店在实施连锁经营时，不认真研究其规律和要求，简单地把书业连锁经营当作形象工程来做，即按照设定的标识统一装饰连锁经营的门店后，便宣称完成了连锁经营的转型工作。其二，书店在实施连锁经营时，忽视了连锁经营的核心内容和环节。譬如，物流是连锁经营的生命线，而信息流是连锁经营的神经。一些书店在实施连锁经营时，不负责任地把尽可能多的门店统起来，但是，由于物流和信息流不畅通，根本做不到统一采购和配送，实际上失去了连锁经营需要的规模，也就不可能产生规模效应。其三，书店未能通过实施连锁经营，创造形成核心竞争力的机制，未能求得核心能力的提高，未能完成市场竞争主体的真正塑造。

最后，形式主义表现在书店简单化实施连锁经营。其一，忽视了连锁经营需要的市场基础，简单地按照计划经济的方式实施连锁经营，简单地按照与计划经济统一的行政命令式的方式实施连锁经营，以致最后形成"四不像"。这既没有发挥连锁经营的任何优势，又失去了以往管理的某些特点。其二，用一般归纳的关于连锁经营的几个统一代替连锁经营的规律和要求，用简单的组织联合取代连锁经营需要的组织基础和管理要求，忽视了连锁经营对于现有书店而言需要的是组织变革和管理变革。其三，书店忽视了与连锁经营融为一体的长效机制的建立。书业连锁经营对于书店是一场改革，改革的目的是要建立长效的能适应市场需求的机制。一些书店过分简单地实施连锁经营，组织结构调整不到位，机制未能建立，制度未能制定，以致长期经营管理不善，管理效果甚至比实施连锁经营前还差。

3.教条主义

首先，教条主义表现在照搬西方的连锁经营经验。其一，对西方的连锁经营一知半解。在学习西方连锁经营特别是书业连锁经营的经验时，没有深入研究，没有认真总结规律，只是在感受的基础上形成一些皮毛层次的认识。这种认识既是肤浅的，又是机械的。实际上，西方的书业连锁经营既是积累的过程，又是现实的选择。前者表明西方书业连锁经营在实践中积累了一些经验，找到了一些规律。后者表明西方书业连锁经营面对当前的挑战也反映出了一些问题，这些问题既是经营本身带来的，也是跟不上环境变化而产生的。当前，我们推进书业连锁经营，理性的做法是批判吸纳，科学引进，选择借鉴。其二，贴标签式地套用西方连锁经营模式。一些书店根据自己的理解把西方连锁经营的做法总结为标签式的几条，然后用这几条作为指导，形成实施连锁经营的方略。这样，这些书店经过连锁经营的改造后，从标志上可以看到一些连锁经营的痕迹，但是内里还是老一套，没有实质性改善。

其次，教条主义表现在书店理想化地实施连锁经营。其一，纸上谈兵式地构想目标，设计效应。一些书店实施连锁经营时，理想化地设计目标，然后根据目标倒推措施，再根据措施折算出理论上的效应。显然，这是理论上的自圆其说式的自我欺骗。其二，理想化地实施，只管做样子，不管实效。一些书店在实施连锁经营时，只见轰轰烈烈的行动和轰轰烈烈的检查，至于行动和检查过后会有什么实际收获往往被忽视。

最后，教条主义表现在实施书业连锁经营时务虚。其一，书店在实施连锁经营时，务虚的参观和讨论多，实实在在地根据实际情况制订方案并切实落实的不多。其二，书店在实施连锁经营后，往往虚报业绩，往往是书店说到书业连锁经营效果时，大家一致叫好，而出版社说到连锁经营的效果时大部分时间是摇头或斥责。其三，一意孤行地推进书业连锁经营。一些书店在推进连锁经营时碰到了许多困难，有些困难表明书店的行为是必须终止的。但是，这些书店对推行连锁经营没有反馈机制，只是一味地按照既定方案做下去，极其主观，也极不科学和合理。

4.本位主义

首先，本位主义表现在书店实施连锁经营时未能处理好书店的外部关系，置书店合作单位的利益于不顾，特别是对书店的供货方——出版社执行霸王政策。这种霸王政策集中体现在三方面：其一，无条件地退货。实施连锁经营的许多书店不管三七二十一，把出版社的货先全部退回，声称连锁完后再进货。其二，一些书款不了了之。实施连锁经营后，书店的一些基层店的书款往往莫名其妙地永远欠着或就此不算了，理由是连锁后账务变了，不好弄了。其三，要求降低进货折扣。实施连锁后，一些书店的销量有所增长，一些书店的销量没有什么变化，一些书店的销量有所下降，但是，大部分书店不管自身经营状况如何，都要求降低进货折扣，因为这原本就是这些书店实施连锁经营时设定的算盘之一，也是其本位主义的考虑之一。

其次，本位主义表现在书店对内部关系的处理上。其一，书店对内部二级单位的政策不一样。在实施连锁经营的过程中，政策不平等，对二级单位分彼此，以致二级单位间矛盾重重，不但不积极推进连锁经营，还因为利益不统一互相抵制，严重内耗。其二，书店实施连锁经营时，未能正确对待连锁经营总部和二级单位的关系。在管理上，总部上收人事权，实行总部对二级单位的直管。在经营上，总部上收经营权，把配送和物流等集中。在利益上，总部确保和强调自身利益。这样，从书店总部和二级经营实体之间的内部关系来说，连锁经营的实施成了收权行动和交利行动。二级经营实体得到的是经营指标，失去的是经营自主权和获利权。总部承诺的经营服务始终跟不上，得到了权利，失去了人心和经营的势头。其三，书店更多地采用行政式的方式处理连锁经营总部和二级经营实体的关系，而非市场的手段，这种行政方式和方法的运用充分体现总部的意志，是总部本位主义的表现。

再次，本位主义表现在忽视了环境的影响。其一，部分书店环境意识欠缺。在实施连锁经营时，一些书店未能充分认识到环境对这一行动的影响，往往是被动接受环境的影响，而不是主动去适应环境，并把环境当作有利条件加以利用。其二，书店在实施连锁经营时未能充分利用国家的利好政策。为了鼓励书业连锁经营的实施，国家出台了一些优惠政策。一些书店在实施连锁经营时，忽视了对国家政策的研究，未能利用好政策，从而影响了连锁经营的推进和实施的质量。其三，书店未能与环境协同发展。从某种意义上来说，书店实施连锁经营是为了寻找更好的生存和发展空间。这种生存和发展空间的创造和获得要求书店和环境在竞争与合作中一起发展。然而，许多书店在实施连锁经营的过程中，更多的是掠夺式地经营，以致恶化了自己的生存环境，也影响了自己的可持续发展。

（二）动力

在电子商务的冲击下，传统书业流通面临巨大压力。然而，至今，连锁经营依然是书业发行和销售的最有生命力的方式。因此，思索和推动连锁经营依然是图书流通领域的重要课题。

1. 政府力

书业连锁经营是书业流通领域的战略调整，政府主要发挥推动作用。首先，政府明确提出书业连锁经营是书店经营管理改革和发展的一种有效选择，代表着书业流通领域的前进方向，可以促进书业连锁经营更快更好发展。其次，政府调整产业政策，制定有利于书店推行连锁经营的政策，鼓励书店实施连锁经营。这种产业政策包括书业本身的政策和与书业连锁经营相关的税收、财政等政策。产业政策有利于书业实施连锁经营，书业连锁经营必然顺势而为，顺利发展。再次，政府及时帮助书店解决实施连锁经营时碰到的问题。书业实施连锁经营破旧立新，由于长期计划经济体制的积淀，困难和问题很多。譬如，人员的退出机制、老体制员工的退出成本、养老保险等。这些问题单靠书店很难解决，必须政府出面，否则，书业连锁经营难以推进，或者不可能按照连锁经营的规律和要求推进。最后，政府整合书业连锁经营的各种力量，改善书业连锁经营的环境，形成实施书业连锁经营的良好生态。譬如，政府主办书业连锁经营专题研讨、国际论坛等，或者邀请相关各部门探讨实施书业连锁经营需要的配套措施和行动等。

2. 市场力

市场经济对于书业连锁经营首先是提供其所需要的基本的市场条件，让书业连锁经营拥有存在和发展的市场经济土壤。同时，市场的约束和促进帮助书店确立市场竞争主体的地位，提高竞争能力，为实施连锁经营创造基础。其次，日益成熟的市场经济体系逼迫书店采取符合市场经济取向的流通领域的经营模式，融入市场发展和竞争中。书店选择连锁经营模式，或者根据实际情况选择向连锁经营过渡的经营模式，并在市场经济规律支配下进行经营管理，是市场经济对书店经营的要求，是压力，也是动力。书店实施连锁经营后，市场的规则和规律推动书店完善连锁经营管理，提高书业连锁经营的水平。最后，市场上已存的连锁经营企业为书店实施连锁经营提供了经验和教训，有利于书店少走弯路，降低实施连锁经营的成本，提高效益。市场是一个完整的概念，市场的各种要素在选择中竞争，也在竞争中选择。书业作为整体市场的一部分，必然在选择中寻求和巩固自己的一席之地，也在竞争中寻求和巩固自己的选择。连锁经营是书业发展中的一种选择，是市场给予的，也是市场要求的。选择了连锁经营，书业必然维护和巩固自己的选择。借鉴同类经营模式的优势和经验，避免先行者的教训，是市场给予的机会，也是市场这只无形的手在推动书业连锁经营这种新生事物的发展。

3. 改革力

书店实施连锁经营本身是改革，是在寻找和确立发展的动力。改革之于书业连锁经营的作用表现在三个方面：其一，帮助书店改变、革除旧的不适合实施连锁经营的弊端和条件。譬如，长期计划经济体制下的组织构架、管理模式、经营方式都要按照市场经济的要求进行改革，使之能够适应市场经济运行的规律和规则。其二，帮助书店扔掉包袱，让书店轻装上阵，有序推进连锁经营。书店的不良资产得到剥离，书店对员工的责任由大包大揽到有限责任。这些改革措施的实施是书店推行连锁经营的重要动力，增强了书店实施连锁经营的积极性和主动性。其三，帮助书店创造实施连锁经营的条件，培植其连锁经营的土壤。书店完全按照企业的要求实施经营管理，拥有自主权，也就具备了成为市场主体的基本条件。同时，政府管理模式的改变，使得书店得到的服务更到位更全面，得到的扶持更充分更及时，从而推动书店的连锁经营实践。改革最基本的是帮助书店改变旧的观念，找到新的理念武器，以开放的学习的心态接受新的东西。改革最重要的是向书店提供在市场经济新的条件下经营管理书业的新思路和新方法，帮助书店在选择对方向的前提下，找到经营管理的合适策略。

4. 技术力

连锁经营本身技术含量不高但对高新技术依赖很深，这说明了连锁经营和技术的关系，表明技术对连锁经营的强力促进作用。

技术对于书业连锁经营的作用主要表现在：其一，提供书业连锁经营所需要的技术条件。这种技术条件包括两个方面：一方面是书店内部技术平台的建立。计算机信息管理网络系统是书业连锁经营的神经系统，实施连锁经营，书店首先要做的是建立计算机网络系统，并借助内部计算机网络平台进行经营管理。另一方面是书店外部技术平台的建立。出版系统在政府和行业组织的努力下，统一技术标准，建立全国通用的技术平台，让书店的网络系统和信息流与外界对接。其二，新技术的运用提升书店的管理水平，使书店实施连锁经营后，获得技术带来的综合效应，获得更大的发展空间。新技术对旧有模式的改造可以创造和提高生产效益，同时，新技术本身又是独立的效益单元，可以为书店带来增量效益。

5. 创新力

书店打破现有的经营管理模式，实施连锁经营，这是创新，也是创新意识和创新行为在推动书店前进和发展。创新一方面帮助书店更新观念，敢于接受和运用诸如连锁经营等先进经营模式。另一方面，创新帮助书店结合连锁经营的实施确立新的经营管理制度和方法。另外，创新有利于书店在实施连锁经营时更快地解决问题，提高效率。对于书店来说，技术的创新和经营管理的创新非常重要，通过这两方面的创新，书店建立长效机制，确保长期效益。但是，书业创新更重要的是人力资源的创新。文化产业的创意特性决定了其成败在于人。书店人力资源能否适应连锁经营的需要是连锁经营成败的关键，因此，书店在推行连锁经营时，要把人力资源的创新摆在重要的位置，要通过培训现有人员、引进外来优秀人员，改善人力资源的状况，确保创新的人力资源与新的经营管理模式的对接，否则，再好的经营管理模式也只是摆设。

6. 和谐力

实施书业连锁经营的关键在于书店和谐处理内部关系和外部关系，形成促进书店发展的合力，而书店对和谐关系的要求和妥善处理必然推动书店实施连锁经营。具体来说，和谐关系有利于书店从两方面获得发展的动力：一方面，书店原有的总部和分部的关系是松散的，在业务上是各自为战的。而分部与分部之间是隔膜的、矛盾的。这种状况的存在导致书店内耗严重。和谐内部关系的需要逼迫书店在实施连锁经营时，从大局出发，统筹考虑总部与分部、分部与分部的责权利，理顺内部关系。而在业务处理上，强调统一和分权的辩证关系，做到既集约经营又提高大家的积极性。另一方面，书店和出版社的关系因为书店经营的不力或者定位的不准确而出现紧张局面。店社和谐关系的需要要求书店在实施连锁经营时，充分考虑社店关系，让店社形成合力。而连锁经营的建立，必然促进书店的发展，进而有利于出版社的发展。不管是书店内部关系还是店社关系的和谐，都应打破行政模式下的关系概念，要创造市场经济条件下的新和谐。这就是说，书店内部要通过内部市场规则处理关系，店社之间要通过市场规律和规则来发展和调整关系。书店内部和店社关系只有尊重市场规律和规则，才可能达成动态平衡，创造长效。

7. 规模力

在残酷的市场竞争中，企业不发展就会死亡，因此，企业追求规模是自然的、必然的。规模的扩张和规模效应的获得是企业的追求，也是书店的追求。连锁经营是迅速形成规模的发展方式和模式，它和流通企业对规模的要求相契合，推动企业实施连锁经营，而实施连锁经营必然扩大规模。规模对于书店实施连锁经营来说，一方面要求书店充分利用现有的经营实体，整合这些实体，使之统一，获得规模效应。另一方面，书店在实施连锁经营的过程中和之后，要充分改善条件、遵循市场规律，吸收连锁经营实体，有效扩张规模。规模不扩张到一定程度，书店无法获得规模经济，但规模超过有效范围，会出现规模不经济。书店实施连锁经营要根据实际情况选择和创造规模，辩证对待规模，以获得最大的规模效应。

8. 组织力

组织力包含两层意思，第一层意思是为了形成规模效应进行组织整合和扩张，第二层意思是组织管理。组织的扩张创造形成规模效应的前提，但不等于规模效应，规模效应的真正获得要靠组织管理。组织管理的目的是充分降低内部交易成本，充分扩大、加强和外部企业的谈判筹码和能力。书店实施连锁经营时，组织力表现为：第一，流程再造。书店要根据连锁经营的需要再造流程，让人财物得到合理分流和充分使用。第二，制度建设。对于连锁经营的管理，必须采取制度。只有建立一套严格而完善的制度，建立起书店发展的长效机制，连锁经营才可能落到实处，带来实实在在的发展和效应。

9. 信息力

信息力既体现在信息对实施书业连锁经营的推动作用，也体现在信息对书业连锁经营发展的促进作用。在实施连锁经营时，书店必须掌握足够的信息。这些信息包括书业连锁经营的经验、教训、规律、原则、标准等和书店自身的各种情况。这些信息提供了实施书业连锁经营的标准和要求，也提供了书店和连锁经营的距离及其实施连锁经营的困难。书店实施连锁经营后，其规模效应很大程度上是信息流畅通带来的。书店要培养信息经济的意识，要确立信息标准，完善信息网络，让信息力转化为竞争能力和获益能力。

10. 需求力

读者的需求是书业发展的源泉。然而，买书难一直困扰读者，成为读者多年的呼吁。读者需求的不满足既反映了书店经营的问题，也表明书店发展的潜力。有效满足读者需求，书店就能得到发展。要有效满足读者需求，书店必须优化渠道，提高进货、物流能力，提高读者服务能力。当前，在能够承受成本的前提下，书店选择连锁经营是有效满足读者需求的最好方式。显然，这是需求逼迫书店选择连锁经营。同时，读者的需求还在监督和促进书业连锁经营的发展。实施连锁经营，不等于书店就能满足读者需求。连锁经营只是一种经营模式，这种经营模式效力的发挥靠管理，而评判书业连锁经营管理的标准是书店对读者需求的满足程度。书店实施连锁经营，充分满足读者需求，读者需求又反过来促进书店的发展，如此良性循环必然形成书店的良好生态，进一步促进书店的发展。

三、畅销书促销宣传的个性化

催生畅销书的因素很多，但是，任何一本畅销书的成功都离不开成功的促销宣传；而对促销宣传个性化把握成功与否又直接决定着促销宣传的效果，因此，在中国出版步入畅销书时代的此时此刻探讨畅销书促销宣传的个性化具有特别的意义和价值。

（一）畅销书促销宣传个性化的必要性

畅销书促销宣传的个性化是由出版产业的特性决定的。出版产业是一种精神产业，它直面人类的初级文化，经过加工后整合为高级形态的精神食粮——出版物。人类初级文化的存在形态是粗糙的、低级的、较不适合接受的。这种存在是一种普遍存在，个性化的程度相当低。出版加工实际上就是用个性化的筛子过滤人类的初级文化，创造出文化的个性形态。出版产业的过程就是一个凝聚个性和创造个性的过程，畅销书的创造同样遵循这一特点。图书在市场上的运转形成图书市场，图书在市场上的流通实际上是图书个性的认识和服务过程。这同样遵循着出版产业作为个性化产业的共性。出版产业的个性化特性要求其所含任一环节都应遵循这一特性，要在出版产业个性化规律的规约下运作。出版过程如此，出版物的促销宣传同样如此。是否坚持在出版产业个性化运作普遍规律的指导下对畅销书进行促销宣传，影响着畅销书促销宣传的运作思路和过程，决定着畅销书促销宣传的结果。譬如，《富爸爸穷爸爸》，作为引进类读物，从表面看省略了许多出版环节，但是，引进这个项目的决策者深刻把握了中国人的社会心态，是对中国人中形形色色的富爸爸、穷爸爸的充分考察的基础上而决定的。这实际上走过了一个非常深刻的创造过程，只不过，这种创造是以外版图书作为引子而进行的。如果《富爸爸穷爸爸》的决策者在对中国现存的初级文化进行调研之后，同样可以依据中国的原始材料创造出中国版的这类读物，也同样是非常富于特色的读物。这个整合、创造过程是一个个性化非常浓郁的过程，这种个性化就在于基于众多的财富观念而提出"财商"和"财富自由"的概念。这两个概念代表虽然经过广泛传播成为一种普遍的观念，但是，当初，这两个概念只是特定个体的独特精神个性，是他们的个性追求的反映。对《富爸爸穷爸爸》的促销宣传如果不能尊重这种个性，如果不在这种个性化概念的指导下进行个性化的运作显然不行。事实上，该书的促销宣传者正是尊重了这些，从而使得促销宣传成为书走红的重要动力。

　　畅销书因个性而存在直接决定了畅销书促销宣传要个性化。

在出版物的创造过程中，作者、出版加工者等往往以个体的形式存在，往往将个体的精神凝聚在出版物中。因此，一方面出版物保留着人类初级文化的共性，另一方面又逐级增加了出版主体的个体特性，是精神性和个体性的高度统一。出版物与出版物之间赖以区别的是出版物的个性，因此，个性是出版物的根本属性，是出版物存在的根本条件，决定着出版物的价值和命运。畅销书作为出版物的典型代表，更因为其个性而充溢魅力，而赢得市场和读者。畅销书促销宣传的基本目的就是要让畅销书凭借其个性引起读者和市场的关注。所以，畅销书的特性决定了畅销书的促销宣传必须以畅销书的个性作为基础进行个性化的运作。《哈佛女孩刘亦婷》是运作非常成功的畅销书。这本书属于素质教育读物，具有素质教育图书的共性，但是，这些共性不是这本书特殊的依据，赋予这本书魅力的是其个性。这本书的个性归结为一点就是首次以个案的形式诠释素质教育。这本书的运作者在进行促销宣传时始终围绕着这个个性，通过讨论、转载、谈话等促销宣传手段将这种个性告知读者和社会，为这本书的成功起到了重要的杠杆作用。这本书的决策者在谈到运作成功经验时非常明确地指出，他们对这本书个性的确认是经过了很多思考的，就是因为真正把握住了这本书的个性进而围绕其个性进行促销宣传，才得到丰厚回报的。

畅销书读者的个性化消费需要要求畅销书促销宣传个性化。读者都是社会的人，生活在一定的群体中，具有群体性。同时，读者又是以个体作为单位而存在，是单个的个别人。读者的群体性和个体性伴随着社会的发展而在变化，相对而言，今天的读者其个性得到了更大程度的发展，其个性化的需求在增长。读者的个性化需求渗透在方方面面，对于个体选择余地非常大的图书消费尤其如此。畅销书因其个性而存在，因其个性而具有某种功能，而能够满足读者的某种需要。这种需要不是宽泛的、漫无边际的，而是特定、具有个性的。读者的某类个性对应着畅销书的某种个性，而这种个性的同构效应只有在读者了解了畅销书个性的前提下才能发挥出来。因此，读者的特征和个性化消费的需要要求畅销书的促销宣传务必个性化。《兵书与宝剑》是湖南少年儿童出版社出版的全国第一部网络智谋小说，这本书有着特定的读者群——中学生，而满足的也是这个特定读者群渴望了解网络文学和智谋的需求。在第十二届书市期间，为了给作者签名售书做些铺垫性促销宣传，出版社邀请作者到昆明，先后在云南大学和昆明师专进行了专题演讲。由于没有根据小说个性正确地选择听众群，效果非常不理想。后来经过紧急磋商，把演讲的场所选在中学，而且听众也有所选择，结果不但演讲的效果非常好，还带动了签名售书的行情。

畅销书促销宣传的个性化和促销宣传手段的多样性息息相关。促销宣传总是通过一定的促销宣传手段来实施和实现，促销宣传手段是多样的。多样化的促销宣传手段有着作为促销宣传工具的共性，具体到每一样促销宣传手段因为其个性而区别于其他手段。促销宣传手段的多样性和个性特征要求在掌握它们的共性的基础上充分发挥其个性，将特定的促销宣传手段与特定的畅销书联系起来，富于针对性地发挥这些手段的力量和魅力。只有这样，促销宣传手段才能用到实处，也只有这样，畅销书的宣传才能因为促销宣传手段的充分运用而达到效果。人民文学出版社在对"哈利·波特"系列进行促销宣传时运用的是以纸质媒介为主体媒介轰炸，《哈佛女孩刘亦婷》的促销宣传选择的手段主要是书摘、转载等，《学习的革命》选择的促销手段是纸质、电子媒介等多媒介集束轰炸。因为各自根据书的个性选择具有对应个性的促销宣传手段，所以都取得了很好的效果。

（二）畅销书促销宣传个性化运作的要求和技巧

畅销书促销宣传个性化，指的是依照畅销书的个性，选择个性化的促销宣传手段，让读者和市场了解和认识畅销书，满足读者和市场的需要，以充分实现畅销书的社会效益和经济效益的营销活动。畅销书促销宣传的个性化包含促销宣传对象的个性化定位、促销宣传点的个性化选择和促销宣传本身的个性化运用三方面的内容，每一个方面都包含着运作的要求和技巧。

所谓促销宣传对象的个性化定位主要是着眼于读者，确定畅销书的目标市场和意欲实现的市场目标。市场的细分具有层级特点，大到诸如成人读物、少儿读物等外延较大的读物门类，小到具体的图书品种。市场细分的依据是读者的类聚特征和读者消费的个性化趋向。每一种畅销书因为读者而存在，而其市场因为读者的定位而确定。潜在的读者构筑为畅销书潜在的目标市场，畅销书能够占有目标市场的份额为市场目标。读者、市场和促销宣传三者的个性统一在一块，就可能营造良性的出版运作循环，让需要畅销书的读者了解畅销书、找到畅销书、购买畅销书并满足对畅销书的某种消费需要。同时，畅销书也因为促销宣传手段的实施而走近读者，实现畅销书的使命。畅销书促销宣传对象的个性化定位非常重要，因为大而言之，畅销书促销宣传对象具有笼统、宽泛的特性，而宣传对象本身还存在细分的问题，有时候针对一群宣传对象的促销宣传可能抵不上对一个特定宣传对象的促销宣传。一般，畅销书的促销宣传对象可以分为代理商、意见领袖、读者群。对畅销书促销宣传对象进行个性化定位，首先要确定把重点放在哪一块，然后再在这一块里面找到合适的宣传者。一些畅销书的运作者采取诚征代理商的促销宣传方式，这就是采用在促销宣传的特定阶段把宣传对象重心放在代理商上面，以引起代理商对书的关注，从而促动其销售。《哈佛女孩刘亦婷》在进行促销宣传对象的个性化定位时，开始阶段选择的是意见领袖，采取邀请意见领袖如教育工作者、素质教育的提倡和推导者等发表言论营造舆论，在此基础上向一般读者扩散，以引起全社会的关注。《哈利·波特》的中期促销宣传阶段把宣传对象锁定在读者，通过对读者群核心读者阅读感受的推广和再评价推动读者群对该书的热烈青睐，效果非常好。

所谓促销宣传点的个性化选择主要着眼于畅销书本身，在洞察畅销书的个性的前提下，发现畅销书的特点，提炼出畅销书的宣传点。宣传点是畅销书的个性与读者的扭结点，宣传点的充分闪烁吸引读者的目光，应对着读者的购买心理。市场是畅销书宣传点与读者对接和碰撞的场所，也是读者更直接体验畅销书宣传点的环境。畅销书宣传点的发现是一个耦合的过程。一方面出版者以畅销书的个性为基础，充分发掘畅销书的卖点；另一方面，出版者以读者的接受需要为起点，深入其购买心理，通过精心的调查研究得到其意欲购买畅销书的买点。卖点和买点的比较和对应，重合的就是畅销书的宣传点。《中国儿童百科全书》是中国大百科出版社运作的一个畅销书项目，运作者选择的促销宣传点是中国的专家为中国的孩子精心创造的中国的儿童百科全书，装帧设计现代，印制精美，定价便宜。这样的促销宣传点选择就很有个性，这种个性化选择依据中国少儿百科全书的现状，针对时下少儿百科全书的不足，是站在读者的立场说出掏心窝子的话。这本书在短短两个月不到的时间取得了销售 15000 套的业绩，应该有着促销宣传点个性化选择成功的不少功劳。

所谓促销宣传本身的个性化运用指的是选择富于个性化特征的促销宣传手段进行个性化组合形成个性鲜明的促销过程。促销宣传手段在没有运用的时候是零散的，没有生命力，一旦与一定的畅销书联系在一块，就活了。激活促销宣传手段的目的是赢得效果，这种效果的实现是促销宣传手段功能的发挥。促销宣传手段要实现其功能，一方面要求促销手段本身是有效的，另一方面也要求根据特定的畅销书将促销宣传手段按照一定的结构形式组合起来。具有一定结构的促销宣传手段实施起来总会按照一定的顺序，这种顺序就表现为一个过程。一种畅销书的促销宣传过程是不会重复其他畅销书的促销宣传过程的，促销宣传过程因为促销宣传手段结构的特色而具有个性。余秋雨的散文经过一段时间的市场考验，成了书市的金字招牌，他的作品盗版现象非常严重，以致关于他作品反盗版的话题成了不可多得的炒作点。作家出版社在运作出版余秋雨的《千年一叹》时就充分利用这种社会现象和人们的这种心理，先是瞒天过海采用隐瞒书名的招数，接着采用新书全国同时上市的策略。这两种促销宣传手段很好地契合了该书的个性，在全国掀起了一股旋风。促销宣传本身的个性化运用往往产生促销宣传手段和促销宣传过程再炒作的效应。也就是说，富于创新精神的个性化促销宣传策略组合往往成了媒介追踪的新闻目标和话题焦点，以致众多的媒介参与进来再炒作畅销书的促销宣传手段和过程，从而将畅销书的促销宣传推向新的高峰。《千年一叹》和《哈利·波特》都采用了新书全国同时上市的促销宣传手段，由于各自的运作特色都引起了全国新闻媒介的注意和炒作，对这两种书的盛销起了巨大的推动作用。

四、动画片配套图书的商业模式

当前，我国的动画片配套图书主要含三类：第一类是从动画片中抓帧经加工后编辑出版的图书。这类图书可直接从动画片中抓帧，按一定的结构方式组合，制作成图书；也可先从动画片中抓帧，重新绘制加工，编辑出版图书。后者较前者投入多，生产周期长，质量也更高。第二类是动画片内容衍生图书。这类图书含动画片脚本再创作产生的故事类、小说类、知识类图书等。第三类是动画片形象衍生图书。这类图书以动画片的形象为主要形象，充分利用动画片形象的影响力。它们可与动画片的内容相关，亦可与动画片的内容不相关。如：贴纸书、拼图书、游戏书、益智书、手工书等。其中，第一类是主体产品。

（一）动画片配套图书的出版方式

当前，动画制作公司与出版社合作出版动画片配套图书的出版方式主要有两种：版税制和提货制。

1. 版税制

版税制即出版社支付和动画制作公司约定比率的版税而拥有动画制作公司制作的动画片配套图书的出版权。以这种方式出版动画片配套图书，出版社往往配合动画制作公司完成第一类图书的设计和制作，以求图书内容和形式的高质量。第二类、第三类图书的创作主体有由动画制作公司完成的，更多的是出版社组织人员制作而成的。出版社负责动画片配套图书的编辑、出版、发行及其相关工作，动画制作公司负责动画片的播放及其相关工作。

在实际操作中，动画制作公司和出版社的版税制合作出版方式主要有两种形式：版税买断制和版税非买断制。所谓版税买断制即动画片制作公司和出版社约定版税的总额，然后按照约定的支付条件支付。对于出版社来说，版税买断制意味着更大的投入和风险。如：外语教学研究出版社与中央电视台就动画片《小鲤鱼历险记》进行的合作就是版税买断制，版税总额高达 800 多万元。所谓版税非买断制即动画制作公司和出版社确定一定的版税比率，然后按照印数或者销售册数和其他约定条件结算版税。

实施这种出版方式，动画制作公司往往要求支付一定额度的预付版税，以保证其利益。如：湖南少年儿童出版社与湖南哆咪七彩动画制作公司出版《天降小子》系列动画片配套图书即按照版税制合作，约定保底印数为 8000 套，即出版社不管有没有印或者有没有销 8000 套都要按 8000 套的量支付版税。

2. 提货制

提货制指动画制作公司完成动画片配套图书的制作，交出版社审、编、校，履行国家政策和法规规定的编辑出版程序，由动画制作公司联系承印工厂并洽谈印价，出版社审查承印工厂资质和能力后授权该厂印制相关动画片图书并办理国家政策和法规规定的印制手续。由于这种动画制作公司或其所属的图书公司拥有图书的批发权，因此，出版社与动画制作公司或其图书公司划分销售渠道。一般来说，出版社拥有主渠道的销售权，而出版社把民营渠道的销售权授予动画制作公司或其图书公司。出版社按照一定的折扣从动画制作公司或其图书公司提货。《虹猫蓝兔七侠传》就是按这种方式出版的。采用这种出版合作方式，动画制作公司或其图书公司往往要求出版社保底销售一定量的图书。

经提货制而编辑出版的动画片配套图书，虽然其制作基本在动画制作公司完成，但出版社往往参与其中。在内容生产的过程中，出版社牢牢把握内容的导向和质量。而在具体的经营过程中，出版社将许多权利授予动画制作公司或其图书公司，这符合国家的出版政策和出版法律法规。这种合作方式实际上充分利用出版社和动画制作公司或其图书公司的优势，是互补性强的合作。

（二）动画片配套图书的赢利模式

动画片配套图书的赢利主体指动画制作公司和出版社，其赢利模式因主体和出版方式的不同而不同。

1.出版社出版动画片配套图书的赢利模式

出版社出版动画片配套图书的赢利模式主要有四种：第一，发行动画片配套图书，实现销售，获得赢利。这种赢利模式可称为图书销售赢利。第二，利用动画片配套图书的晕轮效应，拉动出版社已有图书的销售，扩大规模，扩大销量，从而获得赢利。这种赢利模式可称为拉动销售赢利。第三，利用获得授权的动画形象及其成为亮点的动画片配套图书进行一定的活动营销，利用这些活动树立市场形象和社会形象，从而间接获得赢利。这种赢利模式可称为品牌延伸赢利。第四，通过动画片配套图书的版权交易带来赢利。当然，提货制的动画片配套图书的版权交易权往往在动画制作公司手里，不过，出版社可通过自己的专业优势争取到部分权利，从而实现赢利。

就版税制出版方式来说，出版社的风险在于动画片的影响力和所约定的版税的一致性。一致性程度高，出版社的赢利水平高，风险小；反之，则风险大，赢利少。这要求出版社准确判断项目，巧妙营销，大力促进销售。就提货制而言，出版社受制的因素除动画片本身的影响力外，还有动画制作公司的营销能力。如果项目运作不成功，则出版社因为保底销售量的设置而承担很大的风险，而一旦项目运作成功，出版社受制于动画制作公司的供货，可能无法赢得利益最大化。从根本上来说，出版社的优势在于对内容的运作和对编辑出版的专业把握，自办发行和销售都不是其强势。在内容资源稀有的条件下，出版社选择提货制实际上是委曲求全，也是无可奈何。

2.动画制作公司运作动画片配套图书的赢利模式

就版税制而言，动画制作公司出版动画片配套图书的赢利模式主要有两种：第一，通过提供内容资源而获得赢利。这种赢利模式主要受制于两个因素：其一，动画片的质量；其二，动画片的播放带来的影响力。合作双方一般在合作前对动画片的质量就有了判断，而动画片的播放带来的影响力由动画片本身及其播放策略所决定。出版社往往对动画片的播放有要求，对这种要求的实现程度是动画片配套图书被市场接受并实现赢利的重要因素，也是动画制作公司能够拿到足额版税、充分实现赢利的条件，当然也是基本的风险因素。第二，利用动画片配套图书扩大影响，提高动画片的影响力，从而通过授权动画形象等的方式赢利。另外，按照与出版社的约定情况，动画片制作公司可能分享动画片配套图书版权贸易带来的赢利。

就提货制而言，动画制作公司出版动画片配套图书的赢利模式主要有四种：第一，供货出版社，赚取内容资源带来的赢利。第二，在民营渠道实现销售赢利。第三，利用动画片配套图书扩大影响，提高动画片的影响力，从而扩大动画形象等的授权可能，并通过授权动画形象等的方式赢利。第四，通过动画片配套图书的版权交易带来赢利。

（三）动画片配套图书商业模式的新趋势

动画片配套图书商业模式的新趋势主要表现在资本运作带来的变化和产业链运行方向的变化所带来的变化。

1. 资本运作型

资本运作型的第一种方式为动画片配套图书的项目制运作，即动画制作公司以内容资源入股，而出版社以专有资源及其图书运作成本入股，双方根据所拥有的权利多少而拥有相应比例的赢利。

资本运作型的第二种方式为出版社投入动画片制作从而获得动画片配套图书的出版权，进而通过动画片配套图书的出版而获得投资回报。当前，动画片处于成长期，需要大量的资金介入，出版社以这种方式作为动画片配套图书的商业模式大有机会。

与资本运作型相关的是出版社富有针对性地选择动画片配套图书销售能力强的民营书商合作成立该类图书的运作公司成为一种趋势。动画片配套图书的产品特征和销售要求决定了出版社在运作方面的乏力，而这种乏力正好是某些民营书商的优势。因此，出版社通过资本运作的方式控股民营书商为主经营管理的这种公司是明智之举。依托这种公司超强的运作能力可以扩大整体市场，可以培训出版社的人员，可以激活出版社的机制。

2. 始于图书的动画产业链

当前，我国动画产业链开始于动画片，由动画片到图书。国外比较流行的动画产业链是由期刊到图书到动画片。我国动画产业链在初创期必然选择现有的产业链方向，选择这种产业链方向存在两大弊端：第一，我国的动画片脚本粗糙。动画片脚本粗糙带来动画片内容粗俗、情趣粗俗、形象欠缺等一系列毛病，这已严重制约了我国动画产业的发展。第二，我国的动画产业风险巨大。由于直接生产动画片，动画片的内容和形象没有得到认同，没有受众基础，因此，对动画片的未来不可预期。而相对于期刊和图书来说，动画片的制作成本高昂，于是导致动画产业的经营风险极大。这种风险过大的弊病必然阻碍动画产业的健康发展。因此，动画产业链方向和国际接轨、向国际学习是必然的。

动画产业链的运作方向选择由期刊到图书到动画片会在出版社的积极推动下加速转型。这种转型有利于动画产业的健康发展，也有利于出版社对动画片配套图书的掌控和把握。在这种情况下，出版社因为拥有的图书被改编制作成动画片从而可能拥有动画片配套图书的优先权，也有利于出版社更系统地开发动画片配套图书，赢得利益的最大化。

第三章

数字化：出版转型升级的重点

第一节　数字化影响出版未来

一、出版的未来：从文化中介到文化中心

传统出版转型升级的思考和实践已持续多年，传统出版"活得不赖""恐惧不小""方法不多"[①]，与传统出版对应的新兴出版方兴未艾。这种不令人满意的现状和结果既因为实践上的乏力也因为思考上的不足。在行业、产业蜕变的过程中，眼望未来找到方向和目标，把握规律和逻辑，进而更有力地支持现在和现实，不失为有效的思考方式和行动路径。基于此，本文以出版的未来为着眼点，从定位和功能的视角认为，出版的发展趋势是从文化中介到文化中心，这种发展趋势表明出版成为文化中心的可能性；新兴出版的价值形态是出版平台支撑的阅读生态圈，其组织形式是在线知识出版系统，这种形态和形式带来的效益和价值表明新兴出版成为文化中心的现实性；使新兴出版成为文化中心需要切实的措施，如出版资源重组、出版能力融合、出版组织再造、出版系统边界开放和出版管理适应。从传统出版到新兴出版，是从线下出版到线上出版、从出版产品到出版平台、从出版产业链到阅读生态圈的创造过程，是实施"互联网＋出版资源"

---

① 龚曙光.龚曙光谈传统媒体境遇：活得不赖，恐惧不小 [EB/OL].（2014-05-19）[2016-09-21]. http://cul.qq.com/a/20140519/009588.htm.

策略而为我国出版发展探寻的一种战略进路。

（一）出版从文化中介到文化中心的可能性

1. 传统出版作为文化中介的局限

把作者、传统出版和读者摆在一条线段上，作者和读者居于线段的两端，传统出版处于线段的中间。三点一线段的描述形象而贴切地表达了作者、传统出版和读者的关系，表明了传统出版的中介地位和功能：文化中介是传统出版的基本地位，文化选择是传统出版的基本功能。在选择中扮演好中介角色，在中介作用达成中实现好选择功能，是传统出版地位和价值的基本界定。作者创造的作品多而杂，读者对阅读的需要丰富而多样，社会对文化的传播进行倡导和引领，因此，于作者而言需要将作品这种原材料进行加工和转化，于读者而言需要让出版物更贴近并尽可能达成他们的诉求，于社会而言需要对出版内容进行判断和把关，传统出版在作者、作品与读者、社会间起到中介作用。在漫漫出版史中，传统出版被作者求，被读者盼，被社会敬，依靠中介地位掌控文化话语，推动阅读趋向，充分彰显价值。同时，因为中介地位和功能的局限，传统出版不断遭到作者、读者、社会等的诟病。这种局限主要是传统出版于作者、读者、社会的信息不对称。和作者信息不对称埋没了好作品，不能有效催生好作品，让出书难的问题长存；和读者信息不对称辜负了阅读意愿，不能有效满足阅读需求，让买书难的问题长存；和社会信息不对称迷失了出版价值观，不能真正把社会效益放在首位、有效倡导和践行主流意识，让阅读社会形成难、主流价值倡导难的问题长存。因此，文化中介的定位、地位、功能和价值造就了传统出版的历史地位与文化贡献，文化中介的局限影响了传统出版功能的发挥和实现，使得传统出版在满足读者、作者和社会需求方面打了折扣。这决定了传统出版在历史上的阶段性存在和蜕变发展的整体态势。

2. 新兴出版成为文化中心的可能

与传统出版对应的是新兴出版，新兴出版代表着出版的未来。与作为文化中介的传统出版不同，新兴出版可能成为文化中心。文化中心的地位、作用和价值彰显了新兴出版相对于传统出版的蜕变，决定了出版的未来。

新兴出版成为文化中心的可能性由颠覆性新技术创造。大数据技术、即时通信技术、互联网技术、分享经济等颠覆性新技术的出现和作用发挥，崩塌了传统出版的生存土壤，摧毁了传统出版的发展根基，在对比中放大了传统出版的局限，给传统出版带来了前所未有的逼迫式压力。亚马逊发出通告，在新技术的支持下，出版只要作者、读者和亚马逊即可。亚马逊的通告和盛行的互联网"去中介"如出一辙。互联网技术、分享经济加速了"去物质"进程，出版物没有了纸张、印制等物化照样可以达成其功能，而且复制成本接近为零。文化中介地位和价值不存，传统出版必然消亡，当前正走在消亡的路上。同时，颠覆性新技术带来阅读新习惯、阅读消费新模式，改变出版产品和服务的生产、提供方式，在自身极大优势的彰显中创造新的出版形式、方式和模式，成就新兴出版。新兴出版迥异于传统出版，它不在线下，而在线上的互联网中；它不是线性的，而是自居中心并圈性展开，以平台汇聚和支撑读者、内容和出版产品与服务。如果把新兴出版看作一个大圆，那么这个大圆里有三个小圆：读者大数据、内容数据库和大规模定制出版。三个小圆相对于新兴出版来说代表三个小中心，一个大圆相对于文化、社会等来说代表新兴出版这个中心。读者大数据中心、内容数据库中心和大规模定制出版中心在相互作用中影响新兴出版，进而通过新兴出版影响文化和社会建设等。懂得读者需要是出版的前提。传统出版于读者需要很无奈，对读者群的特点了解个大概尚且为难，更谈不上对读者个别特性的充分把握。新兴出版在大数据技术的支持下，不但可以对阅读趋向、读者群的特性精准把握，而且可以准确了解个别读者的个性化阅读诉求。读者阅读需求的搜罗、分析和把握因为不可为而实际上游离在传统出版的体系外，而读者数据库因为可控以至成为新兴出版的必需，读者大数据中心成为新兴出版的重要组成部分。拥有内容是出版的基础。内容是作者创造的，出版对内容的拥有决定于和作者的关系。传统出版在内容集聚和运用上的局限主要表现在两个方面：因为不了解作者而导致发现不了好内容，因为运营受限而导致不能给作者充分回报。新兴出版因为和作者的信息对称而能在和作者的充分互动中得到作者创造的好内容，因为内容的全版权运营既给作者带来充分的影响力又给作者带来充分经济回报。作者社区和内容数据库中心的构建是新兴出版的必需，是其重要组成部分。提供满足需要的读物是出版的核心。有限的作者、有限的内容、有限的读者需求把握、有限的读物决定了传统出版的有限，充分的作者、无限的内容、精准的读者需求、无限的读物可能决定了新兴出版的充分甚至无限。随时随地提供读者想读的读物是出版的未来状态，是新兴出版的功能。一句话，新兴出版通过大规模定制出版时刻准备为读者提供阅读解决方案。因此，大规模定制出版中心或者阅读解决方案提供中心是新兴出版的必需，是其重要组成部分。

新兴出版成为文化中心的可能性由出版催生创造的功能提供。协同作者、催生创造是出版的基本功能。在出版的助力和推动下，内容创造、创意生成有了土壤，利于释放能量。美国、德国、日本、韩国等发达国家浓郁的创新创造氛围基于高度发展的出版，有赖于出版公司和出版人在给创造者全方位的服务中多出快出高质量成果。新兴出版脱胎和蜕变于传统出版，承继和赓续出版催生创造的功能，并在新技术的优势下强化和扩大这种功能，以此提升出版的地位和价值。内容资源的价值具有延伸特性，这一特性扩大了内容的价值空间，也提升了内容的影响力和地位。从商业运营的角度，内容的价值延伸方式之一为全版权运营。出版内容可成为出版物，可沿着文化产业的其他任何向度进行开发成为影视脚本来源、创意产品品牌形象、游戏漫画内容基础等，也可渗透到其他产业领域成为这些产业、产品、品牌的推力、精神内核和灵魂。因此，出版自然成为文化业的基础，是社会精神和氛围的基地。新技术带来渠道和终端融合，扩大和增强了内容的传播力和影响力，扩张和释放了创意价值的潜力和空间，无论是社会经济贡献度还是社会效益的达成，都进入前所未有的高比例和影响力。因此，新兴出版不仅仅会成为文化中心，还因为对经济建设乃至社会建设的整体贡献而成就其价值、提升其地位。美国的文化产业在国家出口中居于第一位，而几大出版集团引领的出版产业既因其具体的数据贡献不可或缺也因其价值延伸带来的贡献铸就重要地位，其中，新兴出版远超传统出版，日益显示其文化中心的功能、价值和地位。

新兴出版成为文化中心的可能性由出版成为用户入口的价值成就。无论传统出版还是新兴出版，都因为有读者而有价值，对于新兴出版而言，读者是用户。新兴出版庞大的用户群既是读者又是用户，因而成为用户入口。换句话说，一个人因为阅读需要消费图书而成为读者，又因为消费图书导致别的消费做更多价值的主体，成为互联网上的用户。新兴出版作为用户入口的一大优势是成本低。当当网吸纳新用户的成本不到其他同等平台的一半，京东介入图书电商看重的是这一点，而亚马逊更是以此成就电商帝国。文化和传媒是互联网产业的竞争高地和必夺阵地，新兴出版是它们介入的首选。新兴出版作为用户入口的另一优势是读者向其他消费者转化比例高，用户价值突出。包括新兴出版消费在内的文化消费因其精神性决定其消费者的高素养与高性价比。高素养意味着选择性确定，高性价比意味着消费额度大、消费品质超越一般。新兴出版的用户入口地位决定了它在文化体系乃至社会体系中的价值，必然成就其文化中心的地位。

（二）出版平台支撑的阅读生态圈创造文化中心

1. 出版平台支撑的阅读生态圈

变新兴出版成为文化中心的可能性为现实，是要创造一种形态兑现其价值。这种形态是出版平台支撑的阅读生态圈。锻造这种形态意味着新兴出版替代传统出版，标志着出版未来的成功落地。

出版平台支撑的阅读生态圈的创造和形成是实施平台战略的结果。"所谓平台战略强调的是企业的产品或者服务连接两个及其以上的特定用户群体，为它们提供互动机制，满足所有群体的需要，构建互联网生态圈，形成同边或多边网络效应的市场战略。"① 出版平台支撑的阅读生态圈以出版平台为基础设施，以满足用户的阅读需要为功能，以阅读生态圈为存在状态。

出版平台主要由硬件、软件和团队组成。硬件指构建出版平台需要的设备、设施。软件既指运行硬件的程序，也指管理平台的制度体系。团队指管理平台的人员。硬件、软件和团队形成整体，创造和实现出版平台的功能。出版平台是作者、用户、出版者的作业空间，是内容、阅读、出版物的作用体系，是典型的互联网产物。它连接出版直接相关的主体和所有的出版要素，自成为中心。它连接一切社会要素、市场要素、价值要素，围绕出版中心辐射和

---

① 吕尚彬，戴山山."互联网＋"时代的平台战略与平台媒体构建[J].新华文摘，2016（14）：131.

渗透中心外的所有，自成为整体。之所以自成为中心，因为出版平台内部完全开放，在开放中互动，在互动中开放。之所以连通中心外的一切，因为出版平台和外面完全连接，对外完全开放。连接一切和完全开放充分体现了出版平台遵循互联网思维和互联网逻辑以及平台本身的自由。正因为出版平台具有如此特征，所以它能极大地释放平台本身以及平台上主体的能量，激发出巨大的出版生产力。

阅读生态圈是阅读生态系统。"在自然条件下，生态系统总是朝着种类多样化、结构复杂化和功能完善化的方向发展，直到使生态系统达到成熟的最稳定状态为止。"[①] 阅读生态圈遵循生态系统的基本规律，表现出如下特征：一是多边主体。阅读生态圈至少包含作者、用户和出版者等主体。二是结构性。阅读生态圈的主体间相互联系、相互影响、相互作用，息息相关。三是功能化。阅读生态圈是功能化组织，围绕阅读的供需运行。四是自演化和智能组织。阅读生态圈以知识为资源，在动态中调整，组织本身自动演化。阅读生态圈具有自身的反馈和控制系统，具备自我分析、判断和调整的智能。

2. 基础是海量用户

出版平台支撑的阅读生态圈是在线知识出版系统，在线是其存在状态，是其差异于传统出版的显在标志。阅读生态圈是互联网的一部分，是"互联网+"的结果，既创造又依靠互联网效应。网络外部性表明，某种产品或服务对一名用户的价值取决于使用该产品或服务的其他用户的数量，因为如果网络中用户少，这少量的用户不但要承担高昂的成本，而且因为信息的流动只能在少量用户中进行，其使用效果有限。一旦用户数量增加，规模经济

---

① 孙儒泳，李庆芬，牛翠娟，等.基础生态学 [M]. 北京：高等教育出版社，2004：197.

效益显现，所有用户都能从网络中得到更多更大的价值，而且这种网络价值的扩大和增加是几何级数的。梅特卡夫定律表明，网络的价值与网络节点数的平方相等，网络价值和互联网用户数的平方成正比。因此，海量用户是阅读生态圈的基础。

在出版平台支撑的阅读生态圈中，海量用户指的是海量读者，读者是海量用户的核心身份和入口身份。用户是在线知识出版系统的支配性主体，决定着系统的状态、效果和价值。用户多了，阅读需求就多了，对阅读产品和服务的要求也就多了。当用户达到特定的规模，规模效应、系统效应、网络效应产生，作者和出版方等因为用户数量的增加和规模的形成而受益。同时，作者和出版方的充分投入，增强阅读产品和服务的供给，对已在阅读生态圈里的用户产生更好的黏性以至他们更活跃更忠诚，对阅读生态圈外的用户形成吸引力以至新用户不断涌入。

在出版平台支撑的阅读生态圈中，用户、作者和出版者具有同构性和协同性。所谓同构性，即作者、用户和出版者具有趋同性，可以相互转化。所谓协同性，即用户、作者和出版者为了阅读生态圈的发展和平衡而共同提供自己的价值。作者创作时，因为输出而成为生产者。作者阅读时，因为输入而成为消费者。用户阅读时，因为输入而成为消费者。用户阅读过程中和作者互动，进行二次创作，在输出中扮演生产者的角色。出版方的编辑在内容的判断、加工中是生产者，在和作者的互动中是创作者，在阅读中是用户。用户、作者、出版者的角色是模糊的，专业生产内容和用户生产内容融合在一块，内容、产品、服务和阅读都在增长，生产力释放，系统在发展。

海量用户是阅读社会、书香社会的依托。有了海量用户，有了在整体人群中更大比例的用户，那么出版平台支撑的阅读生态圈就有了文化体验和消费的入口，就有了倡导社会主流价值的条件，就有了为社会的平稳发展和谐稳定做贡献的动力因素，也就能成为文化中心。因此，以用户为中心是出版平台支撑的阅读生态圈的生存哲学和经营观念。用户的需要是出发点也是归宿，用户思维是立场也是行动指南。

3. 核心是 IP

知识是出版平台支撑的阅读生态圈的能量，是在线知识出版系统的基本资源。内容产品和内容服务是阅读的核心，是出版平台支撑的阅读生态圈的核心。知识是内容产品和内容服务的核心，必然成为出版平台支撑的阅读生态圈的核心。IP 是知识受到法律保护后可以进行开发运营的存在方式，是出版平台支撑的阅读生态圈的核心。没有一定数量的 IP，出版平台支撑的阅读生态圈会因为没有能量而无法运行，会因为没有资源而消亡。

IP 是创造出来的，IP 创造力是出版平台支撑的阅读生态圈的核心能力。IP 创造力的主体是作者，作者的数量和质量决定着 IP 的规模和价值。出版平台为 IP 的创造提供条件，因为 IP 创造需要的便利工具、资料便捷获取等是出版平台的基本设施。阅读生态圈为 IP 的创造提供动力，因为阅读生态圈的运行利于实现 IP 的价值、放大 IP 的效应。同时，IP 需要继承。IP 集成是出版平台支撑的阅读生态圈的重要功能。出版平台支撑的阅读生态圈具有内容的原创力，但仅仅靠自身创造内容满足不了对 IP 的海量要求。

组织和催生内容创造、集成和整合知识构建和强化了出版平台支撑的阅读生态圈作为社会内容中心的地位和功能。因为在文化产业体系中，内容处于核心层，有了内容才会有文化产品和服务的基础，从某种意义上来说，内容决定了文化，内容创造能力和内容集成整合能力决定了文化软实力。出版平台支撑的阅读生态圈的内容数据库中心是 IP 中心，因此，IP 实力决定了在线知识出版系统的实力和在文化与社会建设中的地位、价值。

4. 关键是运营模式

出版平台支撑的阅读生态圈是经营体系，是运营系统。这种体系和系统的可持续依赖其运营模式。有效的运营模式促进其增值，推动其发展。从价值观看，运营模式必须把社会效益放在首位，力求社会效益和经济效益的统一。从观念看，运营模式必须遵循互联网逻辑、规律和思维，有效实施互联网＋策略，实现线上和线下融合、传统出版和新兴出版融合。从方法看，运营模式必须尊重和利用新技术，创造和拥有新技术红利。

商业模式是出版平台支撑的阅读生态圈运营模式的重要部分，其中盈利模式是关键。创造和形成盈利模式需要找到利润区、预估利润规模、构建利润池。平台支撑的阅读生态圈的利润区主要包含几块：第一，阅读产品和阅读服务消费产生的利润。第二，IP授权产生的利润。第三，参与制造业产生的利润。第四，向平台客户收取的佣金。预估平台支撑的阅读生态圈的利润规模固然要参照传统出版的利润规模，但拘泥于此可能犯错。因为阅读产品和服务的升级可能激发阅读主体和阅读总量，进而带来可以预计的利润额。另外，阅读主体的扩容和单位阅读诉求的增加可能带来阅读收益的增加。利润池理论立足行业价值链，关注行业利润各环节带来的利润总和。为出版平台支撑的阅读生态圈构建利润池的目的在于，找到阅读行业的利润构成，将业务尽可能聚焦到阅读行业的高利润环节。同时，围绕用户独具匠心地设计经营视角和运作方式，创造高利润来源。

大规模定制出版是出版平台支撑的阅读生态圈运营模式的重要组成部分，它提供的阅读产品和服务，可以随时随地随性地满足用户的阅读需求。大规模定制出版养成用户新的阅读习惯，激发用户的阅读潜力，扩大阅读的量，提升阅读的质，进而改善社会的文明程度。因此，大规模定制出版提高了出版平台支撑的阅读生态圈和出版的地位和价值，增强其中心功能。互动、移动和社交是实现大规模定制出版的三个关键点。线上的新型传播关系为用户和阅读产品、服务提供方的充分连接和沟通创造了条件。互动是阅读产品和服务的重要组成部分，也是高品质阅读产品和服务的重要创造条件。没有移动就没有真正意义上的大规模定制出版，移动终端的运用使得用户突破时空的限制，让阅读产品和服务伴随用户左右，成为贴心的工作和生活伴侣。大规模定制出版以围绕出版的社交为条件，大规模定制出版中心是用户、作者、出版者等多重主体以阅读产品和服务为核心的综合线上社区。

（三）出版创业创新构建文化中心

1. 推进出版资源重组

新兴出版强势发展、传统出版日益衰弱的过程表明，最近二十多年里出版处于变革时期。这种激烈的变革过程是出版资源的重组过程。出版资源的量和质在传统出版和新兴出版间急剧变化，新兴出版由进入出版后涉足出版资源，到与传统出版相持而分享出版资源，到比传统出版占优后显示对出版资源控制和运营的优势，再到将来的主宰出版而支配出版资源。当前，新兴出版和传统出版的较量进入占优阶段。表面上，传统出版占有相当的出版资源甚至一直挟持出版资源以抵制新兴出版。实际上，就量而言新兴出版占有的出版资源已不比传统出版少，就质和运营效益来说新兴出版具有优势，对出版资源有了更强的吸附力。

构建出版平台支撑的阅读生态圈，推动新兴出版发展，出版资源需要进一步整合。一方面，传统出版要改变观念，释放出版资源以促其实现价值、发挥效力，而非储存起来或者低效使用。同时，新兴出版要积极和传统出版合作，推动传统出版冲破桎梏，顺应出版潮流，将拥有的出版资源的效益和效力发挥出来。另一方面，出版的发展需要存量出版资源的支持，更需要增量出版资源的创造。在新技术推动下，出版资源的创造力极大增强，以前所未有的速度增加，但是，如果不改变观念、提高认识，那么什么是出版资源、如何运用出版资源等都会成为问题，那就更谈不上对增量出版资源的整合和运用了。

出版资源重组的结果是形成若干以内容数据库为基础的超级内容中心。出版资源的现状是散乱差，散即分散，乱即没有数据库化，差即使用效果不好。国家和社会层面，一些基础出版资源没有形成公益性的数据库，没有构建好出版资源金字塔的基座。行业和产业层面，出版界没有形成对出版资源的整合力，没有显现对出版资源具有强大创造力和聚合力的中心力量。超级内容中心的形成需要在上述两个层面发力。

2. 实现出版能力融合

能力融合即充分吸纳传统出版的能力特点和优势形成新兴出版的能力强势，充分整合新兴出版的能力以形成能力整体，提升出版能力，提高出版生产力。传统出版在内容的把关上形成了机制，这种内容机制有效地保障了内容的价值观和基本质量。这套由流程、制度等组成的内容机制通过软件等数字化管理可能成为新兴出版的能力。新兴出版处于创造期，一些新的出版能力分散体现在一些创新组织，有必要在充分发现、认识的条件下整合。

阅读产品和阅读服务的提供是基本出版能力，阅读产品的再专业、阅读服务的再塑造是出版能力融合的重要方面。专业主义和工匠精神是阅读产品在专业上的基本遵循。实用型的工具性阅读以检索、查询等为方式，基本上在线上完成。生活型的体验性阅读以品玩、浸入等为状态，线上线下都是现场，各有优势。工具性阅读和体验性阅读大致涵盖了阅读的范围，阅读产品的再专业是如何创造线上工具性阅读和体验性阅读的完美体验，既强化线上工具性阅读的优势，又改善线上体验性阅读的感受进而最终融合线下体验性阅读的优势，最终在线上统一提供体验性阅读。阅读服务的再塑造根本上说是为了达成完美阅读体验，在便捷性、性价比等方面让用户心安、愉悦。用户需求的精准把握和完美满足是阅读服务再塑造的核心。借助大数据，利用用户大数据中心在合适的时间合适的地点提供合适的阅读体验，阅读服务的再塑造目标在此，路径也在此。

能力融合意味着提高出版能力的集中度。传统出版一直强调"五跨"以整合出版能力，提高集中度，但是，效果不好。新兴出版以出版平台支撑的阅读生态圈为中心，不存在"五跨"背后的问题和难题，但是，如何在全国甚至全球范围内进行战略和布局，构建出版能力中心，需要规划，需要在引导中实现。

3. 推动出版组织再造

现有出版企业围绕文化中介的定位、地位和价值形成组织构建，基本上是线性产业链模式。出版集团与其多元化业务匹配，组织构架繁复而杂，幅面宽，点多线长。单个出版企业与其专业性不强、业务纷乱匹配，组织构架多而乱，部门多，专业性弱。这些传统出版组织的再造一方面要聚焦主业，谨慎多元化，特别是在与出版和文化不相关的领域扩张；另一方面要重视新技术，以颠覆性的智慧和魄力重构组织。在主业上专业聚焦的典范是培生集团，该集团通过一系列并购和售卖，真正聚焦到以终身教育为业务的教育出版上。顺应颠覆性新技术重构组织的案例是角川集团，该集团彻底打破传统出版围绕内容品牌分立的组织框架，集中内容版权形成版权事业部，以此为核心建立新的组织结构，一方面整合内部资源和能力，另一方面融入新兴出版，完成集团的转型。

在线知识出版系统是新兴出版的组织形式，构建出版平台、打造阅读生态圈是新兴出版组织的两重功能。围绕中心圈式构造是完成在线知识出版系统、出版平台支撑的阅读生态圈的路径。内圈的读者大数据中心、内容中心和大规模定制出版中心是核，外圈的文化产业体系、社会支持体系，辅助圈的技术和硬件支持，水纹扩散般由核的中心向外一圈圈拓展，表现为新兴出版组织构架的外观。生存和活跃在出版平台支撑的阅读生态圈中的是无数为用户提供专业阅读产品、服务的主体，这些主体的组织小、专、美。

打造若干个出版平台支撑的阅读生态圈，换句话说，形成若干个在线知识出版系统，应是国家出版战略和布局的目标。传统出版往往因地而聚集，譬如，英国的伦敦、美国的纽约等都是该国乃至世界的出版中心。新兴出版的集中因为在线上，没有空间的限制。若干个出版平台支撑的阅读生态圈是出版中心，是用出版组织的集中以形成和促进出版资源、出版能力的集中，进而提高出版的集中度。

4. 实施出版系统边界开放

出版平台支撑的阅读生态圈的目的是共赢，是平台上主体间相互影响、相互促进的共赢，是平台内外主体间相互作用、相互支持的共赢。平台和生态圈的边界是开放的，是要在更大的时空中实现大规模、社会化协作。共享、协同和众包是平台、生态圈的基本存在方式。如果说传统出版借助协会、书博会等达成出版主体和相关因素间的有限联系和沟通，那么新兴出版打破失控界限，完全开放组织和业务边界，真正实现主体间超越时空的互联互通。

出版平台支撑的阅读生态圈的边界开放意味着产业上的跨界。IP 在出版运营中提供阅读产品和阅读服务，在版权运营中实现授权经营和品牌管理。IP 凭创意和内容的优势进入游戏、影视、主题公园等领域，拓展产业疆域，形成更大影响力。IP以出版文化软实力介入玩具制造、文化产品制造等实业，成为这些实业塑造品牌、打造形象、提高附加值的筹码和利器。跨界锻造围绕IP的出版航母，形成产业巨头。

出版平台支撑的阅读生态圈的锻造和边界开放，使得出版更全更深地渗透各行各业，影响社会的方方面面，使得出版对社会的产业贡献极大提高，对社会效益的创造极大增强，实现出版从文化中介到文化中心的地位、功能和价值提升，起到支柱产业和社会精神脊梁的作用。

5. 做到出版管理适应创业创新

行业和产业的发展由国家进行战略和布局，国家对出版行业和产业的发展与出版未来的实现进行了部署。在中央颁布的《关于推动传统媒体和新兴媒体融合发展的指导意见》和新闻出版广电总局、财政部联合发布的《关于推动传统出版和新兴出版融合发展的指导意见》中，新兴出版的发展和出版未来的描述明细而确定。这在国家和出版行业、产业管理上已适应颠覆性新技术带来的时代需要，给予出版行业和产业走向未来以方向和路径，实施了及时的宏观管理。

新兴出版的发展需要产业政策扶持。新闻出版广电总局也自主推动国家各部门出台支持新兴出版的产业政策，这些产业政策包括支持数字出版产业园建设、传统出版数字化转型示范单位评选和支持、新兴出版项目库的建设、新兴出版项目的资金等财政和税务政策的支持等。产业政策是确定的，但是各地真正落实有待加强。这一则表现在各地兑现国家产业政策的程度不一。譬如，一些地方因为地方配套政策无法跟上、改革成本没有支付路径等原因，出版的改革难以推进到位，新兴出版的发展更是乏力。二则出于地方保护，一些地方配套的政策在本地出版企业上能兑现，但是同样为本地出版做贡献的外地出版企业被另眼相看，得不到支持和实惠。

新兴出版的发展需要产业管理引导。这种引导一方面给予方向和路径，给予指导。遵循互联网逻辑和规律，依照出版的发展原则和路径，出版未来的方向和路径是确定的。这说明新兴出版的发展可以引导也需要引导，可以规划也需要规划。另一方面，给予创新创业以空间。新兴出版是新事物，需要尝试和探索，可能犯错也需要试错。这样，在管理上保持适当的容忍度，在总体把控的前提下保持适度的自然生长，利于其发展。

（四）结语

新闻出版广电总局、财政部联合发布的《关于推动传统出版和新兴出版融合发展的指导意见》指出："力争用3-5年的时间，研发和应用一批新技术新产品新业态，确立一批示范单位、示范项目、示范基地（园区），打造一批形态多样、手段先进、市场竞争力强的新型出版机构，建设若干家具有强大实力和传播力公信力影响力的新型出版传媒集团。"[①] 我们认为，构建出版平台支撑的阅读生态圈、打造在线知识出版系统是新兴出版发展的不同角度的表述，其目标就是要在全国形成几个新兴出版中心。新兴出版中心倡导和践行社会主义核心价值观，引领出版主流和产业潮流，让出版从文化中介走到文化中心。新兴出版之新集中表现在几个方面：第一，用户新。新兴出版中心以"网生代"为主要用户群，充分满足他们的阅读需求，以阅读产品和服务的极致匹配他们的阅读痛点，解决一直未能解决的买书难、阅读难的难题。第二，运营模

---

① 新闻出版广电总局，财政部.关于推动传统出版和新兴出版融合发展的指导意见[EB/OL].（2015-04-13）[2016-09-21]. http：//www.cnnsr.com.cn/csfg/html/2015041310281297272.html.

式新。线上、连通、开放，随时、随地、随性、互动、移动，新兴出版立足文化中心、构建文化中心、实现文化中心，打破时空的界限，克服传统出版的局限，打造出版平台支撑的阅读生态圈，以平台和系统作为运营理念。第三，组织结构新。组织结构与出版平台支撑阅读生态圈匹配，几个大中心和无数小型专业主体融合，突出节点，重视整体，组织管理扁平化、模块化和网络化。这种新型组织结构，管控有序有力透明，创新创业自由自主。

二、定制出版的服务策略和启示

传统出版孕育和产生的新业态往往预示着出版转型的策略和路径，值得出版研究者和实践者关注和思考。定制出版就是这样的新业态。深入探讨它的服务策略利于其健康发展，也利于出版业的改善、提升和蜕变。

（一）定制出版的基本认识

美国的定制出版是将企业的营销目的和目标受众的信息需求结合起来的出版形态，源于企业杂志，至今已有120多年历史，也称为客户出版、定制传媒、品牌传媒、会员传媒、内容营销、定向出版，是成熟的出版模式，拥有梅里迪斯公司、罗德尔公司、赫斯特公司等知名专业出版商。1997年，美国杂志出版商协会成立美国定制出版理事会，开展定制出版数据调查，定期召开会议，接受咨询，协调和管理定制出版。根据该理事会的统计，美国定制出版的市场规模与美国传统杂志相当。对于定制出版的效果，企业通过数据分析、对比、个案调查等方式获得评价依据。研究界以美国的定制出版作为标准观察、思考和衡量我国的定制出版，形成对我国定制出版的判断和认识结论。这失之偏颇，因为特定的环境、历史、价值观、观念、技术和方法形成美国定制出版的内涵和外延，而我国的定制出版具有自身独特性，其研究可以把美国定制出版作为一个参照，但要基于我国的定制出版现象，在出版本质和规律、理念的指导下做出基本判断，形成基本认识。

当前，我国的定制出版分为机构定制出版和个人定制出版两类。机构定制出版指出版社为政府、行业协会、企业、团体或其他特定组织等提供出版服务，推出出版物，供机构内部的员工或者机构的服务对象阅读和使用。个人定制出版指出版社为个人提供出版服务，出版为著作权人或特定的读者阅读和使用的读物。一般来说，机构和个人都需因得到的出版服务而支付费用，出版社因此获益。在定制出版过程中，出版社提供的出版服务以出版物为主要载体，以出版物的价格作为服务价值的主要体现。出版社生产的定制出版物主要包括如下几类：以机构团队成员为读者的出版物，如机构的内刊、专刊、特刊、工作手册、简讯、简报等；以机构服务的对象为读者的出版物，如机构的产品手册、用户手册、宣传手册、招商手册等；以完成机构管理或承担的某项职能而提供的出版物，如政府为特定人群采购的出版物；以机构工作成果为内容、反映机构工作成效的出版物，如行业产业报告、行业报告、白皮书、指南等；机构特定时点或达成特定意图的出版物，如纪念册、庆典书等；团体的特定出版物；个人自身或为他人推出的出版物。美国式的定制出版物在我国体现为企业品牌读物。我国的企业品牌读物在书刊方面都有所涉猎，图书相对杂志更丰富。有的企业品牌书以企业的管理经验、营销经验和成长故事为主要内容，有的讲述企业案例。中信出版社在这方面卓有成效。有的企业品牌书直接宣传企业或者配合企业的营销活动。

如机械工业出版社出版的《净雅的管理故事与哲理》《轨道黄金链——轨道交通与沿线土地开发》《2010 商业模式：企业竞争优势的创新驱动力》等。广东科技出版社出版的《健康是"磨"出来的》等。有的企业品牌书为企业家撰写传记。如马云、张瑞敏的传记等。有的企业品牌书以企业产品引领的生活方式为主要内容。如团结出版社出版的《潇潇的简约厨房——长帝烘焙宝典》。从某种意义上说，企业品牌书在为企业做广告。有的植入式广告直截了当，于书有些生硬，效果不见得好。有的软广告，富有文化感和人情味，于书增趣加值，利于传播，易于接受。从出版主体看，政府大宗采购的定制出版物主要由出版社出版；企业品牌读物往往因为没有办理正常的出版手续而不是正式的出版物，只是印刷品。这种读物主要由企业成立部门组织团队操作，一些企业的这部分职能和品牌推广、公关、人力资源等统在一起。除此以外的定制出版物的操盘主体主要是广告公司、公关公司以及文化管理、咨询公司等。

定制即确定制作、量身定做。商业的确定性、需求的个性化是定制的两个基本要求。定制出版从经营的角度对特定出版活动、出版方式、出版模式、出版业态予以界定，它的两个前提是：达成出版合作协议、确切了解了个性化出版诉求。因此，定制出版直接面对服务对象，根据确定服务对象的特定需求，基于确定的内容，为特定的人群提供可量化的出版服务或阅读服务。定制出版的出版服务和阅读服务由其客户服务策略和用户服务策略所决定和支持。定制出版的服务策略基于其专业性、个性、确定性和复杂性的特点。定制出版的专业性表现在内容的专门、业务的规范和标准的坚持。譬如，机构特定文化工程的出版规定了对象，其内容因对象的明确而确定，其质量、出版流程、产品标准及其相关服务因要求的明晰而确定。定制出版的个性表现在需求的特定性、个别性和出版产品与服务的针对性。譬如，机构工作成果出版的需求是用出版物体现工作成果，与此相关的产品和服务都围绕该需求进行。定制出版的确定性表现在需求的明确和商业的确实。为了明确需求，出版社必须懂得内容，基于内容和作者交流。在正式进入出版流程前，出版社要签订出版协议，明晰责权利。定制出版的复杂性表现在显在需求和潜在需求的不一致、客户和消费者的主体不统一、投入和产出的不对等。客户从读者和作者的角度对出版提出要求，这种要求看似明确，实际上，想象中的出版物和现实中的出版物有差距。作者希望自己的作品有读者，但是想象中的图书市场和现实中的阅读消费有差距。出版服务的投入是奢侈级的，但因为出版物价值评价标准的偏差和阅读效果评价的主观性使得客户无法理解出版社的投入及其该投入的价值，因此出版服务对应的产出相对较低。定制出版的四个特点归结到一点是出版社提供的服务是定制的，这种服务基于服务对象确定的、复杂的、个性的需求，因而要求出版社必须专业。

（二）定制出版的客户服务策略

定制出版的客户服务策略指出版社围绕定制出版物的生产而提供出版服务的谋略、思路和方式。它指向的直接服务对象是客户，不是读者。它的目标是通过出版服务提供令客户满意的出版物。读者是定制出版物的消费者，是客户的服务对象，因此成为出版社的间接服务对象。农家书屋的政府采购读物是典型的客户服务型定制出版物：政府替农家书屋采购读物，出版社提供读物，读物的消费者是农民等读者。2015 年 5 月 31 日《人民日报》专文《精准定制才会书香万里》指出农家书屋图书的乱象，提出只有变"大水漫灌"式的配送为"精确灌溉"式的定制，才能确保合适的好书为农民所读所用。该文一则指出农家书屋读物是定制出版物,二则明确只有按照定制出版的规律才能出版好农家书屋的读物。农家书屋图书的乱象不只是出版环节的问题,但是,这种现象为定制出版的客户服务提供了研究课题,要求出版社通过直面定制出版的不足和问题,找到这种不足和问题的原因与答案,调整服务策略,提高服务能力,真正做好定制出版,让客户满意,让读者和使用者受益。

在定制出版的客户服务中,出版社提供的出版服务涵盖与出版物生产相关的方方面面以及与客户责任主体相关的方方面面,其核心是出版物的质量和效果。因此,服务不到位必然导致出版物产生问题,而出版物问题产生的原因既存在于定制出版物的生产过程中,也存在于出版社的生产管理上。这些问题是定制出版物内涵失核、质量失控、生产失序。一些出版社忽视读物内容、忽略读物创意和策划、忽悠作者,以致提供的定制出版物内涵失核。部分编辑不看稿或不认真看稿,没有和作者围绕内容进行交流或交流不充分,不提供编辑方案或所提供的编辑方案草率,没有或不认真审稿和加工稿件。部分编辑认为定制出版是搞关系,忽略了定制出版的读物创意和策划,或者没想法,或者针对需要提不出想法、形成不了策划案。部分编辑无视作者的劳动,不尊重作品,不懂作品。部分编辑不能为作者的作品尽到编辑的基本职责,更谈不上为作者提供增值服务。一些出版社的定制出版物编校质量差、产品效益差、图书品牌缺,产品效果失控。部分编辑不重视编校质量,不认真看稿子,不为编校质量投入。个别编辑完全丧失了图书的基本质量观念,漠视含编校质量在内的图书质量。部分编辑基本上靠售卖出版社的牌子获取收益,基本上靠饭桌上的酒杯衡量定制出版项目的价格,单产品的收益一再缩水,效益差。一些出版社的定制出版物生产管理失序,源头的规划弱、过程的统摄弱、编辑功能弱、存在的矛盾多。它们的生产现状是：文化工程出版有短期的想法，没有中长期的规划。机构出书、个人出版完全由市场的项目决定，哪里有市场，哪里就有项目，没有规划，也没有规划意识。除了费用的约束和部分增值服务的提供外，出版社层面对定制出版基本上没有管理制度，随意性强。除了个别项目由编辑部门员工协助部门负责人提供辅助性劳动外，编辑部门对所属员工在定制出版上的管理基本没有，编辑部门负责人和编辑基本上凭个人作战，没有协同和合作。一些编辑把定制出版简单化为和客户谈服务的费用，忽视甚至省略了定制出版要求的编辑功能。编辑在定制出版方面基本上没有市场调研、创意和策划，甚至审稿不严肃，编辑加工随意，放弃了出版物传播效应的发挥。定制出版的矛盾集中表现在编辑部门、编辑个人间的争项目、争利益，个别编辑部门和编辑为了利益不惜漠视出版社的基本规则和同事间的基本道德。

定制出版的客户服务不到位导致定制出版物出现问题的主要原因是价值引领差、评价标准偏、规划计划缺、典型案例导引弱。价值引领差指过分注重利润，漠视专业的价值。一段时间以来，出版社把利润看得过重，导引了一种不良偏向，让绝大部分员工唯利是图，轻视了出版社除利润外的目标和目的的分量，尤其轻视了出版社的特性、个性和根本。编辑是门技术活，出版是碗专业饭，出版社因为提供价值而拥有议价权。大部分编辑和业务员漠视专业的价值，误解了利益获取的路径，认为出版社不靠基于专业的内容和质量也能获利，进而退化了持续发展力，破坏了出版社的形象和品牌。评价标准偏指定制出版评价标准的体系性缺失和过程性缺失。部分出版社对定制出版绩效的评价标准只有结果指标，缺乏过程性指标，或者涉及过程性指标但因为不可操作而等于没有。这一则导引编辑和业务员重视短期利益和碎片利益，忽视出版社的长期利益和整体利益；二则导致编辑和业务员忽视自身建设和长远打算，斤斤计较眼前利益和既得利益。规划计划缺指出版社对定制出版缺乏顶层设计、计划力弱、方案力弱。部分出版社定制出版的顶层设计一直处于探讨和构想中，既没有成型的结果，也没有导向成型结果的路径和行动。因为没有规划，也就难有真正的计划。一些出版社定制出版的编辑业务会没办法开好甚至没办法开，业务责任机制没有建立起来，都与计划力弱息息相关。一些出版社，无论是编辑部门，还是营销部门，提供定制出版方案的能力很弱。除了少数编辑能够提供像样的合乎逻辑的项目策划和实施方案，大部分编辑和业务员基本上不具备这样的能力。不能提供方案，等于既不能完整地想清楚一个问题，也不能完整地就一个问题的解决提供答案。典型案例导引弱指定制出版的成功案例导引弱、失败案例解剖缺。一些出版社的个别编辑在定制出版的某些领域或项目取得了突破，但是，分享不多也不够，不能变偶尔的成功案例为有机制保障的有效定制出版模式。一些出版社缺乏直面定制出版失败案例的价值观，缺乏解剖失败案例的勇气和思维。这样，许多失败案例白交了学费，浪费了可能带来的成长机会。

针对存在的不足和问题，出版社需要围绕定制出版物的生产和管理着力，在规划和计划的制订与实施、团队专业水平和全案能力提升以及加强突破和提升空间等方面采取措施。首要的是加强定制出版的规划和计划。出版社的定制出版要有规划和计划，因为出版业务具有前瞻性和周期性，出版管理是复杂的和艰巨的。出版社定制出版的规划和计划在出版社、部门、编辑个人三个层面展开，整合成富有结构的体系。制订好规划和计划，要解决价值观问题和标准问题。为谁出书和为什么出书是价值观，有了这两个问题的答案有助于编辑找到工作和岗位的意义。在哪个层面出书和出什么样子的书是标准，编辑心中有这两个问题的答案才可能拥有规划和计划的标准。出版社要实施好定制出版的规划和计划，因为规划和计划要是认真制订的，必然花了心血和智慧，是值得尊重和付出的；因为只有理性执行才能让编辑的激情找到航道，才可能出版好书。同时，规划和计划是可以调整的，要因环境和条件的变化而有所变化。出版社既不能固守规划和计划，又不能丢掉制订规划和计划的初心和思想；既要因时因势调整规划和计划，又不能改变规划和计划的核心和实质。其次，出版社需加强定制出版团队的专业水平，提高其创造案例的能力。团队成员要根据自己的兴趣或工作需要找到专业方向、出版领域认真修炼，出版社要依托项目给他们提供专业学习和成就专业的机会。编辑是门手艺，必须在实践中才可能学会。一些出版社实施导师制，让资深编辑对应年轻编辑传帮带，是帮助年轻编辑提高业务能力的好办法。团队有了专业和业务，是骡子是马，在实践中练几把就知道了。检验本领的简单方式是提供方案并做案例。年轻编辑特别需要成功案例突破，因为案例既可以证明实力，也可以找到新的起点。最后，出版社可在产品线整合、品牌打造两方面加强突破、提升空间。出版社要整合定制出版产品线。产品线是多个具有共同特性的产品的结合体，或者针对共同的读者，或者具有共同的产品属性，或者具有共同的渠道通路。产品线的锻造有利于形成整体力量。有了产品线概念，出版社可以整体包装定制出版的丛书、套书和书系。出版社要打造定制出版品牌。品牌是产品中的亮点、高地和标志。品牌本身因为高价值含量可获得高回报，品牌对产品线的整体提升和产品价值的全面提高具有极大的拉动作用。出版社的定制出版亟待创造品牌。品牌的创造是标准、质量、水准的创造，是层次、品味、价值的创造，是知名度、认同度、忠诚度的创造。做定制出版必须有品牌意识，要努力从做产品到做品牌，从卖产品到卖品牌。哪怕现在做不到，也要努力这样想，努力追求品牌。要按照品牌的标准要求自己，要求出版流程，要求出版产品，要求相关服务。

（三）定制出版的用户服务策略

定制出版物的用户服务策略指出版社围绕提供和落实阅读解决方案而采取的谋略、思路和方式。它的服务对象是用户，一定是读者。它的目标是通过阅读服务让读者获得满意的阅读体验，达成阅读功能。

精准把握用户的阅读诉求是定制出版用户服务策略的前提。在互联网和即时通信技术成熟应用以前，对用户阅读诉求精准把握是句空话。当前，依托新技术的大数据运用为用户阅读诉求的精准把握提供了可能。因此，定制出版需要用户思维，用户思维基于大数据思维。出版社需要确立和锁定服务的读者群，获得、集成和分析所服务读者的大数据，得到读者个体的阅读诉求。读者数据库是出版社的核心资源，读者大数据应用能力是出版社的核心能力，二者的价值充分体现在出版社的经营和管理中。这种价值的开发有两条路径：围绕读者特定需求的垂直深入开发和围绕读者多样化诉求的横向扩展开发。垂直深入开发需要多样化甚至不同介质、不同性质的产品支撑和实现阅读，横向扩展开发需要针对读者不同类型的差异化阅读需求提供适用的阅读产品和服务。两方面的开发有效延长和增厚读者价值链，为出版社挖掘和获得价值空间、提高盈利能力。读者大数据的挖掘理清读者现在阅读需求，发现读者潜在需求，这实际上扩充了阅读市场。新技术的广泛应用，引导和激发了读者的阅读欲望，扩大了读者的阅读边界，这实际上培育了新的阅读市场。因此，读者主体和环境的互动带来了阅读市场的增量。

用户个性化阅读诉求的满足与匹配度高的极致产品提供一致。新技术为阅读产品的丰富和到位提供了无限的想象和实现空间。不同介质的嫁接，不同形态的链接，不同方式的对接，不同标准的衔接，不同技术的铆接，产品的呈现没有边界。内容的碎片化、智能化、数据化，在数据库的支持下，产品的组合没有限制，极限接近用户的内在需求。技术的公共性和通用性使得出版社可以连接平台，获得新技术红利。阅读产品的核心是内容，而内容是出版社的优势。根据国家的法律法规，将内容转化为版权资源。出版社获得、集成版权资源，或成就版权的规模，或创造版权的独特，以数据库的形式使内容智能化，赢得在定制出版体系中的位置和价值。大型数据库不是一般出版社可以做到的，但是大部分出版社都可构建小而专的数据库。譬如，各省的地方志可以建设专题数据库。地方志基本上在各省人民出版社出版，资源的集中度高；基本上由方志办系统整理和撰写，作者较为聚焦；加上散落在各地图书馆等处的文献，集成的条件较好。

一头是精准把握的用户个性化阅读诉求，一头是数据库支持的无限产品体验可能，出版社的用户服务策略让两头对接，而两头对接的结果是用户需要什么样的阅读体验和阅读功能，出版社提供什么样的阅读产品和服务以让用户极致满足。这是真正意义上的按需出版。按需出版加上出版社的辅助服务形成用户的阅读解决方案，这种解决方案的大规模提供和落实是定制出版的最高形态——大规模定制出版。大规模按需定制出版的实现尚需时日，一些出版社依托独特内容构建数据库，借助平台驱动，提供了阅读服务或相关功能，在这方面进行了尝试，实现了这种出版业态的部分功能。譬如，专利图书是知识产权出版社的图书品牌，该社充分发挥专业图书优势背后的内容优势，由一般出版的图书提供商向定制出版的用户服务商转型。该社的专利内容和信息服务包含：提供专利信息应用工具，提供中外专利文献副本，检索专利法律，在查新检索的基础上提供检索报告和相关专利副本，基于专利情报分析提供分析报告，专利文献翻译，专利信息应用培训，其他专利信息个性化服务，等等。提供服务的基础是专业数据库。该社建立了中国专利文摘数据库、中国专利图形档全文数据库、中国中药专利数据库、外国专利文摘数据库、西药专利数据库、中国专利法律状态数据库等，实现了数据库的统一管理。该社建立了 OCR 数据加工生产线，研发了内容加工平台。从内容的数字化到数字化创造内容，从文字的数字化加工到内容加工，该社为专题数据库准备了条件，因而数据库建设和见效水到渠成。提供这两方面服务的核心是运营平台。该社建成了专利信息服务平台。平台的建设意味着该社由生产投入转入技术开发，逐渐积累技术资源和能力，形成技术核心竞争力。

读者大数据应用发现、挖掘、培养读者，读者群因此日趋理性和成熟，成为推动阅读的重要动能。和读者需求匹配的阅读产品和服务因为与读者阅读需求高度一致，二者互推使得社会阅读在良性循环中发展。阅读解决方案以体系化的平台构建阅读平台，锻造线上线下融合的阅读社会。因此，出版社坚守和坚持定制出版的用户服务策略，必然创造全民阅读风行的盛况，必然得到出版的发展信心并且在成功的转型中实现出版的理想。

（四）定制出版服务策略的启示

启示之一：定制出版服务策略的服务本位引发传统出版的观念创新和经营中心转移。

传统出版的三大弊端是：出版社和读者信息不对称导致供需不匹配；寄销模式使得出版社始终被动，而看似处于有利位置的渠道和客户因与出版社不能充分协同以致供需方双输；出版物的价格与价值不相称，因为出版物的价格往往以载体的价值作为标准，低估甚至忽视了出版物内容的价值。定制出版直抵并克服了传统出版的三大弊端，造就了新业态。传统出版以产品为中心，强调内容为王、产品为王。在卖方市场条件下，产品供不应求，有产品就有市场，出版社眼盯内容和产品即可。到了买方市场环境下，产品过剩，出版社如果只会一味生产，那就生产越多风险越大。这些年，出版业进入买方市场了。但是，出版社跟不上步伐，不能适应变化，以致日子不好过。这主要因为出版社的基本观念没变，没有改产品为王为消费者为王、读者为王，没有变以产品为中心到以客户、读者、用户为中心。定制出版坚守服务本位，张举服务策略，是对传统出版的颠覆，是出版社经营和发展观念的蜕变。从服务的角度看待读者，读者成为出版活动的起点和归宿，获取读者信息、掌握读者特征成为出版的基本功。这样，出版社和读者信息的鸿沟会窄些、浅些，编辑和读者会近些、亲些。立足于出版服务和客户达成合作，以服务的价值兑现收益，定制出版的商业模式在和客户的协同中形成。尽管出版社在定制出版的客户服务模式中仍然没有以出版物的内容作为价值的基准，但是，用出版服务取代内容载体成为价格的价值基础是一种进步。

启示之二：定制出版的客户服务策略对应传统出版的新机会。

中共中央办公厅、国务院办公厅印发的《关于推动国有文化企业把社会效益放在首位、实现社会效益和经济效益相统一的指导意见》明确指出："完善政府采购和资助办法，积极有序推进政府向社会购买公共文化服务工作，进一步支持国有文化企业发展。"随着公共文化服务体系建设和财政对出版支持力度的加强，政府采购出版物的业务会增加、量会加大、要求会提高，出版社重视定制出版的客户服务策略，利于在改善自身中获得更多的定制出版业务。

在传统出版的三大领域中，教育出版和专业出版率先用定制出版模式成就了盈利模式，为出版社降低了风险，带来了更多利益。按需印刷是这一模式的应用典范。

中国地图出版社依托专业的编辑团队和积累的地图资源数据库，按照客户的需求提供地图定制出版服务。该社为外交部定制出版《亚洲地图》，为加拿大旅游局定制出版中英对照版的《加拿大地图》，为中国银行北京分行定制出版《中国银行北京市机构网点分布图》等。中国轻工业出版社为中国自行车协会定制出版杂志《中国自行车·骑行风尚》。杂志的定位设定、内容组织、图片拍摄、编辑加工等由该社承担，自行车行业的企业等客户的发行由协会负责，大众渠道的发行由该社负责。该案例成功后，该社又为中国缝纫机械协会定制出版杂志《缝艺家》。

启示之三：定制出版的用户服务策略意味着传统出版的转型路径和未来探索。

传统纸质出版从产业的层面退出历史舞台是确定的，诸如图书等作为工艺品或者作为个别读物存在得到较为一致的认同。实际上，这是传统纸质出版的一条出路。出版物作为工艺品生产是定制出版客户服务策略的极致表现，但是已然失去了出版物的基本阅读定位和功能。个别纸质读物的提供是个人阅读解决方案中的一项服务，满足个别人的特定需求，融入未来的出版体系中。替代传统纸质出版的未来出版体系是阅读解决方案的大规模提供，即大规模定制出版。大规模定制出版与定制出版的用户服务策略一致，一起决定着出版社的命运，塑造着出版社的未来形态和功能。

用户服务策略与传统出版、新兴出版融合的转型路径一致，精准锁定读者，提供个性化阅读服务，线上线下结合增强读者黏性，变读者为用户，因提供更到位的价值而使自身增值。

第二节　版权运营是出版数字化的核心

一、版权运营三要素：设计、集成、运用

（一）版权运营的概念和特点

1. 版权运营的内涵和外延

版权即著作权，指作者及其他权利人对文学、艺术和科学作品享有的人身权和财产权的总称，分为著作人格权与著作财产权。其中，著作人格权含发表权、署名权、修改权和保护作品完整权。财产权含复制权、发行权、出租权、展览权、表演权、放映权、广播权、信息网络传播权、摄制权、改编权、翻译权、汇编权、追续权以及应当由著作权人享有的其他权利。著作即内容，"是为了满足特定需求的信息组合，其形式有文本、图片、音频和视频"，指文学、艺术和科学作品，包含文字作品，口述作品，音乐、戏剧、曲艺、舞蹈、杂技艺术作品，美术、建筑作品，摄影作品，电影作品和以类似摄制电影的方法创作的作品，工程设计图、产品设计图、地图、示意图等图形作品和模型作品，计算机软件以及法律、行政法规规定的其他作品。著作产生便拥有版权，因为版权是著作性质的表现。版权本身体现出价值，具有产品属性。版权作为

内容，是无形的，一旦被赋予产品形态便成为版权产品。版权产品是价值和使用价值的统一，其价值是原创、创造力，是组合内容要素的逻辑；其使用价值表现为功能，一般指作为资讯、教育、娱乐、艺术体现出来的作用。版权产品往往作为新的版权融入版权库。譬如，作家创作出小说，拥有小说的版权。小说版权经转让和售卖成为出版社的资源，出版社再造后生产出图书。图书是版权物化后的产品，同时作为新的版权归出版社所有。作者个性化的创造体现为图书的价值，审美体验和教育启迪是图书的功能。版权产品的规模化生产、销售等形成版权产业。特别值得一提的是，数字时代的版权对象和内涵发生新变化，版权法律法规没办法回避数据库等数字内容的版权问题。欧美已经针对版权的新环境和新挑战修正版权法律法规，我国这方面的法律法规也在修正中。

版权运营指对版权进行系统的设计、计划和控制，有效提供版权产品和服务，为著作权人带来收益、为运营方带来效益。它的实质是版权设计、版权集成和版权运用。版权设计重在拥有版权意识和版权思维，确立版权战略、策略，制定版权规划。版权集成即围绕版权获取、整合处理相关事宜、提供相关服务，构建版权体系和版权资源库、数据库。版权运用指激活版权，实现版权价值，发挥版权效力。出版产品是出版产业的核心价值，版权是出版产品的核心价值，内容创造力是版权的核心价值。从内容创造力到出版产品再到出版产业体现为出版结构和发展的逻辑，版权运营是这种逻辑力的展现和具体化。换句话说，通过版权运营，内容创造力实现为版权，版权转化为版权产品，版权产品形成版权产业。版权运营是版权产业的经营运作模式和动力机制。

版权运营的范围包括版权所指的权利，表现为版权体系。它往往以内容创意为基础，指向报纸出版、期刊出版、图书出版、电子音像出版、数字出版、动漫、游戏、影视、衍生品、演艺、主题公园等产品形态，涵盖文字、图片、音乐、视频、App应用程序综合应用等媒体内容，跨越图书、纸媒、网站、PAD（平板）、手机、电子阅读器、电视机、PC客户端等传播介质。譬如，台湾墨色国际股份有限公司为幾米作品进行版权运营，主要围绕内容、对象、空间三大维度展开。公司围绕幾米作品本身的内容进行多元延伸，有绘本出版，有改编的影视剧、音乐剧、舞台剧，有主题展览等。公司依照幾米作品的元素、风格推出衍生商品，包括文具、寝具、家具等一般日用品以及大型装置、公共艺术等。公司围绕空间所开发的商品，范围更广，概念也更抽象。

2. 版权运营的特点

全程性是版权运营的特点之一。从时间看，版权运营从生活和素材的积累到内容的创造再到版权、版权产品等，先后承续。譬如，《小时代》版权从郭敬明的创作积累到创作到《最小说》杂志连载到图书销售再到电影拍摄等，节奏明晰，时间节点凸显。从过程看，版权运营从版权资源的源头生成到版权产品和服务的用户消费，跨越众多媒体介质和传播渠道，贯穿产业链，环节多，跨度大，延续时间长。譬如，中文在线运作《建党伟业》，通过中国移动手机阅读基地、17K小说网、爱看书网、汉王和欣博悦手持阅读器等众多渠道同步推出，内容包括正史小说、拍摄手记、独家剧照和现场采访等。

增值性是版权运营的特点之二。作者创造内容的原初价值，每一次产品和服务转化意味着增值创造。多次价值再造成就一系列价值环，价值环链接在一起形成增值链。譬如，中国少年儿童新闻出版总社旗下期刊《儿童文学》组织十大青年金作家评选并签约，深入展开版权价值的挖掘。《中国卡通》杂志并入了《儿童文学》编辑部，增加《儿童文学》获得了多媒体发展的可能性。

作家们的不少畅销作品改编成漫画在《中国卡通》上连载，如《萝铃的魔力》《夜色玛奇莲》《震动》等成功的连载作品作为漫画单行本出版。这些作品的文字本卖了 10 万册到 20 万册，改编成漫画后卖了五六万册，一些作品正在开始制作游戏。

复合性是版权运营的特点之三。版权运营的复合性包括版权产品和版权服务的多样性、传播渠道和终端的交叉性等。譬如，曹文轩儿童文学艺术中心团队和腾讯文学的"作品制作人团队"的构成鲜明体现版权运营的复合性。中国出版集团所属的人民文学出版社、天天出版社成立曹文轩儿童文学艺术中心，实现从销售作家作品到包装作家品牌的版权运营。中心团队现有执行人员6 人，包括编辑、策划、设计、营销等方面。影视版权由人民文学出版社副总编辑、中国电视十大制片人之一曹剑牵头，培训拓展工作由天天出版社总编辑叶显林牵头，市场发行地面店工作由天天出版社副社长张戈辉牵头，海外输出工作由曾经推出"国际大奖小说"的资深出版人、天天出版社副总编辑张昀韬牵头。腾讯文学针对猫腻等富有成功创作案例的大神级作家，启动"作品制作人"制度，成立一支包括作家、编辑、运营、商务、公关等人员组成的制作人团队。

循环性是版权运营的特点之四。版权运营的一个生命周期过后所涉及的版权及其产品等被存入版权资源库，一段时间后调出来进行二次版权开发，再来一个生命周期。这就是版权运营的循环性。譬如，迪士尼的动画片每隔一段时间再播放，启动新一轮版权运营，往往获得比旧一轮更大的收益。

（二）版权设计：版权运营的基础

1. 版权设计的价值：版权战略、规划和计划的制订

版权意识是版权设计的前提，版权设计是版权意识的具体表现。版权意识即意识到版权，懂得版权的价值，尊重版权，

保护版权。通过版权设计，版权的价值被体现，版权方的权益被保护。版权思维是版权设计的路径和方法，版权设计是版权思维的实践。版权思维即以版权的视角观察出版现象，发现出版规律。版权思维的关键词是原创、内容，与此一致，版权设计围绕内容创造力对版权进行战略思考、规划、计划和布局。

国家版权战略的确立是版权设计在国家层面的具体体现。美国是实施国家版权战略的典型案例。美国的版权经济是国家的支柱产业，其核心版权产业（指主要目的是创造、生产、销售或展示版权产品的产业，包括报刊、图书、影视以及计算机软件等）占国内生产总值的比重超过6%，其全部版权产业占国内生产总值的比重超过11%，对国家经济的贡献突出。这与美国把含版权在内的知识产权的保护提升到国家战略的地位息息相关。美国沿袭英国判例法的立法传统，但把版权法作为一个例外，第一部版权法于1790年颁布，至今历经数十次修正。

国际出版传媒集团重视版权设计，把基于版权设计的版权战略作为重要战略长期坚持，以版权管理优化内容和产品管理，以版权优势强化经营优势。时代华纳是以内容和版权制胜的出版传媒巨头，在资本的推动下与美国在线合并，一时成为谈资。2004年，时代华纳宣布集团的名称中去掉"美国在线"几个字。这一则表明此次合并的失败，二则说明内容和版权拥有者的实力和筹码，体现了内容和版权等无形资产的价值。

欧美的版权经纪人制是基于作者和作品的版权设计，是从战略层面对作家、作品价值的掌控和实现。版权经纪人针对特定作家和作品的特点，根据阅读和市场趋势，对作家和作品的版权进行规划和计划，更充分地实现作家和作品的价值。在欧美出版界活跃着一批著名的版权经纪人，这批版权经纪人游走于作家和出版实体之间，从某种程度上决定作家的命运、影响和左右着出版的趋势。

我国对版权很重视，一些出版社、出版集团受益于对版权的重视。譬如，人民教育出版社在 1991 年我国著作权法实施后即在总编室设立专门的版权管理岗位，1996 年成立独立的版权部门。该社尊重他人版权，处理教材涉及的版权事宜时积极主动，寻求各种途径向权利人付费，教材以外的内容版权处理尽善尽美。该社拥有权威的教材和与教材相关的版权，因为社里重视著作权人的权利，重视版权，所以自身版权也能得到较为充分的保护和运用，得到丰厚的回报。但是，整体来说，我国在版权设计方面意识薄弱，实践落后。这集中表现在各个层级版权意识较为淡薄，版权思维缺乏，未能在战略层面认识到版权的价值，进而落实版权设计。一些出版社、出版集团对版权的价值不够重视，对充分利用版权优势做大做强没有信心。与此相对照的是诸如阿里巴巴、腾讯、百度等新兴互联网公司，基于版权设计确立版权战略，在内容领域大展拳脚，成效显著。譬如，腾讯并购盛大文学后将腾讯文学与盛大文学合并，以优质 IP 为支撑，以男性阅读为主的创世中文网、主攻女性用户的云起书院、移动端应用 QQ 阅读、触屏网站 QQ 书城以及手机 QQ 阅读中心为品牌体系，打通内容生产、出版平台、终端用户全文学产业链，实施全版权运营。

2. 版权设计的基础：确立内容的核心价值

内容和版权产品的价值观体现创作者、运营者的基本价值取向，显现其基本价值标准，呈现其基本价值准则。内容和版权产品的基本立场、基本精神作为隐蕴价值无处不在。譬如，迪士尼作为巨型的商业文化结合体，人们体验到的是快乐，消费的是商业，但是透过其商业核心——电影，可以发现热闹表象下面的真谛。迪士尼电影传递的价值主要有平等价值、因果价值（包括扬善价值）、尚美价值、苦难的生存价值。这种价值的背后是美国的价值观，是美国文化的核心精神。在倡导文化多元的同时，要坚守本土文化和本民族文化的根基。这种根基必须自觉体现在内容和版权产品中。我国的出版社、出版集团必须明确和强化阵地意识，以此体现其核心价值。譬如，中南出版传媒集团强调作为国有出版企业的定位，用制度划定内容禁区和慎入区以强化其主流阵地功能。这种亮剑式的追求体现了该集团对内容核心价值的坚守，避免了经营和管理的最大风险。

如果说价值观潜隐并渗透在内容和版权产品中，那么具体内容和版权产品及内容和版权产品群的核心价值则往往被更鲜明地体现在形式、形态和形象上，表现为经营管理者的思想。物质产品的核心价值是其有用性和有效性，精神文化产品的核心价值体现在心灵体验和内在影响力。能够最大最深影响消费者内心，给消费者带来极致内心体验的内容和版权产品，是文化企业的核心产品。譬如，迪士尼的主题创意定位在快乐和美好。快乐和美好是迪士尼内容和版权产品的核心价值，承载和体现这种核心价值的迪士尼电影是其核心产品，深深影响消费者的动漫形象米老鼠、维尼、唐老鸭等是其核心品牌。本质上，出版社、出版集团经营的是思想和精神，集团化、上市等是手段和过程，商业的目的和结果是文化，即铸就社会和民族的魂。文化企业家的追求在此，困难也在此。

立足全球，国家和民族文化影响力的背后是经济的支撑，但是，经济的强大不一定带来国家和民族文化的相应影响。一方面，我国经济的巨大支撑作用可能带来国家和民族文化的更大影响，给我国的出版企业带来"走出去"机遇。另一方面，我国的出版企业只有明白内容和版权产品的商业基础是其核心价值，才可能自觉地创造和制造充分体现我国和中华民族价值观的内容、版权产品和品牌开拓市场，赢得消费者，获得商业成功。譬如，江苏凤凰出版集团并购了美国一家童书出版公司，是出版企业"走出去"的典型方式。如何借助国际型公司的运营优势，创造体现我们特色的内容和版权产品并充分影响国际主流读者，就成了挑战。完成了这一任务，就意味着真正成功地"走出去"了。

3. 版权设计的结构：挖掘内容的产品潜力

第一，内容的产品空间：叙述、知识、思想的张力。内容的产品空间基于内容的市场空间，存在于内容和版权产品的目标市场，即消费者是谁、在哪里。就大众出版的体验型内容来说，内容的市场空间表现为叙述特别是故事叙述的大众化程度。叙述的大众化要求为版权产品定位足够大的人群。足够大的人群不是空泛的，必须与叙述的特性和消费特征一致，尤其要描述清楚核心消费者在人群中的比例、地位和特征，核心消费者越确定，内容传播效应越明显，版权产品的商业实现越可掌控。譬如，花木兰是我国家喻户晓的人物，花木兰的故事和故事背后的价值非常鲜明地对应着确定的人群。迪士尼选择花木兰的故事拍摄成电影，看中的是与花木兰形象、故事和价值对应的我国消费者。换句话说，电影《花木兰》一出生注定拥有我国一定数量的消费者，为市场开拓准备了空间。就专业出版来说，内容的市场空间表现为知识和思想的影响力。知识和思想的影响力决定其传播力和价值实现的空间。譬如，北京出版集团旗下的子公司承启公司，依托《父母必读》《少年科学画报》杂志专业的出版资源、专家队伍，在移动互联网和动漫方面进行了大量尝试，形成父母必读微信、好妈妈微信、好妈妈 App、父母必读 App、科普动画《漫虫记》等组成的产品群以及电子刊《i 孕》和《i 童》。

内容即产品，或者说内容产品化，意味着内容为产品留出了空间，或者说内容本身支撑起了产品的存在空间。在主打娱乐体验的大众出版中，产品或隐或显藏于内容的叙述中，因此，叙述商业化了。这包含两层意思：其一，内容的产品特性。内容的产品特性通过产品形态表现出来，内容的产品特性越强，产品形态越能彰显产品特性。譬如，一部小说的内容充分体现了读者定位、读者趣味、读者需求，那么小说出版成为图书的过程中只要把小说内容的这些特性展现出来即可，用营销术语来说，即把卖点告知读者即可。其二，内容直接转化为产品的余地。一方面，内容可转化为广告产品。即内容本身为某些产品、品牌做广告。譬如，内容包含某产品或品牌的软广告。另一方面，内容可直接衍生出商品。譬如，内容描述的场景、道具等可直接物化为可售卖的商品。在教育出版方面，图书内容泛教育化，融入教学的过程中，产品的领域拓展，内容的市场扩张。譬如，南京师范大学出版社依托幼儿教育图书特色优势，基于图书内容，作者在与幼儿教育相关的多个领域拓展，产品成群。在专业出版方面，优秀的内容成就优秀出版物，也衍生出线上线下的系列产品。譬如，管理图书是电子工业出版社的传统优势板块，项目管理图书更是全国领先的品牌。该社和全球最大的项目管理专业组织 PMI 合作，将国际项目管理知识和应用落地我国，创造了有目共睹的效应和影响。依托内容版权优势和影响力效应，2010 年该社创建网络学习平台世纪畅优，提供在线学习、电子图书馆、出版服务等功能，将传统出版的价值泛化和提升，融入线上功能和价值，在业态、产品、服务等方面取得突破，获得成功。

内容不仅可以为产品支撑出空间，还可以为产品的产生拓展空间。以虚构类出版物为例，内容的叙述只是提供了框架，创造者可以根据这个框架补充和延伸内容并根据补充和延伸的内容开发产品。叙述的框架化丰富和扩大了内容产品化的想象空间，达到了内容商业化的极致。一方面，内容可间接衍生出商品。譬如，作品中张扬的某种生活态度、审美观念可引发生活中的某些商品制造和消费。另一方面，内容的跨界产品化可创造出丰富的产品世界。譬如，奇幻小说到漫画、动画可创造出漫画、动画带来的丰富产品，延伸不同于图书的产品群。就专业出版来说，碎片化的内容只是素材，通过结构化、体系化创建数据库，连接到网络，产品和市场的空间就大了。譬如，科学出版社基于内容优势推出了科学文库、科学 E 书房等多款数据库产品。

第二，内容的产品构建：团队标准化作业。适应内容的商业化、产品化，内容的创造团队化。擅长创意的提供想法，擅长框架的提供情节，擅长场景的提供场面描述，擅长人物的提供形象，擅长语言的提供写作，如此等等。国内不少创作类型文学的工作室层出不穷地推出似曾相识的新作品，是团队作业的结果。好莱坞的剧本创作有成熟的团队机制。

内容创造的团队化与内容创造的标准化一致。团队化创作要求标准化作业，因为只有创作标准化才可能靠团队完成。譬如，好莱坞的剧本创作有严格的技术标准，有类似于菜谱的剧本创作指南。内容的创造者是团队，团队的成员各司其职、各就其位，当所有材料齐了，内容也就有了。譬如，国内的青春文学创作总结出多个标准化模式，说明情节应该如何设计，形象的特点是什么，爱情占多大比例，故事的结局是什么，是为了便于团队创作。

内容创造的团队化和标准化为内容创造的流水线运转提供了条件，而内容创造的流水线运转提高了效率，提升了效益。譬如，传统的文学创作需要为作者准备必要的时间，而内容创造的流水线可以倒计时，可在约定或规定的时间内提供标准作品。

内容创造的团队化、标准化、流程化与专业和分工一起带来少数大型整合公司加无数小型专业公司的聚合生产组织形态和模式。这是美国文化创造和生产的典型模式。譬如，被世界瞩目的美国文化企业屈指可数，但是，支撑美国大型文化企业的专业工作室、小微公司不胜其数。如果把美国大型文化企业比作参天文化大树，那么专业工作室、小微公司及其游离在工作室、小微公司外的自由创意人员等是培育参天文化大树的土壤。譬如，美国纽约的百老汇享誉世界，看似百老汇是汇聚的 40 来家剧院，但是外百老汇、外外百老汇还有数千家剧院。

4. 版权设计的纠偏：避免伤害创造力

版权设计的功利性往往忽视了文化生成的规律，不自觉地超越价值创造的基础和源泉，寻求速成。同时，内容创造的团队化、标准化和流水线与内容创造个性化的矛盾削弱了内容的创造性，也扼杀了个体的天才式的创造力。内容产品化、商业化、庸俗化，一味迎合消费者的口味，会给社会文化和社会价值带来不良后果，同样扼杀社会的整体创新力和创造力。因此，版权设计在局部激活了原创，在整体上可能恶化创造的土壤。这是版权设计时必须认识到的，也是需要避免的。层级鲜明、触角灵敏、力量显著的协会是美国文化管理的特点。美国文化界的协会组织丰富且充分，顾及了影响文化行业和产业发展的各股力量，尤其是培育文化发展的土壤层的力量。对文化土壤的重视是对版权设计可能伤害创造力的纠偏，是对文化原创力的重视和扶持。美国的大型文化企业明白这一点，它们在追求模式化带来的商业利益的同时，尊重个性化的原创扶持，尤其尊重文化土壤的培育。譬如，纽约街头有不少诸如移动影像博物馆、百利电视博物馆等不起眼的博物馆。这些博物馆的主要目的是让学生、大众等来免费参观，激发他们对文化的兴趣，向他们传播文化方面的知识。它们的经费来源主要是文化公司尤其是大型文化公司的赞助，而且一些大型文化公司有意识地以有偿的方式把文化活动安排在这些场所。

（三）版权集成：版权运营的关键

1. 版权源拓展

新技术极大地释放了内容创造主体的能量。这主要表现在四个方面：其一，新技术创造内容处理的新工具，这些新工具为内容的撰写、修改等提供了便利，提高了内容创造的效率。其二，新技术为内容创造的素材准备提供了便利，为创造主体拓展了空间，节省了时间和精力。其三，新技术为创造主体和读者、评论者及其他消费者的互动提供了条件，为内容创造提供了有利条件。其四，新技术带来的新思维泛化到内容创造，打开了创造主体的思路，拓展了其视野，丰富了其想象。

新技术为内容的大规模创造提供了需求空间和拓展潜力。传统出版环境下，出版力量有限，出版要求高，相比而言，出版内容过剩。新技术条件下，原有的出版力量极大地增强，新兴出版力量涌现，相比而言，出版力量过剩，出版内容稀缺。出版力量和出版内容的差是出版内容创造的需求空间。同时，新技术带来内容产品销售和传输渠道的新增、丰富和能力加强，而内容产品的格式标准化，适应多样的渠道和终端。这样，便利的市场条件极大地提高了用户对内容产品的满足率。

创造内容处理的职业作者和业余作者、精英和大众、PGC（专业生产内容）和 UGC（用户生产内容）等几组词界定了内容的两类创作主体。这种区分是传统，不是当前的新创，但是，当下的内容创作主体呈现出新的特征：其一，创作主体在数量上暴增。草根文化盛行，书面表达能量极大释放，几乎到了人人都可以成为内容创作者的程度。其二，创作主体丰富多元。因为创作主体的面极大，覆盖极广，所以特性各异，素养层次参差不齐。其三，职业、专业的精英创作主体的流行性不如业余、大众的用户创作主体。

创作主体的作品归属主要包括三种情况：其一，作品属于内容创作主体。其二，作品属于机构或个人，因为创作主体转移了作品的归属权。其三，作品的部分权利属于内容创作主体，部分权利转移到了机构或其他个人。作品归属意味着版权源。当前，版权源的新情况是：其一，版权源更分散。一方面因为创作主体的丰富多元，另一方面因为版权的细分授权。其二，线上版权源占比大。当前的相当部分作品在线上呈现和存储。

内容创作主体和作品归属及其版权源的新特点要求出版社、出版集团拓展版权源。拓展版权源不是盲目地增加版权集成的触点，而是调整着力点，措施和行动更有效和高效。首先，职业、专业的精英作者是版权源的核心。在众多的内容创作主体和作品中，职业、专业的精英作者的作品始终处于影响力的中心，得这部分版权源得内容的根本。其次，用发现的眼光选择业余、大众的用户版权，获得具有潜力的版权源。这种选择必须借助新技术，必须适应新的传播特性和标准。

2. 版权服务升级

优质服务是集成版权的保障，版权服务升级的目的是确保集成版权。以服务前提、目标、标准、方式、质量和效果为准则，根据出版界的版权实践和版权探索情况，版权服务可分为作品图书级、作者图书级、项目版权运营级和作者版权运营级四级。作者图书级版权服务是我国出版界的普遍现象，这种方式决定作者的作品版权非常分散地存在于多个出版单位，出版单位一方面出版作者的作品，另一方面观望着别的出版单位，盼望别的出版单位多投入营销，自己好坐享其成。作者图书级版权服务相比作品图书级版权服务利于出版单位在营销上加大投入，但是，因为作者作品授权的有限性和图书成本居高不下，出版单位的投入有限。项目版权运营级版权服务和作者版权运营级版权服务都属于版权运营范畴，都既将作者、作品打造为图书品牌，也通过版权运营获取整体收益。

版权服务升级对照表

类别	作品图书级	作者图书级	项目版权运营级	作者版权运营级
服务前提	作品图书出版权	系列作品图书出版权	包含作品图书出版权在内的全部或大部分版权	包含作者所有作品图书出版权在内的全部或大部分版权
服务目标	做成一本或几本好书：内容改善，图书形态美观	做成好书系列：内容改善，图书形态美观，有限经营作者	做成好书：内容改善，图书形态美观，创造图书品牌，做好项目版权运营且利益最大化	做成好书：内容改善，图书形态美观，创造图书品牌，创造明星作者，明星作者产业化
服务标准	出版流程标准	出版流程标准，经营作者标准	出版流程标准，版权运营标准	出版流程标准，版权运营标准，明星作者运营标准
服务方式	责任编辑和作者交流	以责任编辑为主和作者交流，销售和推广人员辅助责任编辑为作者提供服务	项目团队围绕项目运营全力和作者融合	高级别团队全力和作者融合
服务内容	图书的内容、形式和包装，图书的营销，稿酬的支付	图书的内容、形式和包装，图书的营销，稿酬的支付，作者的经营活动服务	图书的内容、形式和包装，图书的营销，稿酬的支付，图书品牌打造，项目版权运营	图书的内容、形式和包装，图书的营销，稿酬的支付，图书品牌打造，作者明星化运营，版权运营

续表

类别	作品图书级	作者图书级	项目版权运营级	作者版权运营级
服务质量	由责任编辑的态度、素养和能力决定,不可控	由责任编辑的态度、素养和能力决定,不可控	项目团队全力以赴掌控服务并确保到位	高级别团队全力以赴掌控服务并确保到位
服务效果	出版好书,关于编辑与作者的出版佳话、口碑故事	出版好书系列,关于编辑与作者的出版佳话、口碑故事,关于出版单位与作者的合作案例	推出图书品牌,由图书品牌产生版权效应,项目版权运营案例	推出图书品牌,创造明星作者,由明星作者产生系统效应且打造完整的明星作者产业链

从图书出版版权服务升级到版权运营服务的标志是:版权产品由单一的图书扩充到含图书在内的产品集群,出版方和版权方更融合。因此,从图书出版版权服务升级到版权运营服务意味着:加强图书出版版权服务,提升图书出版版权服务的能力。同时,利用图书出版版权服务的优势巩固和强化已有版权资源的占有和新版权资源的获取,基于版权资源实施版权运营,在版权运营中实现对版权产品的生产和版权服务的高效率高质量高效果。

版权运营服务围绕版权产品的生产和版权方的需求展开。尽可能多甚至全版权是构建版权产品集群的前提和基础,版权运营服务的首要任务是从版权方获得更多版权权利。其次是在版权产品的生产过程中协调版权方,获得版权方支持,使版权产品的生产顺利。最后是充分满足版权方的约定诉求,协调出版方和版权方的关系,形成合力。版权运营服务的价值创造形成价值链,这条服务的价值链和版权产品的价值链交叉、融合,创造版权的最大价值实现。

3. 版权集成创新

通过并购或买断等方式获得版权是国际大型出版传媒的惯常动作。譬如，2006 年，迪士尼通过换股方式，以 74 亿美元的价格收购当时处于乔布斯旗下的皮克斯公司，获得了内容创造的新生力量，在 3D 动画上拥有了强大实力。2009 年 8 月，迪士尼以 42 亿美元的价格收购了美国著名动漫公司惊奇娱乐，获得了蜘蛛侠、X 战警等品牌动漫形象。2011 年，迪士尼与广州原动力动漫形象管理有限公司签订协议，成为喜羊羊衍生产品的全球总授权商。我国的出版社、出版集团也通过并购的方式获得版权。譬如，蓝狮子公司被出版社以 1.4 亿元的价格并购，蓝狮子公司获得了资金，出版社获得了大量富有价值的版权。

通过和内容创造主体融合以共享价值的方式突破现有体制和机制的局限进而获得版权，是一些出版社、出版集团在版权集成上的创举。譬如，中南出版传媒集团在全国首创提出出版事务所模式，利用合伙人制创新管理，通过聚焦专业、重视人脑资本、提升服务、线上线下融合，大胆探索版权集成乃至版权运营的新路。几年实践，该集团的大众图书的市场占有率排名全国出版集团前列，取得了长足的进步。根据出版事务所的设立规则，创作主体以合伙人的身份进入出版事务所，以作品版权拥有事务所的股份。事务所既以成本的方式支付创作主体版税，又根据股份让创作主体分享事务所的利润。

版权集成的目标是创建版权数据库，对版权数据库的认识、创建和管理等必须创新。版权数据库按照逻辑存储、结构和管理版权，是版权数据体系，是集成和分配版权的软件系统。版权数据库包含几个层次的构件：其一，版权数据。将版权数据化和细分，结构为单个的数据单元，对版权进行动态管理。其二，版权数据仓库。将版权数据按照逻辑组织，根据自身和客户的需要调取使用。其三，版权数据库体系。借助互联网技术和信息技术，将版权数据库智能化、平台化，成为系统性体系。版权数据库是版权运营的重要基础，是版权保护和维护的重要条件。用数据库的要求获取和集成版权有利于管理版权，有利于版权综合效应的充分发挥。

（四）版权运用：版权运营的核心

1. 版权的产品运用

第一，图书是版权运营的基础级产品。出版社、出版集团通过多版本扩大图书的种类，丰富产品的形态，提高版权运营基础级产品的效益。内容是固定的，内容物化后的产品形态多样形成产品的差异化，差异化产品满足消费者的不同需求。国外的图书分为精装本、平装大众本、俱乐部本等，是根据读者需求和购买力的差异而为的。我国的图书大都以平装本面向大众，以精装本、典藏本、纪念本、礼品本等面向作者的铁粉，以学生本、廉价本满足消费能力不强的读者，以大字本满足老年人的需求。复杂些的产品形态差异包括文字本和插图本等。譬如，岳麓书社和中国国家地理杂志社合作出版余秋雨作品图文版，是对余秋雨文字本的深度差异化改造。

第二，图书内容的介质升级产品。内容相同，介质不同，产品也就不同。内容数字化和阅读终端的普及为电子书提供了机会，电子书作为非物化的特殊图书版本有了市场，为内容的阅读服务提供了不一样的体验。图书内容用光盘存储，借助电脑阅读，变成了异于图书的产品。图书内容通过朗诵者转化为有声书，借助差异化的介质和传播终端，由视觉型产品变成听觉型产品。譬如，电子书和有声书是兰登书屋的重要产品方向，2012 年出版了全行业最多的电子书产品，总量达到 40000 多种；兰登书屋有声出版集团是卓越的有声书出版商，近年每年出版的有声书超过 300 种。

第三，图书内容的价值链延伸升级产品。图书内容的再造延伸，或者创造新的内容表现方式，或者创造新的产品形态，或者创造新的产品体验方式，这些新的创造是制造基于图书的升级产品。升级产品具有新特点：从文字到图形，从静态到动态，从单一感觉到丰富体验。图书内容主要是文字，抽象程度高，演艺级、展览级、影视级、游戏级产品主要表现形式是图形、图像。培训咨询级产品现场感、具象性强，图形、图像特性明显。图书的文字呈现方式和阅读方式都是静态的，升级产品的动感强，有些还能实现充分的互动体验。相比图书阅读，升级产品参与的感觉器官更多样，体验更多样立体。升级产品创造了高附加值。从图书内容到升级产品的每一种类型都构建为增值环或增值链。增值环相互影响，彼此链接，提高附加值。增值链相互交叉，影响力共享，附加值共增。价值环、价值链融合，形成价值体系。升级产品的高附加值主要体现在两个方面：扩大了图书的受众群或增加了内容消费的新受众量；提高了单位受众的价值质量，即一个受众享受新产品付出的价格高于享受单册图书的价格，价格的高出部分对应单个受众背后的附加值增加额。价值链延伸升级产品在大众出版方面表现较为典型，从体验式娱乐和知识思想影响两个向度产生。

体验式娱乐向度的大众出版升级产品主要如下：其一，漫画级。图书内容改编成漫画脚本并创作成漫画，或者直接出版漫画书，或者先在期刊连载再出漫画单行本。譬如，2013 年，《知音漫客》杂志月发行量 600 多万份，杂志上的连载漫画《偷星九月天》《斗破苍穹》《暴走邻家》等以单行本形式出版，单本销售量最大的 100 多万册。其二，演艺影视级。根据图书内容改编为话剧、戏剧、曲艺、电视剧、电影等的脚本并演艺和放映。譬如，兰登书屋影业是兰登书屋集团的一个部门，处理与影视公司的业务。2005年，兰登书屋与福克斯电影公司合作，加大在影视方面的投入。2006年6月，兰登书屋收购了英国BBC图书出版公司，该公司主要出版BBC电视节目的相关书籍。兰登书屋涉足影视界，重在借助图书内容的优势，每年推出一两部合作电影，实现图书与电影的融合效应。兰登书屋和福克斯电影公司的合作，以兰登书屋在北美和世界市场上的作品作为故事脚本，两者共同选择导演、制作和宣传营销，分享图书和电影的权利和收益。BBC图书出版公司与电视的融合深入，充分发挥电视、出版的双效应。《一天》是兰登书屋与福克斯电影公司合作的案例之一。《一天》剧本改编自兰登书屋作者大卫·尼克尔斯的同名畅销书，享有畅销书带来的市场效应和读者福利，同时，图书借助电影的独特传播途径而再次成为热点。其三，展览展示级。图书的故事场景、形象等可转化为展览产品，可通过真人秀等方式展示图书内容。譬如，《哈利·波特》出版后，书中的内容和场景用来打造主题公园，创造新产品，拓展新市场。其四，培训咨询级。图书内容是培训、咨询、顾问等的内容，图书作者是培训、咨询、顾问等的专家，依托图书内容、作者及其影响力拓展培训、咨询、顾问业务。譬如，汪中求是著名的培训师，他的作品《细节决定成败》是顶级畅销书。图书借助培训拓展市场，培训因为图书的畅销而更受欢迎。其五，游戏级。根据图书内容改编游戏脚本，制作成游戏。譬如， 2010年兰登书屋集团成立了新的知识产权创造与发展集团，主要负责与集团外的公司合作，合作领域涵盖视频游戏、社交网络和手机平台等，主攻视频游戏。知识产权创造和发展集团依托优势，锁定原创故事内容。为了增强内容和游戏的联系性、加强故事的情节性，在编辑服务上加大力度，通过强大的编辑团队细化、深化游戏背后的情节线、人物角色和对话，提升游戏玩家的体验。Del Rey 图书系列是兰登书屋科幻方面的品牌，借助该品牌背后的优秀科幻小说作者，加上集团内专门组建的队伍，在内容和游戏的结合上探索，为游戏创作提建议，强化情节的流畅性，增强游戏玩家的快乐和体验。

思想知识影响向度的大众出版升级产品主要如下：其一，依托图书出版内容推出 App。譬如，成立于 1974 年的 DK 出版公司，出版领域涉及科学、健康、烹饪、旅游、园艺以及自然等，主要为各个年龄段的人群提供生活指南。2010 年 12 月 13 日，DK 公司设立了 App 商店。首先，在出版内容的移动应用产品制造方面进行了有效探索。DK 英国分公司的数字媒体部人数多达 300 人，团队包含编辑、技术、设计方面的人才。编辑准备内容素材，目标是适应标准化、定制化的创新内容传输；技术人员进行编码，目标是适应内容的自动化操作和创造性再利用；设计人员提供视觉，目标是适应用户的新需求、新体验。融合的团队把传统的出版内容转化成适合互联网和手机移动的数字内容产品。这些数字内容产品延续了 DK 图书的优势，充分发挥了新技术带来的视觉优势。其次，在移动应用的商业开拓上进行了有效探索。作为率先推出自己的 App 商店的出版商，DK 出版公司利用一切机会深度挖掘用户的价值。公司的官网很强大，在丰富的页面展示中，App 商店的链接在首页显著呈现。它是开放的，开发者可以将应用置于该平台，实现自身的价值。顺应 DK 出版公司国际化的战略，App 商店走出英国，进入美国、澳大利亚、加拿大等国家，在娱乐、游戏、育儿和旅游等领域逐渐产生品牌效应。其二，按需出版。通过按需出版，提供短版产品，激活多批次少批量业务。譬如，专利文献是知识产权出版社的专门而强势的内容和版权，专利文献的个性化提供往往批次特别多，批量特别少，在传统印制模式下产品若定价低则社里亏损，若定价高则用户望而却步。按需出版解决了两方面的问题，提供了新产品，构建了新的商业模式。

2. 版权的服务运用

内容数字化后内容产品去物质而成为无形价值，版权由产品运用转变为服务运用。版权服务运用的基础是产品数据库，其状态是以信息、意见和影响为核心的价值服务，其支撑是网络平台。

出版社、出版集团在大众出版的思想知识影响领域实施专业经营，在某专业或专题领域形成板块、书系和品牌，那么内容的聚合和综合效应可能产生，由有形的图书产品经营转型到无形的内容服务成为可能。譬如，专利图书是知识产权出版社的图书品牌，该社充分发挥专业图书优势背后的内容优势，由出版商向内容提供商和服务商转型。该社的专利内容和信息服务包含：提供专利信息应用工具，提供中外专利文献副本，检索专利法律，在查新检索的基础上提供检索报告和相关专利副本，基于专利情报分析提供分析报告，专利文献翻译，专利信息应用培训，其他专利信息个性化服务，等等。提供服务的基础是专业数据库。该社建立了中国专利文摘数据库、中国专利图形档全文数据库、中国中药专利数据库、外国专利文摘数据库、西药专利数据库、中国专利法律状态数据库等，实现了数据库的统一管理。该社 2001年建立了第一条 OCR 数据加工生产线，2008 年在生产线的基础上研发了内容加工平台。从内容的数字化到数字化创造内容，从文字的数字化加工到内容加工，该社为专题数据库准备了条件，因而数据库建设和见效水到渠成。提供这两方面服务的核心是运营平台。2002 年，该社的专利信息服务平台建设完成。平台的建设意味着该社由生产投入转入技术开发，逐渐积累技术资源和能力，形成技术核心竞争力。

从事专业出版的出版社、出版集团依托图书出版积累的专业领域的资源构建专题数据库，借助图书出版产生的较为强大的影响力拓展市场，实现版权的服务运用。譬如，北京语言大学出版社是我国唯一一家对外汉语教学与研究的专业出版社，在依托传统出版内容进行数字化转型上走出了一条小而专造大影响求大效益的独特之路。首先，依托内容优势，整体规划，系统构建，逐渐建设全球最大的对外汉语教学资源数据库。该社把拥有的版权资源进行数字化深度加工分类，碎片化、系统化、结构化、数据化，形成对外汉语教学资源数据库的体系和框架，产生存储、处理和应用的智能。同时，借助北京语言大学强大的资源力量，依托北京语言大学图书馆的对外汉语教材数据库、世界汉语教学文献数据库、对外汉语教学图书馆，加快和强化对外汉语教学资源数据库的建设。其次，依托官网，强化功能，拓展空间，建设全球最大的在线对外汉语教学平台。一方面，强化官网的服务功能，采用先进的文献检索技术，实现在线查询、检索及在线授权阅读与下载，同时借助国际商务平台提供境外的付费阅读与下载。另一方面，运用先进的教育理念重新结构对外汉语的教与学，构建互动性、参与性、体验性强的教学体系，建立对外汉语教学的开放平台。最后，以项目为突破口，逐步推进对外汉语教学资源数据库和教学平台的建设。该社的项目制推进成功，经典教材《汉语乐园》系列图书的开发是成功案例。该社成立《汉语乐园》项目组，组建时社内5人，如今社内9人，但社外成员达200多人。社外人员来自十几个行业、50多个国家，在标准化的体系下顺畅运转。其中，光规范的模板文件就达55个，它们为沟通协调的高效、规模化的项目组织和生产提供了保障。

教育出版领域的集中度高，出版社、出版集团的作为力度和强度很大，尤其是国际大型教育出版集团。它们通过战略调整，采用资本手段，在内容、版权、产品等方面发力，力图提供教育解决方案，用完美的服务占领用户，占领市场。首先，努力实现内容的专注和专业。在适应新技术转型的过程中，聚焦战略成为大型教育出版集团的选择。它们选定方向和领域，主要采用售卖和并购并举的方式强化内容的专业优势、摒弃导致经营困难的内容领域。譬如，麦格劳·希尔集团将 15 项业务逐步集中到教育出版、金融信息和媒体 / 信息三大核心业务。公司出售了包括已有 80 年历史的《商业周刊》在内的 60 多种杂志。在教育出版方面，公司进行了一系列并购，将著名出版商 Tribune Education、Open Press 等纳入旗下。培生集团卖掉了许多与教育出版无关的产业和业务，同时在教育内容的投入上剧增。一方面是纯内容的规模集成。从 2006 年到 2010 年 5 月间，培生集团对数字化内容采集的投资高达 40 亿英镑。另一方面是内容加技术的规模集成。2000 年 7 月，培生集团耗资 25 亿美元购买了教育考试公司美国全国计算机系统；2003 年，培生集团收购了教育理论和教学技能研究公司 Lesson Lab；2005 年，培生集团以 2.7 亿美元的价格收购美国 WRC 传媒集团旗下的主要出版美国中小学辅导资料的 AGC 出版公司；2006 年 1 月，兼并世界领先的职业测试公司 Promissor；2007 年 5 月 4 日，培生集团以 9.5 亿美元的价格收购励德·爱思唯尔旗下的哈考特评估测试公司和哈考特国际教育出版公司；2007 年 5 月 14 日，以 5.38 亿美元购买远程在线学习服务商 eCollege；2011 年，购买连接教育；2012 年，购买基于绩效认证考试和模拟考试解决方案供应商 Certiport，以 6.5 亿美元收购美国在线教育服务商 EmbanetCompass，以 8.9 亿美元购买 Nook Media。圣智学习出版公司 2011 年进行了四项有影响的并购和项目合作，强化和巩固内容优势。6 月末，购买麦克劳·希尔在澳大利亚的中学教材业务；7 月，与 Moodlerooms 达成战略合作伙伴关系，兼容其产品；8月，收购美国国家地理学会出版部门；11月，与教学平台提供商 Desire2Learn 公司合作，将其和公司的 MindLinks 融合。其次，实施完善的产品细分。其一，根据目标市场细分。人群不同，产品不同。教育出版的消费人群有学生、教师、学校管理者、家长、教学科研人员等，这些人群的需求不同，产品必须细分和差异化。地域不同，产品不同。培生集团国际化程度高，产品覆盖全球 70 多个国家和地区。不同的国家和地区对产品的需求不同，同样国家和地区的产品也需要差异化。学习阶段不同，产品不同。培生集团的理念是帮助各个年龄段的人通过学习获得更好的生活。年龄段不同，身心特点不同，必须用细分和差异化的产品满足差异化的需求。其二，根据产品特性细分。不同的目标市场开发出不同的产品，这种产品放在公司内部竞争和市场竞争的环境下比较，必须根据产品的特性不断细分，以创造产品的差异化竞争优势。培生集团的产品大致包含数字教科书、在线辅导和家庭作业课程管理助手、互动虚拟学习系统、在线资源库、个性化学习解决方案等。这些大类型的产品是一级细分，如此逐级细分，创建产品集群和产品体系。再次，提供大规模个性化服务。基于大规模定制，培生集团提供个性化服务。其一，商业模式的服务化转型。数字内容和产品的去物质化使得产品和服务一体化，出版的商业模式转型到服务化。培生集团逐渐实现了从内容产品到内容服务的转型，其旗下的 MyLab、Success Net、Power School、Learning Studio、EQUELLA、Pearson Custom Solutions、SuccessMaker 等都是服务，都是无形产品。其二，提供教育解决全案。基于一站式服务，高质高效满足用户全诉求，是大型出版集团在教育出版领域的唯一选择。这是数字时代大融合的运营要求，也是新技术背景下内容经营的特点。因此，教育解决全案是教育出版商的战略和策略。培生集团的服务对象是各个领域和各个年龄段的人，它把人群放在教学一体化的框架下，为他们提供教育解决全案。这种全案不是空泛的抽象的，而是生动的具体的个性的，因为它专注于用户的个性化的需求，专注于教学体系和流程中的需求。其三，两种个性化服务路径供用户选择。一方面是出版公司的个性化创建。出版公司提供教育服务的内容、产品及其支撑体系，这种体系逻辑确定，数据库完整，表达方式确立，用户根据自己的需求选择公司提供的选择。培生集团的 College and Career Readiness 提供这种类型的服务。该系统专门针对未达到大学入学要求的高中学生提供教学服务，主要是进行语言学习和数学学习。因为人群、目标和标准都是确定的，因此用户主要根据系统的设定完成任务，实现目标。另一方面是用户的个性化选择。出版公司提供教育服务的内容、产品及其支撑体系，但是，体系中的逻辑没有限定，表达方式没有框死，用户可以根据自己的需要设定教育解决方案的逻辑和呈现方式。当用户的选择确定了，公司的数据库体系提供全方位的支持和推送。培生集团的 Pearson Custom Solutions 是这种类型的服务。教师通过这个系统的数据库可以自主设定内容，充分实现自己的意图，满足自己的需要。

3. 版权的品牌运用

第一，锻造品牌。作者可以成为品牌，如在读书界各领风骚的易中天、于丹等。内容可以成为品牌，如乡土、言情、玄幻、青春、穿越、宫廷等内容型关键词标举的文学类型标签。产品可以成为品牌，如"易中天中华史"系列丛书、《正能量》等。形象可以成为品牌，如唐老鸭、米老鼠、狮子王等。版权的品牌运用首要的是锻造和拥有版权品牌。提高版权产品的知名度、认同度和忠诚度，当影响的规模和力量达到一定程度，品牌效应显现，版权品牌就形成了。出版社、出版集团可通过自己锻造、购买等方式获得版权品牌。

迭代思维为品牌产品和品牌服务的打造提供捷径。迭代思维意味着产品和服务更新换代快，与其追求完善产品的生产和完美服务的提供，不如先推出产品和服务的初级版，然后快速改善，不断升级产品和服务。因为消费者需求变化快，因此适应消费者的需求节奏生产版权产品、提供版权服务，哪怕版权产品和版权服务需要不断改善，消费者不但理解，还会在版权产品和版权服务的不断改善中体验到更强烈的满足感。从某种意义上说，版权产品的生产成了服务。即时通信技术带来的即时互动为版权产品和版权服务的持续升级提供了可能。版权产品的生产和版权服务的提供不只是版权运营者的行为，也成了版权生产和版权服务的消费者的行为。因此，版权运营者和消费者共同实现版权产品和版权服务的升级。大数据技术帮助版权运营者掌握了用户的需求倾向和规律，即时互动让版权运营者洞悉用户的过程需求。这样，版权运营者既能够抓住用户的痛点设置版权产品和版权服务的卖点，也能够抓住用户的痒点创造版权产品和版权服务的尖叫点，使得用户的产品享受和服务体验极致化。

社交化思维引爆版权产品和服务品牌化传播，利于锻造品牌。"微"技术成就社交化媒体，社交化媒体的巨大影响力催生社交化思维，社交化思维导出社交化营销。社交化营销即圈子营销、粉丝口碑营销。版权产品和版权服务具有强口碑效应，社交化营销的有效性强。在社交化媒体的推动下，版权产品和服务的品牌知名度迅速达成。譬如，湖南人民出版社出版的《紫禁城魔咒》。作者名不见经传，第一次出书。作品想象丰富，叙述细腻，语言诗一般优美。依托作品特色，该社主要通过社交媒体运营。不到一个月，在当当网销售10多万册，紫禁城魔咒在微博的热词排名居前二十位。由社交媒体的大热引爆全媒体，该书影响力释放，图书版权售卖、影视改编商接踵而来。

第二，品牌产业化。围绕品牌内容多向度多方面开发产品，形成产品集群，完成该内容产品的产业化。《哈利·波特》是产品产业化的典型成功案例。从 1997 年开始，J.K. 罗琳先后创作了《哈利·波特与密室》等 7 部系列小说，被翻译成近百种语言，总销量突破 4 亿册，是超级内容品牌。超级内容品牌创建和集聚了稳定消费群体。通过对消费群体价值的充分开发，创造含图书、电影、DVD、广告、游戏、服装、道具、玩具等在内的产品集群及主题公园、主题旅游等，构建良性循环的完整产业链，产生超过千亿美元的商业价值。我国的一些出版集团正在围绕品牌内容尝试产品集群开发。譬如，安徽时代出版集团参与投资拍摄了《美丽的村庄》，并由安徽文艺出版社出版了根据影片改编的同名长篇小说，在当年的中宣部"五个一工程"奖评选中，创造了电影、小说、影片主题歌三获大奖的奇迹，同时经济效益显著。内容产品集群是产品体系，集群中的产品紧密联系，互相影响，产生系统效应。在内容产品集群中，核心产品是引爆器，是动力机制，决定着产品产业化的成功。譬如，日本角川集团在发展过程中创造著名的角川商法，角川商法的一种重要做法是把角川集团旗下的畅销图书品牌改编成电影剧本并拍成电影，电影的成功销售既带来可观票房，同时带动图书的畅销引发系统效应。在角川商法中，电影是同一内容产品集群中的核心产品。运用明星作者的品牌效应，把明星作者的作品制造成产品集群，打造出完整的产业链，这是明星作者产业化。围绕明星作者的全版权运营是明星作者产业化的典型案例。譬如，盛大文学与网络写手唐家三少成立工作室，对唐家三少所有作品及其衍生版权进行运作，在电子媒体、实体出版、影视传媒和游戏娱乐方面进行开发、策划和营销。

4. 版权的资本运用

版权资产是版权资源的具体化和归属化。把内容作为出版资源制造出图书，把内容资源的一种价值具体化，可以让读者消费和体验，也让内容资源的这种价值归属于运营图书的主体。内容资源内涵的丰富性和外延的广泛性使得运营主体可以把资源的更多价值转化为自己的资产。把版权作为资产来看待，运营主体必然最大化发掘版权资源的价值，必然最多化获得版权资源的权利，从而更多元地运营资源以增加自己的资产。版权资本是版权资产的增值和变现。把版权放到资本市场，买家卖家议价、交换，版权的资本价值、财富效应显现和实现。譬如，获取版权的成本和费用体现版权资本的价值，版权转化为产品、内容品牌等也体现为版权资本的价值。对于公众公司，版权资本的价值直接体现在对市值的贡献。这种贡献直接表现为版权资本的变现，间接表现为版权资本的增值空间和给投资者带来的信心。版权资本中最有价值的是版权品牌。版权品牌体现在产品运营中，也体现在资本运营中，尤其因其高溢价在资本市场彰显版权品牌的巨大影响力和作用力。

以风险投资方式介入内容创造源头并控制版权是版权资本运用的常用方式。内容创造力的商业转化具有不可预知性和不确定性，是高风险商业行为，但是，高风险意味着高回报。风险投资青睐内容创造，在这一领域踊跃投入，形成了庞大的市场规模。譬如，美国每年在内容领域的风投达几十上百亿美元。在风险投资的驱动下，我国的内容创造的一些领域充满活力。譬如，一些网络文学的创作被风险投资一而再再而三地介入。

以大资本介入版权运营平台的创建和运营是版权资本运用的典型方式。版权运营平台主要由基础硬件、制度性软件体系和团队组成。这三块都需要大投入，而且版权运营平台的商业模式需要培育。没有大资本的支撑，版权运营平台不可持续。盛大文学是典型的版权运营平台，其成长和模式成型是资本力所为。腾讯以数十亿元收购盛大文学并贯通全版权运营系统，讲述的是惊人的资本故事，充分彰显了资本的力量。

二、一体化：版权运营推动出版融合发展

（一）出版融合发展的概念和特点

第一，出版融合发展的内涵和外延。出版即图书出版，指基于一定的文化成果的积累、复制材料和复制方式、社会文化传播的需要，通过编辑、复制、发行、销售等环节向公众提供一定数量的图书。出版融合发展指出版社或出版集团以图书内容版权和图书的影响力为基础，向传统出版的其他领域、数字出版、传统媒介、新媒体渗透和扩张。出版融合发展的源头是原创的内容，它的条件是拥有的版权，它的要求是图书的影响力。它的实质是经营的跨界、转型和升级。它从图书业到传媒业、电信业、IT业，又不同于这些产业。它围绕内容和版权实现媒介大融合，创造新的生产形态、商业形态和产业形态。

出版社、出版集团在出版融合发展上实践已久、探索已多、绩效已显。譬如，图书出版对期刊、报纸特性的吸纳，丰富图书的表现形式，提高图书的表现力。图书出版和影视的互动，借影视之力提高图书销量、提升图书影响力。不过，这些实践、探索是项目型的局部的。当前的出版融合发展是系统的结构的整体的，具有革命性。在这一出版变革的浪潮中，出版社、出版集团的角色、地位、作用和价值意味着生和死的抉择，预示着颠覆性变

化后的图景。

第二，出版融合发展的特点。模糊性是出版融合发展的特点之一。图书出版是确定的业态，可以鲜明描述，而出版融合发展的业态无法准确描述，无法确定名称，往往用"新"予以限定以示区别。出版融合发展基于媒介边界的模糊，是融合出版以外业态的特性而突出出版的特性。出版融合发展过程本身模糊，处于探索之中，尚未现明晰的轨迹，尚难清晰把握。垄断性是出版融合发展的特点之二。出版融合发展是新标准的确立过程，是用新标准创造和统领新业态、新产业，具有显在的"赢家通吃""剩者为王"特性。统一性是出版融合发展的特点之三。出版融合发展的"合"是统一、集成，是对用户个性化需求的规模整合，是对不同媒介的特性整合。出版融合发展意味着系统集束，是诸多元素构建的整体系统，是新的消费生态圈的创建。

（二）版权运营如何推动出版融合发展

第一，版权运营催生出版融合发展的关键角色——版权集成商。新技术、新工具为版权产品的消费带来极大的便利，新的生产、传播、消费方式降低了版权产品的价格，大量免费的版权产品面世，这极大地引发和释放出消费者对版权产品的需求。版权产品的大规模需求对内容和版权提出大规模要求。一方面，线下有组织的内容生产提供大量版权；另一方面，线上创造平台组织生产的大量内容成就大量版权；还有，大量个体自发创造的大量内容造就大量版权。内容的大规模生产和创造使得版权的运用升级为版权运营，出版传媒的发展进入版权运营时代。版权的管理和交易功能放大，不再依附在公司的系统功能中，也不再因为规模小、范围窄而只是小型专业公司所为，而因为其规模效应、系统作用成为文化传媒融合发展的重要方向。版权集成商是版权运营推动内容融合、实现内容规模集成和分配的必然产物，也是出版融合发展的必然产物。

出版社、出版集团顺应出版融合发展的大潮而成为版权集成商，既是机遇也是前景，既有条件也有能力。出版社、出版集团拥有丰富的版权资源，具备优质内容资源的组织生产能力，而且因为阅读习惯和认识观念的延续以及图书运营的变现价值，它们的图书运营优势在出版融合发展的过渡阶段具有重要的桥梁意义。出版社、出版集团获得内容的更多版权甚至全版权，增加拥有版权的量，提高拥有版权的含金量。如果缺乏操盘能力，出版社、出版集团可代理版权，尽可能多地在各领域变现版权价值。譬如，中国出版集团的曹文轩儿童文学艺术中心拥有曹文轩的版权后积极推进项目的实施：推出电影《青铜葵花》和电视剧《我的儿子皮卡》；与中国教育报联合进行"草房子文学讲习所"的课件设计，以培训教师为起点；在博洛尼亚国际童书展上启动曹文轩绘本"中国种子世界花"，以"曹文轩的文本加意大利插画家"的组合推出多语种绘本。同时，出版社、出版集团可借助内容和版权优势融入新产品的开发过程。随着对新产品开发和运营的掌控，便可构建和锻造团队，形成新的能力，扩展新的产业。

第二，版权运营形成出版融合发展的核心要素——新的产业链体系。版权运营延伸内容的价值链。内容—版权—创意—产品，是版权运营的典型路径，是内容价值链延伸的典型模式。一种内容的价值体系转化为版权体系，内容的某一方面版权引发多个创意，围绕版权的某个创意制造出多个产品。内容如同撑开的伞的顶点，内容的价值链沿着伞骨展开，呈辐射状。譬如，盛大文学以"微付费"为特征的 VIP 网络阅读收费模式是对数字出版盈利模式的创新，依托这种创新的模式，它获得了作品的版权并多向度开发版权。它投入巨资搭建推广版权衍生品的立体营销平台，包装和运营签约作家，整体包装和运作网络小说的电子版权、无线发布权、纸质版权和动漫影视改编权等，充分挖掘和实现版权价值，创造了不少成功案例。如：浙江广电集团自制的十集美食情感微剧《深爱食堂》通过美食的牵引，讲述来往顾客的情感故事。盛大文学得到授权后独家出版实体小说，将小说放在榕树下网站连载，出版漫画本，开发主题壁纸设计、主题输入法皮肤、主题游戏开发、动漫周边产品设计等。内容的价值链延伸表现为内容运用的窗口效应，即一个内容品牌多种使用窗口，每一个内容的使用窗口都实现内容的价值，增加内容价值链的宽度和深度。同时，运用内容的版权产品的品牌效应辐射到物质领域，实现为内容和版权的衍生物质产品，实现内容和版权与物质产品的融合。

与内容价值链延伸相伴的是新的产业链体系的形成。在传统出版产业、新兴内容产业并存的出版融合发展阶段，出版社、出版集团拥有的较为完整的图书出版产业链，与媒介载体报纸、杂志、电视、广播、电影等一致而构建、延伸或融入新的产业链，与新技术、新媒体等一致的数字化产业链，与内容品牌授权而融入的物质产品的产业链，一起组成新的产业链体系。因此，出版融合发展后的出版社、出版集团的产业链横向而言更丰富多样，纵向而言更垂直深入。在新兴内容产业完全取代传统出版产业的出版融合发展阶段，内容、网络、终端一体化，新的产业链体系整合，版权集成商的内容以数据库系统为核心资源，整个生产体系数字化，满足大规模个性化定制的需要。

新的产业链体系的根基在于消费者，图书运营的消费者是读者，版权运营的消费者也是读者，两重消费者的统一路径是将读者转化为用户。图书的利润率不高，但是，图书的消费造就了读者群。读者群是版权产品的财富之源，因为读者群可以转化为用户。当读者只消费图书时，那么读者就是读者。当读者对图书和与图书相关的版权产品发生兴趣并消费，读者就成了用户。用户思维的根本在于尊重用户、懂得用户，从用户的需求出发思考和推进产品的生产。将读者转化为用户很难，难在对读者行为数据库的利用。即通过分析读者的行为数据，发现读者的需求倾向，进而生产对路的版权产品以满足其需要。基于读者的行为数据及其分析，用户数据库得以构建。读者与选择、阅读图书以及关注与这些相关的任何行为都表现为数据，这种数据达到一定规模就可以产生大数据效应。通过大数据技术，读者的消费规律会呈现出来。因此，大数据技术从读者杂乱无章的行为中找到了商机，也就实现了用户思维。譬如，网络文学在版权运营方面具有优势，因为在网络文学模式下创作的内容，由于互动等易于纸质图书的作者、读者之间的充分交流，带来了全面丰富的海量数据。这些数据包含覆盖内容、社区、流量、用户属性和用户行为等方方面面，它们在版权衍生产品的开发上具有重要的参考价值，既降低了产品开发风险，又带来了大量的基础受众，还创造出更多商机。大数据面对海量人群的海量数据分析，大数据的利用是为了满足圈子人群的个性化需求。个性化定制是互联网时代的基本需求满足规律。因此，用户的超细分成为必然，对超细分人群的定制是互联网的基本生存逻辑和基本商业逻辑，也是基本生存法则。对读者的大数据分析，找到规律，把读者转化为其他版权产品的用户。同时，对这部分具有转化价值的用户的圈子进行大数据分析，运用这些用户的影响力扩大新版权产品的消费圈。超细分人群的不断扩大形成对版权产品的巨大用户消费。读者的用户转化是以图书为形态的初级版权产品实现产品升级的基础，也是将线下的读者输送到线上，进而实现线上版权运营的基础。

第三，版权运营构建出版融合发展的基础形态——消费生态圈。互联网精神，即互联网价值观，其主要内涵是自由、平等、开放、共享。版权具有文化价值和经济价值。互联网精神与版权价值的结合指自由、平等、开放地开展版权运营，共享版权价值。互联网技术改变了时空观，让人与人之间没有距离、没有时间差，让人不再被空间和时间束缚，可以随时随地得到想要的。人与人的关系更紧密了，人与人的共存共生性更强了，分享和共享成了人际关系的基本。版权的文化价值和经济价值为个人和社会提供存在和发展的动力，人人参与版权运营与消费，人人共享版权运营的成果。这是版权运营的商业理念。

在网络社区、网络文化的推动下，网络社会蔚然成型，深深影响现实社会，尤其深深影响人。网络社会、现实社会融通，线上线下融合，已成大势。版权消费生态圈是网络社会和现实社会、线上和线下融通融合的结果，是网络社会的重要部分，是人群在现实社会生活的重要部分，是版权运营全力构建的理想图景。版权消费生态圈的产生有三个要件：其一，开发版权产品集群。其二，版权产品集群深深影响人，逐渐培育版权产品的消费习惯。其三，由版权产品消费习惯这个入口通向更大的消费领域，产生更大半径的消费圈。

新技术为版权消费生态圈的构建创造了可能，实现这种可能的标志是版权运营平台的构建。版权运营平台完成内容的生产组织、版权的获取和集成、版权产品的生产和运营，实现版权价值。世界大型媒介集团都构建了版权运营平台，迪士尼是典型案例。我国的出版集团正在努力构建版权运营平台。譬如，江苏凤凰出版集团在强化传统出版的同时，采用并购等战略整合措施，引进或创建影视公司、游戏公司、数字出版公司等，版权运营平台的构建方向明确，雏形初现。

第四，版权运营锻造出版融合发展的主体力量——出版传媒航母。版权运营开拓传统出版者的视野，打开其思路，丰富其产品，提供其转型升级的路径，推动其转型。譬如，陕西出版集团将以《帝陵》纪录片实施版权运营，开创传统出版升级转型新路。该集团计划在纪录片的基础上，提炼形成两部 90 分钟汉唐皇帝与帝陵的高清电影，形成两部纪录片图书，并衍生开发两部连环画册，形成纪录片衍生角色模型共 300 多人，形成纪录片衍生建筑模型 2 组及汉唐宫殿建筑群，相关展览和公益活动也后续启动，并以此为契机，打造中国首个地下陵墓数字博物馆，形成线上的互动平台。再譬如，中国国际广播电台、高等教育电子音像出版社携手创造传统出版升级转型案例，推出了《你好，中国》百集全媒体、多语种文化体验产品，制作出 4 种不同媒体形态的产品，即由 100 集电视系列片、100 集广播教学节目、100 篇短文组成的图书以及集纳了以上三种产品的"你好，中国"学习网站。

版权运营在原有的出版产业形态上通过生产要素和生产关系的整合创建出版融合形态，是出版产业形态上的生产形态和商业形态的升级和演化。出版社、出版集团在内容的拥有和用户的控制两个向度上体现出系统优势，形成整体掌控力，从而叠加网络融合、终端融合的正效应，成就出版传媒航母的规模和实力。这是出版融合发展对市场主体的要求，也是结果。在国际上，利用版权运营成功跻身世界传媒集团前列的是迪士尼。当前，国内的腾讯、阿里巴巴、百度依托技术优势和平台优势，整合内容，借助版权运营之手，向大型传媒集团挺进。循着国际传媒集团的成功案例，对照新兴公司的新思维新路径，一些出版社、出版集团满怀决心和信心在转型升级的发展新路上进行了有力有效探索。譬如，中国出版集团依托强大的内容和版权优势，在"平台—数据库"

战略指导下，在出版融合之路上脚步声铿锵有力，势头强劲。大佳网是中国出版集团的综合运营平台，该平台包含内容资源供给、版权运营、专业产品生产、商务运用、应用服务和技术支撑功能。增值电信业务经营许可证的获得和参与制定产品标准是中国出版集团核心能力的体现。中国出版集团能够独立在全国进行增值电信业务的经营，可以自如地运用电信运营商的渠道开通短信、彩信、WAP（无线应用协议）、IPTV（交互式网络电视）等业务。中国出版集团参与国家级的《手机出版标准体系》的起草工作，强化在产业领域的国家级地位和实力。中国出版集团的数据库建设分层次进行。集团所属出版社建立专业数据库，包括商务印书馆的辞书语料库、辞书数据库、可复用的资料库和《东方杂志》数据库，中华书局的"中华古籍语料库"，中国大百科全书出版社的"中国百科术语数据库反应用系统"，中国对外翻译出版公司的"多语种翻译资源数据库"等。集团层面借助互联网技术构建中国可供书目数据库和书业公共数据库交换中心等，打通集团所属出版社的数据库，联通集团外的数据库，形成和客户互动的产品和服务体系。

第四章

国际化：出版转型升级的关键

Chuban Zhuanxing
Shengji Yanjiu

第一节　出版国际化理念

一、文化自信理论下出版走出去的高质量推进

出版走出去战略自 2003 年实施以来，成效显著。2018 年，我国售卖版权 12788 种，版权引进输出比由 2005 年的 7.2∶1 降到 1.3∶1；电子书海外销售、期刊数据库海外付费下载收入超 2000 万美元；实物出口 1 亿多美元；印刷对外加工贸易额超 15 亿美元 [1]。然而，与美国、英国等出版强国比较，我国出版走出去尚处于发展中，亟待突破、提升。"国内的出版业在过去很长一段时间都是瞄准国内市场，而国外出版社的收入有 80% 都是来自国际市场，像英国、美国的一些知名出版机构。" [2] 习近平总书记在中央政治局第三十三次集体学习时，首次把文化自信与道路自信、理论自信、制度自信并列，形成了"四个自信"，确立了文化自信理论。党的十九大报告提出，我国进入高质量发展阶段，发展理念、结构、方式、动能等都和之前不一样。遵循文化自信理论的指导和高质量发展理论的要求，出版走出去要在思想观念突破的前提下找到高质量推进的标准，积极采取措施实现高质量发展。

---

[1]　蒋茂凝.促进对外出版贸易高质量发展的分析与思考 [J].中国出版，2019（24）：15–18.
[2]　赵海云.推动中国出版"走出去"高质量发展 [J].新阅读，2018（2）：24–26.

（一）文化自信理论促进出版走出去的高质量推进

文化自信是高度认同文化价值、内涵、精神等的状态，以文化自觉为前提，以文化自强为追求。五千年不曾中断的中华文明让国人在很长时期拥有充分的文化自信，但近代以来的无穷打击让他们垮了文化脊梁，灵魂日益西化。改革开放后，物质文明的逐渐丰富与精神文明的自信自强不但不同步，而且时有背离，西方文化的渗透和影响无处不在，特别体现在年轻人中。文化自信理论振聋发聩，催人振奋，促人清醒，是文化理论的重大创新，是文化发展的重要指南[①]。

1. 文化自信理论确立出版走出去的重大意义

文化自信理论为确立出版走出去的重大意义开阔视野，放大格局，提升层次。首先，中华民族伟大复兴是文化自信的坐标和定位器，是认识出版走出去的新天际线。文化复兴是中华民族伟大复兴的坚实根基，文化自信是文化复兴的基本条件，出版走出去是文化自信的鲜明体现和标志，因而也是民族复兴大业的重要组成部分。其次，国家文化战略是文化自信的实践层次，决定了出版走出去的格局。"五位一体"是中国特色社会主义事业的总体布局，国家用文化战略支撑文化发展。出版走出去是国家文化战略的重要实施领域，也是国家级的具体战略。就国家大局、中心工作而言，出版走出去是服务者。就国家文化发展而言，出版走出去是桥头堡、先锋队。因此，出版走出去要在国家发展格局中定位，要在全球发展大势中布局。最后，文化外交是文化自信的重要载体，是出版走出去的重要检验。文化自信在比较中存在和深化，而文化外交是国际场域的文化比较，是文化软实力的综合反映。出版走出去体现文化软实力，是文化外交的重要条件。

---

① 韩文乾.习近平关于坚定文化自信重要论述的四个维度[J].思想理论教育导刊,2019(11):4-8.

2. 文化自信理论指明出版走出去的重要目标

出版走出去要在目标体系中突出重要目标。首先,出版走出去的直接目标是服务国外读者。文化自信理论明确文化为人民服务、以人民为中心,这于出版而言是满足读者需要。出版走出去同样如此,要通过服务国外读者,满足他们对中国文化的阅读诉求。其次,出版走出去的核心目标是传播价值观。文化自信理论强调价值观自信,突出对社会主义核心价值观的倡导和践行。社会主义核心价值观在国家、社会和公民层面予以界定,吸纳了社会发展进程中的积极价值,融科学性、先进性于一体。"四个自信"中,道路、制度、理论已充分彰显力量,文化要基于此进一步强化力量。出版走出去要通过具体、生动的事实、案例和故事真实凸显我国价值观的成就与魅力。最后,出版走出去的综合目标是创造文化软实力。文化自信理论的压舱石是文化软实力,否则,理论是空谈甚至笑话。文化复兴所向,文化战略所指,文化外交所需,都是文化软实力。出版走出去是文化自信理论的实践,必然服务于创造和提升文化软实力。

3. 文化自信理论确定出版走出去的内容领域

文化自信理论明确指出,中华优秀传统文化、革命文化、社会主义先进文化是文化自信的内涵来源。这三方面确定了出版走出去的内容领域。首先,出版走出去要传播中华优秀传统文化。中华优秀传统文化是中华民族精神的命脉所在,是文化自信的根基。中华优秀传统文化在世界文化体系中独树一帜、独有魅力,而且数千年的历史充分证明其全球传播性和适应性。其次,出版走出去要弘扬革命文化。革命文化是中国共产党和人民创造的特色文化,既有理想和信念,也有精神和价值,还有故事和力量。在革命文化创造的过程中,国际传播是其重要组成部分。今天,尽管传播的素材、方式等要与时俱进,但是,革命文化的传播性依然彰显。最后，出版走出去要扩散社会主义先进文化。经过 500 多年的发展，社会主义作为社会发展的先进形态日益体现其先进性。中国特色社会主义实践为社会主义先进文化提供了道路、理论、制度上的模式、案例、事实等。显然，社会主义先进文化具有可扩散性，具有扩散的价值和意义。因此，出版走出去务必以社会主义先进文化作为重要内容领域。

（二）出版走出去的高质量推进标准

出版走出去的高质量推进要符合新发展理念，要与新发展阶段对调结构、转方式、换动能的要求一致。发展新观念、发展阶段新要求在标准的执行和达成中体现，这些标准于出版走出去具有切实的指导作用和引导价值。出版走出去要从产品的角度提供读物，更要从传播的角度提供服务，归根结底是用服务满足读者需要。拉斯韦尔的传播模式理论指明了出版传播服务的逻辑、流程与节点，为把握出版走出去高质量推进标准提供了视角、思路和指标。

1. 出版主体：跨国航母型企业

在世界出版格局中，出版强国是主宰者。在全球出版产业链上，跨国航母型出版企业是主宰者。出版强国都有跨国航母型出版企业，都凭此占据全球出版产业链的决定者地位。跨国航母型出版企业是国家文化实力的标志，是国家文化自信的体现，是出版国际化的必要主体。因此，跨国航母型出版企业是出版走出去高质量的主体标准，其产生意味着出版走出去的主体达标，其形成过程是出版走出去高质量推进过程。跨国航母型出版企业要体量大实力强，体量大是实力强的基本指标，实力强是资源、能力等的综合体现。

2. 出版内容：讲好中国故事

讲好中国故事是出版走出去高质量推进的内容标准。从内容叙述方式看，故事具有体验性强、易于理解和接受等特点，是对外传播内容的最佳表达形式。从内容内核看，中国故事表明其文化属性，是表现中国精神和灵魂的内容，是具有中国文化特色和个性的内容。从内容的表达形式看，"讲好"意味着讲得具体、形象、生动、鲜活、透彻，语言易懂，节奏合适。从内容的接受看，"讲好"意味着讲的内容既是中国文化需要讲的，也是国外读者乐意接受的。

3. 出版渠道：传播运营体系

出版走出去高质量推进的渠道标准是对传播运营体系具有掌控力，出版商流、信息流、物流、资金流畅通，读物发得出卖得好。出版渠道包含读物流通体系、信息传播体系、阅读服务体系，体现为对读物市场的管控、阅读环境的适应和改变、阅读市场的服务和拓展等。世界出版市场，特别是出版强国的读物市场，渠道集中度高，渠道体系充分现代化。出版走出去需要让读物进入国外主流渠道，需要在条件合适的情况下创建或以资本方式拥有主流渠道，同时精通渠道运营，具备释放渠道能量的能力。

4. 出版受众：主流读者群

出版走出去高质量推进的对象标准是主流读者群。主流读者群是国家、社会的精英，是具有影响力的意见领袖。政治家、智库专家、学者、媒介把关者等是国外的主流读者群，他们影响阅读潮流，主导阅读风向，左右国家、社会意识意志。出版走出去要以主流读者群作为目标读者群，要充分掌握他们对中国主题图书的诉求，进而满足其阅读需要，得到其认同。

5. 出版效果：国际话语权

出版走出去高质量推进的效果标准是国际话语权。首先，出版走出去要获得话语资格。在国外的文化场域，中国故事有讲述的时间和空间。在世界的出版场合，中国出版有亮相的机会。在全球的出版圈里，中国出版的声音始终存在。其次，出版走出去要拥有话语影响力。这集中体现为世界出版愿意倾听中国出版的声音，愿意因中国出版的影响力而改变。特别是在主导和影响国际出版风向的出版组织中，中国出版要有名额、位置、作用，要通过参与甚至主持国际出版制度和标准的制定彰显力量。

（三）出版走出去的高质量推进措施

出版走出去的高质量推进是系统工程，既要依靠我国的出版实力，也要有走出去的强烈意愿和动能；既要充分掌握国内外出版环境，也要有适应环境的活力和韧性。文化自信理论是出版走出去高质量推进的方向和指导、底气和保障，出版走出去高质量推进标准是目标、指标、基本评价点和衡量坐标位。出版走出去的高质量推进措施融理论于实践、化标准为现实，最终实现高质量发展。

1. 充分依托国家综合实力

提高认识是出版走出去高质量推进充分依托国家综合实力的前提。国家综合实力含硬实力和软实力。我国地域辽阔，资源丰富；人口 14 亿，活力人群大，中产阶级占比高；作为世界第二大经济体，具有完整的工业体系，是世界经济增长的主要贡献者，经济发展可持续、韧性足；科技由跟跑到跟跑、并跑、领跑并存，在高铁、数字支付、5G 等领域具有优势；军队现代化建设强化，军事实力不断增强。这些硬实力是出版走出去高质量推进的强力支撑。我国文化渊源久远、脉络深厚、气韵富足，持续影响世界；我国的社会主义道路、制度、理论日益显现特色和优势；我国的一些思想、观念等得到世界各国认同，并融入国际制度体系。如此等等软实力是出版走出去高质量推进的直接力量和基本内容。显然，我国的出版走出去高质量推进处于重要机遇期。

出版走出去高质量推进充分依托国家综合实力要基于整体设计，通过政策体系、平台和骨干工程落实。"十二五"时期出版走出去的基本政策体系完成构建，经过"十三五"时期的实施、检验，可以进一步提炼、优化、升级，以适应新时代要求，凸显新时代特色。平台含两类，一类是国家主导的公益性服务平台，如信息平台、会展平台；一类是企业主导的市场性运营平台，如资源平台、销售运营平台。国家出版走出去公益性信息服务平台需要强化智能考核、评价等功能，而诸如版权博览会等公益性服务平台需要在转型升级中提高服务力、提升影响力、强化品牌力。国家要加强对市场性运营平台的监督和引导，强化其对出版走出去的服务功能。出版走出去国家工程需进一步提高和强化骨干特性，以此提升带动性和引领性；需进一步增强评价的切实性和体系性，以此提升实效。改善后的出版走出去政策体系、平台和骨干工程，适应国家综合实力现状，利于出版走出去依托国家综合实力获得更大的发展条件和空间。

出版走出去高质量推进充分依托国家综合实力要利用好"一带一路"倡议带来的巨大机遇。"随着'一带一路'国际合作与交流的不断发展，加强文化软实力建设，促进国际传播能力的不断提升成为我国国际交流合作工作的重心之一。在这样的环境下，'一带一路'出版交流合作迎来了历史性的发展契机。"① "一带一路"沿线国家拥有大量阅读人群，是极具潜力的阅读市场。"一带一路"倡议充分彰显了我国的综合实力，产业大军、贸易

---

① 甄云霞，王珺.服务"一带一路"倡议 推动国际出版合作高质量发展 [J].科技与出版，2020（1）：8.

大军等在"一带一路"沿线国家的作为，给当地带来实惠，得到认同，这为出版走出去打下了坚实的基础。同时，我国在"一带一路"沿线国家的建设成果，建设者的奋斗故事，建设过程中我国建设者和当地人的接触、融合佳话，是体现中国精神、中国力量、中国价值的出版素材。所有这些有利条件促成出版物和国外读者的亲近性，意味着市场和高接受度。

2. 迸发创新要素活力

出版走出去高质量推进要由传统要素驱动转向创新驱动。在新发展理念中，创新居于首位，要通过创新实现协调、绿色、开放、共享，达成整体发展。出版是技术密集型、智力密集型产业，通过创新提高附加值是高质量发展的必由之路。出版走出去遵循出版的基本规律，其高质量推进需要创新。历史和实践证明，创新是出版走出去的可持续路径。制度创新和技术创新是创新驱动的两轮，出版走出去高质量推进离不开这两轮，特别是跨国航母型出版企业的培育、发展需要在创新中跨越式前进并实现弯道超车。

出版走出去高质量推进要用制度创新迸发人才活力。制度经济学认为，制度是调整和引导人类行为的规则，是一种激励机制。出版走出去高质量推进需要调动和激发国内外出版人才的活力。这种活力指投身于出版走出去的意愿和热情、参与出版走出去活动和项目的情感与行动、突破出版走出去困境的意志和精神等。制度创新要为出版走出去吸引人才，要能充分释放人才的能量。我国是人力资源大国，但是出版走出去缺乏人才。来我国的留学生、国外的友华人士、参与我国工程的国外建设者等，是符合出版走出去基础条件的国外人才。通过制度创新让国内外的人才融入出版走出去队伍，是出版走出去高质量推进的关键。譬如，我国推出"中华图书特殊贡献奖"，给予国外的作者、翻译家、出版人荣誉，是吸纳国外出版人才为出版走出去做贡献的有效制度。有了人才，则制度创新要将人才、项目、技术等结合，用好人才，让人才最大化创造和实现价值。

出版走出去高质量推进要通过资本的创新运用达成技术创新和跨界融合。资本是撬动创新要素活力的有效杠杆。技术突破产生新项目或项目的新空间，人才的智慧创造新价值或价值实现的新机会，制度的改变和优化适应价值的创造和实现，这些都需要资本作为保障。资本市场具有完整的调研、论证、筛选、促进、评价制度，对创新技术、创新项目、创新人才进行整合、调配，最终促成技术创新，促进跨界融合。显然，资本的创新运用促进和释放技术创新、人才智慧、制度效应的潜力。风险投资是资本市场体系中的重要组成部分，是促进技术创新和跨界融合的重要资本创新运用方式，往往在技术创新和跨界融合的最后阶段推进一把，促成技术创新和跨界融合的成功。出版走出去高质量推进需要和资本市场充分对接，特别运用风险投资大力支持走出去项目，以此激励在国外的出版创业。就跨界融合来说，传统的纸质出版是基础，传统的纸质读物是脚本。出版走出去要围绕纸质出版和纸质读物，推出新的出版介质、出版形式、出版方式，要通过出版与影视联姻、与文创产业结合、与主题公园相伴、与实业相融，以各种各样的出版体验给读者带来丰富多彩的满足感，使形形色色的出版产品互相促进。基于成熟制度体系的资本创新运用是实现跨界融合的捷径，可以提高沟通效率，降低交易成本。

3. 构建出版走出去话语体系

以人类命运共同体思想作为出版走出去话语体系的核心。人类命运共同体思想适应世界多极化、经济全球化、文化多元化、社会信息化的时代主题，既符合和体现社会主义核心价值观，也反映全世界的需要。人类命运共同体被写进联合国文件、得到世界众多国家认同是必然的，是其智慧和价值的证明。出版走出去既是中国故事的世界讲述，也是世界对中国故事的理解和接受。在这个过程中，中国故事是载体，中国精神是内核。人类命运共同体的内涵确定、外延丰富，作为出版走出去话语体系的核心具有高识别性，也因为具有丰富、拓展的张力而可接受性强。

用基本话语贯穿和结构出版走出去话语体系。基于社会主义核心价值观、人类命运共同体思想，结合我国走向世界的历史和实践，出版走出去的基本话语可为人类命运共同体、互联互通、中国梦、共商共建共享、平等。人类命运共同体是世界观、价值观，互联互通是方法论、思维观，中国梦是中国主题、中国内容和连接世界的话题，共商共建共享是方式、方法，平等是关系、理念。这些基本话语指向出版走出去的模式和内容，明确出版走出去的立场、目的、路径，要成为出版走出去的共同话语，既是我国出版的语言，也是国外出版认同出版走出去的最大公约数。

以实务积极倡导、践行和强化出版走出去话语体系。出版走出去话语体系是基本遵循，要在国外讲清楚，要让国外的各种力量充分了解。譬如，我国的出版社围绕出版走出去和"一带一路"沿线国家的出版机构形成联盟，开展论坛，说清楚中外出版合作的意义，表达出版走出去的意图，这是阐释出版走出去话语体系的有效方式。出版走出去话语体系要融入出版走出去的实践，要在出版过程中充分体现，要以出版物、出版活动为载体充分表达。出版走出去话语体系的思想理念要融入国际的出版规则和出版制度中，增强其合理性合法性。

4. 切实做到出版本土化

以本土化观念和思维促进出版走出去。文化距离是出版走出去必须跨越的坎，本土化观念和思维是解决文化距离问题、实现出版走出去的基础。具体来说，出版走出去要尊重目标国的历史文化，遵循目标国的法律法规政策，遵照目标国读者的阅读兴趣和习惯，设身处地地换位思考，真正进入目标国，真心服务目标国读者的阅读需要。在被接纳的条件下，我国的文化借助出版成为目标国文化的补充和影响因素，助力目标国的文化建设。譬如，中南出版传媒集团在南苏丹实施的教材解决方案，适应南苏丹的教育现状，满足其需要，是以教材出版融入其文化体系中的典型案例。

以机构本土化促进出版走进去。机构本土化意味着按照所在国的法律法规政策等创办出版机构，意味着团队本土化，意味着融入所在国的文化体系、出版体系中。首先是出版产品走进去，即出版产品进入所在国的渠道体系，最大限度地陈列展示、发行销售。如果能够在所在国拥有渠道或掌控渠道，那么出版产品和渠道的融合度更高，更利于流通和销售。其次是出版服务走进去，即提供充分的出版商业服务，包括促销、售后服务等。譬如，国际编辑部是机构本土化的特殊形态，在选题策划、内容撰写和翻译、渠道进入、信息传播等方面加速推动出版走进去。

以效益本土化实现出版融进去。效益本土化指出版走出去创造了效益，将这些效益回馈所在国的社会和读者等。一方面，在出版过程中服务好读者，特别是阅读服务。阅读是出版的基础，出版通过提供阅读服务回报读者。读物信息的及时、充分传播，让读者能够更好地选书。组织阅读体验和促进活动，让读者体会到阅读的乐趣，让更多读者学会和习惯阅读。力所能及地改善阅读环境，帮助读者更好地享受阅读。这些与出版过程相伴相随的活动，能极大地增强读者的信任度和忠诚度，也利于创造出版品牌、读物品牌。另一方面，在出版外回报社会。出版企业通过公益性活动融入社会，在所在国承担责任、培养口碑、塑造形象。

二、 走出去：话语权、品牌力和传播力

出版"走出去"战略自 2003 年实施以来，我国出版的世界影响力日益增强。今天，在由出版大国向出版强国迈进的过程中，直面问题，在理论上提高认识，在整体上做好设计，在实践中走对路子，是出版"走出去"必须完成的迫切任务。话语权定基调、品牌力立主导、传播力奏强音是出版"走出去"的策略，话语权、品牌力和传播力是出版"走出去"的着力点。

（一）话语权定基调

话语权是说话权利和说话权力的统一。说话权利着重指主体所具有的话语自由，说话权力着重指主体对客体的影响。出版"走出去"是面向世界的表达，出版者要有创造更新权、意义赋予权、学术自主权等话语权利，也要有指引导向权、鉴定评判权、行动支配权等话语权力[①]。话语权利保证出版者在"走出去"中的定位和地位，话语权力要求出版者在"走出去"中产生影响力。

1.话语权源于出版者的文化自信

博大精深、绵延不断的我国传统文化在世界文化体系中独具特色和生命力，独树一帜，是我国出版在世界文化版图中站稳脚跟的根基，是出版"走出去"文化自信的本源。"五千年不断的传统意味着什么？我觉得，它意味着很多东西是自己传统和文化基因决定的，它意味着我们做的事情不需要西方人认可，就像中国人讲汉语，不需要英语来认可；就像孔夫子不需要柏拉图来认可；我们的宏观调控不需要美联储来认可；中国特色社会主义也不需要美国特色的资本主义来认可。我们知识界不少人最大问

---

① 郑杭生.把握学术话语权是学术话语体系建设的关键 [N]. 中国社会科学报，2014-01-17.

题是不自信，总觉得要西方认可才行。实际上，我们很多东西都不需要别人的认可，随着中国的进一步崛起，将会出现我们认可不认可别人的问题，所以中国人一定要自信。"① 传统的丰厚馈赠是出版者的财富，传统的深厚滋养是出版者的本钱。了解传统、理解优秀传统文化、懂得我国的文化渊源和精神，珍惜和看重其价值，可以为出版"走出去"提供保障，可以支持和支撑出版"走出去"。

我国文化曾经深深影响世界，并在对世界的持续影响中成就其强同化力的特质，掌控和彰显话语权。"北至西伯利亚，南迄南洋群岛，东及朝鲜、日本，西达葱岭以西，皆在其文化影响圈内"②，形成大中华文化区。欧洲的文艺复兴、启蒙运动从我国思想宝库中寻求精神来源，在我国文化精华中吸取动力。近代以来的一段时期，我国文化在世界的影响式微、话语稀缺、话语权丧失，是阶段性现象，是我国当时综合实力弱的表征。这不但不能否定我国文化辐射四周、影响世界的基因和能力，反而因为这一时段中我国传统文化相较于综合实力的更强力量，体现其影响世界的能量。今天，实施出版"走出去"战略，是对我国文化国际传播力强的特质的延续，是释放其话语权能量。

文化自信因为我们的基因中蕴藏着五千年文化基因的沉淀和积累，因为我们的血液中流淌着从未中断过的我国传统文化的精气神。同时，我们不可忽视的是，传统文化和我们的关系并非只有融入基因和血液、融为一体的近，还有历史方位和当下站位带来的距离感，价值观差异和情感隔膜导致的疏离感，利益冲突和情绪激发引发的对立感。这一则因为传统文化本就精华和糟粕

① 张维为. 中国崛起需要道路自信 [N]. 中国社会科学报，2015-04-02.
② 梁漱溟. 中国文化要义 [M]. 上海：上海人民出版社，2005：5.

并存，二则因为近代以来多次大规模否定传统文化的运动①。这种与近对立的远模糊了出版者对传统文化的认识，淡漠了出版者与传统文化的亲近关系。但是，近只能也一定是出版者对出版者和传统文化关系的认识，只有真正懂得优秀传统和富有传承，在情和理上都与传统文化近，出版者的文化血脉才完全和完整，出版者的文化自信才确定和实在，出版"走出去"才有压舱石。

2. 话语权来自出版者的文化自觉

"'文化自觉'指生活在一定文化中的人对其文化有'自知之明'，明白它的来历、形成过程、所具有的特色和它的发展趋向……自知之明是为了加强对文化转型的自主能力，取得决定适应新环境、新时代对文化选择的自主地位。"② 对于"走出去"的出版者来说，文化自觉意味着在懂得我国文化、世界文化的基础上得到我国文化在世界文化圈中的站位，明晰自身在世界出版领域中的角色。有了文化自觉，有了对自身位置的觉醒和清晰认知，就有了话语权的底气。

经济是文化的决定因素，经济扩张与文化传播相随，经济中心与文化中心一致。世界历史的演进表明，经济强盛带来文化强盛，经济崛起带来文化强势。同时，国家发展离不开文化的发展，国家强盛离不开文化的强盛，文化的作用让其成为国家综合实力的重要组成部分。我国处于实现"两个一百年"奋斗目标的时期，这一奋斗目标与中华民族伟大复兴的中国梦一致。奋斗目标中含有文化大发展大繁荣，中华民族伟大复兴包括文化的强盛。我国成为全球第二大经济体，为文化的发展创造了必需的物质基础，为文化的强盛迎来重要的机遇，为出版"走出去"获得了确定的位置。世界文化版图缺了我国不成立，全球文化

① 陈岳，丁章春. 国家话语权建构的双重面向 [J]. 国家行政学院学报，2016（4）：19-22.
② 费孝通. 对文化的历史性和社会性的思考 [J]. 思想战线，2004（2）：6.

圈离开我国不行。我国出版者的文化自觉必然强烈地意识到自身在"走出去"中的价值、自己在全球出版中的地位。当前，在世界出版者眼望心向我国出版市场和出版者的情况下，我国的出版者要充满信心地把自己当一回事，要精神抖擞地站在全世界的出版者行列中。2016年，我国5家出版公司进入全球出版50强，其中2家居前10位。这些出版公司的位置不是我们自封的，是国外的权威机构评出来的，是我国出版实力的证明。

文化自觉要求我国的出版者构建自己的话语体系，张举自己的话语权。"中国如果能够以自己的话语体系冲破西方的话语霸权，能够为人类面临的共同难题给出一个中国的思路，那么，西方话语的霸权地位终将消失，西强我弱的话语格局终将终结，国际学术话语的中国时代也终将来临。"①学术领域如此，出版领域何尝不是如此？学术领域要进入"中国时代"，出版领域也要进入"中国时代"。图书出版品种和总印数居世界第一位，电子出版物总量居世界第二位，印刷业年产值居世界第三位，这些数据表明我国是实实在在的出版大国，获得与此相匹配的话语权理所当然。2016年，中南出版传媒集团在世界出版50强中排名第六，德国法兰克福书展管委会特别邀请其董事长龚曙光在书展上做主题演讲。管委会负责人说，全世界的出版者和读者都在期盼，想听一听我国的世界大型出版公司对世界出版大势的判断、关于拯救阅读的想法和做法。法兰克福书展的这个讲坛意味着世界出版话语权，我国出版者"走出去"并在这里发声，意味着其文化自觉、出版作为赢得了出版话语权。

---

① 陈曙光. 多元话语中的"中国模式"论争 [J]. 马克思主义研究，2014（4）：156.

（二）品牌力立主导

出版品牌是出版实力的载体和直接体现，出版品牌力是出版话语权的重要标志。出版品牌的背后是出版产品和服务及其标准，出版品牌的深处是国家、社会、出版者的价值观。有了品牌，出版就立住了。有了品牌力，出版就能在思想激荡中主导格局。

1. 坚守和倡导价值观

"出版国际化本身就是一个文化传播的过程，从构建文化软实力的角度来说，其表现出更多的是塑造国家与民族文化形象、传播国家价值主张、维护国家意识形态统一与完整方面的功能价值。"[①] 在出版"走出去"的过程中，出版者是站在世界出版的舞台坚守和弘扬我国的价值观，是在思想激荡中成为主导。因为不同文化间存在冲突和碰撞，不同文化在竞争、博弈中交融，在对立统一中发展。文化对立看似是内容和形式上的冲突，深层次上是价值观的矛盾。文化统一看似是一种文化对另一种文化的吸纳，实质上是价值观的同化。我国的出版者在"走出去"时要坚守和倡导的价值观是社会主义核心价值观。对此，出版者要在文化自信的基础上做到文化自觉，要在文化自强中相信：承接中华优秀传统文化和人类优秀文明成果的社会主义核心价值观的思想和理念适应我国、启发全球。

价值观是出版品牌的核心，对价值观表达和彰显的能力表现为出版的品牌力。迪士尼公司的动画电影以其色彩、形象、情节等充分展示着艺术之美、文化之乐、视觉之炫，一场全身心多感官的娱乐、刺激盛宴后，张举美式英雄、美国梦等的西方价值观在潜移默化中进入了受众心中，成了其精神的一部分。美国的出版物通过相似的路径培养了我国读者的口味，而这种口味中毫

---

① 李贞.基于提高我国文化软实力的出版国际化战略研究 [J].出版广角，2015（13）：18.

无例外地渗透着美国价值观。我国的出版者要向美国的出版者学习，在坚守和倡导价值观上不能有丝毫游离，要将社会主义核心价值观充分融入出版品牌的价值观中。当然，因为意识形态的冲突存在，所以在价值观的植入和呈现上要讲究艺术和方法。这正是出版者的能力和特长所在，也是出版"走出去"的要害和诀窍所在。中国出版集团的版权输出围绕中国传统文化的现代阐释、中国当代精神生活的生动展示和中国特色发展道路的学术化出版形成特色，抓住了出版"走出去"的中心话题和价值观，扣紧了中华民族在世界文化交流中最根本的话语权 [①]。

2. 打造品牌体系

出版"走出去"因层次不同产生不同级别的品牌，这些品牌形成体系，结构为整体。第一，"中国文化"是品牌。因为西方国家、社会和读者对我国文化的陌生和偏见，这一品牌停留在《论语》《道德经》等传统典籍和针灸、中医、武术、烹调等传统技艺，当代文化几乎是空白。第二，我国的出版类别可以成为品牌。日本的动画、漫画、当代生活文学、游戏，韩国的漫画、游戏等都在各自的出版类别中引领潮流和风尚，是具有世界影响的出版品牌。相比文字类出版物，视觉型出版物更容易被西方读者所阅读和接受。我国的游戏、图画类出版物和日本、韩国的案例一样，具有"走出去"的有利条件，更能在出版类别中凸显出来，成为出版类别品牌。第三，我国的出版公司可以成为品牌。随着多个出版公司进入全球出版 50 强，我国的出版公司离全球品牌更近了。但是，我国的出版公司在迈向市场化和国际化的路上，比全球著名出版集团的水平差很远。第四，我国的出版产品可以成为品牌。《狼图腾》被译成 30 多种语言出版，

---

① 谭跃. 关于出版国际化的主要思考 [J]. 中国出版，2014（17）：11-13.

《于丹〈论语〉心得》签订了32个版权输出合同，涉及28个语种、34个版本，它们都是世界级的出版产品品牌。第五，我国的明星作者可以成为品牌。譬如，莫言是诺贝尔文学奖获得者，是世界知名的品牌级作者。第六，我国的内容资源可以成为品牌。譬如，《红楼梦》等经典作品在国内是顶级内容资源，在国外也是经典。

打造"走出去"出版品牌体系时有两点值得特别注意：第一，要着力创建国际出版传媒旗舰，提高我国出版公司的竞争力和影响力。国际出版传媒市场的历史和现实告诉我们，拥有多而强的品牌、掌握话语权、主宰国际舆论的是实力和竞争力强大的大型跨国出版传媒集团。世界大型出版传媒公司的实践和发展规律表明，出版机构的自身发展必须过国际化这一关，必须在全球市场发声，必须在全世界彰显力量。我国的体制和机制具有集中力量办大事的优越性，能在短期内做大做强重点骨干出版公司，能更高效更有质量地发展具有世界影响力的大型出版传媒集团。因此，跨越式地创建国际出版传媒公司是必须的，也是可能的；是理想，也将成为现实。并购是创建国际出版传媒公司的重要路径。荷兰世界知名出版传媒公司威科集团在发展过程中，12年里在全球收购了300家公司，对CCH的收购使得它成为真正的全球性公司。世界其他知名出版传媒集团的发展史都是并购史。我国的一些出版公司近几年在世界各地完成了一些并购，这些并购有力地促进了它们的发展，提升了它们的影响力，增强了它们"走出去"的实力。第二，要充分利用新技术带来的后发优势创造"走出去"出版品牌体系的强势。新技术带来了多媒介应用和数字出版，这为"走出去"出版品牌的打造提供了有利条件。韩国的《冬季恋歌》《大长今》等经典作品，在图书、电视、网络的融合推动下，成就了被称为"亚洲奇迹"的"文化韩流"。我国在全世界具有传播潜力的经典作品很多，如果能够充分借助新技术，那么也能通过打造出版品牌创造"走出去"出版奇迹。我国的新技术储备与应用和世界处于同一起跑线上，在某些方面我国具有领跑优势。如果出版者能够和我国的新技术储备、应用充分同步，把这种特点和优势转化为在全球的出版比较优势，那么出版"走出去"的品牌创建会更快，也会更有效。其中，构建和运用好线上平台是出版"走出去"通过获得新技术红利打造品牌的路径。譬如，基于国际出版资讯库的出版"走出去"大数据平台，可以充分、及时掌握国际文化市场、各国文化政策、国际重点出版企业等的情况，可以创建出版"走出去"效果的评价标准体系，使得"走出去"出版品牌的打造更理性更可靠。基于翻译人才库、版权交易信息库、重点项目库、中外作家库等的出版"走出去"信息服务平台，可以使得出版品牌的打造更便捷更有效地"走出去"。

（三）传播力奏强音

出版"走出去"是出版的国际化，是我国文化的国际传播。构建现代传播体系，掌握现代传播规律，在国际出版传播中奏强音，是品牌力的构建和呈现，是在世界出版界具有话语权的表现，是构建世界出版话语权的关键。

1. 锁定传播对象

出版"走出去"要有对象意识、客体观念。自娱自乐的空谷放歌不可能产生大众传播效应，客体错位的对牛弹琴不可能实现传播目标。从宏观上说，这种对象意识和客体观念集中体现在跨文化出版传播中必须面对的文化差异。首先，出版"走出去"跟着世界文化圈、尊重文化的个性差异会更对路。文化圈意味着共同的文化特征，表明同一文化圈的读者消费出版物会呈现出共性①。这为出版"走出去"目标市场的确立提供了线索和依据。在文化圈里进一步细分会得到文化个性，文化的个性差异形成阅读的口味差异，这直接影响到出版物的选择和阅读，影响出版"走出去"的效果。其次，出版区分不同语种采取差异化方式"走出去"更便利。语言是出版"走出去"的主要障碍之一。同属于出版强国，英国、美国相比日本在出版国际化上具有的语言优势非常明显。随着我国在全世界影响的增强，汉语热度日增，带来了读者群。外语教学与研究出版社呼应国外读者的这种需要，与牛津大学出版社等合作推出了100多种学习汉语的教材。这些教材在全世界100多个国家售卖，被1亿多读者使用。

出版"走出去"要以主流人群为核心传播对象。一般说来，社会主流引领社会意识，决定文化消费。社会的统治层代表社会主流，和社会精英一起成为主流人群②。出版影响由主流人群带头和倡导，出版话语由主流人群掌控和传播。譬如，欧美的社会主流思想由政客、学者、商业领袖等主流人群创建和带动，这些主流人群是意见领袖，代表和引领阅读趋向。出版物是不是品牌、有没有话语权，这些人读了算，说了管用。《习近平谈治国理政》一书出版不到1年销售500多万册，在全世界刮起阅读劲风。这与该书在欧美主流人群中的阅读率、影响力和号召力是分不开的。

出版"走出去"要关注特定人群。这些特定人群主要包括：第一，国外的华人人群。不管这些人懂不懂汉语、能不能用汉语阅读，他们都具有我国文化的基因，对我国出版物多些关注和认同，对这些读物的阅读意愿往往更强烈。2015年，我国在韩国、日本和新加坡输出版权数千项，在版权总体输出中占比很高。这些地方不仅仅是出版"走出去"的市场，还是由此走向

① 谭跃.关于出版国际化的主要思考 [J]. 中国出版，2014（17）：11-13.
② 谭跃.关于出版国际化的主要思考 [J]. 中国出版，2014（17）：11-13.

世界其他地方的桥梁①。第二，国内的外国人。外国人来到我国，不管是学习、工作还是旅游，都为我国的出版物走近他们提供了便利。富有针对性地为这些人提供出版物和出版服务，既可以满足他们的阅读需要，也可以通过他们影响更多的外国人，进而为出版"走出去"创造更多的可能。

2.运用好渠道资源

懂得并进入国外的销售渠道是出版"走出去"的基础。首先，实体书店和网络书店是基本销售渠道，我国的出版公司要充分占有和运用好这些资源。利用资本、投资等方式拥有国外书店的股份进而获得话语权，促进"走出去"的出版物的货架占有，创造其销售条件，是必需和必要的。中国出版集团与新加坡大众集团成立合作公司后，我国图书进入了大众集团在新加坡、马来西亚等的200多家连锁书店。在未能拥有国外书店的情况下，我国的出版者要充分运用好它们以求得出版物的最大化销售。"亚马逊中国书店"是充分运用渠道资源的案例。该书店是亚马逊上唯一以国家作为标识的书店，陈列品种40多万种，覆盖全球近200个国家和地区。其次，图书馆、读书俱乐部等是重要销售渠道。发达国家的图书馆发展充分，是重要的图书渠道和阅读场所。譬如，德国有18000多家图书馆，德国人到图书馆看书比到啤酒店喝啤酒还方便。每年的有效读者1000多万人，到馆访问超过2亿人次。德国每年在图书馆方面的财政拨款超过100亿欧元②。发达国家的读书俱乐部非常发达，读书俱乐部渗透到社区，既售卖图书也组织阅读。譬如，读书俱乐部一直是出版巨头贝塔斯曼的核心业务，英国读书俱乐部图书销售额在总体销售

---

① 王志刚，度冉.华文出版"走出去"战略及实施策略探析 [J]. 出版广角，2016（19）：34-37.
② 陈懋.德国全民阅读推广研究 [J]. 图书馆理论与实践，2016（3）：17-22.

中占比接近 10%。

善于借力国外的促销宣传推广渠道是出版"走出去"的重要条件。首先，国际文化交流和出版文化展示是出版"走出去"的具体实践，是重要的宣传推广渠道。2003 年以来，我国共有12 批 250 多种"中国最美的书"参加德国莱比锡书展，其中 10多种书获得"世界最美的书"的称号。参与这种活动既展示了我国的图书也彰显了我国的出版实力。国际书展、国际学术会议等都是重要的图书宣传推广渠道，都需要我国出版者积极介入和参与。其次，专业的图书宣传推广机构是有力的宣传推广渠道。譬如，成立于 1988 年的德国阅读基金会是德国推广阅读的重要社会力量和民间组织①。最后，各种类型和层级的媒体是出版物宣传推广的重要力量。当前，国外的传统媒体，特别是传统媒体上的品牌读书栏目，在图书宣传推广上仍具有力量。同时，要特别发挥国外新媒体的宣传推广作用，以求得图书在读者和社会的更大影响和销量。

3. 出版商业运营得法

出版商业运作往往决定出版"走出去"的影响力。美国麻省理工学院的康纳德·雷萨德教授认为，行业趋向国际化受制于市场的类似性、规模经济、国家管制和国家或企业的比较优势②。其中，国家管制是政府的政策，其他三个方面都与商业运作息息相关。美国出版走向全世界是价值观渗透和商业运营结合的典范，美国的出版公司借助高超的商业运作技巧和技术在包括我国在内的国家遍地开花。出版"走出去"的商业运作复杂、具体，涉及"传播什么样的文化""以什么人为参照物""采

---

① 陈慰. 德国全民阅读推广研究 [J]. 图书馆理论与实践，2016（3）：17-22.
② 陈涛涛. 源自何方 强度几何 我国企业究竟面临怎样的国际化压力 [J]. 国际经济合作，2001（3）：19-21.

用什么方式最妥帖""依靠什么力量最靠谱""要知道如何讲故事"等问题 [1]，既要遵循一般的商业规律和逻辑，又要在具体的事务处理中灵活采取商业运作的具体措施。当前，出版"走出去"存在的局限和问题，既因为内容创新有待加强，更因为商业运作的不对路不得法。

出版"走出去"要适应和运用好国外的出版商业运营规则。世界主要的知名出版传媒集团都以各种方式在我国建立机构，了解我国的出版政策、出版运营规则，试图更大程度地打开我国的出版之门，获得更多利益。出版"走出去"要向这些出版传媒集团学习，需要了解、理解、适应和运用好国外的出版商业运营规则。本土化是适应和运用好国外的出版商业规则、实现出版"走出去"目标的有效策略。我国的出版公司通过新设、并购、合作等方式在国外拥有实体，实现机构本土化、人员本土化、内容表达和产品呈现本土化、商业运营本土化，"走出去"会更实更有效。国际化组稿、合作出版也是出版"走出去"的有效本土化方式，可以解决所提供的出版物和出版服务不适应国外读者的接受心理、接受习惯等问题。譬如，中国出版集团邀请国际知名作家、汉学家和出版人担纲推出了一批在国外适销、有人读的中国主题好书。中国图书进出口总公司在国外合作出版了大量外文图书，包括英、法、德、日、韩等语种，效益显著。译林出版社的《中国博物馆（手册）》一书的作者是来自英美知名博物馆的专家米里亚姆·克利福德、凯西·詹格兰德、安东尼·怀特，三位作者在我国游历多年，参观了百余家博物馆。该书海外版权由国际著名艺术出版商 SCALA 购得，英文版已销售 3000 册。

---

① 姜汉忠．出版国际化必须弄清的几个问题 [J]．中国出版，2016（17）：19-24．

三、出版国际化的核心是打造具有世界影响的中国出版力量

这些年，尤其是入世以后，出版国际化成了热门话题。虽然在众多的论述中不乏真知灼见，但是，对于出版国际化的科学内涵却缺少科学、完整、系统的论述。这一情况的存在直接导致两个后果：其一，对出版国际化的论述失去了源头，给人根基不稳的强烈感受；其二，对事关出版国际化的一些重要议题被忽视了，尤其是一些基础性的议题。因此，非常有必要对出版国际化的科学内涵进行认识和确认。

（一）出版国际化和本土化是辩证存在的一对范畴

1. 出版国际化和本土化的性质

第一，出版国际化和本土化是出版内部一对矛盾的两个方面。

出版内部存在着各种各样的矛盾，出版国际化和本土化只是其中一对矛盾的两个方面。出版国际化相对而言，着眼的是世界范围内出版的普遍规律，而出版本土化着眼的是特定区域内出版的特殊规律。因此，从某种意义上来说，出版国际化和本土化就是出版的普遍性和特殊性矛盾的一种表现。出版的普遍性要求各个特殊地域的出版都要遵循出版的普遍规律，而出版的特殊性决定了各个特殊地域的出版要在遵循出版普遍规律的基础上走出富于各自特色的路子。

第二，出版国际化和本土化是出版发展的两股力量。

矛盾是事物发展的根本动力，出版国际化和本土化是出版发展的两股力量。出版依托于特定区域的特定资源，并在对这种资源的组合、利用中得到发展，这实际上是出版本土化在推动着出版发展。出版本土化必然导致特定区域出版发展的不同步和差异，

这种比较差异造成不平衡，这种不平衡刺激和推动特定区域的出版不断发展。应该看到的是，出版国际化和本土化不是独自推动出版的发展，而是在互动中作用于出版，组合为一种合力，这种合力对出版的推动作用胜过任一单一因素的力量。

2. 出版国际化和本土化的辩证关系

第一，出版国际化和本土化的对立关系。

出国国际化追求普遍性，这种普遍性不是抽象的，而是强势本土化出版力量的一般化。换句话说，强势的本土化出版力量往往会自觉和不自觉地把自己的意志作为旗帜树立起来，并以此作为出版发展的普遍规律。出版国际化的过程往往就是强势出版力量作用于弱势出版力量的过程。虽然弱势出版力量可能能够追赶并超越强势出版力量，但在过程中，弱势出版力量必然付出更多。而强势出版力量和弱势出版力量的区别就是出版本土化的重要标志和体现。出版本土化试图守住自己的一方水土，绝对不愿意失去自己的品格和基本存在依托点而追求出版国际化。这样，出版国际化和本土化的对立关系就产生了。

出版国际化和本土化对立关系表现在多个层次的多个方面。从政治的层面来看，出版是社会结构中重要的宣传力量，对政治的作用力很大，也成为政治势力争夺的点。这种政治势力从出版本土化的角度表现为特定区域的区域群体意志，出版国际化意味着将这种区域群体意志泛化，削弱其区域的特殊性，从而也就削弱了其力量。从文化的层面来看，出版是民族文化的重要方面，对塑造和维护民族精神具有重要作用。这是出版本土化的核心和灵魂，出版本土化必然固守这一领地。但是，出版国际化必然意味着对这一领域的侵犯和削弱这一领域的根基，甚至动摇其支柱。从出版本身的层面来看，出版本土化可以通过许多特殊的规则寻求出版利益的最大化，而出版国际化在于打破出版的区域性保护并融入大同层面的竞争中，出版国际化的过程是一次利益的重新分配和市场位次的重新排定过程，这势必影响甚至打破由于出版本土化而形成的市场格局。

第二，出版国际化和本土化的统一关系。

出版国际化和本土化相互依存，没有出版国际化就没有出版本土化，同时，没有出版本土化也就没有出版国际化。出版国际化和本土化抱成一团，形成一个系统。出版国际化以本土化作为前提和基础，而出版本土化以国际化作为重要目标和追求。出版国际化和本土化的相互依存关系使得二者构成为一个相对平衡的整体，这个整体既是出版发展的某一阶段的状态，也是出版发展到某一阶段的动力。

出版国际化和本土化相互转化。出版国际化和本土化并非泾渭分明，出版国际化中有本土化的成分，同时，出版本土化中也有国际化的因子。出版的发展首先以本土化为基础，当本土化的东西成为一种普遍规律作用于出版并在国际范围内发挥作用时，本土化的因子也就植入出版国际化，成为出版国际化的一部分。从某种意义上来说，出版本土化必然发展为出版国际化，必然走向出版国际化。本土出版吸收特定区域外的出版因素和力量融入本土出版过程中，这是出版国际化的过程，也是出版国际化转化为本土化并为出版本土化发生作用的过程。

（二）出版国际化的必然性

从理论上来看，出版国际化是必然的。首先，出版国际化和本土化作为出版内部的一对矛盾必然推动着出版不断在国际化和本土化的动态平衡体系中打破平衡得到发展。出版的本土化战略往往是特定区域出版发展的第一步，当出版本土化发展到一定程度，与出版相关的本土资源和市场的有限必然导致出版冲出本土，走向国际，以寻求更大的发展。一方面，我们应该看到出版本土化作为出版发展的内在动力必然冲破本土的狭小范围寻求更大的舞台的必然；另一方面，我们也应该看到出版国际化作为出版发展的强大外力以和本土出版资源和市场迥异的相对优势资源和市场等诱惑吸引出版国际化成为必然。其次，出版国际化和本土化是推动出版互动发展的完整过程，出版国际化和本土化对立统一的辩证规律是制约和影响出版发展的规律。从出版发展的完整过程来看，出版国际化和本土化是不可分割的，是以合力的形式作用于出版的。但是，相对于出版发展过程中的某一阶段，出版国际化和本土化的作用力是不一样的。尽管作用力不一样，但是，出版国际化和本土化作为出版发展的趋势标志是确定的。出版本土化更多的是一种内向型的发展趋势，而出版国际化则显示出更多的外向型的发展特征。最后，出版国际化和本土化的辩证关系决定了出版国际化成为一种必然。出版国际化和本土化相互依存和相互转化的关系使得出版的国际化和本土化成为一种必然都是可能的，在出版发展的一定阶段出版国际化和本土化力量平衡的打破依靠的是出版发展依赖的外在背景和出版本身的发展状况。

出版不是封闭的系统，它依赖与环境的不断的信息交流而得到丰富和发展。环境也即出版存在的背景是出版赖以存在和发展的重要前提和基础。从目前出版所处的背景而言，出版国际化是必然的。首先，经济全球化是不可阻挡的大趋势。经济的全球化渗透到生产和经营的各行各业，影响着各行各业的发展，也就同样渗透和影响着出版。出版不可能也不会逆世界的整体潮流而特立独行，而是伴随着经济全球化的潮流不断实现国际化。其次，世界格局的多极化必然导致政治力量的相对均衡，相对均衡的政治力量寻求的是对话，而非一味地争斗。这种对话为主的状态导致出版作为对话的一种形式和载体必然在互动中起到重要的作用，从而不断走向国际化。最后，文化的多元是目前文化存在状态的一种显著特征，同时，在经济全球化和世界格局多极化的大趋势影响下，文化的多元存在状态不但不会减弱，还会增强。文化的多元为文化的交流和互动提供了前提，也就促使作为文化一支的出版国际化的程度不断提高，成为一种必然的发展趋势。

从中国出版的发展来看，出版国际化是必然的。首先，中国出版尽管处于快速发展阶段，但整体来看，还是处于发展的低水平阶段。而国外的出版经过更长的历史积累已经达到了高于中国出版的阶段，尤其是出版理念和运作技巧等都值得中国出版学习。因此，为了寻求中国出版的更快发展，中国出版必然走向世界，不断提高国际化的水准。其次，中国五千年文化积淀的富足出版文化资源、潜在的巨大出版市场、廉价但是水平不低的人力资源等都对国外出版产生了极大的诱惑，国外出版力量对中国出版市场虎视眈眈并想方设法渗入，这是另一种意义上的出版国际化。

（三）出版国际化的核心

出版国际化的核心是打造具有世界影响的中国出版力量，这种出版力量更集中地表现为具有国际影响的大型出版集团。

大型出版集团的国际影响主要表现在几个方面：第一，在世界图书市场具有相当的份额，具备相当的规模和强大的经济实力。第二，出版过或者持续出版在世界上具有相当影响的图书品牌，在某一个或者其他几个领域的出版居于世界出版的领先水平。第三，具有富于创新能力的人才队伍，人力资源丰富。第四，具有独立、独特的企业文化和企业精神。第五，能迅速接受和反馈信息，并将信息转化为出版的资源和出版成果。

目前，打造具有国际影响的大型出版集团的路径主要有如下几条：首先，大型出版社走内涵式扩张发展之路，不断壮大自己的实力，逐步扩大自己的影响，发展成为大型的出版集团。其次，出版社与出版社之间加强联合，这种联合不是行政意义上的扭合，而是以生产本身的需要为起点，以追求生产的规模效益为目的，由粗放的分散生产发展到集约式生产。最后，以资本为纽带进行链接，这种链接既可以在出版行业内进行，也可以跨出版行业，在保持出版行业独特特性的同时壮大出版单位本身的实力，扩大其影响。

在打造我们具有国际影响的大型出版集团的过程中，出版国际化是至为重要的杠杆，有了这一杠杆产生的力量，我们可以加快这种大型出版集团的形成速度，可以更快缩短我国出版产业和世界出版产业之间的距离。具体来说，主要可以从以下几个方面着力：

首先，在观念上，我们要在坚持出版是文化事业的组成部分的前提下，强化出版的产业特征，以市场为中心，塑造出版作为文化市场的经营主体的身份和角色，确立其市场经营主体的位置。同时，完善图书市场的游戏规则，健全知识产权保护体系，加大对侵权盗版的打击力度。世界上出版发达的国家在这方面远远走在我们前面，虽然这些国家的法规、制度等都打有它们的社会、文化等方面的烙印，但是，针对市场运作的许多方法、手段具有普遍的意义，有助于我们为我国的出版创造良性的环境。

其次，要努力形成我国出版集团的核心能力。具有国际影响的大型出版集团的标志就是它们具有核心能力，正是在核心能力的不断推动下，这些出版集团具有更强的竞争力，得到更快更大的发展。可以说，出版国际化的过程就是我国具有国际影响的大型出版集团的形成过程，也就是我国出版集团核心能力的形成过程。第一，我国的出版集团要千方百计融资，提高自己的资金实力，为核心能力的打造奠定资金基础。第二，我国的出版集团要加大科学技术在出版过程中的运用，提高出版集团出版运作的科技含量。一方面，以最新科技为基础的知识经济时代的到来，为我国的出版产业的突破性发展提供了历史性机遇。美国的亚马逊书店异军突起，创造了奇迹，这得益于高新科技，同样的，我们也面临着同样的机遇。另一方面，高新科技在出版产业的运用，可以提高出版产业的门槛，可以更好地满足消费者需要，可以得到更多更大的效益。第三，要提高市场运作能力和市场竞争力。营销的手段和技巧可以提高出版产业的效益，而营销的模式可以直接转化为出版产业的核心能力。我国的出版集团普遍市场运作能力差，市场竞争力不强。由于长期的市场经济制度的洗礼，发达国家游刃有余地按照市场经济的规律进行图书的生产、销售，形成了一套与市场经济体制相适应的成熟的市场运作模式。我们的出版集团在出版国际化的过程中，既要学习国外的出版营销手段和技巧，更要形成自己的营销模式和市场运作模式。第四，要在出版国际化的过程中，经过模仿、改造，不断创新，要青出于蓝而胜于蓝，要做到本土化，形成自己独具特色的创新能力。

四、"一带一路"倡议与提高中国出版国际竞争力

"一带一路"倡议为提高中国出版国际竞争力提供了巨大的机遇，也提出了重要的课题。国际化是中国出版产业的必由之路，做大了的中国出版企业特别需要经过国际历练而做强。"一带一路"沿线国家丰富的内容资源、创意资源、人力资源，可以

在互联互通中整合和激活。"一带一路"沿线国家的出版框架、出版功能、出版地位，需要在出版服务创新、出版结构调整、出版价值创造的过程中得到构建、促进和铸就。"一带一路"沿线国家年轻、充满活力的阅读人群，随着经济发展而购买力提升，进而形成富有潜力的市场。这些阅读人群集中生活在这些国家日新月异的城市，这些城市为出版的发展创造了较为优越的基础和条件。中国出版走出去，走进"一带一路"沿线国家，可以在做大规模的同时获得实效，可以在促进民心相通的同时提升能力和竞争力。

（一）以国际化战略推动出版企业发展

1. 国际化是中国出版产业的必由之路

中国出版产业的国际化由国际化与本土化的辩证关系决定。本土化是基础和根本，指发轫之国的本土，亦指国际化后东道国之本土。国际化是延伸和发展，既指走出国门、走向全球，又指国外因素融入本国。本土化到一定程度必然要求国际化，同时国际化反作用于本土化，强化本土化。中国出版产业遵循国际化和本土化矛盾运动规律，必然选择和走上国际化之路。中国出版产业的国际化符合文化强国战略和出版走出去战略。党的十七届六中全会把文化战略上升为国家战略，党的十八大后文化强国、文化繁荣昌盛是民族复兴伟大梦想的重要组成部分。中国对外文化贸易的战略目标是建党 100 周年基本建成体现对外文化贸易强国的框架，到建国 100 年全面形成对外文化贸易强国的实力，中国文化对外贸易进出口总额居世界前三位，持续保持并不断提高顺差。中国出版产业，作为中国文化产业的基础和核心、中国对外文化贸易的重要组成部分，必然选择国际化，也必须国际化。中国出版产业的国际化由出版产业的发展逻辑约束。出版产业的发展逻辑促使其不断前行、扩张，然而，国内的发展空间、影响力总是有限的，而突破空间边界意味着走向国外，走国际化道路。

2. 中国出版企业实施国际化战略正当时

目前，年图书出版品种和总印数居世界第一位，年电子出版物总量居世界第二位，印刷业年产值居世界第三位，中国是实实在在的出版大国。但是，近年，中国版权贸易还存在较大逆差，中国图书很少进入欧美主流市场，而外国图书占据着中国市场的重要份额，是阅读市场的亮点、高地和追捧对象。2016 年，中国有 4 家出版集团进入全球出版 50 强，其中中南出版传媒集团、凤凰出版传媒集团分别居第六位和第七位。但是，这 4 家出版集团的销售收入和利润中国际部分占比几乎可以忽略不计，它们几乎没有图书在国际上有影响，更谈不上掌握话语权。显然，无论中国出版还是一些中国出版企业，都已完成"本土培育""国内做大"的阶段，都可以根据国际化规律进入"全球扩张""国际做强"的新阶段。

3. "一带一路"倡议既需要又推动中国出版企业国际化。

"'一带一路'源自中国，但属于世界。'一带一路'建设跨越不同地域、不同发展阶段、不同文明，是一个开放包容的合作平台，是各方共同打造的全球公共产品……在'一带一路'建设国际合作框架内，各方秉持共商、共建、共享原则，携手应对世界经济面临的挑战，开创发展新机遇，谋求发展新动力，拓展发展新空间，实现优势互补、互利共赢，不断朝着人类命运共同体方向迈进。"[1] 出版在跨文化传播、塑造国家形象方面具有成本低、时效长、传播对象明确等优势。毋庸置疑，"一带一路"倡议需要中国出版产业通过国际化充分而有效地融入这一全球

① 习近平. "一带一路"国际合作高峰论坛重要文辑 [M]. 北京：人民出版社，2017：19-20.

公共产品的锻造中，特别是在"民心相通"方面负责任、有担当、有作为。同时，"一带一路"倡议的初衷、实质和目标，特别是"一带一路"将建成文明之路，必然给中国出版企业走出国门带来机遇，推动中国出版企业国际化。

（二）以互联互通整合和激活国际出版资源

1. "一带一路"沿线国家拥有丰富的内容资源、富有潜力的出版人力资源

"一带一路"沿线文明源远流长，有古印度文明、古巴比伦文明、古埃及文明等，有九大文化圈：东亚华夏文化圈、南亚婆罗门文化圈、中东伊斯兰文化圈、欧洲基督文化圈、亚洲内陆游牧文化圈、泰加林渔猎文化圈、非洲采猎文化圈、印第安文化圈、澳洲南岛文化圈，有数不胜数的经典和新经典，有极强的内容创造力，出版内容资源极为丰富。"一带一路"沿线国家的出版人力资源富有潜力。一方面，这些国家重视教育，国民素养整体提高的同时，一批精英涌现，他们对包括出版在内的文化传播有热情有能力，他们对关于中国的出版往往有独特的情感和投入。另一方面，改革开放以来，特别是"一带一路"倡议提出后，中国对"一带一路"沿线国家特别是非洲国家的人才培养投入多，富有效果。在中国奖学金的资助下，一批批从"一带一路"沿线国家来到中国的留学生学成回去了。在中国专门力量的组织下，一批批从"一带一路"沿线国家来到中国的官员、专业人士等培训后满载而归。这些留学生和培训过的官员、专业人士都是潜在和显在的出版人力资源，尤其是懂得中文、对中华文明有较多了解和较深理解的留学生。

2. "一带一路"沿线国家创意产业蓬勃发展

在全球创意产业总量中，美国等西方发达国家占有主要

份额，但是，"一带一路"沿线国家的创业产业强势崛起，发展速度快、增量大、潜力大。根据联合国教科文组织干事长作序、2015 年 12 月发布的 EY 研究报告《文化时代——第一张全球文化创意产业热图》，截至 2013 年底，全球文化创意产业市场规模达到 2.25 万亿美元，雇员达到 2950 万人。其中，规模增长最快的是亚洲太平洋地区，规模达 7430 亿美元，雇员达 1270 万人，位居全球第一。非洲和中东地区的规模为 560 亿美元，雇员 240 万人，增速极快[1]。新技术改变了传统创意产业，创造了全新的创意产业新业态，这种新兴创意产业代表着未来。在"一带一路"沿线国家，一些国家在这方面已取得了显著成效，这些成效有力地支撑起增量。一些国家由于基础设施等的问题，这些方面尚处于起步阶段。两种情况下的国家的新兴创意产业都处于快速增长阶段，都显现出诱人的潜力。以后者特性显著的非洲来说，根据知名电信咨询公司 Ovum 预测，非洲移动用户数 2020 年将达到13.2 亿，非洲移动互联网用户数 2020 年将超过 10 亿，非洲光纤宽带用户数 2020 年将达到 120 万。对比目前非洲大部分地区尚处于 2G 向 3G 的移动通信过渡阶段，可以看到其市场之大、潜力之大、希望之大[2]。

3. 中国出版力量整合和激活"一带一路"沿线国家的出版资源

"一带一路"倡议的价值观为中国出版力量整合和激活沿线国家的出版资源提供了前提和保障。"我们都认为，文明交流互鉴是古丝绸之路留下的精神财富，民心相通应该成为'一带一路'建设国际合作的重要组成部分。"[3] 在交流互鉴中促进民心相通，

---

① 花建. "一带一路"战略与提升中国文化产业国际竞争力研究 [J]. 同济大学学报（社会科学版），2016（5）：30-39.

② 沈御风，兰林枫. 中国文化在"一带一路"非洲支点的传播状况研究——以肯尼亚为例 [J]. 传媒，2017（7）：76.

③ 习近平. "一带一路"国际合作高峰论坛重要文辑 [M]. 北京：人民出版社，2017：26.

在民心相通中体现交流互鉴。"以和平合作、开放包容、互学互鉴、互利共赢为核心的丝路精神"①的传承和发扬意味着中国出版力量可以构建"一带一路"沿线国家出版产业共同体,借此形成"一带一路"沿线国家出版资源的整合、整体和系统。

"一带一路"沿线国家出版资源的结构化、体系化本身指向形成和发挥效益的功能,而促进这种效益落地落实的激活手段是中国出版力量实施本土化策略,和东道国的出版融合发展。"一带一路"沿线国家多、地域广,国家之间意识形态、文化传统、风俗习惯不同,民众的生活方式、思维习惯差异大。"……生产、制作各类文化产品,如在日本以动漫产品形式,在韩国以青春偶像剧'韩流'形式,在印度以'宝莱坞'等歌舞形式,在非洲大陆则以绘画、音乐等产品形式为主,加大影视、动漫、游戏等新媒体、新技术、新载体的创新力度,按照一国一策的形式精细运作。"②中国出版的本土化策略需要如此所言的"一国一策"以适应国情,进而得到东道国的最大程度的理解和支持。

（三）以整体创新提升国际出版能力

1. 出版服务重于出版产品,中国出版助力构建"一带一路"沿线国家出版新框架

出版业是服务业,出版产品是出版服务的载体和体现方式。中国出版在观念上要坚守出版的服务本位和职能,不能以出版产品代替出版服务。坚守出版服务,中国出版就能由价格和劳动力优势为主向技术、品牌、质量、服务为核心的综合竞争优势转变,就能由注重内容的物化向以内容为核心的研发、以创

---

① 习近平."一带一路"国际合作高峰论坛重要文辑 [M]. 北京:人民出版社,2017:2.

② 何明星."一带一路"国家、地区中国图书翻译出版的现状与应对 [J]. 出版广角,2015(14):22.

意为关键的设计、以服务为中心的品牌运营转变，就能由主要靠政策引导向制度规范、尊重诚信、全面服务和营造法治化国际化营商环境转变，就能由被动适应国际出版规则向主动融入并且参与国际出版规则的制定转变。这一系列转变可以形成中国出版的新框架，提升中国出版的能力和实力，也可以提高中国出版走出去的本领和本事。中国出版以出版服务力转化而来的出版管理力，融入"一带一路"沿线国家的出版产业，同样可以助力这些国家对出版的认识突破，进而构建这些国家的出版新框架。中国少年儿童新闻出版总社发出建立国际少儿出版多边合作框架的倡议，得到东盟十国、蒙古、印度、以色列、韩国、保加利亚等国家的出版机构的热烈响应和积极参与。2017 年 8 月 24 日，由中国人民大学出版社发起，来自世界 29 个国家和地区的 92 家出版商、学术机构和专业团体共同成立"一带一路"学术出版联盟。该联盟为会员单位组织各类活动提供服务，开展多种多样的合作模式，促进成员间作者、翻译、营销、版权信息、教育培训等资源共享。中国少年儿童新闻出版总社、中国人民大学出版社的倡议显现了它们的实力和能力，顺应了"一带一路"沿线国家出版机构的需求，是国际化的有效行动和举措。

2. 调整出版结构，中国出版促进形成"一带一路"沿线国家出版新功能

中国传统出版稳中求进，中国新兴出版快速发展，特别是数字出版，2016 年的产值已是传统出版的 3 倍多，而且业态新、模式新、增量大、后劲足。显然，中国的出版结构已经产生质变，这对"一带一路"沿线国家具有示范和引领效应。中国出版在结构调整中积蓄了力量，扩大了规模，产生了实效，形成了影响受众和社会的新功能。调整出版结构是"一带一路"沿线国家发展出版的策略。一方面，传统出版的产品要创新，要依托传

统出版内容通过有声化、数字化、视频化等产生新的产品形态；另一方面，全新的新兴出版业态要创造，数字出版要成为出版的主流和主力。一旦出版结构调整到位，"一带一路"沿线国家的出版就会形成新功能，发挥新作用。五洲传播出版社创建和运营了 that's 阿文中国数字内容运营平台。该平台拥有阿拉伯出版商协会、埃及出版商协会等多家战略合作伙伴，与多家阿拉伯地区的出版商签订了授权合作协议，获得 3000 余种阿语本土数字内容的授权。中东地区《金字塔报》等 4 家报纸还专门进行了采访，并认为"这是阿中文化交流最有创意、最真实的平台，是一个互利共赢的融合式发展的平台"[①]。五洲传播出版社的国际化举措利于相关国家出版观念的转变、出版结构的调整、出版新功能的实现，也利于自身的发展和能力、竞争力提升。

3. 创造新价值，中国出版支持铸就"一带一路"沿线国家出版新地位

对于中国出版来说，IP、全版权运营是近年涌现出来的新概念。这些新概念反映了中国出版的新现象，创造了中国出版的新价值，同时创造了中国出版的新地位。中国出版的新地位集中体现在它从文化中介转变成了文化中心[②]。如果说中国出版是处于核心的内圆，那么在它的外围一圈一圈涟漪般拓展的是文化业的其他产业和业态。没有出版业提供源头的内容和创意，文化业的其他产业和业态就会没有活水。中国出版的内容既直接影响读者进而影响社会，也通过以此为基础转化而成的其他文化形态和文化产品更大范围更丰富地影响受众和社会。中国出版的新概念可以形成"一带一路"沿线国家对出版的新认识，中国出版的新

---

① 邱红艳，五洲传播出版社 that's books 多文版平台在西语和阿语地区的发展 [J]. 全国新书目，2015（7）：8-9.
② 谢清风. 出版的未来：从文化中介到文化中心 [J]. 科技与出版，2017（3）：31-35.

地位可以指引这些国家创新出版的运营，进而创造出版在这些国家的新地位。中国知网提出的"中英文丝路文化数据库多国合作项目"入选丝路书香工程。该项目包括一个平台、四类资源体系、一整套数字文化地图和八个专业服务方向，即丝路文化遗产及其研究文献数据库、特色文化与艺术作品数据库、丝路国家国情数据库、丝路国家社会经济发展信息及其研究成果数据库，搭建丝绸之路经济带知识文化多国共享平台，基于此平台开发一套数字文化地图，为丝路国家的基础设施建设经济、文化、科技等各方面的合作提供服务。这个项目的实施是中国知网国际化的重要一步，也会给"一带一路"沿线国家的出版创造新价值、铸就新地位带来启示。

（四）以新市场机遇扩大国际出版规模和效益

1. 富有潜力的"一带一路"沿线国家出版消费人群

"一带一路"沿线国家，聚集了全球最大比例的年轻人口。譬如，根据欧睿机构的研究，东盟人口总数超过 6.3 亿，占 60% 的人口年龄在 35 岁以下，15 岁~64 岁的劳动人口占 65%[①]。中产阶级是社会的影响力人群，是消费的中坚力量，是出版消费的主要群体。"一带一路"沿线国家是全球中产阶级消费人群增长最快的区域。截至 2014 年，亚洲已拥有中产阶级的文化消费者 5.25 亿。"2009 年亚太地区的中产阶级占全球的 1/3，预计到 2030 年这一地区的中产阶级将占全球的 2/3。"[②]"一带一路"沿线国家大力发展教育，一代代年轻人将得到更好的教育，他们的知识素养会提高，精神素养会提升。

---

① 花建.“一带一路”战略与提升中国文化产业国际竞争力研究 [J]. 同济大学学报（社会科学版），2016（5）：30-39.
② 花建.“一带一路”战略与提升中国文化产业国际竞争力研究 [J]. 同济大学学报（社会科学版），2016（5）：30-39.

这些都意味着出版的巨大潜力和红利。北京出版集团出版的《人民的名义》售出俄语、韩语、日语、越南语、哈萨克斯坦语、吉尔吉斯斯坦语等版权，《额尔古纳河右岸》售出韩文版、日文版等6种语种版权，《金山》售出希伯来语等9种语种版权，《穆斯林的葬礼》《平凡的世界》售出马来语、塞尔维亚语等4种语种版权，《跑步穿过中关村》售出阿拉伯语等4种语种版权。北京出版集团的国际版权贸易从一个侧面反映了"一带一路"沿线国家的出版消费需求和市场潜力。

2. 充满活力的"一带一路"沿线国家出版集聚城市群

"一带一路"沿线国家在地缘上可大致归入七大板块：东北亚、东南亚、中亚、南亚、西亚、北非、中东欧。在这些板块和国家里，具有战略意义和影响力的枢纽是城市。如果把"一带一路"比作一张网，那么网点就是城市。这些城市是这些板块和国家的主要发展节点和区域中心，是这些板块和国家联通世界的门户。这些城市集聚了各种资源、人员和信息，基础设施相对完善，创新创业相对优势明显。出版产业是知识、资金、资源密集型产业，必须依托中心城市。"一带一路"沿线国家的中心城市是这些国家的出版集聚地，也为中国出版进入这些国家提供了有利条件。这些城市联通起来成为出版集聚城市群，更有利于中国出版的进入。至今，中国出版在"一带一路"沿线国家已有大量国际化实践，也颇有收获。譬如，云南新知集团在柬埔寨金边、老挝万象、马来西亚吉隆坡、缅甸曼德勒、斯里兰卡科伦坡、泰国清迈、尼泊尔加德满都、印度尼西亚雅加达开设了国际连锁华文书局，这些书店因为规模、特色等成为当地文化领域的新地标。

3. 新的目标市场策略扩大中国出版的国际规模和效益

"美日欧等发达国家在研究目标市场时，主要考虑两大要素：目标市场的潜力和本国产品的竞争优势。它们的基本策略是：优先进入与本国制度比较接近、文化传统上互通、市场开发成本和运营风险比较低，容易避开贸易壁垒的国家和地区，优先进入竞争对手比较弱，本国文化产品和文化服务竞争力相对强盛，容易获得比较优势的地区，然后再向全球其他地区拓展。"①显然，"一带一路"沿线国家为中国出版的发展提供了重要的机遇，是中国出版的目标市场。中国出版需要调整目标市场策略，将重心由欧美转向这里。对于这一目标市场，中国出版可以在细分的基础上采取不同的策略。深受中华文化影响的东亚、东南亚等地区，人们了解中国较充分，中国出版可以加大力度全面进入。南亚、西亚的许多国家和地区，对中国的了解和理解处于中国改革开放前甚至更早一些的阶段，而且中国在这些地方的印象普遍由西方主流思想和舆论塑造，极为过时、片面和负面，中国出版进入时要注意策略、方式和方法，选择数字出版、新媒体优先进入较为现实，因为可以避免和西方出版力量正面竞争和冲突。在南亚、西亚和中亚大陆内部的一些国家和地区，中国图书几乎没有。这些地方民族语言多，适用面广，使用人数多，文化交流困难，亟待中国出版去填补空白。"自 2013 年倡议提出以来，'一带一路'建设从无到有、由点及面，进度和成果超出预期。从早期的产能合作，国内优势产能转移，到如今更高层次的全球经济合作，'一带一路'建设正成为应对逆全球化浪潮的最好'注脚'。"②"一带一路"倡议能给顺势而为的中国出版带来可期的国际规模和效益。

---

① 花建 . 中国对外文化贸易体系构建研究 [J]. 学习与探索，2013（7）：94.
② 顾阳 . "一带一路" 建设步入发展黄金期 [EB/OL]. [2017-09-05].https：//www.yidaiyilu.gov.cn/jcsj/sjrw/7528.htm.

五、图书外译出版的原则和理论

图书外译出版，从过程角度换成较完整、细化的表述，可为中国图书对外的创意策划、翻译、编辑、印制、发行、销售、推广，其中，创意重划并确定对外的图书是前提，翻译是基础，落着点是出版，目标和目的是效果与效益。基于此界定，图书外译出版需要遵循一些原则、依据一些理论。

（一）原则

图书外译出版原则指图书对外翻译出版的准则、标准，是自上而下的指导思想的具体化，是自下而上的长期实践经验和教训的总结，是上下结合梳理、分析各种现象后挖掘、发现的规律。这些原则指引方向、框定边界、明确路径，为思考分析、落实提升图书外译出版提供思想观念和方法论。

1. 文化多样性原则

图书外译出版的文化多样性原则，指中国图书对外翻译出版尊重文化的个性，认同文化多样性，平等对待文化，维护和促进文化的丰富性。

文化是精神生产的产物。一定区域一定社会形态中的人，改造环境，进行精神生产，形成文化。每种文化因为创造的人不同、适应的环境不同、对应的社会形态不同，拥有自己的特色，具有自身的个性，这种特色和个性造就文化间的差异性，这种差异性产生文化存在的多样性、丰富性。民族是在历史、文化、语言等方面和其他人群区分的群体，是经过长期历史发展后形成的稳定共同体。文化是民族特性的显著表现和重要体现，因而文化的多样性与民族的个性相伴相随。

文化的多样性与文化的平等一致。站在文化的整体看，文化的存在是相对的，即相对于特定的区域、社会形态等决定的环境，相对于特定的创造主体。这种文化的相对性，意味着不同文化之间不存在优劣之分，是平等的。具体到某一种文化，从纵向看，其存在是一个发展的过程，本身可以区分先进和落后。对于文化的多样性，既不能因为过分强调文化的相对性，封闭自身，以致不能有效吸纳外来文化优秀成果，阻碍文化的发展，也不能因为背离文化平等，将文化的差异性与文化的优劣捆绑在一起，打着文化先进的旗号同化、消灭所谓落后文化，使得文化多样性削弱甚至消失。

经济全球化严重冲击和改变文化多样性。经济全球化是全世界的趋势和事实，与此相应的是金融全球化、媒介全球化，成为一种价值观，显现为潮流。顺应经济全球化，文化工业、文化产业等批量生产出大规模富有吸引力的文化产品，跨越国境，在更广阔的疆域传播、消费，影响更多消费者，培育其口味和趣味，削弱甚至消除其原有文化积累。这种影响同化了一些国家的文化，也让一些国家原有的文化没有了面貌和根基并日益远去。这种影响的势头，让人感到世界文化同一的来日光景。在这种文化大势中，美国是引领者，美国文化是拳头，美国文化产品成了标配。美国和美国文化倡导和推动文化全球化，实质上，是力图达成美国文化世界化，实现世界文化美国化。

反文化全球化、保文化多样性是世界性力量，是全球性潮流。之前的关贸总协定和之后的 WTO 是世界贸易的规则体系和约束系统，其理念和规则都要求各国打开大门，加大开放，促进全球贸易，带来全球经济发展。文化商品和服务遵循这些理念和规则，需要融入世界贸易的体系中，需要全面开放，但是，若这样持续日久，则各国文化、精神等会被日渐同化，文化的多样性会被日益侵蚀而消失。法国对自身的文化非常敏感，早就意识到文化独立、精神独有于民族的重要和必要。1959年，法国宣布成立文化部，非常严格地保护着文化传承，借助资助等各种方式，既养成大众的文化意识，又强化着各种文化记忆和文化创新。面对外来文化的剧烈影响，法国强烈意识到问题的严重性，针对国际贸易提出文化例外，反对文化的自由贸易，甚至不惜以退出关贸总协定为代价。后来，法国在WTO的谈判中，强调文化多元。法国的理念得到世界一些国家的认同和支持，在其倡导下，2005年10月，联合国教科文组织以压倒性多数通过了《保护和促进文化表现形式多样化公约》，体现了126个签约国对保护文化多样性的一致信念。因此，尽管世界各国难以抵制美国文化商品的强劲涌入，但是，许多国家意识到了文化多样性问题，在保护各自文化特性上投入更多、着力更足。

图书外译出版是重要的文化活动，以文化作为内容，以促进文化发展为目的。从文化间的互动来看，中国图书承载的中国文化作为目标地文化发展的外力存在，意在促进目标地文化发展，而目标地文化基于自身发展需要，以中国文化为营养，从中国文化中获取发展的力量。无论面对什么情况、采取什么行动，文化多样性是图书外译出版的原则。图书外译出版以尊重对象国文化为前提，以维护文化多样性为边界，并通过文化的交流丰富、强化这种前提和边界。

2. 交流互鉴原则

图书外译出版的交流互鉴原则，指中国图书对外翻译出版是为了让中国文化和世界文化互动交流，相互取长补短，相互借鉴，相互促进。

在现代通信技术和现代交通技术的影响下，即便在全球范围内，人与人之间的距离也越来越近了，"地球村"的概念非常形象地描述了这种状况。同时，全球化浪潮带来极大的冲击力，世界人口流动越来越快、越来越大，不同文化属性的人的混居、同在普遍存在。然而，尽管不同文化属性的人群距离拉近了，但是，这不但没有减少不同文化之间的矛盾，反而冲突越来越多、越来越大。面对这种现实，文化交流越来越必要，压力也越来越大。

文化交流基于文化融合，促进文化认同，在求同存异中达成和谐，在追求更多共同之处中彼此发展。不同文化通过比较后得到彼此的异同，基于彼此的异同而彼此借鉴，借的是对方的优势，借的是对方的参照作用，强化的是自身的特点和特色，发展的是自身的素养和实力。在文化交流中，一种文化和另一种文化碰撞、融通、理解、和谐，对于交流者来说，是站在另一种文化的肩膀上理解自身文化、发展自身文化的乘法效应，而非衰减自身、削弱自身的减法或除法效应。

文化交流互鉴意味着对话。文化间相互学习时，对话是通路。文化间矛盾化解时，对话是解决方式。对话是文化在交流中发展的空间，一种文化和另一种文化对话，意味着一种文化给予另一种文化相处的空间、学习的空间，对于另一种文化来说，情况也是如此。通过对话，各自文化的主体相通，特别是人心相通。对话理论的提出者、苏联思想家巴赫金说："一切莫不都归结于对话，归结于对话式的对立，这是一切的中心。一切都是手段，对话才是目的。单一的声音，什么也结束不了，什么也解决不了。两个声音才是生命的最低条件，生存的最低条件……对话的基本公式是很简单的：表现为'我'与'别人'对立的人与人的对立。"[1]

图书外译出版过程中，中国图书走出去，进入目标国家和地区，和目标国家和地区的文化对接、交流和碰撞。在进入目标

---

① ［俄］巴赫金. 巴赫金全集：第 5 卷 [M]. 石家庄：河北教育出版社，1998：340-341.

国家和地区之前，中国的出版工作者要了解对方的文化，进入之后，不但检验对对方文化了解的全面、深入程度，而且拥有了进一步了解对方文化的机会和空间。同时，目标国家和地区面对一种外来文化，从陌生到了解到交流再到借鉴，经历一个过程。若坚持交流互鉴原则，则图书外译出版历经过程后促进彼此文化的发展；若背离了交流互鉴原则，则图书外译出版寸步难行。

3. 实际实效原则

图书外译出版的实际实效原则，指图书对外翻译出版是我国主动或者我国呼应目标国家和地区的需要而为，讲述的是中国故事，形成的是中国话语，构建的是中国的话语体系，追求的是中国的国际话语权。

随着人类命运共同体理念的全球倡导和践行，随着"一带一路"建设的拓展和深入，作为世界第二大经济体的中国，在全世界的影响日益增大，许多国家和地区了解中国的愿望和诉求越来越强烈。同时，中国的发展、中国在全球的活动没有得到世界的真实了解和正确理解，反而在西方主导的舆论影响下，不断地被误解，不断地招致骂声。因此，发出中国的声音，讲述中国的故事，成了环境所迫、发展所需，是我国出版面临的紧要实际挑战和现实问题。

讲述中国故事是图书外译出版的需要，是实际之举。讲述中国故事，既指讲述中国的文化故事，也讲述中国的发展故事，还指讲述中国的世界作为，特别是中国在国外的故事。中国文化是和平、和谐文化，要从优秀传统文化中选择价值观正确、内涵丰富、易懂动听的故事，讲给世界听，讲给外国读者听。中国的发展故事是倡导和平、和谐的故事，是让世界放心的故事，这些富有时代感、反映时代精神的故事，既是中国发展现实的刻画和描述，也是中国人个性、精神、魅力的展现，要从当代特别是当下丰富多彩的生动实践中，从眼前身边魅力十足的人群中，发现美的形象的适合世界的能吸引外国读者的故事，让世界因为这些故事更丰富，让外国人因为这些故事多一份享受，也多一种见识。中国在国外的作为，是促进世界和谐、帮助世界发展、利于世界和平的举动，是为世界谋大同的行动和活动。为了世界的发展，为了一些国家的进步，中国积极奉献和贡献，授人以渔，为它们打基础、铺发展之路。要跟上这些项目和工程，要融入这些项目和工程的团队中，要通过世界的眼、外国人的讲述，传播中国工程、项目和中国建设者的故事。要通过这些故事反映中国的价值观、理念和追求，要用这些故事告诉世人中国人的付出和良善。

在讲述、讲好中国故事的同时，让这些故事借助传播力，形成引导力，进而产生影响力、公信力，是图书外译出版追求实效的目标实现、效果达成和效应体现。首先是形成中国话语，构建中国话语体系。图书外译出版是传播，传播的基础是有自己的话、讲自己的话。站在世界的维度，基于世界各国读者的需求，结合世界各国的实情，创建、产生适应性强的中国话语，并基于一定的方式结构为话语体系。这种话语体系的价值观体现人类命运共同体价值，这种话语体系在技术层面适配环境，特别是得到对象国的认同和接受。其次是构建国际传播体系，让话语传得开。国际传播体系离不开硬件设施，包括基本组织、网络等；离不开信息流，包括信息源于哪里，传向哪里，通过什么介质和力量传；离不开一套合理、高效的机制，包括管理的制度、流程、激励措施等；离不开专业、敬业、充满活力、富有创造性的团队，包括创意人员、专业人员和管理者等。再次是获得中国的世界话语权。中国的世界话语权之一是中国要有声音，即有影响力的事件和人物存在，就有中国的话语存在；需要推出中国的理念、事件和人物，就有能承担任务的话语出现。中国的世界话语权之二是中国发出的声音要有影响力，要有人听，要让需要听的人听进去。中国的世界话语需要在世界各领域累积信任，需要在世界各国人那里拥有信用。

4. 系统掌控原则

图书外译出版的系统掌控原则，指图书对外翻译出版要构建运作体系，要形成运营整体，要体现对过程的控制，要达成效果。

图书外译出版是一个复杂的过程。从对对象国家和地区的调查研究，到选择合适的图书，和合适的译者合作创造合适的文本，推出合适的图书，经过有力有效的渠道将图书送达购买者，到通过宣传推广活动让读者产生阅读兴趣并实现阅读，如此等等，构成系统工程。每一个环节必须精心把握，做到位。环节与环节之间要合理有效衔接，形成体现结构性的链条。

图书外译出版需要及时反馈和科学评价。及时反馈对应图书外译出版的过程，即每走一步每推进一个环节，都能得到信息，都能掌握情况。科学评价既指过程中根据反馈而给出评估结果，也指过程完毕后的效果评估和分析。这种评价需要有合适的评估理论支持，需要找到合适的参照，需要构建评估模型，需要设计评估指标，需要在评估实践中不断发展和成熟。

图书外译出版需要适应环境，不断更新系统。系统掌控意味着图书外译出版是动态的变化的，这种状态始终与所处环境在交换交流交融，若匹配环境则发展顺畅，若与环境的关系错乱则发展失衡。图书外译出版的环境既包括国内环境、国外环境、世界环境，也包括特定的诸如新技术带来的影响。包括大数据技术、现代通信讯技术、互联网技术等在内的现代信息技术，引发又一次全球性的技术革命，深远、深刻地影响一切，图书外译出版自然不例外。图书外译出版必须充分借助和利用新技术红利，在出版全程中全面融入新技术，提高传播的质量和效率效能。

（二）理论

图书外译出版的理论，指图书对外翻译出版的思想、方法论和指南等，从外部联系看，这些理论是借来的，是用来促进形成针对性和指导性更强的专门理论的。从内在生成看，这些理论基于图书对外翻译出版实践，是对实践规律的总结、发现和提炼。至今，尚未有成型的图书外译出版理论，因而在此只能介绍助力该理论产生和借鉴、图书外译出版实践接受指导的主要理论。

1.翻译理论

作为图书外译出版的基础，翻译奠定其成功。在图书外译实践中，出版机构和译者探索翻译路径、翻译模式，不断创新翻译方法、方式和手段。然而，这种实践经验和教训的总结与反思，终究是有限的，不但满足不了实践的需要，而且因为领域和对象的不同，可能误导具体的外译活动。

翻译理论指明翻译的客观规律，为外译提供指南。刘宓庆认为翻译理论具有认知职能、执行职能、校正职能和提升职能，他说："通过翻译理论的揭示，可以使我们认识到翻译作为语际转换过程的实质，翻译的各项基本规范以及语言作为符号系统在转换（换码）中的行为模式。"[①] 显然，图书外译出版离不开翻译理论的指导。翻译理论指导图书外译出版，利于提高其翻译质量，进而提高其内容质量，利于提高其翻译速度和效率，进而促进出版物的生产进度、助力出版效果效益的获得。

翻译理论从被质疑和轻视发展到具有自己的体系、成为具有学术含量的专业学科，经历了较长的过程。在发展过程中，翻译理论充分吸纳传播学、文化学等专业的成果。因此，翻译理论的

---

① 刘宓庆. 新编当代翻译理论 [M]. 北京：中国对外翻译出版有限公司，2012：2.

综合、包容和丰富，与图书外译出版的需要更趋一致，既有助于图书外译，也利于外译图书的传播。譬如，谢天振从比较文学的角度研究翻译学，注重翻译学的文化特性，将翻译学领入更广阔的文化空间，并称之为译介学。译介学"它关心的是翻译（主要是文学翻译）作为人类一种跨文化交流的实践活动所具有的独特价值和意义"，[①]对图书外译出版具有特别的启发和借鉴指导价值。

2. 出版理论

出版是图书外译出版的中心，决定其成功。图书外译出版的实践富有经验和教训，探索出了不少具有借鉴意义的方法、方式、模式等，特别是在具体的外译出版领域。譬如，一些学者深入研究中国文学百年对外传播，总结了中国文学外译出版的方方面面的做法和存在的问题。出版理论源于实践，是对实践的总结、提炼和抽象，自然离不开图书外译出版实践。但是，总体而言，出版理论对图书外译出版的关注不多不够，基本上没有将其纳入体系中，哪怕涉及，也只是在谈出版走出去或图书版权贸易等时有只言片语。然而，出版理论对图书外译出版的指导和影响是确定的。从已有图书外译出版的研究成果看，基本上以出版理论作为理论基础，借助出版理论的思想框架和方法论，分析、阐释其实务。从持续至今的图书外译出版实践来看，基本上遵循一般出版的管理，遵循一般出版的规律，是在一般出版理论的指导下实施和发展的。

出版的理论体系和学科建设一直在进行中，至今尚未完全排除质疑，未得到学界、业界的确定认同。国外的出版理论被引进，譬如，《图书出版的艺术与科学》《图书出版指南》《为盈利而出版》《图书出版实务》等。但是，与其说它们是国外的

---

① 谢天振.译介学导论[M].2版.北京：北京大学出版社，2007：11.

图书出版理论，不如说是国外出版的实践经验、模式总结，因为国外本就趋向于出版无理论的认识，出版也没有构建独立的理论体系。相对来说，国内的出版学研究更积极和充分，一些大学坚守出版学科建设，提出出版理论体系。譬如，武汉大学的罗紫初教授在出版学的建设上筚路蓝缕，几十年如一日，不懈探索，其《出版学基础》从供需关系出发，探索了出版的基本规律；其《比较出版学》从比较学的视角研究了中外出版的同与异，对出版学建设富有裨益。事实上，无论是国外的出版实务总结，还是国内的出版思考，都值得图书外译出版学习、借鉴，同时，因为出版理论的局限，这种学习、借鉴是辩证的，要既取之也批判之。唯其如此，才利于出版理论的发展，也利于图书外译出版的思考和实践。

3. 传播理论

传播理论是出版的理论基础，自然为图书外译出版提供理论支持。传播理论为图书外译出版提供观念、思维和方法论指导，拓展其视野，扩充其领域，增强其效果，具体来说至少表现在两个方面：第一，传播意识的养成。图书外译出版遵循传播规律才能获得合适的好内容，只有通过传播活动才可能拥有读者，只有通过阅读才能达成效果。这种传播意识的影响，利于图书外译出版找到方向，找到发展之路。第二，传播模式和方法的借鉴。因为传播理论，特别是传播模式和方法，所以图书外译出版能找到规律，找到较为合理的路径，采取实在的措施，达成目的，实现目标。

传播理论于我国是舶来品，其理论框架和话语体系有待本土化。这一则体现了我国的传播理论的局限性，二则加大了图书外译出版吸纳传播理论营养的复杂性和艰难性。传播理论本土化任务没有完成，国外的传播话语体系可能给图书外译出版带来误解，甚至陷阱。譬如，美国的传播理论在全球具有重要的地位和影响力，得到我国学界、业界等的深入学习甚至深度认同，但是，这些传播理论的根基是美国的传播实践，内核是美国的价值观和观念，素材大都是美国的传播实践和实务。面对这样的话语和理论，图书外译出版一不小心就可能被牵着鼻子走，用自己的素材承载着别人的内核，传播着别人的价值观，乐在其中而不自知。

跨文化传播理论是传播学的分支，为国际传播提供更直接的指导，自然与图书外译出版更贴近。该理论尊重和认同文化多样性："我们认为，所有文明社会的第一定律是，只要不危及他人，就应该保持多样性。"① 基于文化多样性，它努力为克服文化交流的困难、提高文化交流的能力提供路径、方法。图书外译出版可以从这种理论中得到思维的启迪、方法的借鉴。

4. 国际话语权理论

国际话语权是国际关系中，一种国际行为主体对其他行为主体，用话语的方式施加的意在改变其意志和行为的能力、力量。国际话语权理论以国际话语权为研究对象，探索国际话语权存在、形成的规律。福柯正式提出话语权的概念，深刻阐述了话语、知识和权利的关系。国际话语权是"国际"和"话语权"的融合，是话语权在国际关系中的体现和作用。从过程看，该理论强调话语体系的构建和倡导。从结果看，该理论重在话语权的拥有。该理论与文化软实力、国际传播、国家形象的塑造等交织在一起，产生了巨大的影响力。

图书外译出版的目的是要形成我国的对外话语，构建我国的对外话语体系，让我国的对外话语体系在全世界拥有市场，产生

---

① [美]拉里·A.萨摩瓦，理查德·E.波特等.跨文化传播[M].闵惠泉，王炜，徐培喜，等译.北京：中国人民大学出版社，2013：2.

影响，形成话语权。由此可见国际话语权理论与图书外译出版的密切关系。国际话语权理论既为图书外译出版提供了方向和目标，也提供了结果和效益评价的标准和指标；既为图书外译出版准备了路径和方法，也提供了思维方式和运营借鉴。

国际话语权是衡量一个国家文化软实力的重要指标，国家的文化软实力需要通过国际话语权得到体现和扩散。国际影响力是复杂的体系，国际话语权是体现这种影响力的最丰富最持久最深厚的力量。国外视野中的国家形象是各种力量交织下对国家的综合感受和图景，国际话语权是刻画和呈现国家形象的重要途径和筹码。图书外译出版和国际话语权紧密相连，体现国家文化软实力，产生国际影响力，助力国家形象的塑造。

第二节 出版国际化策略

一、当代文学在"一带一路"沿线国家的传播创新

"《红楼梦》流播俄罗斯 200 多年历经坎坷，在俄罗斯不同的历史时期表现出学习工具、历史认知、文学审美、传统文化、政治功利等多重价值。"① 如同《红楼梦》，当代文学在"一带一路"沿线国家具有重要的传播价值。2015 年 5 月 21 日，《人民日报》海外版创刊 30 周年之际，习近平总书记作出重要批示，要求对外传播"锐意创新，用海外读者乐于接受的方式、易于理解的语言，讲述好中国故事，传播好中国声音，努力成为增信释疑、凝心聚力的桥梁纽带"②。创新当代文学在"一带一路"沿线国家的传播，实现其传播价值，是学界的重要课题，也是业界的重要任务。

（一）背景：新旧影响并存

1. 趋势："一带一路"大时代

"一带一路"倡议是中国全球化的重要思想和实践，引领中

---

① 李锦霞.《红楼梦》在俄罗斯传播中的价值取向问题 [J]. 河北工业大学学报（社会科学版），2013（2）：51.

② 人民网. 习近平就人民日报海外版创刊 30 周年作出重要批示 [EB/OL].（2015-05-21）[2018-10-26]. http://politics.people.com.cn/n/2015/0521/c1001-27038345.html.

国和"一带一路"沿线国家进入共商共建共享的大时代。"五通"是大时代的基础，合作是大时代的路径，共同发展是大时代的目标。大时代意味着一种趋势，即"一带一路"沿线成为世界发展的重心，这里市场勃发、资源聚集、机会增多。大时代孕育和催生需要，这种需要是变化、发展和实现梦想，是向倡议的发起者和主要推动者中国聚拢。大时代的趋势和需要创新和创造世界文化，同时其价值观、理念等需要文化的支持，特别需要通过文化传播让民心相通，助力建设。这为当代文学在"一带一路"沿线国家的传播带来了巨大的空间和重大的机遇。

2. 状况：多样复杂的环境

"一带一路"沿线国家分布于亚欧非三大洲，自然环境、资源禀赋、人口结构差异大，意识形态、政治体制和制度不同，经济发展水平不一，社会治理处于不同层次，特别是民族、宗教、文化的状况复杂。世界古文明居于此，世界主要宗教源于此，世界主要文化圈存于此。这里汇聚 46 个非通用语种（相当一部分是民族语言），风俗习惯、生活方式迥异，显在、隐性冲突多。多样复杂的状况容易带来人际、组织间的误读和误解，是当代文学在"一带一路"沿线国家传播时必须直面的坎，会为这一传播增添不少困难和障碍。

3. 历史：多重、深刻的被影响烙印

"一带一路"沿线，诸如越南、韩国等国家深受中华文化影响，属于大中华文化圈。苏联的加盟共和国，不管现在是否属于独联体，都留下了俄罗斯的痕迹。西方中心主义存在于绝大部分国家，一则因为不少国家曾是西方的殖民地而深受其影响，二则因为西方近百年来的绝对强势和霸道产生了无孔不入的影响力。西方中心主义不只是西方的意愿和目的，还成为这些国家的集体意识。这三股影响力或部分或全部作用于某个国家，削弱了这个国家文化的单一性和纯粹性，增加了文化传播的复杂性和难度。当代文学在"一带一路"沿线国家的传播，既要清楚对象国的传统，也要清楚对象国的被影响烙印；既要利用中华文化影响形成的有利基础，以达成更有效更高效的传播，又不能出现"中国当代文学中心主义"倾向，还要削弱和避免其他烙印带来的"文化定式"的阻滞作用。

（二）现状：相对困难的局面

1. 结构不显，存在感弱

在"一带一路"沿线国家传播的当代文学数量不多。以富有代表性的经典中国国际出版工程为例，2016年、2017年、2018年资助项目数分别为126项、87项、101项，其中针对"一带一路"的当代文学作品分别为11项、1项、1项。除了中国政府组织的翻译行为之外，当代文学在"一带一路"沿线的许多国家得到的翻译和出版极为有限。在"一带一路"沿线国家传播的当代文学整体质量不高，这一方面表现为这些作品不能代表当代文学的水平，另一方面体现在翻译质量参差不齐。当代文学在"一带一路"沿线国家的传播没有结构意识，更没有形成结构，既没有基于当代文学的内容或体裁等标准选择作品并使之成为体系，也没有针对对象国或对象国读者的需要推出富有结构性的当代文学作品群。因此，整体来说，当代文学在"一带一路"沿线国家露面机会少、存在感弱，在一些国家甚至被忽略。

2. 效果不佳，影响力弱

在"一带一路"沿线国家传播的当代文学总量和种均销量都少。除了由商业出版机构推出的少量品种，大部分当代文学作品尽管由大学出版社、研究机构出版社等出版了，但大都止于圈子里，主要供研究和资料积累之用，印量少，销量更少。2015年，中国画报社莫斯科分社对莫斯科市中心的六大书城进行调研，共333本图书在架，其中当代文学只有莫言的《丰乳肥臀》《生死疲劳》《酒国》等①。在"一带一路"沿线国家传播的当代文学几乎没有畅销书，没有多少给读者留下深刻印象的精品，没有多少读者参与的传播活动，更没有现象级的阅读事件、阅读活动和阅读品牌。无论是"一带一路"沿线国家的读者还是专业的评论家，都较少对当代文学发表评论，对象国的媒体上很少看到当代文学的消息和评论，当代文学给予对象国的获得感差，更谈不上产生较为充分的影响力。

3. 可持续性不强，发展力弱

当代文学在"一带一路"沿线国家的传播主要靠政府的推力，以"送出去"为主。国内的出版社积极性不强，往往是得到国家资助就做，被任务指标压着不得不做甚至为此做假。国外的出版社因为不能得到回报所以动力不足，或者因为是政府间的出版合作为出书而出书，或者和国内的出版社合作以分享政府的资助。因为没有潜心探索和寻找合理有效的发展模式，所以当代文学在"一带一路"沿线国家的传播，短、平、快的短期行为多，培养读者、培育市场、耕耘阅读的长期作为少，在对象国没有造就读者群，没有成就运营模式，没有探索出发展道路。既没有出版传播主体的推力，又没有读者的拉力；既没有发展的自主动力，又没有市场的活力，因此，当代文学在"一带一路"沿线国家的传播较为艰难，尚处于起步阶段。

---

① 隋艳. 中国当代文学在俄罗斯传播现状和建议 [EB/OL]. [2018-10-27]. https://mp.weixin.qq.com/s？__biz=MzAxMDA5ODczNg%3D%3D&idx=1&mid=2652341842&sn=02d9e6bb41e6b75cd6e376c02f2530dc.

（三）原因：文化自觉、文化理性、文化自信不足

1. 想不到：认识不到位局限当代文学的传播空间

当代文学在"一带一路"沿线国家传播的认识不到位是文化自觉问题，表现为：不能把当代文学的传播和"一带一路"倡议充分对应，将文学和时代使命融合；不能把当代文学的传播深扎于思想深处，将文学和思想影响融合；不能把当代文学的传播优势充分发挥出来，将文学和通路融合。没有想到"一带一路"大时代于当代文学传播的利好，没有想到当代文学传播思想、传递影响的特点和优势，也就发现不了或不能充分发现当代文学在"一带一路"沿线国家的传播机遇和空间，更不会自觉自愿地投入这一传播行动中。

2. 看不到：信息不对称限制当代文学的传播作为

当代文学在"一带一路"沿线国家传播的信息不对称是文化理性问题，即因为文化理性缺失或不足导致没有或没有充分进行实证调研，没有或没有充分了解和懂得区域、市场、读者的情况，没有或没有充分用数据和事实支撑传播行为。在"一带一路"沿线国家传播当代文学时，既有不愿意看清目标市场的态度问题，也有没有认真投入调研的执行问题。因为缺乏文化理性，所以传播行为盲目，也就难有传播作为。

3. 做不到：能力不充分制约当代文学的传播效果

当代文学在"一带一路"沿线国家传播能力不充分的根源在于没有充分的文化自信，主要包括三个方面：其一，对中华文化不自信，特别是对承载当代文化的中国道路、中国制度、中国模式等没有信心，做不到理直气壮。其二，对当代文学不自信，认为没有具备足够实力的作品，没有自己的文学话语，更没有和国外平等对话的文学话语权。其三，对出版和传播实力不自信，进入国外市场时有些怯场和自卑。因为没有充分的文化自信，所以

不能充分展现自身出版和传播当代文学的特点和特长，不能理性面对出版和传播当代文学的劣势并通过合作等方式补足，也就不能达成传播效果、产生传播效应。

（四）策略：传播创新决定未来

1. 用"人类命运共同体"思想引领传播价值观

第一，以"人类命运共同体"思想指导当代文学在"一带一路"沿线国家的传播。2015年9月，习近平主席在联合国70周年系列峰会上阐述了人类命运共同体的内涵："建立平等相待、互商互谅的伙伴关系"，"营造公道正义、共建共享的安全格局"，"谋求开放创新、包容互惠的发展前景"，"促进和而不同、兼收并蓄的文明交流"，"构筑尊崇自然、绿色发展的生态体系"[①]。人类命运共同体是当下中国的国际观、全球观和世界观，具有战略意义。它基于平等、合作、和谐等理念，倡导和传扬人类命运共同体价值——和平、发展、公平、正义、民主、自由。它是中国塑造国家形象、处理国际事务的价值指向和伦理准则，理应成为当代文学在"一带一路"沿线国家传播的基本遵循。接受这一基本遵循，当代文学在"一带一路"沿线国家的传播就有了方向、立场、目的、目标和评价标准。

第二，以饱含人类命运共同体价值的当代文学冲破西方中心主义价值观的垄断。一方面，我们要克服自身的西方中心主义思想和观念桎梏，以彰显人类命运共同体价值又富有民族特色、艺术特色的文学观、文学话语、文学标准，形成对当代文学的认识和共识，以此在"一带一路"沿线国家倡导和传播当代文学。

---

① 习近平. 携手构建合作共赢新伙伴 同心打造人类命运共同体——在第七十届联合国大会一般性辩论时的讲话 [EB/OL].（2015-09-29）[2018-10-26]. http://www.xinhuanet.com//world/2015-09/29/c_1116703645.htm.

另一方面，我们要以新标准立新主张，以自己的话语体系形成话语权，和对象国的文学界、出版传播界人士一起打破西方中心主义对文学传播的垄断，既传播含当代文学在内的中国文学，又帮助对象国本土文学的发展，以多支力量共创均衡态势，达到超越西方中心主义垄断的效果。

第三，以人类命运共同体价值融合对象国的价值观，为当代文学在该国的传播创造有利条件。人类命运共同体价值体现对象国的价值和利益，是其价值观更宽泛层面的底色，可以融入其价值体系。有了这种共同的价值观认同，当代文学的传播就有了基本的土壤和氛围，不但不会因为是外来文化进入而遭到反感和抵制，反而因为助力本土文学和文化的发展而受到欢迎。包括文学在内的西方文化，以"自由表达"为旗帜、以国际传播为理念，在许多国家宣传推广后进入其主流，甚至拥有高出本土文学的"传播信用"。我们要摒弃这种传播中的文化中心主义和文化霸权价值观，但是，要学习和借鉴这种通过传播融入价值观的理念、路径和技术，为当代文学的传播找到有效的方式、方法和路子。

2. 基于跨文化传播更新传播观念

第一，正视文化差异，基于知己知彼在"一带一路"沿线国家传播当代文学。尊重文化的个性，承认文化的差异，做到求同存异，不断扩大共识，不断在碰撞和交融中促进各自文化的发展。当代文学生于中华文化土壤，落地对象国时遭到误读甚至误解在所难免，我们要理性对待两种文化交流中的博弈，同时需要因地制宜地找到适应的方式、方法和状态，创造适宜的传播语境。当代文学内容的当代性、国际性，表达的故事性、形象性、生动性，在跨文化传播中具有优势，利于在文化差异中找到相对接近的语境和相对亲近的对接方式。在具体的传播实践中，我们可以根据对象国文化与我国文化的相通性、相融性、共通性等划分出当代文学传播的层次和梯次，从易到难，从突破到普遍。譬如，从深受中华文化影响的东亚、东南亚到对中华文化"一知半解"的南亚、西亚部分国家，再到对中华文化相对陌生的南亚、西亚部分国家和中亚大陆内部国家，是当代文学较为合理的传播路径 [①]。

第二，找到当代文学在"一带一路"沿线国家传播的对话空间。对话是跨文化传播的有效方式，当代文学在"一带一路"沿线国家的传播过程实际上是对话过程。翻译是译者和作者的对话，也是译者和读者的对话。出版传播是出版传播方之间的对话，也是出版传播方和读者的对话。如此等等的对话既分享对话机会，也创造对话空间。人性相通后的共同点是最大的对话主题，文学是人学，所以当代文学具有足够的对话潜能和空间。当代文学在"一带一路"沿线国家的传播实践中，我国译者加对象国译者的翻译模式是一种新的探索。我国译者和作者拥有较充分的对话空间，对象国译者了解读者意味着彼此具有较大的对话余地，对话空间和余地的扩大自然带来传播价值的倍增。

第三，让对象国的读者对当代文学进行再创造。对象国的读者是在该国传播的当代文学的评判者、分享者，也是创造者。在传播过程中，我们要重视读者的创造者角色，要让读者因为阅读而对当代文学作品二度创造，让他们因为这种再创造而更好地接受作品，更大地被作品影响。当代文学在"一带一路"沿线国家的传播必须从当前重在面世也止于面世的状况中走出来，要通过作者、译者与读者的互动，媒体的传播，读者之间的互动等多种多样的方式，充分走近读者，充分融入读者的情感和智慧，充分浸染读者的心灵，充分浸润读者的思想。

---

① 何明星."一带一路"国家、地区中国图书翻译出版的现状与应对[J].出版广角,2015(14):20-21.

3. 以系统思维打开传播格局

第一，以当代文学作品为圆心构建不断扩散的传播系统。作品是基础，是传播系统的脚本。将作品转化为图书是打开内容的一扇窗，图书版本的多样化推出意味着这扇窗的多形态展现。以作品为母题和核心的影视游戏开发、展览展示等是打开内容的另一扇窗。借助作品内容和形象进入实业，向读者和社会提供衍生产品，是打开内容的又一扇窗。数字化和线上运营既意味着新窗的打开，也可能是已有窗的整合。无论打开多少窗，都是围绕当代文学作品而一圈一圈画就的圆。一扇窗一道风景，一个圆一重世界，每扇窗、每重世界既是独立的系统，也都始终聚焦于当代文学作品，始终促进作品价值的实现，始终扩大作品的影响力。

第二，以当代文学作品为核心构建不断循环的传播环。每部当代文学作品在"一带一路"沿线国家的传播都会形成传播链，与不同作品结合的传播链循环往复形成传播环，传播环的有效有力创造传播绩效和效应。我们要从细节、环节到链条深耕传播环，要基于产业链构建当代文学在"一带一路"沿线国家的传播体系。当代文学在"一带一路"沿线国家的传播，就文本来说，要和本土文学、其他国家文学竞争；就消费来说，要和影视、游戏等争夺读者的时间；就运营来说，要在渠道、平台等的拼杀中争取空间。如果能以系统思维构建良性循环的传播环，形成强大传播能力，那么当代文学在对象国就传得开、传得广、传得深，也就能在文化场域里打开局面，占有一席之地。

第三，构建支撑当代文学在"一带一路"沿线国家传播的结构。结构是系统的骨架，是体系的津梁。当代文学在"一带一路"沿线国家传播的"四梁八柱"是作品、出版机构、渠道、运营主体、团队等，其中作品是前提，硬件设施是基础，制度体系、精神等是软件，团队是活力，机构和组织是支撑。这些因素和力量要在人类命运共同体价值观的指引下，在跨文化传播观念的指导下，按照行当的技术和标准，有机地组合，造就结构。系统思维的核心是结构逻辑，结构有了，系统就立起来了。当代文学在"一带一路"沿线国家的传播，以传播节点立传播环，以传播结构立传播系统，以传播系统创传播格局。

4. 靠本土化策略提升传播效果

第一，做到当代文学在"一带一路"沿线国家传播意识的本土化。传播意识的本土化主要指传播的对象意识和针对对象的换位思考。当代文学在"一带一路"沿线国家的本土化意味着在对象国和该国的读者中找到更多的共同点、共鸣点，围绕这些点沟通、对话、交流。传播意识的本土化体现为传播思维的本土化，即要用对象国和该国读者的思维方式与模式构思、立项、运营、服务。传播意识的本土化要求在当代文学的传播过程中和读者心相通、情相融、理相合。作为世界第二大经济体，相对于"一带一路"沿线国家，我国具有优势，但是，当代文学在这些国家的传播切忌因这种优势而抱着"中心主义"的强势，因为这是对传播意识本土化的背离，必然遭到对象国的强烈反感。作为进入对象国的"陌生人"，无论是当代文学本身、当代文学的传播者还是其接受者都要尽力尽快去"陌生化"，让彼此在本土化的熟悉和默契中融入和分享。

第二，加强当代文学在"一带一路"沿线国家传播能力的本土化。当代文学在"一带一路"沿线国家的传播能力主要指创意力、翻译力、塑形力、运营力和服务力，具体表现为：在尊重和保留当代文学价值观、思想和文本内核的前提下，找到适合对象国特别是该国读者的角度、叙述方式、审美趣味和形式，以独特的形态、形象等扩大和增强吸引力、影响力，同时进入适合的渠道通路，提供丰富、贴心的服务。这些能力的培育和提供只有本土化，才能更到位，才能得到预期的效果。"在对译入语国家读者细微的用语习惯、独特的文字偏好、微妙的审美品位等方面的把握上，我们还是得承认，国外翻译家显示出了我们国内翻译家较难企及的优势……"①当代文学在"一带一路"沿线国家的传播中，汉学家、华人华侨是传播能力本土化的重要力量，他们既可以直接参与其中也可以作为桥梁带来更多更大的本土化传播能量。

第三，增强当代文学在"一带一路"沿线国家传播主体的本土化。传播主体的本土化主要是传播机构和团队的本土化。传播机构的本土化既可以通过国内机构在对象国的落地生根，也可以通过和对象国机构的合作实现。随着我国在教育、培训等方面对"一带一路"沿线国家的强力支持，加上既往在我国的留学人员等，当代文学在"一带一路"沿线国家已具备一定的人力资源基础，并将迎来更多的本土化人才选择可能。但是，因为出版和传播当代文学的专门人才相对匮乏，所以加大专向、专门培养紧迫且重要。有学者提出在我们大力推动中国文学走出去的同时，将国外作家、翻译家、汉学家、出版家等请进来很有必要②。这种说法很有道理，因为它是传播主体本土化的有效手段。

5. 借新技术掌控传播节奏

第一，借助新技术提升当代文学在"一带一路"沿线国家的出版力。借助新技术带来的线上翻译平台不但可以提高翻译效率，还可以提高翻译质量，并在翻译的过程中多和对象国的读者互动。在新技术的助力下，我们对对象国及其读者的了解更便捷更充分更高效，也就能够带来更多更好的创意，形成更强的出版力。新技术带来更多的跨界可能，形成以当代文学作品为基础的更多生

① 谢天振. 中国文学走出去：问题与实质 [J]. 中国比较文学，2014（1）：3.
② 姚建彬. 中国当代文学海外传播研究 [M]. 北京：北京大学出版社，2016：51.

产机会。大部分"一带一路"沿线国家的数字出版传媒业处于起步阶段，我国具有比较优势，以合适的方式融入，既可以让对象国体会到发展的实惠，又可以提高当代文学的出版传播力。譬如，在我国，新技术催生了网络文学这一独特类型文学。通过线上翻译、传播等一体化的体系，网络文学供"一带一路"沿线国家的读者阅读，在越南等国家成为阅读风尚，成为新技术提升当代文学在"一带一路"沿线国家出版力的特别案例。

第二，借助新技术提高当代文学在"一带一路"沿线国家的传播力。传播力来源于渠道力、沟通力、运营力以及整合力。新技术利于当代文学在"一带一路"沿线国家传播时顺利找到合适的渠道，并通过新媒体、即时通信等强化和密切与渠道的沟通，还可以通过渠道加强和读者的互动，提供读者乐于接受的服务。当一种方式和力量难以达成目标时，新技术提供的巨大空间可以形成整合优势，可以创造集束力促成。亚马逊平台上的中国书店上架数十万种书，有中文的、外文的，可以买书、评书，既是卖场又是交流平台，这是新技术提高传播力的典型，在没有新技术时是无法想象的。当下已进入微传播时代，当代文学在"一带一路"沿线国家的传播要利用个人和圈子，通过微信平台等与读者充分互动，增强和扩散传播。

第三，借助新技术调控当代文学在"一带一路"沿线国家的出版力和传播力。对出版力和传播力的调控是对当代文学传播节奏的掌握。借助新技术，当代文学在对象国的传播速度和力度可以基于了解进行充分调节，可以基于懂得读者而富有节奏感地推出读物、开展运营、提供服务，既可以充分传播又做到控制费用、提高效益。稳定、持续且有重点是当代文学在"一带一路"沿线国家传播的基本节奏。以大数据达成有效调研，以信息、服务、运营等平台推动生产、传播，以线上办公畅通流程，以人工智能评判绩效，如此充分运用和融合新技术，可以保障和实现基本节奏。

6. 凭市场手段构建传播机制

第一，当代文学在"一带一路"沿线国家的可持续传播靠市场。短期看，政府在"一带一路"沿线国家当代文学的传播中处于主导位置，起着决定性作用。这种方式在较快产生效应和效果的同时，带来诸多弊端。长期看，市场化是当代文学在"一带一路"沿线国家有效传播的必由之路。当务之急是在继续发挥政府作为效力的同时，处理好政府和市场的关系，遵循市场规律，形成市场力量，让市场无形的手推动传播，让传播主体愿意且主动积极投入到当代文学的传播，让传播起来的当代文学有人读、有人评、有口碑。

第二，构建市场机制促进当代文学在"一带一路"沿线国家的传播。市场机制的基础是制度和法律法规等。制定包括当代文学在内的文化在"一带一路"沿线国家传播的制度、法律法规等，用这套制度、法律法规等形成传播的路径和规矩，既保护又推动我国的出版力量在"一带一路"沿线国家大行动多作为，是铺设当代文学在"一带一路"沿线国家传播的路。2016 年 2 月 19 日，在党的新闻舆论工作座谈会上习近平总书记强调"优化战略布局，着力打造具有较强国际影响的外宣旗舰媒体"①。基于市场配置资源，通过市场竞争，促进我国出版机构的分化、重组，提高集中度，形成可以在国际市场中搏杀的出版传媒航母，是构建市场机制促进当代文学在"一带一路"沿线国家传播的重要路径。

第三，政府引导是当代文学在"一带一路"沿线国家传播的保障。包括当代文学在内的文化走出去和国际化，是国家意志的

---

① 习近平．习近平谈新闻舆论工作：治国理政、定国安邦的大事 [EB/OL]．（2016-11-08）[2018-10-26]．http://cpc.people.com.cn/xuexi/n1/2016/1108/c385474-28844285-3.html.

体现，是国家形象塑造的重要组成部分，政府引导不但不可缺失，而且是极为重要的保障。在强化市场机制构建和加强市场力量作用的同时，更大力度强调政府引导必要且紧迫，当前至少可以在四个方面加大力度：其一，基于已往的顶层设计，结合"一带一路"倡议提出5年的情况，出台更具系统性和指导性的包含当代文学在内的中华文化在"一带一路"沿线国家传播的顶层设计。其二，通过行业组织或作协等群团构建当代文学在"一带一路"沿线国家传播的线上公益性服务平台，针对性地提供包含信息服务等在内的各种服务。其三，继续以资助、奖励以及政府购买服务等方式加大力度推动当代文学在"一带一路"沿线国家的传播，真正做到措施有力、富有实效。其四，加大"一带一路"沿线国家诸如孔子学院、文化中心等的建设，为当代文学在这些国家的传播培育土壤、营造氛围。

（五）结语

习近平总书记强调："要精心做好对外宣传工作，创新对外宣传方式，着力打造融通中外的新概念新范畴新表述，讲好中国故事，传播好中国声音。"[1] 当代文学在"一带一路"沿线国家的传播创新，是用文学的形式联通中外，是用文学的方式讲好中国故事、传播好中国声音的创新，是用文学的方法倡导我们的价值观。它把握大势，系统思考，遵循文学、跨文化传播和市场的规律和特点，发挥当代文学的独特优势，运用好新技术，既着眼长远的可持续发展、赢得话语权，又着力激发读者、培育市场、把传播中的每一个细节做到位。

---

[1] 倪光辉. 胸怀大局把握大势着眼大事 努力把宣传思想工作做得更好 [EB/OL]. （2013-08-21）[2018-10-28]. http://politics.people.com.cn/n/2013/0821/c1024-22635998.html.

二、中国出版走进俄罗斯的本土化策略

中国人对俄罗斯往往有着不一样的期望，以为中国主题的图书在那里会特别流行。实际上，俄罗斯人对中国知之甚少，中国输出俄罗斯的图书版权很少甚至在一些年度为零。"官方热民间冷"是中俄关系的显著特征，近年在政府的推动下，进入俄罗斯的中国主题图书品种多了，但是大都属于官方资助的方式出版，效果不太好。本土化是中国出版走进俄罗斯的必由之路，中国出版要基于充分了解俄罗斯国情特别是出版条件，发挥自身出版优势，实施好本土化策略，用图书讲好中国故事、传播中国文化、塑造中国形象，服务于"一带一路"建设，贡献于人类命运共同体构建。

（一）有利条件：中国出版走进俄罗斯的机遇

1. 大环境孕育出版之需

2001 年 7 月，《中俄睦邻友好合作条约》签订，中俄两国永做"好邻居、好伙伴、好朋友"的意愿和决心用法律形式固定下来，两国关系进入历史最好时期。2006 年，中国、俄罗斯签署了《2006—2007 年中华人民共和国新闻出版总署与俄罗斯联邦出版与大众传媒署合作备忘录》，约定 2006 年俄罗斯作为"主宾国"参加第 13 届北京国际图书博览会，2007 年 9 月中国作为"主宾国"参加第 20 届莫斯科国际书展。2009 年中国举办"俄语年"，2010 年俄罗斯举办"汉语年"。2012 年 8 月 31 日，中国出版协会与俄罗斯出版协会合作框架协议在京签署，双方约定：每年定期举办工作会议，由双方轮值主办；互办综合或专题性的出版交流活动；互相支持在本国推广对方图书等。2013 年，中俄两国出版部门签署合作备忘录，约定将在 6 年内相互翻译并出版对方国家不少于 50 种经典作品，或双方共同出

版不少于 100 种图书。2014 年是中俄青年友好交流年的第一年。2015 年，俄罗斯设立"最佳中国文学翻译"奖，中俄共同举办纪念反法西斯战争胜利 70 周年相关活动。该年 5 月，中俄签署了《中华人民共和国与俄罗斯联邦关于丝绸之路经济带建设和欧亚经济联盟建设对接合作的联合声明》，迎来了中国与欧亚国家合作发展的新机遇。该年 6 月，中俄两国签署了《中俄经典与现当代文学作品互译出版项目合作备忘录补充议定书》，将原来约定的 50 种经典作品扩大到不少于 100 种，合计不少于 200 种。2016 年—2017 年是"中俄媒体交流年"。中俄两国的友好政策形成了国家相融相助、民心相向相通的大氛围，对出版等提出了要求，也为出版创造了需求。出版呼应需要，满足需求，推动中俄两国采取措施、构建机制、准备条件、催生合作、多出好书、多创积极影响。

2. 大众需求决定出版市场

第一，了解中国是俄罗斯大众的一种需要。根据从民意调查结果，俄罗斯和中国的友谊发展好，友好程度较西方国家超出不少。[1] 这为俄罗斯大众平和、理性对待中国提供了前提。新中国的发展道路和制度学自苏联，1991 年苏欧剧变后俄罗斯和中国各走自己的路，俄罗斯的发展波折、衰退，中国的发展蒸蒸日上，成为世界第二大经济体。俄罗斯大众倾向于正视苏联的历史，给予客观的评价，尊重、认同中国的道路和制度选择，希望有效地借鉴中国的发展历史，走出具有俄罗斯特色的发展道路。"对于中国铁腕反腐，俄罗斯媒体的报道是客观、平实、公正的，甚至表达出比较认同，认为在一定程度上，俄罗斯在反腐方面是可以借鉴向中国取经。"[2] 俄罗斯媒体的声音基本反映了俄罗斯大众

① 王国红. 俄罗斯媒体中的中国政治形象的分析 [J]. 新闻传播，2017（1）：12-14.
② 王国红. 俄罗斯媒体中的中国政治形象的分析 [J]. 新闻传播，2017（1）：12-14.

的态度和看法。因此，俄罗斯人对待中国是理性的，这种理性带来对中国的政治认同、经济赞许，产生了解中国特别是接近中国文化的需要。

第二，享有中国发展带来的机遇是俄罗斯大众的另一种需要。俄罗斯发展的波折特别是经济的衰退，意味着俄罗斯大众拥有的机会减少。中国发展得又快又好给俄罗斯带来合作的机会，也给俄罗斯大众带来发展的机遇。这种机遇既表现在服务于中俄两国的合作而得到工作的机会，也表现在服务于中国在俄罗斯的发展而得到工作的机会，还表现在到中国寻找发展的机会。无论哪种机会的争取和获得都离不开对中国的了解，包括学习汉语、懂得中国文化。

3. 汉学传统培植出版条件

1715年，俄罗斯向北京派出第一届东正教使团，至1949年共20次。俄罗斯汉学的基础由早期的东正教使团奠定，其历史已有400多年。今天，很多重要的汉学研究机构在莫斯科、圣彼得堡、远东地区等发挥着重要的作用，譬如，俄罗斯科学院远东研究所是俄罗斯研究中国的智库，研究成果涉及中国的政治法律、历史地理、经济、哲学宗教、语言文字、艺术、文学、文化科学教育体育、农业科学、军史、工业科技、自然科学总论、社科总论等多个主题，尤以政治法律、历史地理、经济为主。这些机构的汉学研究和教学人员超过500人，其成果发布和传播平台有《远东问题》等杂志和《国际和地区事务中的中国》《中国、中国文明与世界》等年度丛刊。一些重要的汉学家通过大众媒介发出有关中国的声音，普及中国国情知识，传播中国文化，影响执政者和俄罗斯大众。譬如，俄罗斯科学院院士、俄中友好协会主席、著名汉学家季塔连科，"他的著作向俄罗斯政界和社会传达了需要与中国合作的思想，在相当程度上成为促进俄联邦政府与中国建立全面战略协作伙伴关系的重要智力支持"①。俄罗斯汉学家"他们的研究成果与媒体上关于中国的经济崛起和政治改革等的讨论相互砥砺，促使风水、易经、气功、中医、生肖、武术等中国传统元素在俄罗斯逐渐广为人知，且进入当代俄罗斯文学艺术中，有的甚至成为俄罗斯人生活方式的一部分"②。2006年，《中国精神文化大典》出版，普京总统把它作为国礼送给中国领导人。该书由季塔连科主编，撰写者包括约200名俄罗斯汉学界人士，按哲学、宗教、文学、史学、科技分编为5卷，是名副其实的中国百科全书，是俄罗斯汉学传统的延续和发展，是俄罗斯汉学研究成果的充分展示。

（二）不利条件：中国出版走进俄罗斯的挑战

1. 抵制和戒备：欧洲重心和大国心态

俄罗斯横跨欧亚大陆，尽管大部分国土在亚洲部分，但是大部分人口居住在欧洲部分，其文化和价值传统倾向欧洲。可以说，欧洲文明是俄罗斯文化的底色和重心，融入欧洲是俄罗斯人的集体意识。"俄罗斯是另一个西方，如果说美国是西方中的西方，俄罗斯则是西方中的东方。"③中国是俄罗斯关照和思考西方的参照，换句话说，俄罗斯用西方的价值观和话语体系认识和解读中国。这样，俄罗斯对待中国的视角产生了偏离，从根本上说对中国不可能产生全面、正确的认识。每年，俄罗斯出版中国主题的图书约300种，绝大部分由西方作者创作，从西方语种翻译而来。这种源自深处的对中国的抵制决定了俄罗斯对中国出版进入的态度和认识，决定了中国出版进入俄罗斯会遇到极大的困难

---

① 李玮，等. 俄罗斯人眼中的中国形象 [M]. 北京：北京大学出版社，2016：94-99.
② 李玮，等. 俄罗斯人眼中的中国形象 [M]. 北京：北京大学出版社，2016：94-99.
③ 孙芳，陈金鹏，等. 俄罗斯的中国形象 [M]. 北京：人民出版社，2010：17.

和障碍。

俄罗斯是强悍、强势的国家，俄罗斯民族是帝国意识一直滋养着的民族，大国心态、帝国自居的俄罗斯人既在享受着历史和传统带来的荣耀，又在敏感地戒备着他国。在俄罗斯历史上，对中国有过"黄祸"的认识，"中国威胁论"一直在俄罗斯人的意识深处。在俄罗斯人心里，中国在曾经的某个时段是俄罗斯的"小弟"，他们不但不可能从心底里诚服地接受当前俄罗斯不如中国的现实，而且对中国有着某种戒备，特别担心广袤人少的西伯利亚成为中国人的地盘。俄罗斯的这种心态和想法在中俄间筑起了一堵无形的墙，而出版是心灵和精神沟通的方式，无疑受到消极影响。

2. 困扰和担忧：俄罗斯人的心理"阴影"

"俄中两国交往已久，政治上似乎一直走得很近，但是事实上，两国人民的相互了解是非常不够的。就我在俄罗斯多年的亲身体会，俄罗斯人对中国的认知相当有限，当然，中国人对当代俄罗斯的认知也很不够，而且存在误读。"① 首先，中国人不了解俄罗斯人。总体来说，中国人对俄罗斯人的好感超乎俄罗斯人的预期，中国人对俄罗斯人看待自己的好感度远远超过俄罗斯人对中国人的现实态度和表现，这种严重的不对称既让俄罗斯人意外，也让中国人自己特别不舒服。这种心理落差加上俄罗斯人天性凝重、不苟言笑，无疑深深影响中国人和俄罗斯人的交往。其次，俄罗斯人对中国人的"不诚信"心有余悸，有些刻板印象。20 世纪，中俄一度处于蜜月期，苏联给予中国大量支持。在不明就里的俄罗斯大众看来，中国似乎突然变了，给他们留下"背信弃义"的印象。近些年，中国人和中国商品大量进

---

① 李玮，等. 俄罗斯人眼中的中国形象 [M]. 北京：北京大学出版社，2016：3.

入俄罗斯，中国人给俄罗斯人留下勤劳等印象的同时，也留下了狡猾、不诚信的"阴影"；中国商品因为价廉在俄罗斯广被消费，也给俄罗斯人留下低质甚至劣质的"阴影"。原本中国人多在大多数俄罗斯人看来只是概念，当大量中国人进入俄罗斯，俄罗斯人似乎处处可见中国人后，中国人多的威胁感泛起，加重了他们的危机感。

3. 转型和颓废：出版和阅读的"噩梦"

俄罗斯年出书超 10 万种，是世界出版大国。然而，自从 1991 年剧变以来，俄罗斯的出版传统有些断裂，出书粗俗化现象明显，大量色情、暴力读物充斥图书市场。特别是 2008 年金融危机以来，俄罗斯出版一直处于衰退中，出书实物量在下降，种均印制和发行册数在下降，至今还没有恢复到 2008 年的规模和水平。阅读传统是俄罗斯民族和俄罗斯人的骄傲，然而，受制于不景气的经济形势和新技术带来的影响，阅读地位日益下降，阅读氛围日益淡薄，阅读投入严重不足，家庭阅读传统和习惯在渐渐消失，不阅读或偶尔阅读的人群比例增加，人均阅读量不断下降，部分人特别是年轻人日益远离深阅读，或者倾向于影视、游戏等而被娱乐项目支配着时间，或者对纸质的读物兴趣衰退而满足于接受信息般的浅阅读。

（三）本土化：中国出版走进俄罗斯的必由之路

1. 出版思维本土化

首先，出版思维本土化意味着在俄罗斯的中国出版要遵循俄罗斯的文化战略。"新俄罗斯思想"是普京执政后实施文化强国战略的核心理念，[①] 是俄罗斯出版的指导思想。《俄罗斯国家文

---

① 田刚健. 国家主义与市场机制下的文化大国重建之路——论当代俄罗斯文化政策的核心理念与总体规划 [J]. 苏州大学学报，2017（3）：11-12.

化政策基础》是俄罗斯出版的具体指导，强调国家利益是其战略定位，保持民族文化独特性是其基本态度。

其次，出版思维本土化意味着在俄罗斯的中国出版要掌握俄罗斯的出版逻辑和规律。俄罗斯的出版管理由原来的行政主导逐渐向法治化、经济调控和行业协会自主管理转变。普京时期，俄罗斯新颁布的文艺和文化相关法律、法规、总统令等具有法律效力的政策文件共8000余部，构建了较为完备的文化法律法规政策体系，基本能确保其遵循市场规则正常运行。中国出版在俄罗斯推进要有法治思维和市场思维，要在法治的框架下按照市场规律操作，在市场竞争中生存和发展。

最后，出版思维本土化意味着在俄罗斯的中国出版要拥有俄罗斯的出版视野和视角。俄罗斯作为"一带一路"沿线国家的主要俄语国家，其出版物的影响力不仅仅存于俄罗斯，而且辐射到其他俄语国家和地区，特别是苏联的加盟共和国。这种更大的读者群和更宽广的覆盖面，既可以扩大出版物的销售量，也可以增强其影响力。作为富有文化和阅读传统的国家，俄罗斯的读者对出版物的要求高，特别讲究图书的文本，特别追求图书的思想内涵，因此出版的视角与读者的需求要契合和一致。譬如，一些中国的出版社和俄罗斯出版社合作，往往因为一味督促加快出版节奏、要求在很短时间内出书，或者开口闭口诸如"我给你们出钱，你们帮我们翻译出版吧"之类的话语让出版金钱化、庸俗化，使得俄罗斯出版社非常反感。①

2. 出版产品本土化

第一，出版产品本土化指图书内容符合俄罗斯读者的口味。不管是俄罗斯的内容还是包含中国元素的内容，对于俄罗斯读者

---

① 《国际出版周报》记者. 中国出版如何走进俄罗斯? [EB/OL]. [2018-10-05]. http://www.bjss010.com/index.php? a=show&c=news&id=102

来说都只是图书的素材和基础，需要通过编辑出版者的创造性劳动，做出适合俄罗斯读者的味道。譬如，中国出版社出版的对外汉语教材大部分是适应母语为英语的国家和地区，对俄罗斯来说内容不对味，若是俄罗斯人自己编写，则有助于俄罗斯学生更好地学习和掌握汉语[①]。

第二，出版产品本土化指图书形式、形态满足俄罗斯读者的需求。语言表达是约定俗成的，审美趣味具有地域性，接受心理有着各自的传承和习惯，给俄罗斯读者读的出版物的形式和形态要满足他们独特的需求，才能得到他们的认同和接受。就拿图书分类法来说，俄罗斯对图书的归类和我们有着较大的差异，这种差异往往带来图书形式、形态的差异。俄罗斯尚斯国际出版社是中国人在俄罗斯办的出版社，在出版社的书目中，从中国翻译过去的绘本都归于教材类。这种有别于中国习惯的归类是对俄罗斯读者在图书形式、形态方面的适应。

3. 出版渠道本土化

第一，出版渠道本土化要求适应俄罗斯的图书流通渠道。在莫斯科和圣彼得堡，从所占比例从大到小，图书流通渠道依次为实体书店、小型批发商、网上书店、大型批发商、图书馆。在这两个大城市以外的地方，这种渠道的排序是实体书店、图书馆、大型批发商、小型批发商、网上书店。大城市和大城市以外的地方，不但图书流通渠道的重要性排序不一样，哪怕同样是排在第一的实体书店，在大城市所占比例更高一些。就地域来说，图书销售的区域集中度高，"通过调查发现，俄罗斯图书销售流向的主要区域是俄罗斯经济较发达的联邦管区……"[②]

第二，出版渠道本土化要求在俄罗斯拥有图书流通渠道。俄

① 崔钰. 俄罗斯汉语教材问题研究 [J]. 黑河学院学报，2011（2）：63-64.
② 岳萍. 俄罗斯图书出版业发展现状（2015—2016 年）[J]. 出版参考，2016（11）：29.

罗斯诸如埃克斯摩 - 阿斯特、奥尔马、标准信息等大型出版集团或出版社在俄罗斯拥有图书渠道,在其他俄语国家自建图书渠道。中国出版在俄罗斯拥有图书流通渠道利于为图书打通通路,实现销售;利于借助这一窗口,掌握俄罗斯市场的规律和俄罗斯读者的需求;利于在俄罗斯长久存在和可持续发展。2016 年 7 月 5 日,浙江联合出版集团在莫斯科阿尔巴特大街建立尚斯博库中国主题书店,卖场面积 200 多平方米,主要销售中文图书和中国主题的俄文图书,其中俄文图书占 20%。这是中国出版在俄罗斯拥有渠道的开始,经过两年多的努力,该书店收支平衡,站住了脚,产生了良好的综合效应。

4. 出版服务本土化

第一,出版服务本土化要求中国出版为俄罗斯读者提供阅读服务。阅读是出版的基础,是达成出版目的的路径和方式。提供阅读服务是出版的延伸,也是出版的重要组成部分,为俄罗斯读者提供阅读服务是中国出版在俄罗斯本土化的必要举措,也是标志。这种阅读服务涵盖信息提供、物流提供、阅读指导和推广等,其中物流提供等主要外包给第三方解决。在新技术的支持下,为俄罗斯读者提供图书信息、阅读信息等服务更可操作和实现,可以更高效地帮助他们找到想读、想买的书的各种信息。俄罗斯出版社积极利用网络服务于读者的信息需求,它们发展自身网站、将出版的图书推入社交网络、在线上直接做广告等。就阅读指导和推广来说,中国出版需要融入俄罗斯的阅读推广体系中,多做些力所能及的事,让俄罗斯读者感受和获得中国出版的诚意和服务实质。譬如,俄罗斯依托各类图书馆建立阅读中心,这些阅读中心为非营利性机构,主要依靠图书馆财政预算运作,是贯彻俄罗斯阅读推广纲领性文件——《国民阅读扶持与发展计划》的重要载体。中国出版可参与到俄罗斯图书馆的阅读推广行动中，在莫斯科国际图书博览会、年度图书竞赛、俄罗斯图书竞赛、阅读领先者竞赛、俄罗斯互联网论坛、"出版业/出版展"展览—会议、世界俄语报刊大会、圣彼得堡国际图书沙龙、莫斯科国际图书博览会以及一系列学术讲座及会议等阅读推广活动中扮演一定的角色，发挥一定的作用。

第二，出版服务本土化要求中国出版为俄罗斯读者提供文化服务。文化是出版的土壤，文化服务可以为出版的发展提供更深远更可持续的力量。中国出版为俄罗斯读者提供的不仅仅是出版服务，还要是更广更丰富的文化服务，以文化服务涵养和支撑出版。尚斯博库中国主题书店一开始经营非常困难，开门3个月因为没有读者面临关门的窘境，后来增加让读者免费品尝中国工夫茶，免费举办汉语、太极、中国书法、围棋培训班等文化服务项目，加大中国风文具和文化用品的占比，逐渐走出困境。这得到了俄罗斯高等经济大学教授、上合组织原副秘书长扎哈罗夫的高度认同和肯定。[①]这种认同和肯定是对书店文化服务的精当描述，表明这样的书店是文化服务改变出版、为出版带来效益的典型案例。

最后，出版服务本土化需要运用好孔子学院。孔子学院是中国在国外设立的主要着眼于学习汉语和传播中国文化的机构，是出版服务本土化的重要平台。中国在俄罗斯建立了18家孔子学院和4个孔子课堂，拥有相对集中和固定的学生，是出版的重要市场之一，是开展阅读服务、文化服务等的重要场所。

5. 出版机构本土化

首先，出版机构本土化要求中国出版在俄罗斯建立踏实、扎实做出版的组织。伴随"一带一路"建设的推进和中俄交流、合

---

① 《中国新闻出版广电报》记者.一家中国书店的洋故事[EB/OL].[2018-10-05]. http://www.bjss010.com/index.php？m=&c=aboutus&a=show&id=24

作的深入，中国出版机构落户俄罗斯的消息时有出现。譬如，2016 年 8 月 24 日下午，在北京国际书展展场举办社会科学文献出版社俄罗斯分社——"斯维特"出版社成立仪式。2018 年 9 月，浙江大学出版社在莫斯科成立"俄罗斯联合编辑室"。这些案例是出版机构在俄罗斯本土化的探索和尝试。并购是俄罗斯出版市场化后的常态，经过并购后俄罗斯出版市场集中度显著提高。2013 年，埃克斯摩集团收购阿斯特集团后跻身全球出版业 50 强。2014 年 5 月，奥逊集团收购电子书店 LitRes。当前，俄罗斯排名靠前的几大出版集团图书市场占有率超过 80%。显然，并购是中国出版在俄罗斯实现出版机构本土化的路径。法国 Hachette Livre 出版社收购了俄罗斯阿兹布卡出版社 25% 的股权，这是走在中国出版前面的案例。俄罗斯的出版社设立实行登记制，中国出版在俄罗斯成立新机构容易。俄罗斯尚斯国际出版社是中国民营力量在俄罗斯创办的，目前是俄罗斯出版中国主题图书最强的三家社之一，另两家是圣彼得堡东方学出版社和圣彼得堡科学出版社。

其次，出版机构本土化的关键是出版人才本土化。出版是复杂的系统工程，包括出版机构本土化在内的出版本土化必须依靠本土化的人才才能实现。俄罗斯的两大有利条件为中国出版在俄罗斯本土化准备了人才：一是俄罗斯的汉学传统，二是俄罗斯在中国的留学生在所有国家中一直排在前五，人数不少。俄罗斯尚斯国际出版社团队除了主要负责人是中国人，其他人都是俄罗斯人，其中总编辑罗曼米·哈伊洛维奇在圣彼得堡科学院出版社做了快 6 年编辑部主任。2015 年，该出版社本土化的翻译、编辑、出版、发行团队组建完成，对中国主题图书的出版步入高速发展期。

三、图书外译出版的出版机构

图书外译出版一头牵着客体，一头牵着主体。出版机构是主体，是对应客体的主动力量。

（一）地位

出版企业是出版机构的基本形态，利益相关者理论为分析出版机构在图书外译出版中的地位提供了分析方法。

提供产品和服务是出版企业的基本职能，出版企业因为提供产品和服务而获得效益。产品生产因为供应链而一体化，服务提供因为服务对象而存在，供应链主体是出版企业的利益共存者，服务对象是出版企业的服务受益者。在众多利益主体中，政府、作者、读者是出版企业的主要服务对象，加上出版企业因为提供产品、服务而得到回报，四者成为利益系统，四者利益均衡由利益逻辑决定和体现。利益相关者理论回答了出版企业如何通过提供产品和服务满足利益相关主体，如何通过满足利益相关主体的需要实现效益和利益的问题，这让出版企业的绩效评估有了更强的对象性和适应性，助力其可持续发展。

利益相关者理论描画了出版的主体图，阐释了出版众主体间的关系。这种描述和阐释始终围绕出版企业进行，始终让出版企业处于中心地位。作为出版的分支，图书外译出版亦如此，出版机构居于中心位置。从流程看，图书外译出版从市场调研开始，至效果和效应评估结束，出版机构于其中是发起和推动主体。从主客体关系看，读者是图书外译出版的出版机构的核心服务对象，其他与此相关的服务对象如利益相关者理论所描述的，这些服务对象都由出版机构或根据出版机构的指导提供服务，出版机构是主动力量、活力因素。从历史看，出版机构是图书外译出版的中心。中华人民共和国成立初期，对外宣传的主要载体是生产成本较低的图书报刊，图书外译出版被提上日程，但是，因为没有专门的出版机构承担任务，生产的图书量不大，影响力有限。1952年，外文出版社成立，专门负责编译外文书刊，从此图书外译出版有了专门主体，成效日益显著。改革开放以后，特别是2003年出版走出去战略成为国家战略以来，图书外译出版成为各出版集团、出版社的使命和职责，图书外译出版史是出版集团、出版社发展史的一部分，当然，它们的发展也离不开在图书外译出版上的投入和成效。从成效看，出版机构是图书外译出版的中心。在国家的管理体制中，出版机构是图书外译出版的唯一执行主体，在出版集团成立之前，图书外译出版落实到每一家出版社，在出版集团成立后，图书外译出版的担子同时由出版集团和出版社承担。图书外译出版的投入、产出及其效果，是出版管理部门评价和考核出版机构的重要指标。当然，国家的对外出版工程也主要落在出版机构，作为对出版机构从事图书外译出版工作的支持和促进。

（二）现状

图书外译出版的出版机构现状，基于我国的国情和现实，受制于出版管理的体制和机制，可以从多个视角予以观察和评价。

从出版机构的性质看，图书外译出版的出版机构可分为体制内出版机构和体制外出版服务机构。体制内出版机构包括聚焦图书外译出版的事业型出版组织、出版社和兼着从事图书外译出版的企业型出版社，前者如外文局及其所属的出版社等，后者几乎包括所有企业型的出版社。根据我国的出版管理体系，体制外的出版服务机构不具有独立的出版权，因而只能配合出版社从事图书外译出版服务。如人民天舟出版公司等。当前，专门的外向型出版机构尽管在数量上比不上其他出版机构，但是，在主导性和影响力上处于图书外译出版的核心地位。中央和国家部委出版社在图书外译出版上，相对于地方出版社具有比较优势，出版项目、出版物数量更多，质量更高，成效更好。体制外的出版服务机构在图书外译出版上是补充力量，在路径探索上起到了一定的创新引领作用。

从出版机构所处区域看，图书外译出版的出版机构可分为境内出版机构和境外出版机构。境内出版机构如上所述，境外出版机构日渐增多，作用力和影响力日增。境外出版机构包括两类，第一类是境内出版集团、出版社在境外创办，有直接投资创办的分支机构，也有通过并购等资本手段建立的机构；第二类是民营出版机构在境外创办，基本上是直接投资兴建的机构。第一类出版机构的创建和运营都处于探索阶段，效果都不太理想。第二类出版机构的创建和运营有相对成功的，如尚斯国际出版集团，但是，它们的体系性和控制力存在资本有限等原因，尚有欠缺，大都受益于国内政策和项目的支持，眼界和高度都有限，可持续发展力不强。

（三）问题

中央和国家在图书外译出版上支持力度大，既体现在资金补贴和奖励上，也体现在项目确立和推进上，特别是融二者支持于一体的国家对外出版工程。通过分析国家对外出版工程，可以看到图书外译出版的成效，也可以看到承担这些工程的出版机构的现状，进而发现这方面的问题。

1. 中国图书对外推广计划获资助出版机构分析

在国内出版机构当中，中国科学出版集团积极参与"中国图书对外推广计划"，通过与德国施普林格出版集团等世界知名图书出版公司合作，将大量中国科技类图书推广至德国、英国、美国等西方主要发达国家，对中国科学与技术的海外推广起到重要的作用。此外，中国人民大学出版社、外文出版社、现代出版社等境内重要出版社也加入"中国图书对外推广计划"，致力于将中国图书向海外推广，对中国文化的海外推广做出了很大贡献。由资助出版机构排名可知，"中国图书对外推广计划"的资助对象主要为国内出版机构，通过西方主要出版机构来打通进入西方主流市场的途径有待拓宽。

2. 经典中国国际出版工程资助的出版机构分析

2009 年至 2018 年间，"经典中国国际出版工程"资助了国内大部分地区的出版机构。在已获资助的中国出版机构中，外文出版社、中国人民大学出版社、社会科学文献出版社、人民文学出版社、中华书局等凭借积累了多年的丰富经验，成为图书外译出版的主力军。此外，根据申报办法，"经典中国国际出版工程"2013 年开始允许海外出版机构和版权代理机构直接申请资助。2013 年至 2018 年期间该工程共资助了包括企鹅出版集团、圣智学习集团、法国菲利普·毕基埃出版社等 32 家海外出版机构直接申报的 130 个项目。

3. 中华学术外译项目资助出版机构分析

"中华学术外译项目"相比较于其他的对外出版工程，对所资助项目的学术性要求更高，因此，对于出版机构的选取十分严格，承担项目的大部分出版机构是专业的中央出版机构以及以学术出版为特色的高校出版社。在积极参与该工程的出版机构中，有 6 家出版社每年都有项目立项，其中社会科学文献出版社近 9 年共立项 208 种、中国人民大学出版社立项 139 种、高等教育出版社立项 107 种，外语教学与研究出版社在 2010 年至 2015 年立项项目不多，但在 2016 年立项了 21 项。

4. 丝路书香工程资助出版机构分析

"丝路书香工程"主要是对外传播介绍中国基本国情、中国发展模式、中国文化、中外交流、当代文学等主题的图书，推动国外读者特别是"一带一路"沿线国家的读者，进一步认识、了解和理解中国。本土化、国际化和数字化一直是五洲传播出版社图书业务的发展方向，借助"丝路书香工程"的推力、工程的资金保障，结合现有的产品、渠道和人才优势，该社图书外译出版工作风生水起，成效显著。政治经济类与文学文化类图书是对外译介的重点，中国人民大学出版社及社会科学文献出版社在人文社科等方面的优势契合了这种需要。包括五洲传播出版社、中国人民大学出版社、社会科学文献出版社在内的 8 家出版社，2015 年至 2018 年均有项目立项。

从以上的分析可以看出，图书外译出版的出版机构存在如下问题：第一，参与图书外译出版的出版社面不宽，数量不大。全国 570 多家出版社，参与国家对外出版工程的只是一部分，一些出版社甚至没有申报过，更不用说实际操作了。对于图书外译出版也如此，一些出版社对出版走出去的国家战略不了解不重视，在图书外译出版方面几乎没有行动，更没有成果。第二，出版社参与图书外译出版的积极性不高，参与程度不深。漠视甚至忽视国家对外出版工程，意味着出版社在意识上、认识上存在问题；不参与或者浅尝辄止，意味着出版社在图书外译出版上没有热情、动力。一些出版社参加了国家对外出版工程，在图书外译出版上有了些成效。但是，真正把图书外译出版和出版社的战略规划联系起来，通过可持续的计划和策略推动图书外译出版，并通过图书外译出版促进发展的出版社很少。有些出版社在国家对外出版工程和图书外译出版上的成绩，得益于合作的民营图书公司，自身基本上既没有想法也没有实质性的投入与参与。第三，参与的国外出版机构数量少，力度弱，实质性效果差。总体来看，国家对外出版工程对国外的出版机构是开放的欢迎的，但是，参与进来的国外出版机构少。个别国外的出版机构参与了，但是，立项的这些项目没有进入其核心产品体系中，没有得到其核心能力、资源的支持，出版效果不好。图书外译出版的状况与此类似，即参与的国外出版机构少，特别是缺乏出版强国的主流出版机构的主动参与。总体看，国外出版机构成功运作的图书外译出版项目少，更谈不上以此作为重要板块或品牌持续运作，助力它们的发展。

（四）案例分析

一些出版机构在图书外译出版上积极投入，主动创新，成就了案例。分析这些案例，既可以全面、深入了解具体出版机构在图书外译出版上的发展轨迹和事实，又可以探究它们在这方面的经验和模式。

1. 中国出版传媒集团：战略、策略和合力

国际化是中国出版集团的战略之一，这种战略基于该集团对历史规律的总结和遵循，基于该集团对中国发展阶段及其需要的判断。所谓历史规律，即世界发展进程中，中心在转移，大国的地位在变化，而这种转移和变化必然带来文化的变化和文化发展机遇的变化。所谓中国发展阶段及其需要，即新时代的中国日益靠近世界舞台的中央，中国的发展现实和道路日益受到世界各国的关注，伴随而来的是世界各国了解中国文化的需要。根据这种战略，该集团——确立了落实基本方针、中心话题、基本格局、基本市场、基本方式和重点工作。这种顶层设计为该集团的图书

外译出版提供了方向、目标、路径和方法。①

中国出版集团图书外译出版的策略之一是内容创新。中国文化的现代阐释、中国发展道路的学术呈现、中国当代精神的故事讲述是该集团图书外译出版的三大领域。该集团围绕这三大块，充分整合和提炼所属品牌、所拥有的内容，创新性地选择图书外译出版的内容。譬如，在中国文化的现代阐释方面，该集团有中华书局的《于丹〈论语〉心得》《建筑的意境》《故宫藏美》，中国大百科全书出版社的《中华文明史话》丛书、《传统美德故事美绘本》，人民美术出版社的《漫画中国历史》《水浒传（连环画）》，三联书店的《中华文明的核心价值》。在中国发展道路的学术呈现方面，该集团有三联书店的《重启改革议程》《生死关头：中国共产党的道路抉择》，中国民主法制出版社的《决战2020：拒绝贫困》《中国梦·复兴路》，商务印书馆的《中国道路与新城镇化》《供给侧改革：理论、实践与思考》。在中国当代精神的故事讲述方面，该集团有人民文学出版社的《山楂树之恋》《带灯》《古船》《隐身衣》，华文出版社的《人民语录》。

中国出版集团图书外译出版的策略之二是细分目标人群。该集团将目标人群集中锁定在高校研究机构的学者以及学生和汉语学习人群。针对前者，该集团和哈佛大学、耶鲁大学、杜克大学、哥伦比亚大学、纽约大学、剑桥大学等合作，让外译出版的图书进入它们的图书馆，为它们的老师、学生等所学所用。针对后者，该集团的《汉语图解词典》出版45个语种，进入100多个国家和地区，是这些国家和地区读者的工具书。

中国出版集团图书外译出版的策略之三是构建平台。这些平台主要是翻译平台、创新传播平台等。就翻译平台来说，该集团

---

① 谭跃.关于出版国际化的主要思考[J].中国出版，2014（17）：11-13.

通过召开翻译家恳谈会，签订翻译项目，汇聚世界著名汉学家；创办牛津大学翻译出版中心，集中翻译人才，有组织地翻译中国图书；建立"译云"，打造全球领先的互联网翻译出版平台，覆盖数十个语种。就创新传播平台来说，该集团借助新技术，建立线上传播平台"易阅通"，提供按需印刷，成为外译出版图书的中盘商。

中国出版集团图书外译出版的策略之四是本土化。该集团拥有驻港和海外机构30多家，包括海外分公司（代表处）、海外出版公司、海外发行公司和书店等。该集团所属的出版社在多个国家，利用其优势资源，建立国际编辑部，提高图书外译出版的质量和速度。

中国出版集团根据战略和策略，整合所属单位的内容资源、渠道资源、人力资源和资金资本等的优势，形成整体，催生合力。譬如，在内容资源上，为了形成整体优势，该集团整体策划大型外向型丛书《中国近现代文化经典文库》，包括中国人文社科和文化领域的318种经典著作。

2. 中国人民大学出版社：专业、品牌、话语权

中国人民大学出版社的图书外译出版聚焦在学术精品，包括展现当代中国成就、阐释当代中国道路、传播中国价值理念三个内容基点，其传播格局以多语种、跨文化、广区域为框架支点，其战略落点是推进本土化运营、创建多元化平台、开拓"一带一路"沿线国家市场①。

内容的高端、学术、扎实是中国人民大学出版社图书外译出版的基础和特色。聚焦意味着选择，聚焦到学术精品更意味着专业追求。该社图书外译出版的品种包括戴逸的《简明清史》，方

---

① 张桢．"高端学术国际出版"助人大社再获"走出去"殊荣 专访中国人民大学出版社社长李永强 [N]. 国际出版周报，2019-06-24.

立天的《中国佛教哲学要义》，郑杭生，江立华的《中国社会思想史新编》等，这些著作都达到了该领域研究的顶级水准。该社图书外译出版的金灿荣的《大国的责任》、陈雨露的《人民币读本》等，关注国际热点话题，对这些话题进行深度学术解读。

强强联合树品牌是中国人民大学出版社图书外译出版的追求和成效。中国人民大学在人文社科的一些领域，代表着我国学术研究的最高水准，为该社提供了内容保障。这种保障既是对母体的借助，也是和母体的联合。该社对图书外译出版的合作伙伴要求特别高，强调要是国际顶尖、行业顶尖、所在国顶尖。这种互相借势彰显和强化、扩大各自优势，利于品牌打造。譬如，该社与培生教育出版公司合作出版李瑞环的《学哲学 用哲学》的英文版、李铁映的《论民主》和《改革 开放 探索》的英文版；与圣智教育出版公司合作出版李晓西的《宏观经济学》、方立天的《中国佛教哲学经义》、国家清史编纂委员会编辑的《清史·图录丛刊》（5种）；与新加坡世界科技出版公司合作出版黄达和诺贝尔经济学奖得主蒙代尔共同主持的《黄达-蒙代尔讲座》。

组合拳出击赢话语权是中国人民大学出版社图书外译出版的影响力体现。该社图书外译出版的组合拳包括海外建分社、与国外合作建出版中心、合建人文交流平台。该社在以色列、罗马尼亚、蒙古、土耳其、意大利等多个国家建立分社、图书出版中心。譬如，2016年1月在以色列特拉维夫大学正式成立的以色列分社，是该社与以色列高校和学术机关联系的枢纽。2016年5月和8月，该社与罗马尼亚文化院共建的中国-罗马尼亚学术出版合作中心在布加勒斯特和北京分别成立，是整合两国资源实现图书外译出版的重要平台。该社以共同体理念，联合各界力量，围绕图书外译出版，高标准建设人文交流平台。譬如，2017年8

月 24 日，该社发起，全世界 29 个国家和地区的 92 家出版商、学术机构和专业团体共同参与，名为"一带一路"学术出版联盟的交流机制正式成立。2019 年 3 月，该机制更名为"一带一路"共建国家出版合作体。

3. 五洲传播出版社：主业、主攻和主力

五洲传播出版社是国务院新闻办公室直属的出版社，专门从事图书外译出版，每年推出 300 多种中国主题、题材图书，语种涉及 10 多个。

五洲传播出版社对接国家对外出版工程，主攻图书外译出版产品和渠道。"丝路书香工程"是国家"一带一路"建设的重大项目，2015 年启动，包括重点翻译资助项目、汉语教材推广项目、境外参展项目、数据库推广项目、本土化、出版物海外渠道建设等。该社在多个方面都涉及，特别是重点翻译资助项目和出版物海外渠道建设上卓有成效。该社每年入选"丝路书香工程"重点翻译资助项目数十个，位居所有出版社的第一位。这些项目聚焦中国文化、中国文学，介绍中国基本国情、中国发展道路和模式、中国文化、中国当代文学等，包括《中国创造》丛书（6 册）、《当代中国》丛书（8 种）、《中国文化》丛书（10 册）、《我们和你们》丛书等，其中《我们和你们》丛书讲述我国和"一带一路"沿线国家的友好故事，每个分册由资深外交官担任主编，由中国和有关国家作者共同撰写。该社建设的"中国书架"含线上和线下两部分，线下覆盖国内和国外，截至 2018 年底，在埃及、德国、法国和美国等 15 个国家建立 18 个"中国书架"，与中国工商银行合作在其覆盖 40 多个国家的海外分支机构建立 284 个"中国书架"。

五洲传播出版社增加出版数量，提升出版质量，增强出版的国际竞争力，以本土化为抓手，以数字出版为平台，持续强化图书外译出版主力的角色，持续强化这种角色应有的担当和价值创造。譬如，2017 年 4 月，该社的阿联酋编辑部成立。同年 8 月，该社与墨西哥二十一世纪出版社合作建立中国文学编辑部。当前，该社自主研发的"that's"多语种图书数字阅读平台上线运营，聚合了 10 多个阿拉伯国家的 50 多家本土出版社的阿文数字内容资源。

4. 湖南少年儿童出版社：特长、特色和特别

湖南少年儿童出版社是中南出版传媒集团旗下的专业社，在集团国际化战略的统领下，发挥自身优势，走出了图书外译出版的路子。

湖南少年儿童出版社根据事业部制的理念，产生了低幼启蒙读物事业部、少儿科普知识读物事业部两个年生产码洋过亿元的部门，在这两块读物上积累了资源，形成了核心能力，在全国领先。图书外译出版是这两个事业部的重要业务，每年都和国外合作推出 100 多种图书，语种包含英语、越南语等。

湖南少年儿童出版社立足地域特色资源，在图书外译出版上形成特色。该社依托在全世界具有影响力的湖南籍绘本大师蔡皋，组织中日韩三国绘本作家、插画家，合作出版同一主题绘本。该社发挥在全国和华语圈里具有影响力的湖南省儿童文学作家汤素兰，在新加坡召开亚洲儿童文学大会，创造图书外译出版的空间和机会。该社改编我国少数民族特别是湖南省区域内的苗族、侗族等的故事，推出精品绘本，在"一带一路"沿线国家合作出版，富有成效。

湖南少年儿童出版社的特长、特色成就了其特别的图书外译出版。在书博会上，该社的活动得到业界、学界高度认同。譬如，在博洛尼亚书博会上，该社多语种同步出版的绘本得到专家、读者一致肯定。因为特长、特色，所以该社在丹

麦成立编辑部的想法，得到当地出版机构的响应，双方合力互推各自优势。

（五）改善措施

改善图书外译出版的出版机构的思路是：增加出版数量，增强其素养，形成有效结构，提高整体能力，具体是四项措施。

1.基于国家战略和规划，制订图书外译出版的出版机构的子规划

在国家战略中，强调了出版机构的作用，并提出了宏观上的要求。在国家规划中，有关于出版机构的内容，指出了出版机构的作为空间和发展路径。但是，国家战略和规划中的精神、原则、要求等有待细化，需要具体，否则，落实起来不好遵循，行动起来不够精准。

图书外译出版的出版机构的子规划需要体现分类思想。这基于我国图书外译出版的实情，适合出版机构在图书外译出版上的现状，利于体现国家战略和规划的意图，利于完成目标。这样实事求是地提要求，符合实际地指导，易于得到出版机构的认同，可以激发其活力、调动其积极性。

图书外译出版的出版机构的子规划需要完整、具体。所谓完整，指充分体现国家战略和规划的意志，是为了达成国家意图、完成行业任务的系统。所谓具体，指方向确定，定位准确，目标明晰，意图清楚，路线图、时间表到位，每个出版机构都可以从中找到自己的位置、发展之路、行动空间等。

2.加强对图书外译出版的出版机构的系统培训

作为国家战略和规划的重要部分，图书外译出版的系统性、前瞻性特征鲜明，需要出版机构在意识上、精神上充分体现文化自觉、文化自信，对出版机构具有较高的要求。出版机构对

图书外译出版有所认识，但认识不充分，高度不一定到位；它们对图书外译出版有所行动，但行动不彻底，效果不一定达到预期。因此，无论是宏观上，还是微观上，出版机构都需要加强。系统培训是提高出版机构认识和素养必需的、有效的路径和方式，亟待加强。

加强对图书外译出版的出版机构的系统培训，要分层实施，突出重点。分层实施指在领导层、执行层和影响层着力，最终带动出版机构团队参与。突出重点指务必充分提高领导层的认识，引起他们足够重视；务必提高执行层的素养，增加其知识，培养其能力，使他们做好具体事，做出预期的效果。

加强对图书外译出版的出版机构的系统培训，要促使它们在实践中落实战略和规划，创造性地总结、提炼出规律，创新性地构建机制、制订制度、催生模式。在实践层面，图书外译出版的矛盾多、问题多，但路子和方法也多。丰富多彩的实践为图书外译出版的发展提供了经验和解决方案，分享和共享这些经验和解决方案可以提高整体能力和水平，可以产生更多突破、更大成效。

3. 加强图书外译出版的出版机构的整合和合作，形成合力

分散意味着分力，联合意味着合力，分力则弱，合力则强。在图书外译出版发展的过程中，整合和合作是必需的，也是捷径。

我国有30多个出版集团，这些出版集团大都拥有多个出版社，而出版社的经营较为独立，包括在图书外译出版方面。出版集团图书外译出版的力量本来就不强，这种力量还分布在多个出版社，单个出版社的力量就更弱了。这种局面不利于发挥出版集团的平台作用，不利于形成图书外译出版的规模优势和效应，也不利于出版社的工作拓展和绩效获取。因此，出版集团整合图

书外译出版，形成合力，是必需的。为了完成这种整合，出版集团需要基于国际化、走出去形成包括图书外译出版在内的战略和计划，帮助出版社明确方向、目标、路径等。出版集团遵循战略和计划，在平台构建、系统指导、资源获取、能力培养等方面准备条件，既管好各出版社，又为各出版社提供足够、充分、有效的服务。

图书外译出版的出版机构的合作，包括各种力量之间的联合、分享等。聚焦于图书外译出版、专业性强、能力相对突出的外向型出版机构，可充分发挥龙头作用，既为业界提供经验，也联合一些有意愿的出版机构，放大优势，放大效应。各个专业领域的出版机构，可以通过联合，形成联盟。这一则因为合作提高了大家的能力，扩大了大家的话语，助力于大家的话语权建设；二则利于和国外的出版机构对接和合作。各个出版集团之间可以多交流，通过强强联合或优势互补等，增加开疆拓土的力量，增加和国外合作的筹码，增强和国外出版机构打交道的话语权，促进图书外译出版。

4. 加强在国外的出版机构本土化力度，增强图书外译出版的能力和实力

图书外译出版的出版机构本土化要求中国出版在国外建立踏实、扎实做出版的组织。伴随人类命运共同体、"一带一路"建设的推进和中外交流、合作的深入，中国出版机构落户国外的消息时有出现。一些出版社直接投资国外，在国外建立分支或创办出版公司。譬如，2018 年 9 月，浙江大学出版社在莫斯科成立"俄罗斯联合编辑室"。一些出版机构通过并购在国外拥有出版组织，形成本土出版力量。譬如，人民卫生出版社并购美国医学出版机构，形成了在国际医学出版领域的顶层力量；广西师范大学出版社并购澳大利亚视觉出版机构，获得了出版品牌、渠

道体系，提升了国际出版能力。

图书外译出版的出版机构本土化的关键是出版人才本土化。出版是复杂的系统工程，包括出版机构本土化在内的出版本土化必须依靠本土化的人才才能实现。譬如，俄罗斯的两大有利条件为中国出版在俄罗斯本土化准备了人才：一是俄罗斯的汉学传统，二是俄罗斯在中国的留学生在所有国家中一直排在前五，人数不少。

图书外译出版的出版机构本土化内涵丰富，着力点是出版思维本土化、出版产品本土化、出版渠道本土化和出版服务本土化。出版思维本土化要求熟悉和遵循所在国的法律法规、政策，特别是文化方面的规则约束和有利条件；要求了解所在国的出版规律、出版模式、出版逻辑；要求拥有所在国的出版视野和出版方式方法。出版产品本土化指内容符合所在国读者的口味，形式满足所在国读者的趣味，思想、内涵、审美等都遵循所在国的需求。出版渠道本土化包括适应所在国渠道的个性和规则、在所在国创建和拥有渠道两方面。出版服务本土化意味着围绕读者服务阅读，围绕出版物的生产、流通、营销、宣传等服务客户。

四、中国经典国外出版传播模式

中国经典国外出版传播是实施走出去战略的重要任务之一，其成功具有标志性意义。模式是实践的总结、抽象和概括，反映规律，启迪方法论。2015 年 5 月 21 日，《人民日报》海外版创刊 30 周年之际，习近平总书记作出重要批示，要求对外传播"锐意创新，用海外读者乐于接受的方式、易于理解的语言，讲述好中国故事，传播好中国声音，努力成为增信释疑、凝心聚力的桥梁纽带"①。梳理实践，总结经验，探究、分析、推进和创新中国经典国外出版传播模式格外重要和紧迫。

（一）溯历程：70 年，三模式

新中国成立后 70 年，中国经典国外出版传播持续发展，呈现出较为鲜明的阶段性，1978 年开启的改革开放和 2012 年召开的党的十八大是分段的标志，新中国成立到改革开放前为一段，改革开放后到新时代前为一段，新时代为一段。在第一阶段，中国经典国外出版传播主要通过"送出去"模式实施，即我国政府主导选送中国经典给国外读者阅读。在第二阶段，以"卖出去"模式为主，国外出版企业主导国外市场上的中国经典售卖。在第三阶段，"融进去"模式在实践中探索和实施，我国出版企业或我国出版企业能掌控的外国出版企业运行，以国外目标市场为基础，以国外读者为中心，由我国政府引导而外国政府能接受，按照市场规律操作。

三种模式适应环境而生，适配条件而发展。"送出去"模式是全世界普遍存在的一种文化交流传播方式，在新中国发展的各个阶段都在实施。在改革开放前，我国所处的环境相对封闭，与世界沟通交流障碍较多，将经典"送出去"体现我国向世界说明自身的主动。改革开放后，世界各国人们对我国的兴趣日增，了解的欲望日强，国外的出版公司以此为商机售卖中国经典，于是有了中国经典的"卖出去"模式。进入新时代，综合国力的强大对文化软实力提出了要求，同时，国外对中国文化、中国方案、中国模式、中国经验等产生了全面、深入了解的需要，"融进去"模式应时而出。

---

① 人民网 . 习近平就人民日报海外版创刊 30 周年作出重要批示 [EB/OL].（2015-05-21）[2019-07-05]. http://politics.people.com.cn/n/2015/0521/c1001-27038345.html.

（二）作比较："融进去"模式凸显优势

拉斯韦尔传播模式理论为分析判断出版传播模式提供了理念和方法论，以"5W"为向度，比较"送出去"模式、"卖出去"模式和"融进去"模式，可以更清晰地了解其面貌，理解其特点和实质。

"送出去"模式、"卖出去"模式和"融进去"模式比较

类别	"送出去"模式	"卖出去"模式	"融进去"模式
传播主体	中国政府和所属机构	国外出版企业	我国的出版企业，包括总部在我国的出版企业和落户国外的我国出版企业以及我国出版企业控制的国外出版企业等
传播内容	体现我国价值观的中国经典	根据国外的价值观、适应国外读者口味、按照国外经典标准选择的中国经典	符合我国价值观、国外政府接受、国外读者喜欢的中国经典
传播对象	国外的中国友好人士	国外的消费者，包括读者和机构购买者	国外的消费者，包括读者和机构购买者
传播渠道	图书赠送相关机构以及相关活动体系	图书编辑出版体系、销售体系和推广体系以及相关的传播通路和方式方法	图书编辑出版体系、销售体系和推广体系以及相关的传播通路和方式方法
传播效果	国外读者通过阅读中国经典，了解我国情况，理解我国的立场、价值观和想法	通过售卖中国经典为国外出版企业带来利润，客观上读者接受与我国相关的信息，形成对我国的认知和形象塑造，但往往被误导而形成误解	国外的读者和机构通过阅读中国经典，较为准确、全面了解我国情况，理解我国价值观，构建我国对外传播的话语和话语权，形成对我国的正面形象

"送出去"模式以我为主，为我服务，可控性、目的性和针对性强，但是，刚性实施，考虑受众较少，活力较弱，效果较有限。"卖出去"模式适应读者，满足市场，渗透性强，经济效益可期，但是，为外国所用，为国外企业所为，传播国外的价值观。"融进去"模式尽管投入较大，周期较长，但是，充分吸纳"送出去"模式、"卖出去"模式的优势，充分克服这两种模式的不足，整体性强，可持续，可控，效果好。

（三）出措施：推进和创新"融进去"模式

习近平总书记强调："要精心做好对外宣传工作，创新对外宣传方式，着力打造融通中外的新概念新范畴新表述，讲好中国故事，传播好中国声音。"① "融进去"模式是中国经典国外出版传播的实践探索和创新，需要在不断总结经验的同时，采取有力措施进一步推进和创新，促进出版走出去战略的实施，增强其成效。

1. 基于公共外交形成以出版企业为核心的主体群

西方用公共外交取代被滥用的宣传一词，没有改变对外传播的实质，没有改变对外宣传捍卫国家利益、维护国家安全的本意，但是，体现了传播主体多元化的发展趋势。传统的对外宣传主要和政府联系在一起，更多地体现为政府行为，公共外交的主体包括政府以外的企业、非政府组织和个人等，特别是非政府组织和个人在国际传播中扮演越来越多的角色，发挥越来越重要的作用。基于公共外交思考和实践中国经典国外出版传播的主体，可以围绕出版企业形成主体群，在扩大主体范围和数量的同时形成合力，增强"融进去"模式的出版传播力。

---

① 倪光辉. 习近平在全国宣传思想工作会议上强调胸怀大局把握大势着眼大事 努力把宣传思想工作做得更好 [EB/OL]. （2013-08-21）[2019-07-05]. http://politics.people.com.cn/n/2013/0821/c1024-22635998.html.

根据利益相关者理论，凡与出版利益相关的主体都助力出版传播，都是出版传播主体群中的部分。出版利益相关者包括出资人、员工、读者、经销商、供应商、竞争与合作伙伴、政府、社区等，它们和出版企业一起形成出版传播主体群。这样宽泛地界定出版传播主体群，既更明晰地确定出版企业的核心地位，因为这些利益相关者始终围绕着出版企业及其行为，又利于在出版传播过程中充分认识到和发挥出主体们的作用。尼山书屋是山东友谊出版社创建的出版走出去品牌和平台，入选"丝路书香工程"，是国家文化出口重点项目。尼山书系是尼山书屋的出版品牌，包括普及系列和经典系列，主要体现"外国人讲述中国故事给外国人看"的特色，其中《王蒙精选集》（英文版）7卷和《论语诠解》（英文版）为对外经典传播的代表。山东友谊出版社以"传播文化，传递友谊"为使命，把自己作为国家实施出版走出去战略的主体，在美国洛杉矶、澳大利亚堪培拉、瑞典斯德哥尔摩等地注册成立尼山书屋国际出版公司，打造本土化市场主体，创建出版传播主体群中的核心。同时，尼山书屋汇聚出版传播主体群中的众主体，产生更大的主体力量。譬如，以尼山国际讲坛、尼山国际展演、尼山国际教育等打开出版传播主体的边界，以融入中国文化中心、孔子学院等吸纳更多出版传播主体力量，以不断增加商业合作伙伴、融入当地出版生态等增加出版传播主体圈的半径①。

　　2. 以人类命运共同体为价值观选择出版内容

　　一段时期以来，西方的价值观主导全球，西方世界想方设法在强化和固化这种价值观。这种价值观的本质是西方中心主义，目的是捍卫西方的利益，在利益存在冲突时，不惜牺牲

---

① 姚文瑞.始于使命,源于尼山,高山流水,星罗棋布——尼山书屋创造出版走出去新样本[J].出版参考，2017（8）：36-39.

其他国家的利益。中国经典国外出版传播需要冲破西方的价值观垄断，需要既鲜明地指出西方价值观的实质，又倡导符合我国和世界各国共同利益的价值观，重中之重是后者。2015年9月，习近平主席在联合国70周年系列峰会上阐述了人类命运共同体的内涵。人类命运共同体是当下中国的国际观、全球观和世界观，基于平等、合作、和谐等理念，倡导和传扬人类命运共同体价值——和平、发展、公平、正义、民主、自由。人类命运共同体思想充分彰显了我国的价值观，充分体现世界性，得到了世界上许多国家的认同，写进了联合国的文件中。

中华五千年文明源远流长，是世界上唯一没有中断而持续发展至今的伟大文明。中华文明具有鲜明的民族性，也具有极强的世界性。历史上，中华文明影响周边国家，形成大中华文化圈；欧洲文艺复兴和其后的发展受益于中华文明。今天，中华文明的优秀成果既是世界文明发展的重要因素和不竭动力，也为众多世界难题的解决提供观念和方法论。人类命运共同体思想的来源是中国外交经验和多元文明共鉴，更是中华优秀传统文化。"天人合一"宇宙观、"天下为公"政治观、"和而不同"社会观等，深刻体现中华文明的核心——"和"文化，而"和"文化是人类命运共同体的重要源头①。作为中华文明的载体，不计其数的中国经典标举中华文明的成果、反映我国的主流意志、包蕴人类命运共同体价值观，足以让世界各国人们分享，足以造福世界。《论语》《易经》《孙子兵法》等古代经典自不必说，当代经典《狼图腾》即可以说明事实。《狼图腾》2004年于国内出版，很快成为超级畅销书，总销量过200万册。至今，该书被译成40多种语言，在110多个国家售卖，版权收益超100万美元，被纳入中

① 王帆，凌胜利.人类命运共同体：全球治理的中国方案 [M].长沙：湖南人民出版社，2017：2-18.

国对外图书推广计划，是政府和业界都推崇的"融进去"典型案例。民族性和国际性突出的主题与内容是该书成功的基础。该书内含独特的中华民族文化，充分展示了中华文化的魅力，同时，其关注人与自然、注重生态、张扬生命力等的主题和内涵具有世界性。在对外传播的过程中，出版公司充分掌握国外阅读生态，充分展示小说的国际性，充分传播作品于国外读者的适应性和满足度①。

3. 按照目标市场策略确定读者群

宏观而言，中国经典国外出版传播是我国对外战略和关系体系中的一部分，服从和服务于这种战略和关系体系。就对外战略区域格局来说，大国是关键，周边国家是首要，发展中国家是基础，而"一带一路"建设国家具有特别的地位。中国经典国外出版传播的目标区域市场按照对外战略区域格局展开，根据两重标准优先确定：目标区域具有融入的基本环境和条件，诸如对我国的态度和友好程度、出版传播的法治条件、社会和经济基础等；我国在出版上具有相对优势，譬如出版资源、出版模式、出版运营、出版能力等方面的操盘力和掌控力。近年，我国出版配合"一带一路"倡议，在"一带一路"建设国家加大经典出版传播力度，取得了好效果，是我国在这些国家经济建设等的重要舆论支撑力量。

具体而言，在目标区域市场确定读者群遵循结构性、层次性、优先性。所谓结构性，即目标国家的读者群由细分群体按照一定的方式组成。读者群的细分标准多样，有按阅读条件、趣味区分的，有根据购买力区分的，还有凭影响力大小区分的，每个细分读者群都有其意见领袖，由他们代言。主流人群是读者群中的

---

① 曹文刚. 从《狼图腾》版权输出看中国当代文学对外翻译传播 [J]. 中国出版，2016（19）：62-64.

意见领袖，对读者和社会产生主要的决定性的影响力。中国经典国外出版传播要能影响主流人群，要通过影响主流人群影响其国家和社会。所谓层次性，即目标国家的读者对应中国经典显现出不同的层次，譬如就熟悉程度来说，从不了解到了解，从了解到理解，从理解经典的知识到精神，从理解经典本身到掌握中国文化精神，不同层次的读者的要求和表现不一样。所谓优先性，即出版传播中国经典对应细分读者群，有序实施可以事半功倍，产生倍增影响力的效应。譬如，在开始阶段，目标国家的华人华侨是优先传播人群，因为接近感和亲近性意味着这群人对中国经典的可接受性，而这群人接受后可产生再传播效应。

4. 根据跨文化传播理论创新出版传播方式

跨文化传播理论承认和尊重文化差异，认为随着"地球村"的形成、人口流动更加频繁、新技术带来的便捷等，文化差异引起的文化矛盾、文化冲突会越来越多。这意味着改善跨文化交流的重要和必要，意味着懂得自己的文化、在互动和反馈中用心了解对方文化、促进交流的灵活性、善于处理文化冲突、学会文化适应成为跨文化传播的基本功和必需方式方法。跨文化传播理论应成为中国经典国外出版传播的基本观念，需要立足文化差异、追求文化融合，需要在出版传播方式的创新中抛却桎梏、舍弃刻板印象，需要在充分的对话中创造彼此的舒适区。

创新中国经典国外出版传播方式集中体现在三个方面：第一，出版物的本土化适应是中国经典国外出版传播的基础。按照人类命运共同体的价值观选择合适的中国经典，准备了进入目标国家的内容前提，接着，内容的译介、表达方式的选择、设计包装等极为重要。出版物适应性的要求体现为产品适合目标国家的读者，底线是他们不反感，目标是他们喜欢、愿意购买、愿意阅读。目标国家的文化是中国经典落地的土壤，中国经典的内容和目标国家的文化形式结合，目标国家的读者就能因为感到亲近、亲切而接纳、吸收。第二，渠道和平台是中国经典国外出版传播的关键。出版物流通、出版物信息传播、出版活动、出版物宣传和推广等渠道和平台，是中国经典国外出版传播的必需条件。不管是自建还是借力渠道、平台，文化融合对于中国经典在国外实现"融进去"都必要。这种文化融合指出版物、出版信息、出版活动等与渠道、平台的适应，也指在这一过程中操办人员与渠道、平台人员等人际交流的顺畅、和谐。我国在国外发展的中国经典出版传播企业要积极构建渠道和平台，要积极借助国外的渠道和平台，要通过出版、出版物特别是出版活动融入目标国家的阅读中，融入目标国家的读者中。第三，数字技术等新技术为中国经典国外出版传播提供了便利，但是，这种便利往往因为过程简化、速度快，带来更多的文化冲突。因此，既充分获取新技术红利又充分运用跨文化传播理论，成为中国经典国外出版传播企业的必修课。充分借力新技术才能帮助这些企业走得快，充分理解跨文化传播理论才能帮助它们走得稳。俄罗斯尚斯国际出版社是中国民营力量在俄罗斯创办的，目前是俄罗斯出版中国主题图书最强的三家社之一。该社除了主要负责人，整个团队都是俄罗斯人，推出了一批批适应俄罗斯读者需要的中国经典出版物。

5. 通过"涵化"提升出版传播效果

"涵化"指不同文化间相互接触后发生变化的结果。文化接触对于个体来说，既有因陌生带来的焦虑和压力，又有适应后享受多样文化的愉悦。中国经典在国外出版传播时，既因为主导内容选择而体现我国的意志，也因为经典的民族特性而维护中华文化的精神内核；既因为尊重目标国家文化而借力其文化形式，也因为适应目标国家读者而本土化表达和表现。在接触中国经典的过程中，目标国家的读者难免因为异域异质文化焦虑。帮助国外读者克服焦虑、度过适应期，是我国出版企业应提供的基本服务。

　　读者参与体验性活动是提升中国经典国外出版传播效果的有效"涵化"方式。这种体验性活动围绕中国经典展开，以中国经典为脚本或依据，其中包括充分的对话、表演等互动。影视等对中国经典的激发和带动效应是特别的读者参与性体验，在观看关于中国经典的影视时，读者感受了中国文化，体会到中国经典的趣味和魅力，进而亲近和阅读中国经典。

　　中国经典在中国文化和精神中的地位和价值，使得它们在对外传播中具有特别的功能，这种功能的实现意味着传播效果和效益的达成。在中国经典国外出版传播过程中，"润物细无声"的"涵化"影响读者和社会，助力在目标国家构建关于中国的话语和话语体系，并在这种话语的倡导中促进中国话语权的形成，推动中国国家形象的积极塑造。

附录一

一、英国图书出版产业链的特点

英国图书出版业形成了较为完整的产业链，这是英国图书出版产业高度成熟的表现，也是其图书出版业既大又强的重要特性。认识、理解和借鉴英国图书出版产业链的特点，对我国图书出版业的进一步改革和发展具有重要的启示意义。

（一）以控制内容资源的大型出版集团为龙头构建图书出版产业链

1. 英国图书出版产业链是内容资源导向型产业链

支撑英国出版的五大基石是版权保护、大量天才作者、出版自由、世界语言英语、丰富的细分市场，其中前二者与内容资源直接相关，后三者与内容的创造紧密相连。英国出版业高度依赖内容资源，英国出版企业的价值以内容资源的占有及其开发程度为评价的核心标准。

编辑、出版和发行是英国图书出版产业链的三个基本环节。内容资源基本控制在出版环节，出版环节是英国图书出版产业链的主导环节。因为内容资源禀赋条件的优劣决定着出版竞争力的形成，内容资源的拥有者、运用者决定着出版产业链中其他关联企业的经营状况和产业地位，拥有内容资源优势的企业极大地影响着出版产业链的结构。英国图书出版产业链中的出版环节主导着产业利润的分配，其利润水平远高于印制和发行环节。

出版商决定着英国图书出版产业链的组织形式。无论是大众出版、教育出版还是专业出版，出版商在出版产业链中始终是掌控者。近年，随着实力的增强，W.H.史密斯连锁书店等发行环节的龙头企业试图和出版商谈判，以获取更高的地位和收益。这反映了英国大众出版产业链的变化趋势，但也说明出版商在产业链中的主宰位置。而出版商的大小和强弱及其在出版产业链中的地位和作用由其内容资源禀赋和依托于内容资源的品牌决定。譬如，在学术工具书出版方面，牛津大学出版社凭借高水平的内容资源成为龙头企业，而英语考试评级的优势成就了剑桥大学出版社在英语教育图书方面的强势。

2. 确保对内容资源价值的深度开发

开发内容资源，提供高质量的出版产品和服务，是英国图书出版产业链的核心功能。产业链中的不同企业针对内容资源的特性，将其价值开发出来，融入出版产品和服务中。譬如，在大众出版领域，产业链中的关联企业包括著作权代理公司、包装商、出版商、排版商、印刷商、装订商、发行商、批发商、销售代理公司、书店等。这些企业根据自己在产业链中的定位和功能，发现、挖掘和提升内容资源的价值。一些企业提供作品和原材料，一些企业开发项目和创造产品，一些企业物化内容，给予内容以合适的载体和形态，一些企业根据读者需求的个性将所需图书送给他们。产业链中的任一链环都为读者需求的满足作出贡献，都为内容资源的增值尽力。譬如，著作权代理公司的经纪人，代表作者和出版社打交道。他们为作者寻找最能开发其作品价值的出版商。包装商向上延伸出版商的功能，专门从事创意、策划及其内容资源的包装等，为出版商提供特定服务。因为足够多的出版自由职业者和出版专业公司为出版产业链提供充分支持，外包成为英国出版的普遍现象，也是英国出版内容资源开发能力的重要体现。

3. 角色明晰，确保出版产业链的结构稳定

出版产业链中的不同环节价值增值具有差异性，这种差异性与该环节的企业的资源禀赋和品牌价值息息相关，也导致企业赢利水平的差异。因出版领域不同，英国图书出版产业链的关联企业的结构差异显著。在教育出版和专业出版领域，占有内容资源的出版商居于出版产业链的高端，其他企业处于低端。在大众出版领域，处于高端的是强势出版商、控制着优势内容资源的经纪人公司等知识产权所有者。不管哪种情况，各企业得其位，做其事，分享其收益，确保出版产业链的稳定结构。当然，出版产业链中的龙头企业并非终身制，这种稳定结构是相对的。近年，英国大型出版商的实力越来越强大，出版产业的集中度越来越高，中型出版商逐渐减少，而小型出版商较为稳定。这种变化引起出版产业链结构的动态调整。

以大资本为依托，以并购为手段，以系统经营能力为基础，英国的出版集团越做越大，出版环节的产业集中度越来越高。依托这些大型出版集团，英国的出版产业链得以构建。一方面，大型出版集团掌握产业的话语权，贯通产业的上下游，影响主导产业链。另一方面，产业的其他环节以大型出版集团为核心获得在出版产业链中的位置，分享其利益。譬如，小型的出版商自然依托大型出版集团发行，既获得自身利益，也为大型出版集团增加规模效益。

英国的大型出版集团专注于出版环节，没有涉足印刷、发行

而实现纵向一体化，也未进入文化以外的产业实施多元化战略。它们牢牢控制关键内容资源，以专业经营者的身份占据着英国图书出版产业链中的龙头位置。如教育出版领域的哈考特、霍德出版公司，大众出版领域的阿歇特、贝塔斯曼等，专业出版领域的里德·爱尔斯唯尔、牛津大学出版社等。

（二）通过提升整体增值能力维护图书出版产业链

1. 共创最终价值

作为一种组织形式，出版产业链发挥组织功能，提高出版能力，提升出版产业的整体利益。英国图书出版产业链是整体，因为它以出版产品和出版服务的最终价值为追求，它以产业的整体增值为最高利益，它体现高度成熟的产业特色。同时，它又尊重产业链中关联企业的个性。譬如，英国图书出版产业链中的图书发行公司以销售收入的 13% 从出版方得到报酬，为出版商完成物流、金融等服务，更快捷地扩散出版商的产品，更规范地替出版商处理账务。这种中盘功能实际上帮助出版商解决麻烦，使出版商能集中精力经营内容资源。同时，读者可以更快得到阅读机会，享受图书出版产业链提供的服务。这种良性循环是图书出版产业链最终价值的保障。

因为分工的细化和功能的单一，英国图书出版产业链中的各个企业更专注更专业地共创最终价值。这既让各个企业在专业发展的过程中不断提高专业能力，也让这些专业的企业根据自身条件更合理地整合资源，更充分地创造价值。譬如，在英国图书出版产业链中有专门负责插图和照片的公司。这些公司提供最优质的插图和照片，更完美地解决插图和照片的著作权问题。因此，英国图书出版产业链通过定位关联企业的专业功能，提高其专业创造和服务能力，进而提高产业链最终价值的创造力。

2. 确保出版产品和服务的连续增值

图书出版产业链的关联关系，使得出版的上游和下游、上一环节和下一环节根据严格的时间顺序和事理逻辑开展工作。环节之间存在时间的先后，只有当上一环节完成工作后，下一环节才能开始其工作。各环节按照目标导向下的工序，遵循目标实现的节奏和规律，环环紧扣地确保出版产品和服务的创造。这种工作和创造既连续增值又累积价值。

英国图书出版的价值链是知识产权—编辑—设计和生产—营销—销售，成品图书经历仓储、订单处理和发行等价值活动。将品牌与作者的作品结合，针对市场需要为作者设计产品，包装作者的作品，为作者作品的物化提供服务，为作者的作品寻找市场，是出版商为作者作品增加的价值。出版产业链上的其他成员企业围绕有效满足读者对出版物的需求而贡献其专业技能。

就编辑、印刷和发行三大出版职能来看，英国出版产业中只有剑桥大学出版社拥有自己的印刷能力，没有既是大型出版商又是图书销售商的集团。这种功能的相对单一使其能更专业地从事增值服务，同时也有利于产业链的构建。

3. 共赢产业集聚效应

英国图书出版产业的地域分布特别集中，出版产业链的空间集聚效应明显。英国的大众出版集中在伦敦，大众出版产业链的各个关联企业汇聚这里。教育出版和专业出版相对集中于牛津和爱丁堡地区。这种空间集聚效应主要表现为：内容资源集中有利于开发其价值。譬如，内容资源的组合可以产生创意和项目，内容资源的相互连接和有效配置可以更快地塑造品牌。资本、技术和劳动力等生产要素的集中有利于出版经营。譬如，生产要素的易得可以为围绕项目生产的组合提供速度优势。生产经营方式的多样可以增加项目的综合收益。空间的缩小有利于降低成本和费用。譬如，出版产业链内各个企业物流的便利和顺畅，既直接降低物流成本又通过提高效率提升效益。

关联企业在出版产业链中集中，产业组织效应明显。第一，出版产业链中的龙头企业依托产业链内的关联企业获得稳定的资源供应和顺畅的产品流通，既降低费用，又提高效益和竞争力。而出版产业链中的其他企业依托龙头企业维持稳定的经营，获得持续的收益。譬如，一些图书包装商稳定地为大型出版集团提供产品。这些产品借助大型出版集团的平台获得品牌收益，包装商依托出版产业链获得较为丰厚的收益。大型出版集团以合理价格得到包装商提供的产品，又通过较强的系统经营能力获得足额回报。第二，出版产业链的横向拓展给相关企业带来收益。版权公司是英国图书出版产业链中的重要环节。版权公司的经营或者帮助出版商的版权部门扩大销售，或者独立经营出版商的版权。图书著作权在影视圈和其他产业的衍生，既扩大了图书的影响，也为出版商带来可观的收益。譬如，哈利·波特系列的衍生著作权带来了庞大的收益，其中就有出版商的份额。第三，出版产业链有助于降低学习成本，提高组织学习效益。英国图书出版产业链以国际性大型集团主导，这些集团代表出版的国际先进经营水平，自然为出版产业链中的其他企业提供了学习的范例。同时，大型出版集团在和小型企业打交道的过程中吸收它们灵活应对市场、较少官僚气息的优势。

图书出版产业链的空间集聚和组织构建的出发点和归宿是以较少的投资和较低的费用创造出版产品和服务的高质、高值和高效，确保提升产业链的整体价值，获得比单个企业或单一市场更高的收益。

（三）依靠健全的管理机制运行出版产业链

1. *严格的法治为出版产业链中冲突的解决提供依据*

虽然没有专门的出版法规，但是，完善的市场法治建设确保英国图书出版产业链的有效构建，也为其运行过程中出现的问题提供解决方案。

作为企业联盟，英国的出版产业链由关联企业自愿组成。各关联企业的独立市场主体的角色使得它们必然以自己的利益为重，不可避免地和产业链中的其他企业产生冲突。一方面，各个企业要正确认识和把握自己在出版产业链中的位置，以此来权衡自己在产业链中的贡献并获得其收益。另一方面，之所以关联企业集聚于出版产业链，是因为它们彼此依赖，可以在相互依靠中得到更多保障和收益。因此，面对关联企业的利益冲突，以出版产业链的整体利益为重进行取舍是关键，而具体的利益纠纷可以以市场契约为基础根据法律加以解决。譬如，当英国的大型连锁书店在出版产业链中的地位增强后，为了获得更多利益，它们对实施已久的净价协议日益反感，要求废除它。于是，根据法律程序，英国出版界经过反复争论，最终大型连锁书店成为赢家。

2. *诚信机制为出版产业链的运行提供基本保障*

出版产业链中的企业以承诺体现对企业联盟的责任和义务，因此，诚信在出版产业链的运行中尤为重要。英国有着成熟的商业环境，商业诚信确保图书出版产业链运行有保障。譬如，出版和发行之间因为利益的分配而需要协调，协调的结果是有关各方遵守譬如不进行恶性价格竞争、按约定的条款进行货款结算、合力提高出版产品和服务的水平等承诺。鲍德斯书店因为经营困难退出市场，然而这一退出并非该书店不承认自己的承诺，它以十足的诚信处理遗留问题。英国的一些大型出版集团代理中小出版商诸如发行、制版等业务，它们严格为这些企业保守商业机密，充分尊重它们的利益，并不通过损害出版产业链中其他企业的利益而使自己获得更多收益。

3. 有效的信息沟通机制确保出版产业链运行的高效

英国的图书出版产业链以大型出版集团为主导，但是在信息分享方面，关联企业是平等的，彼此信息对称。一方面，大型出版集团掌握话语权，组织构建出版产业链，积极为出版产业链中的企业提供信息，确保充分而畅通的信息交流，提高出版产业链的整体效益，从而确保自己获得较高的收益。另一方面，中小型企业主动要求加入出版产业链，因为大型出版集团发布的信息和提供的信息沟通机制，可以保证中小型企业基于充分的信息而决策，可以在与大型出版集团享有信息平等权的条件下得到自己利益的最大化。可以说，出版产业链为关联企业提供了持续经营的保障，而有效的信息沟通机制为这种持续经营提供了保障。譬如，以英国的独立书商联盟为龙头的出版产业链，协调产销关系，沟通业界信息，获得了明显的效益。

二、英国出版的国际化模式

国际化是英国出版产业最大的特点之一，学界和业界对此有所涉猎，但大都只停留在介绍层面。笔者认为，系统阐述英国出版的国际化模式，对正在进一步推进"走出去战略"的中国出版业具有重要的借鉴意义。

（一）图书贸易模式

图书贸易模式指通过商品贸易的方式将英国出版商生产的成品图书推向英国境外并实现消费。该模式有直接出口和间接出口两种基本形式。

英国出版商重视图书的直接出口。小型出版商的销售部负责人一般每年在海外待上一两个月，确保该企业图书的境外销售实绩。更大的出版商一般设立出口销售经理领导的独立销售小组，该小组负责管理和实施图书的境外销售。大型出版商则由国际销售主管统领世界各地的区域销售经理，其直接销售延伸到境外主要的进口商和书店。

销售代表制是英国出版商实现图书国际销售的重要保障机制。中大型出版商雇用销售代表管理欧洲和世界其他地方的各个区域，这些销售代表或者以英国为基地经常奔走在境外，或者常驻海外。他们的主要职责是促销公司的图书，联系本土的发行商并监督它们的工作，借助本土的销售代表开拓市场等。

间接出口指借助英国或其他国家的代理机构或销售商实现图书在英国境外的销售。譬如，中国图书进出口公司就获得了英国图书在中国销售的较大代理份额。

随着网络销售的盛行，图书贸易发展势头强劲。网上书店融合直接出口和间接出口两种形式，扩大了英国出版上图书贸易的量，提高了效益。譬如，Amozon 解决了实体书店图书贸易的许多困难，使得英国图书在世界许多地方的流通更顺畅。

英国是世界最大的图书出口国，英国出版商超过 35% 的销售收入和 40% 的册数是通过图书出口实现的。近年，英国图书出口总趋势是缓增。譬如，从 2003 年至 2005 年，图书出口销售收入增加了 12.3%。各出版领域对英国图书出口的贡献不同，以 2005 年为例，学术和职业出版占 35%，学校教育和英语教育占 25%，成人大众图书占 32%，儿童图书占 8%。

英国图书贸易主要包括四大区域：北美地区、欧盟区、原英联邦所属的国家和地区、中国和日本以及东南亚等。美国是英国图书最大的出口市场，其次是爱尔兰、德国、荷兰和澳大利亚等。

图书贸易模式操作简单、风险可控，有利于提高出版的综合收益、降低成本，但是，三大困惑困扰英国出版商对这一模式的运用：第一，门类不同，对出口贸易的适应性不一样，收益也不同。譬如，学术和专业图书是英国图书出口的最大部分，而且定价高，利润率高。专为境外市场设计的英语教学资料和学校教科书对英国图书出口的贡献率较高。相对来说，大众出版方面，册数多，定价低，利润低。第二，世界各地的市场环境差异显著。读者的趣味、图书销售的规则以及市场管理制度不同，使得英国出版商承担了不少风险。第三，汇率对图书出口影响大。汇率的波动大大影响英国出版商的决策。譬如，英镑相对欧元、澳元等在一段时期内走强，然后走弱。这极大影响着英国出版商图书出口的量和收益。

（二）版权贸易模式

版权贸易模式指英国出版商以签订许可合同或转让合同的方式把拥有的图书版权授予英国境外的其他公司，允许其按照合同的规定经营。版权许可和版权转让是该模式的两种基本形式，而版权许可运用最广泛。

英国是世界上仅次于美国的第二大版权输出国，每年其版权输出收入约3亿英镑。中国是英国的重要版权输出国，约占总量的20%。

英国出版的版权贸易高度专业。第一，英国出版的版权细分，清晰合理。这种细分既考虑到版权的体系，又照顾到版权经营的实际。譬如，北美版权的单列体现了对单一重要市场的保护和重视。第二，版权贸易由专门人员或专门机构操办。英国出版商根据规模大小配备版权专干或设立版权机构，组织版权团队。一些大型出版商在世界许多地方设立分支机构处理版权贸易。第三，版权经营规范。这既体现在职责分明，也体现在制度明晰。譬如，出版商的版权由代理机构经营，则出版商不直接和版权贸易方联络。版权经营的程序清晰，操作有序。

合作出版是英国版权贸易的重要方式，在版权经营中占有极为重要的地位。譬如，2004 年，英国版权贸易的收入是 1.285 亿英镑，其中合作出版占 56%，其他版权的售卖占 44%。在合作出版中，英语以外语言的合作出版占 64%，英语语言的合作出版占 36%。在外国语言合作出版中，西欧占 52%，北欧占 13%，中、东欧占 12%，亚洲占 9%。在英语合作出版中，美国和加拿大占 56%。

合作出版在彩色插图书和儿童图画书领域尤其重要，因为这两类书成本高昂，需要合作出版分担。一般情况下，英国出版商准备一套四色胶片供合作出版方直接使用，合作出版方只要根据语言的差异另外准备文字版的胶片即可。这可以为合作出版方降低成本，当然要求英国出版商在图书出版过程中，充分考虑到合作方的包括语言、形式等各方面的需求。英国著名童书出版商 Usborne 的创立者 Peter Usborne 评价合作出版说："你不得不为你生产的每一本书投资，你不得不进行一些创造，而且这种创造一定需要你的合作方付出更昂贵的成本才能做到，以至于它们与其自己创造不如直接购买。"

英国大众出版版权贸易的重要趋势是作者经纪人或经纪公司的角色越来越重要。一方面，经纪人或经纪公司为作者提供了更令作者信赖的服务，因此作者将更多权利授予他们。另一方面经纪人或经纪公司对版权的经营更细分更有节奏，他们将版权细分并在不同的时间段授予不同的出版商。

英国出版商充分利用版权贸易较少壁垒和投资限制，比图书贸易更少政治风险、投资风险、经营风险，便于有节奏地进入目标市场等优势，大力开拓版权贸易疆土，大力扩充版权贸易领域，大力提高版权贸易的综合收益。然而，英国出版商在实施版权贸易模式时也遇到了挑战：版权贸易收入总量不高。版权贸易收入不如直接在目标市场经营多。目标市场盗版和不规范合作无法控制。

（三）产业链模式

出版产业链指基于价值的连续增值由关联企业组成的企业联盟。各关联企业是独立的市场主体，但因为相互依赖而围绕承诺形成整体，收获系统综合效益。英国出版商以国际化视野构建和运行产业链，在全球范围内进行出版活动，赢得比较优势，获得规模效益。

英国出版商实施出版产业链向上拓展策略，在全球范围内寻找创意、组织创造内容资源。譬如，英国的出版机构借助香港或中国内地的创意机构策划关于中国的选题，组织相关专业人士创作，让本土的机构或人员管理创作过程。随着精通中英两国语言和文化的人员的增加，英国出版机构将更多借助这些中国本土人员和机构推进其出版。尤其是利用这些人员和机构创造项目占领华语阅读圈。

英国出版商实施横向拓展的出版产业链策略，大力拓展海外版权贸易，尤其是出版以外的版权经营。在伦敦书展、博洛尼亚书展和法兰克福书展，包括影视权等在内的版权交易非常活跃，其中的牵线搭桥者不乏目标市场国的公司。英国的一些版权，尤其是形象权在中国内地的经营就是由香港或中国内地的公司实施。

英国出版商实施出版产业链向下延伸策略，创造全球营销模式，占领全球市场，提高销售量。譬如，《哈利·波特》系列实现多语言版本在全球同步出版发行，造就全球热销。

全球性布局生产是英国出版商运行国际化出版产业链的典型应用。英国出版商的出版项目的生产环节散落在全球的优势区域，这些地方专业水平高，成本低廉。譬如，英国的一些图书的排版往往安排在印度，而印刷装订在中国内地。

英国出版商依托全球物流，实施全球化运作。网络技术和现代通信技术的发展，为英国出版商提供了运行全球物流的基础。伴随着全球性生产布局，英国出版商实施全球物流。中国内地印装的图书，根据英国出版商的指令，一一发往世界各地。

英国出版国际化的产业链模式的优势是：第一，在全球范围内发现和占有资源，选择和拓展合作，机会面更广，机会更多。第二，这种模式有利于在目标市场国实施本土化策略。当与出版产业链某一环节所在国家或地区的合作过程中，可以更深更实地了解这一国家或地区的出版状况，获得部分出版资源，掌握部分出版能力，为在该国家或地区的开拓和发展准备条件。第三，借助明显的比较优势，可以获得较为丰厚的收益。

英国出版国际化的产业链模式的劣势是：第一，对英国出版商的要求较高，因为只有当它们处于出版产业链的高端时，才可能获得更多回报。生产环节的世界分布，对维护和管理的要求相当高，同时可能存在潜在风险。譬如，印装安排在中国内地，因为距离遥远，为了使图书能够按要求到达目标市场，物流的时间必须估计，生产的安排必须留有余地，否则，延误时间，则损失惨重。第二，出版产业链中的关联企业靠契约机制、诚信机制和信息机制维系，可能因为世界各地情况的差异导致风险。譬如，一些国家或地区社会信用的相对缺失，世界某些区域因为硬件或软件设施的落后以至影响信息沟通。

（四）资本模式

资本模式指英国出版商在境外直接投资，在目标市场国或世界其他区域从事出版、销售出版物。产权国际化、直接建立分支机构和跨国并购是这一模式的基本形式。

英国出版所有权国际化的典型组织形态是跨国出版集团。英国出版的主导力量是国际大公司，如：Pearson，News Corporation，Reed Elsevier，Thomson，Bertelsmann，Holtzbrinck，Hachette，McGraw Hill 等。这些公司有英国的和非英国的，它们的资本来自世界各地。这种国际交融的资本结构自然形成英国出版的国际化特征。非英国的跨国出版集团进入英国，必然以自己的出版优势推进在英国的出版，获得在英国图书市场的份额。因此，资本的国际相互渗透，强化了国际出版优势和英国本土出版的融合，推动和促进了英国出版的发展。英国的跨国出版集团的资本之手在世界各地延伸，实现全球经营，在世界主流出版市场呼风唤雨，既增强了自身实力，也强化了英国出版在世界的地位。英国出版在学术工具书、英语语言教学资料、学校和高等教育教材、童书、畅销的插画书和参考书等方面引领世界，既因为英国的出版传统和出版能力，也与英国出版的所有权国际化息息相关。

直接建立分支机构和跨国并购是创造跨国出版集团的手段，也是英国出版国际化的具体形式。英国出版根据情况，充分利用直接建立分支机构的形式实现出版的国际化。Bloomsbury 为开拓美国和德国市场而在这两个国家建立分公司，为推广在中东地区的英语教学类图书而在卡塔尔建立数据基地。牛津大学出版社在美国设立分部，创立在美式英语图书出版方面的优势，抢占美国图书市场份额。

英国出版企业通过收购或兼并国外出版公司将图书打入国外市场，实现出版的国际化。1993 年 1 月，英国 Reed 公司和荷兰 Elsevier 公司合并成 Reed Elsevier。英国 Pearson 公司通过数十次并购完成了在全球的布局，成了世界顶级、北美市场销售和占有率名列前茅的大型跨国出版集团。可以说，英国出版的国际化历程就是一部并购和被并购的历史。

英国出版国际化的资本模式的优势是：便于英国出版公司直接控制，利于充分占有资源、创建渠道，有助于拥有充分信息，使得公司借助目标市场国的政策，在经营管理方面占有主动，一以贯之地实施战略，增强核心竞争力。

英国出版国际化的资本模式的劣势是：第一，投入大。直接建立分支机构，所有基础成本都需要投入，而且因为信息不对称，有些成本和费用高于当地市场水平。并购策略的实施投入比直接建立分支机构更大，因为分享被并购公司的资源、借助其出版能力必然付出代价。第二，管理难。文化差异、市场差异、制度差异等让英国出版公司在目标市场地域在一段时间内水土不服，战略和策略的实施必然经历磨合期。本土化的策略可以缩短适应期，但本土化太重的公司和英国总部之间同样需要磨合。第三，风险大。一些英国出版公司在海外的机构因为绩效差不得不改变方向或撤销，一些机构因为难以适应目标市场国的体制而经营艰难，一些机构因为国际经济特别是金融市场的波动而无法实现预期的经营目标。另外，英国出版公司在海外的出版机构退出门槛高，退出时往往雪上加霜，付出沉重。

三、培生集团的并购发展战略

培生集团的发展史也是并购史。透过其无数并购的案例，探索其并购发展战略，对我国出版企业的资本运营具有重要的借鉴意义。

（一）通过并购促进战略转型

企业战略转型意味着企业经营方向和运营模式的变化，关系企业的命运。然而，因为企业内外条件的变化，企业往往不得不变。被动变可能越来越被动，主动变可能更早寻找生路和新路。推动企业战略转型的力量多种多样，其中，并购是有力而有效的力量之一。培生集团是运用并购促进转型的成功案例。

"过去十年，我们通过集中于提供最广泛意义上的教育以及专门教育、告知和娱乐的公司完成了转型。"凭借并购之力，培生集团最近十年成功转型，成了世界上最大的出版集团之一，使其业务集中于三部分：培生教育集团（Pearson Education）、金融时报集团(the Financial Times)和企鹅出版集团(Penguin Group)，分别从事教育出版、金融信息提供和消费类图书出版。1998年，Pearson教育横空出世，标志着世界领先的教育出版巨人诞生了。这一事实的存在基于Addison-Wesley Longman和Simon and Schuster的教育出版部分合并重组。2000年，Pearson并购插图参考书出版社Dorling Kindersley，Pearson并购美国领先教育测试和数据管理公司National Computer Systems (NCS)，成立NCS Pearson。2001年至今，培生集团实施多次并购。并购一则在战略层面支持和巩固了培生集团新的运营方向和运营模式，使其得以立新；二则培生集团借助并购之手抛掉了那些与新型运营模式不相匹配的因素，使其得以破旧。破旧立新，培生集团在蜕变中转型。

实际上，培生集团的起点是建筑商。在由建筑商向出版商的变化过程中，并购是重要的推力。譬如，20世纪60年代，培生集团开始对出版进行战略规划和布局，以并购Longman作为重要举措和标志。此时，公司的经营领域为银行、投资和出版，出版仅仅是三角之一。20世纪70年代，培生集团并购Penguin，作为向出版拓展的重要举措。这一行动具有重要的战略意义，因为公司得到的不仅仅是该公司的资源，更得到了继续扩张出版的平台。从此，培生集团在出版领域的发展两翼并举，一翼为以Longman为核心的教育出版，一翼为以Penguin为核心的消费图书出版。1988年对数学和科学出版商Addison-Wesley的并购对公司战略发展具有决定意义，因为这一行动延伸了公司教育出版的产品线，扩大了在这一市场的空间，拥有更显著的结构优势。

培生集团通过并购促进战略转型的发展战略显现：第一，并购是一种战略选择，是立足于改变方向和寻求长远利益的战略举措。方向性和长期性是并购的基本特性。换一个角度来看，并购充满风险，而且风险极大。第二，并购并非一蹴而就，战略转型的并购需要持续坚持。第三，战略转型并购是舍取的过程，既要能得，更要敢舍。培生集团根据新的战略，勇于出售非核心业务，哪怕这些业务暂时很赚钱。譬如，2002年，培生集团出售下属的主要经营电视业务的RTL Group。培生集团早期以媒介经营著称并赢得足够利益，RTL Group为它获得丰厚的广告收入。出售RTL Group使得公司2001年股票每股收益下降29%。

（二）通过并购重组战略资源

战略资源动态存在于市场中，它根据产业资本的流动而不断调整分配状态，既推动产业结构的调整，也改变产业组织，尤其是企业在产业链中的位置和角色。并购是重组产业战略资源的重要方式，是企业提高资源禀赋的重要手段。培生集团是通过并购重组战略资源的高手，作为出版企业集中体现在它对内容资源的有力整合和有效积累上。

"融合公司内部的投资和并购，我们在每一块业务领域都成了该市场的领袖。"专注于精心耕耘的领域，集中力量并购优质内容资源，是培生获得战略内容资源的重要经验。譬如，为了在童书领域获得优势，培生集团并购了大量内容。1975 年，Penguin 并购 Viking Press，该社充分的作者资源对 Penguin 在美国的市场开拓起了有力的促进作用。1983 年，Penguin 完成了 20 世纪 80 年代的重要并购扩张。它并购了美国颇有实力的童书出版公司 Grosset & Dunlap，获得了大量富有影响的版权。它并购了 Frederick Warne，得到了彼得兔等著名童书资源。

"我们对唯一的、富有价值的出版内容稳定投资，不断更新内容。譬如，过去五年，我们单在教育业务领域的新内容方面就投资 16 亿美金。"采用持续并购的方式适时更新内容资源，保持在内容资源方面的持续和持久优势，是培生集团通过并购重组内容资源的又一重要经验。以重组教育资源为例来说，从 1968 年并购 Longman 至今的 40 多年里，培生集团从未停止过对教育资源的并购。除了 1988 年并购数学和科学出版商 Addison-Wesley 和 1998 年并购 Simon and Schuster 的教育出版两次里程碑式的行动，诸如 1996 年购买学校和大学教育出版商 Harper Collins 的教育出版等大大小小的并购时有发生。这样，培生集团积累了 100 多个教育品牌，譬如 Scott Foresman，Prentice Hall，Allyn & Bacon，Addison-Wesley，Silver，Burdette and Ginn，Longman，Benjamin Cummings 和 Macmillan。它在教育出版的每一个主要领域领先世界，譬如小学教育、中学教育、高等教育、职业教育、英语语言教学和教育科技。

　　培生集团通过并购重组战略资源—则积极通过并购获得重要战略资源，二则通过整合使这些战略资源与已有的资源融合，获得综合系统效应。譬如，培生集团始终以 Penguin 的品牌整合消费类图书出版资源。当教育资源相对有限时，Longman 一直是资源聚合平台，一旦需要融合时，它又汇聚于 Pearson Education 的名下。

（三）通过并购实施数字化战略

　　数字技术让出版日新月异，数字化战略是每一个出版集团的应有之举。培生集团依托丰厚的内容资源，通过并购获得技术和技术平台，为出版创造新的商业模式，成功实施数字化战略。

　　"我们较早开始并持续投资技术。我们相信，在数字世界，单有内容是不够的。2006 年，我们在技术产品和服务方面获得 10 多亿美金的销售额，我们的服务于在校学生和职业人士的测试和评价业务赢得 10 多亿美金销售额，而 7 年前仅仅 2 亿美金。"培生集团通过并购实施数字化战略集中发生在 21 世纪。不过，这一系列的行动从 1999 年的重大举措开始。这一年，Pearson 技术集团成立，它是世界上最大的技术出版商，拥有 Macmillan Software，Que，Sams，BradyGames，Macmillan Reference，Prentice Hall PTR，Peachpit Press，Addison-Wesley Professional，New Riders，Cisco，Adobe Press 等品牌。该集团的成立标志着公司立足于数字技术，对公司未来的发展进行了新的战略定位和构想。从此，公司在数字出版领域步步为营，突飞猛进。2000 年，Pearson 并购美国领先教育测试和数据管理公司 National Computer Systems (NCS)，成立 NCS Pearson。该公司将家庭和学校、个人课程和拓展课程、评价和测试融为一体。2003 年，Pearson 并购英国最大的考试评价实体 Edexcel。2005 年，Pearson 并购 AGS，强化它在专门教育需求领域的学生测试和出版的优势。2007 年，Pearson Education 并购 eCollege，并购 Reed Elsevier 的 Harcourt Assessment and Harcourt Education International。这一系列的并购让公司拥有了数字出版平台，积累了数字出版资源。

培生集团通过并购实施数字化战略的实践表明：第一，内容资源是基础，技术是引擎，培生集团的数字化战略是内容和技术并重的战略。在欣赏它成功的数字化转型时，要看到大量数字技术并购的作用，更要看到它在更长时间里的内容资源并购所奠定的基础。第二，数字化战略的实施因出版领域不同而策略不同。培生集团在数字技术领域的并购集中在它的教育出版。在教育出版领域，它根据市场和内容自建平台，引领教育出版的数字化趋势。而在大众出版，培生集团的数字化动作并不激进，而是充分借助别的出版和应用平台。第三，数字化战略的实施讲究实效。数字化战略的实质是寻找新的商业模式。培生集团以技术和内容为条件，重视应用，并基于成功运用获得成功的赢利模式。譬如，2000 年，数字服务占金融时报集团收入的比例为 25%，而 2008 年增长至 67%。

（四）通过并购加强国际化战略

出版的国际化模式有图书贸易、版权贸易、产业链全球布局、国际投资等，图书和版权贸易简单、直接，但效率和效益都有限。培生集团的图书和版权贸易卓有成效，但其国际化战略的实施集中体现在其全球产业链布局和国际投资，它通过并购实现地域突破，寻求其全球产业链效应。

"尽管目前我们从美国获得 2/3 的销售额，但是，我们的品牌、内容和技术 - 服务模式影响世界。公司的所有部门正在选择的新兴市场投资，这些市场对信息和教育的需求增长特别快。"培生教育有其专门的国际教育公司，该公司致力于拓展全球业务。这些年，培生集团在区域突破方面并购行动频繁而有力。2001 年，Pearson 占有日本领先教育出版商 Kirihara 85% 的股份，进入日本市场。2008 年，Pearson 加大对 Longman Nigeria 的投入，强化在非洲的教育出版。它增加对 Maskew Miller Longman 的投入，融其教育公司进入 Pearson Southern Africa。2009 年，Pearson 通过并购 Wall Street English 进入中国英语教育市场。 2010 年，Pearson 并购巴西的领先的教育出版公司 Sistema Educacional Brasileiro (SEB) 的学校学习系统分部。2011 年，Pearson 并购印度的 TutorVista， 扩大英国的教育业务和全球网上辅导业务。显然，公司经营的版图更大了，在世界各地的影响力更强了。

　　培生集团通过并购加强国际化战略特别讲究节奏，其并购战略实施策略是先从相对较小的区域机构开始，然后扩大该发展模式，用更大的收购强化优势，占领区域市场。这种策略的实施成效显著。最近几年是培生教育国际化成长最快的时期，其国际销售收入和运营利润年增长超过 16%。

　　（五）通过并购实现效率战略
　　并购战略是手段，并非目的。紧跟并购战略的是整合，只有将并购所得的优势整合起来，企业才可能真正赢得利益。培生集团积极并购，但更值得学习的是其并购后的整合。与并购战略的实施相伴的是，培生集团推行效率战略，真正利用并购而来的有利条件，培养核心竞争力，创造竞争优势。
　　"我们整合公司的运作，使各项业务共享资产、品牌、流程、生产能力、技术和中心的服务。"培生集团整合并购成果的重要成效是构筑公司的整体平台，将并购所得的优势放在这个整体平台上运作。这样，既通过整体平台的利用提高效率和效益，又利用整体平台的协同降低成本和费用，获得更高的利润和利益。譬如，1970 年，Penguin 被并购，Pearson 重组该公司，在编辑、市场营销和生产上创造了独特而灵活的方式，使该公司成为主要的充满活力的出版力量。

"我们通过在单个业务领域厉行节约、构建强有力的集中运行结构，使公司成为学习型的、高效的公司。在过去五年里，我们的利率从 9.9% 提高到 13.4%，培生教育和企鹅的实业资本在销售额中的平均比率从 30.7% 下降为 26.3%，这让我们有现金用于进一步的投资。"培生集团的重要并购与业务重组和组织变革交织在一起。这种整体运作使得公司的新优势与旧优势充分融合，产生整体效应。譬如，1996 年，Penguin 并购 Putnam Berkley Group，将它与美国 Penguin 重组为 Penguin Putnam 公司。当前的培生集团将业务集中于三大领域集约经营，就是不断整合和重构的结果。

与以并购扩张和巩固主营业务一致的是，培生集团先后出售诸如银行、蜡像馆、西班牙主题公园等其他业务。譬如，1998 年，Pearson 出售 Tussauds。2000 年，Pearson 出售投资银行 Lazard's。2002 年，Pearson 出售广播和内容公司 RTL Group 22% 的股份给 Bertelsmann AG。2005 年，Pearson 出售西班牙媒体集团 Recoletos 79% 的股份。2007 年，Pearson 出售 Groupe Les Echos 给奢侈品集团 LVMH。2010 年，Pearson 出售 Interactive Data 61% 的股份。这样，培生集团的核心资源更为集中，核心能力更强，也就提高了运营效率。

培生集团通过并购实现效率战略的特点是：第一，构筑战略运作平台，提高集约经营的规模优势。培生集团通过并购得到

Longmann 和 Penguin，既得到了品牌和资源，更得到了在出版领域继续扩张和发展的平台。它并购大量技术平台并将它们与其内容资源整合在一起创造数字出版的平台。如果说大量的并购使得培生集团获得了资源禀赋上的优势，那么平台的构筑则使这些优势成为胜势，让这些优势资源发挥了效力。第二，并购战略的实施优化和完善了培生集团的产业流程，使其纵向的产业流程效应增加，使其横向的资源聚合效应显著。譬如，培生教育在教育领域的纵横贯通为其对全龄受众的经营得以实施，而全龄受众的聚合效应促进了公司其他业务的发展和收益。培生集团的三大主营业务是整体，互相补充，互相促进。培生教育为消费者的终身学习提供产品和服务，金融日报集团为社会主流人士的学习和决策提供支持，企鹅出版集团既是其教育出版的延伸，也是对社会主流人群的服务，是对未来消费者的培育。因此，从消费者利益的全方位覆盖来看，培生集团三大主营业务是整体。

四、教育出版高质量发展的六个向度

"十四五"时期，国家经济社会发展以推动高质量发展为主题。教育出版遵循此主题，需要找到向度，落地行动，落实举措。这些向度意味着方向和目标，指引着领域和路径，价值凸显，意义重大。就对象而言，内容、技术、平台是决定教育出版高质量发展的"铁三角"，与对象对应的核心主体是出版人、出版企业和用户。核心主体和对象相互连接、作用，以创意走向产品、服务、品牌，以融合彰显协同，以生态获得系统效应。因此，本文将内容、创意、技术、融合、平台和生态，作为教育出版高质量发展的向度，以此判断其发展趋势，阐释其发展内涵，展望其发展机会。

（一）内容：释放知识服务能量

1. 内容服务新时代

马克思主义、社会主义核心价值体系、习近平新时代中国特色社会主义思想是内容之魂，接受其指导、倡导和践行、学懂与弄通，是教育出版的基本坚守和应有追求。这是金不换的导向和不容违背的底线，一旦出问题则后果严重，甚至是灭顶之灾。这也是无止境的实践领域和富有潜力的创造空间，通俗阐释和生动解读既挑战教育出版人，也激励他们。优秀传统文化、革命文化和社会主义文化构建的文化体系，新时代实现的成就、实践的故事、创造的精神铸就的社会主义精神文明，需要教育出版通过传播产生积极影响，不辱没举旗帜、聚民心、育新人、兴文化、展形象的使命任务。如果说教育出版是一座大厦，那么内容之魂是大厦基座中的结构性钢筋。意识形态领域的斗争依然严峻，国家文化软实力建设的任务必然更重，党和国家对教育出版坚守内容之魂的要求更严标准更高。教育出版要在文化自信理论的指导下，敢争敢斗，以亮剑精神捍卫主流价值文化；要在国家综合实力不断增强的过程中，敢做善为，以好内容好产品好服务创造文化高原、高峰，造就渗透力、影响力和公信力。

2. 内容助力教育

教育出版是教育的出版，教育是其饭碗，服务教育是其天职。在 2018 年召开的全国教育大会上，习近平总书记就教育改革发展提出：坚持党对教育事业的全面领导，坚持把立德树人作为根本任务，坚持优先发展教育事业，坚持社会主义办学方向，坚持扎根中国大地办教育，坚持以人民为中心发展教育，坚持深化教育改革创新，坚持把服务中华民族伟大复兴作为教育的重要使命，坚持把教师队伍建设作为基础工作。"九个坚持"是对教育的要求，也是对教育出版的要求，它们为教育出版支持和服务教育指明了方向、任务和路径，提供了根本遵循和源源不断的活力。苏雨恒就此指出，教育出版要增强阵地意识，要发挥教材的育人功能，要锤炼中国特色精品出版物，要提升服务教育能力和水平，要打造服务人才队伍。① 这是对教育出版发挥内容之用的描述和强调，因为一旦教育出版的内容对应教育的需要，内容就成了服务教育的知识，能产生助力教育的力量。教育出版助力和服务教育要更精准，教育出版和教育的匹配度要更高、适应性要更好，教育出版要用具体项目及其服务支持教育。

3. 发挥内容优势

内容是教育出版的核心资源，是其支持和服务教育的基础和本钱。教育出版拥有的内容资源量大质优。量大既表现在绝对量大，他人无法媲美，也表现在涉及范围广，涵盖教育的各领域各方面。质优表现在内容质量高，不但准确而且权威，不但专业而且规范；还表现在内容的系统性、结构性，在知识层次、学科覆盖、适应教学等方面富有特色，在知识关联和体系上体现功能。事实上，教育出版的内容之力还没有充分发挥，一则因为这些内容没有被全部释放出来，二则因为它们没有得到足够运用。适应新形势新要求，教育出版的基本职能由内容产品提供转向知识服务提供，教育出版的内容之力会得到彰显，这既体现在内容的作用会得到更充分的认识，也体现在这些内容会基于不断细分和碎片化，构建为知识体系，成为知识服务的扎实基础。譬如，中南出版传媒集团 2020 年专门成立教育服务部，整合内容资源，提升服务教育的能力。

4. 利用内容生产机制

教育出版的内容生产机制，包括立项制度、三审三校制度

---

① 苏雨恒. 立德树人担使命 教育出版谱新篇——谈教育出版如何贯彻落实习近平总书记关于教育的重要论述 [J]. 思想理论教育导刊，2020（10）：14-19.

等的制订和执行，体现为因选择而具有的价值判断功能和因加工而带来的规范功能。这套机制和队伍融为一体，保障优质内容的标准。一些出版体系以外的机构复制这套生产机制，构建包含生产流程和标准在内的内容控制系统，但是，效果不好，原因在于队伍的意识和素养跟不上，因为对于教育出版来说，队伍的意识近乎本能，队伍对标准的把控到位；同时，教育出版的内容生产机制是整个行业内容管控体系的一部分，各个内容质量监督者、管理者的介入不断强化和夯实这种内容管控的严肃严格和精准度。教育出版的内容存量是可贵的内容之力，但源于内容之优的内容生产力更可贵。适应用户需求，教育出版的内容之优将因为内容积累在量上的扩张而承受更大的压力，也因为已有内容的再结构再优化而迎来更大挑战。同时，基于互联网条件下的内容创造和生产，建立有效的内容生产机制，利用新技术扩大内容生产机制的效力，是机遇，也是挑战。

（二）创意：提高能量棒效能

1. 创意激活内容

创意于内容产生四重作用：一是聚焦，即创意导引内容到特定主题；二是提质，即创意根据特定主题的要求提高内容于主题的对应性和饱满度；三是结构，即创意以一定的方式组合内容，使之体系、系统、整体；四是功能化，即创意形成内容的文化传播功能，产生特定的作用力。创意作用内容的过程是将内容转化为知识和知识服务的过程，是通过内容的有序和对象化而产生其功能和作用。创意是教育出版的核心能力，是其价值的集中体现。教育出版相对大众出版和专业出版，因为受益于政策支持和渠道保护，对创意的认识局限，提出的创意不够。日后，直面创意相对匮乏的现实，教育出版会在战略的高度重视和投入，会以此驱动内容的积累和运用，会突出创意为新时代育人的教化功能、为教育改革发展助力的服务价值。

2. 创意适配用户

立德树人是教育的根本任务，育人是教育出版的基本目标。因此，教育出版的创意因人而设，对应人影响人才有意义。创意以服务对象为逻辑起点，连接用户，为其提供产品和服务。教育出版码洋、利润贡献大，但相对专业出版、大众出版来说，没有得到重视，显得边缘化，最大的原因在于创意和用户的适配度不高，产品和服务于用户的附加值有限。对用户的全面充分了解和理解成为教育出版的基础课题，也是紧迫任务，特别是了解互联网背景下用户的个性和习惯。同时，基于对用户的了解和理解，提供定制性产品和服务，规模性精准满足其个性化需要。譬如，移动教材《十分钟英语》《7分钟锻炼法》《每天3分钟轻松科学育儿》等，基于碎片化时间的结构性需求，运用场景思维，以微课、知识游戏等创意满足用户需求。

3. 创意激励出版人

出版等于内容乘以创意，提出创意的出版人力资源和内容资源是教育出版的战略资源，教育出版的智力密集型特性集中体现在出版人及其创意上。教育出版始终强调选题生成机制的构建和功能，意在培养、催生和释放出版人的创造力。出版人的创意体现在教育出版的全程和全领域，突出体现在产品和服务提供与运营，其中运营又表现在信息传播和渠道选择及其实效。出版人除了惯常的创意提出和实施，还需充分熟悉技术，特别是云计算、大数据、人工智能等新技术，要成为复合型人才，要借助新技术的便利，提高创意能力，提升创意的质量和有效性。同时，创意的高要求赋能出版人，让他们增强"脚力、眼力、脑力、笔力"，在用户的满意中提升境界。

（三）技术：发挥 5G 赋能作用

1. 新产品

"无所不有"是 5G 条件下教育出版产品的理想存在状态。这要求产品的规模性，意味着即时满足规模用户的需求；也要求产品的个性化，意味着以无穷多的特定产品满足无穷多的特定需求。教育出版的新产品是丰富的，纸质的、电子的、数字的，文字的、音频的、视频的，单一的、多样的、复合的，从硬件加软件到内容软件再到知识链，借助人工智能组合，呈现方式无限。新产品的"新"集中体现为个性化定制，意味着产品和服务融于一体，产品蕴藏和体现服务。为了满足用户需求，教育出版的一端是内容数据库，一端是对用户的大数据分析，两端之间是创意的达成和人工智能的匹配。与 5G 落地相应，教育出版的新产品可以逐步达成个性化定制产品的生产和提供。譬如，高等教育出版社的"爱课程"网和中国大学"慕课"已有视频课 992 门、资源共享课 2886 门、MOOC 课程 1800 门，加上每年超过 100 种的教学软件和移动智能端的第三方应用程序，新产品推出节奏越来越快，数量越来越多，质量越来越高。

2. 新运营

"无处不在"是教育出版运营的理想存在状态。新运营既要达成信息传播的无处不在，也要实现渠道通路的无处不在，信息流到哪，商流到哪，物流也到哪。产品和服务跟着用户的需求走，信息传播跟着产品和服务走，渠道通路跟着信息传播走，新运营是供需间的信息对称，是需求发现和满足间的无缝对接，是产品和服务主体与用户间的完全匹配。2019 年 2 月 23 日，中央和国务院印发《中国教育现代化 2035》，要求集科教融合、线上教育与线下教育融合、教育改革与开放交流融合于一体。与此一致，教育出版运营创新的步伐不停，只要 5G 赋能成熟，信息流、商流、物流实现一体化，新运营会不断涌现。这种新运营充分嵌入教育教学的过程，在动态跟踪中服务，在充分互动中调整和改善服务。如一些教育出版机构正在做的知识数据库定制营销就是运营创新。

3. 新模式

无论是新产品还是新运营，一旦体现规律、可以复制，就意味着新模式。产品新模式往往遵循理念提出、创意引领、产品成型、产品运用、产品复制等步骤，在循环往复中形成产品生产的定型化路径、方式等。譬如，新形态教材、数字课程出版与定制应用、数字课程等产品模式都是在实践中炼成的。信息传播模式、销售模式等在新运营中成型。王鹏涛、曾慧珊提出，借助全域营销，通过全链路、全媒体、全数据、全渠道，可以构建出版智能化转型的营销新模式。[①] 在 5G 推动下，教育出版领域的产品和运营新模式会层出不穷，尽管各领风骚的时间不长，但是不进行模式创新、没有新模式或者不会运用新模式的教育出版，肯定发展不好。譬如，湖南省新华书店联合湖南人民出版社等，以线下好书、线上好服务、书上二维码和阅读体验活动连接线上线下，构建基于阅读课程化的产品和服务体系，创新服务中小学生阅读教与学，创造了教育出版的新模式。

（四）融合：探索协同之路

1. 内容与技术融合

"教育出版作为传统的内容产业，面对信息技术的迅猛发展，实现内容与技术的融合是其必由之路。"[②] 2012 年、2013 年教

---

① 王鹏涛，曾慧珊 . 教育出版的智能化转型路径：数据驱动下的全方位创新 [J]. 中国编辑，2020（11）：39-43.
② 李朋义 . 内容与技术的融合是教育出版发展的趋势 [J]. 出版发行研究，2013（9）：35-37.

育出版家李朋义反复阐述和强调教育出版上内容与技术的融合。今日和今后，内容与技术的融合还在路上。内容与技术融合创造新产品，产生新服务，形成新市场。技术公司在内容与技术融合上创造了众多案例，一些纸质的内容通过新技术转化为新产品和服务，构建了新的模式和业态。譬如，作业帮、猿题库等。教育出版由于技术上的短板，在内容与技术融合上突破不够，但是，这种整体落后的局面将会改变。一方面，技术门槛日渐降低利于它们熟悉和掌握；另一方面，用户使用习惯的改变和强烈的需求倒逼它们创造新产品新服务。譬如，圣智学习集团基于强大的内容和云计算等新技术，推出创新数字系统 MindTap，整合解决方案、内容、服务，提供个性化学习体验，可供国内教育出版借鉴。

2. 产业链与创新链融合

习近平总书记指出，要围绕产业链部署创新链，围绕创新链布局产业链，推动经济高质量发展迈出更大步伐。这为产业链创新链融合指明了方向和目标。"产业链是一种以产业分工为基础，以企业为载体，以产业关联为纽带，以价值增值为导向，以提高企业和产业的竞争力为目标，按特定的逻辑关系形成的，具有中间性组织和网络组织特性的新型产业组织模式。"[1] "创新链是由创新的起点开始，经历多个环节和多种主体，直至取得最终成果并实现商业化的全过程。"[2] 教育出版产业链是从产品生产到消费全程中各环节各主体结构而成的整体，包括环节间的顺畅衔接和主体间的密切合作。教育出版创新链是从知识生产到消费各环节各主体结构而成的整体，纵向体现为产学研合作，横向体现为在各个阶段的主体协同。教育出版产业链和创新链的一些环

---

① 张晖，张德生.产业链的概念界定——产业链是链条、网络抑或组织？[J].西华大学学报（哲学社会科学版），2012（4）：89.

② 张凡勇，杜跃平.创新链的概念、内涵与政策含义[J].商业经济研究，2020（22）：131.

节是共通的，一些主体是共同的，二者的目标是一致的。这些是双链的融合点。双链融合可以避免环节间的脱节，可以减少主体间的冲突，可以通过产业链的提升带动创新链的提升，可以通过创新链的提升带动产业链的升级，可以在产业链的竞争中控制制高点，可以在创新链的竞争中赢得主导权。[①] 譬如，湖南教育出版社协同妇联系统，推动家庭教育立法，布局家校网络，围绕研发为旗下贝壳网的产业链与创新链融合进行了有效尝试。

3. 供应链与价值链融合

价值链包含基本活动和辅助活动，其分析基础是价值，其目标是创造能满足需求的价值并据此为企业带来效益。它既指企业内部的价值活动，也指与企业外部联系和合作的价值活动。供应链的核心理念是"协同发展""系统运作""合作共赢""核心竞争力""为客户服务"。[②] 教育出版供应链的目的是降低成本、提升价值。教育出版价值链和供应链融合指提高相关环节和企业的协同度，提高教育出版产业的实力和核心能力。教育出版在供应链和价值链的融合上认识会提高，实践会加强，因为教育出版的高质量发展归根结底是创造更多更高价值，离开价值则供应成为空谈；价值链离开了教育出版的供给追求和目标，则没有方向和衡量标准。对于教育出版行业来说，价值链和供应链的融合可以提高整体实力，赢得整体效益。对于教育出版企业来说，一则在价值链和供应链中处于有利位置，进而获取利益；二则通过选择合作伙伴，降低成本，提高效益。譬如，人民教育出版社与阿里巴巴等紧密合作，构建人教云望大数据平台。

---

① 胡乐明. 产业链与创新链融合发展的意义与路径 [J]. 人民论坛，2020（11）：72-75.
② 王伟. 供应链概念的起源和发展研究 [J]. 中国市场，2015（2）：77-78.

（五）平台：提升发展高度

1. 加力构建平台

教育出版的发展离不开平台，构建和拥有平台是其高质量发展的基础。一方面，内容和技术的融合生于平台，用于平台。另一方面，平台衍生出平台经济，而教育出版的发展立于平台，是平台经济的一部分。还有，没有平台，奢谈核心用户及其维护，发展不可持续。教育出版平台式发展有三种状况：自建平台，自主运营平台；合建平台，合作运营平台；不建平台，依托别的平台，自主或合作运营。新基建进一步促进平台的构建和平台经济的发展，教育出版必然迎来重要发展机遇期，顺势而为，在平台构建上加大投入，没有平台的创设平台，小有规模的平台努力做大，大一些的平台往"王者之路"走。新冠肺炎疫情期间，教育出版的资源在各种平台上开放，在"停课不停学"的热潮中看到了内容和在线教育的前景，但是，效应是大家的，而效益属于平台，这从侧面给教育出版上了生动一课。

2. 发力平台竞争

平台竞争指教育出版和技术公司平台之间的竞争，也指所有涉足教育的平台之间的竞争。平台之争在用户、内容、市场三大领域展开，用户竞争是关键，内容竞争是基础，市场竞争是核心。技术公司在资本支持下，实施"烧钱模式"，在用户端突破，以用户规模造就平台强势。教育出版借助内容优势，采取相对保守的方式出击，以品质、品牌获取口碑和信用。技术公司和教育出版的竞争是：前者以野蛮人的身份冲入教育出版领域，以降维打击的策略，追求"剩者为王"；后者以正统自居，以静制动，携内容和政策支持以图后发制胜。平台的市场主要是 C 端用户价值的开发和 B 端政府采购的实现，政府购买的服务包括政府平台的构建、运营和内容、产品、服务的采购。技术公司的市场以 C 端用户为主，兼顾政府采购，以强大的C端实力和品牌力影响和赢得政府采购。教育出版的市场基本上是政府采购，C端市场占比低，加大力度走向C端，以提高在C端的影响力和实力。显然，技术公司和教育出版实现市场的路径不同，但目标一致，交集和冲突颇多。

3. 巩固平台之本

平台经济的"唯一生存法则"和赢者通吃效应，催生了互联网上的经营寡头。因为违背了市场规则，伤害了供给同道和用户，损害了产业本身，所以政府的调节是必须的必然的。政府反垄断政策、措施的出台和监管的加强，利于平台经济理性、良性发展。这样，技术公司会从依靠资本无序扩张的轨道上回归教育之本、出版之本，基于教育和出版规律重视内容建设。教育出版会遵循技术逻辑，理解教育和教育出版的发展规律，加大内容建设上的投入，变优势为强势，并借助新技术获取内容优势带来的红利。同时，技术公司和教育出版强强合作的意愿会更强烈，会基于对教育和出版的共识，形成合力，获取"双效"。如南方出版传媒集团整合旗下所有教育内容资源于旗下的教育出版社，通过内容优势造就平台优势。另一方面，平台在获客上更理性，会基于内容、产品、服务的高质和好体验赢得用户的认同和忠诚，以夯实用户根基。如凤凰出版传媒集团通过内容资源的契合度和呈现方式的独创性，在交互和仿真体验等方面创新，赢得用户口碑，增强用户黏性。

（六）生态：收获系统效应

1. 成就生态圈

"构建以用户需求为核心、精准知识服务为重心、5G技术为支撑的教育出版综合服务生态圈，成为传统教育出版产业发展的新方向。"① 华东师范大学出版社社长王焰说："华东师大社已在融合发展上有许多举措，之后将更重视在线教育的布局，并将其纳入出版社'十四五'规划，努力构建教育出版的生态圈。"② 这些是符合教育出版发展规律的富有价值的想法和实践。教育出版平台作为生态圈的基础设施，以算法作为核心技术，催生创意，精准连接和推送，以定制化产品和服务满足用户的个性化需求。在教育出版生态圈中，包括教育出版机构和技术平台在内的利益相关者，共创系统的发展，共享系统的效益。成就生态圈是拥有强大内容优势的教育出版的必然选择和必由之路，教育出版一定会从当前主要靠传统出版收益，转变为经营教育生态系统。

2. 释放数据资源产权

在教育出版生态圈中，用户是中心，产品和服务是基础，体验是关键。数据是连接三要素的能量，三要素本身及其相关的数据是教育出版生态圈中的核心资源，这种资源经济效力的发挥是资源转化为产权并开发利用的结果。2020 年 3 月，中共中央、国务院颁发《关于构建更加完善的要素市场化配置体制机制的意见》，明确把数据作为要素市场化配置的对象，强调要加快培育该市场。内容知识化后形成知识数据库，跟踪用户并作大数据分析后形成用户数据库，用创意连接知识数据库和用户数据库，给用户提供定制化体验，这是教育出版生态圈的基本价值流，是变数据为资源，变数据资源为生产和服务资源进而为产权、资本的过程。教育出版会跟上国家为数据资源产权定规立法的节奏，加大数据资源产品和服务化的力度，靠数据驱动发展。2017 年，物流供应链平台菜鸟网络与快递物流公司顺丰在矛盾中互相掐断数据接口，发生"数据断交"，是典型的数据竞争。这充分彰显了"数

---

① 邹佩耘，周安平 .5G 时代教育出版升级的机遇与困境 [J]. 出版发行研究，2020（1）：34.
② 王焰 . 做强内容实现融合 构建教育出版生态圈 [N]. 中国出版传媒商报，2020-07-24.

据掘金"的重要性，提醒教育出版获取和运用用户数据的必要和紧迫。①

3. 获取价值溢出

第一，教育出版生态以平台经济为基础，拥有平台经济盈利模式，获得平台经济效应。当平台上的用户达成一定规模，与之相关的主体结构成整体，平台的外部性显现，实现的价值呈指数级倍增。这种价值溢出既指学生、家长、老师、教育管理者等用户在教育出版直接消费中给平台带来效益，也指用户群在教育出版相关领域给平台带来的收益；既指传统教育出版消费延续的收益和数字出版、数字教材、在线课程等新兴教育出版新增的收益，也指平台催生的新教育模式、新产品和服务模式产生的收益。譬如，培生集团整合强大的课程与课件资源构建能力、学习效果评估能力、教育机构长期合作协同能力，打造世界先进教育出版平台，收入和利润增量显现，收获生态效应，是国内教育出版的示范。第二，教育出版生态自演化升级带来价值增量。教育出版生态的存在状态是系统，其基础是算法支撑的平台，在数据驱动下，生态本身在动态中演化升级，结构性调整导引出更强大功能，以适应和满足各主体的多样性复杂性选择性需求，进而增加和提升价值。譬如，平台由连接众主体的中介成为内容生产机制，在深度服务专业创作者的同时，召集非专业的社会化创作者，实现内容创造的功能倍增效应。而因为获得特定满足感而聚集在平台上的用户，在产品和服务范围扩大的条件下，用户价值的释放倍增。②

---

① 于凤霞.平台经济 [M].北京：电子工业出版社，2020：24-28.
② 任天皓，朱多刚.作为生产机制的平台：对数字内容生产的多案例研究 [J].出版发行研究，2020（2）：26-33.

（七）结语

《中共中央关于制定国民经济和社会发展第十四个五年规划和二〇三五年远景目标的建议》强调，要坚持创新在我国现代化建设全局中的核心地位，要深入实施创新驱动发展战略，完善国家创新体系。教育出版的高质量发展实际上是创新发展，为此确定的六个方向指引创新领域。在创新中，教育出版坚守内容生成规律，变内容提供为知识服务；催生创意发生机制，发挥创意效能；以5G赋能，收获新技术红利；通过融合增强体系，强化整体性能；构建平台基础设施，增强整合力；形成生态圈，释放系统能量，获取价值溢出。教育出版机构根据自身情况，可选择一条路专注发力，也可选择多条路体系性发力，最终实现高质量发展。

五、出版未来发展十大趋势

在颠覆性新技术的影响下，出版处于大变革、大转型阶段，透过形形色色的现象，发现和找到出版的发展规律，预见出版未来发展趋势，极为重要。笔者认为，出版未来发展的趋势主要表现在十个方面：出版地位中心化、出版价值平台化、出版内容IP化、出版服务定制化、出版主体用户化、出版终端移动化、出版市场国际化、出版运营资本化、出版组织系统化和出版流程标准化。

（一）出版地位中心化

文化中介是传统出版的基本地位，文化选择是传统出版的基本功能。传统出版在选择中扮演中介角色，在中介作用达成中实现选择功能。传统出版于作者、读者、社会信息不对称。和作者信息不对称埋没了好作品，不能有效催生好作品，让出书难的问题长存；和读者信息不对称辜负了阅读意愿，不能有效满足阅读需求，让买书难的问题长存；和社会信息不对称迷失了出版价值观，不能真正把社会效益放在首位，有效倡导和践行主流意识，让阅读社会形成难、主流价值倡导难的问题长存。

与作为文化中介的传统出版不同，未来出版的地位、作用和价值体现为文化中心。大数据、即时通信、互联网、分享经济等颠覆性新技术的出现和作用发挥，崩塌了传统出版的生存土壤，摧毁了传统出版的发展根基，在对比中放大了传统出版的局限，给传统出版带来了前所未有的逼迫式压力，加速了传统出版的蜕变，创造了出版新的定位、地位、功能和价值。如果把未来出版看作一个大圆，那么这个大圆里有三个小圆：读者大数据中心、内容数据库中心和大规模定制出版中心。三个小圆相对于未来出版来说代表三个小中心，一个大圆相对于文化、社会等来说代表未来出版这个中心。读者大数据中心、内容数据库中心和大规模定制出版中心在相互作用中影响出版，进而通过出版影响文化和社会建设等。

（二）出版价值平台化

未来出版的价值形态是出版平台支撑的阅读生态圈。出版平台支撑的阅读生态圈以出版平台为基础设施，以满足用户的阅读需要为功能，以阅读生态圈为存在状态。出版平台主要由硬件、软件和团队组成。硬件指构建出版平台需要的设备、设施。软件既指运行硬件的程序，也指管理平台的制度体系。团队指管理平台的人员。硬件、软件和团队形成整体，创造和实现出版平台的功能。出版平台是作者、用户、出版者的作业空间，是内容、阅读、出版物的作用体系。出版平台是典型的互联网产物，未来出版的一切工作都在线上。

连接和开放是出版平台支撑的阅读生态圈的两个特点。出版平台支撑的阅读生态圈连接出版直接相关的主体和所有的出版要素，自成为中心。它连接一切社会要素、市场要素、价值要素，围绕出版中心辐射和渗透中心外的所有，自成为整体。之所以自成为中心，因为出版平台内部完全开放，在开放中互动，在互动中开放。之所以连通中心外的一切，因为出版平台和外面完全连接，对外完全开放。连接一切和完全开放充分体现了出版平台遵循互联网思维和互联网逻辑以及平台本身的自由。正因为出版平台具有如此特征，所以它能极大地释放平台本身以及平台上主体的能量，激发出巨大的出版生产力。

（二）出版内容 IP 化

知识是出版平台支撑的阅读生态圈的能量，是在线知识出版系统的基本资源。内容产品和内容服务是阅读的核心，是出版平台支撑的阅读生态圈的核心。IP 是知识受到法律保护后可以进行开发运营的存在方式，是出版平台支撑的阅读生态圈的核心。没有一定数量的 IP，出版平台支撑的阅读生态圈会因为没有能量而无法运行，会因为没有资源而消亡。IP 是创造出来的，IP 创造力是出版平台支撑的阅读生态圈的核心能力。IP 创造力的主体是作者，作者的数量和质量决定着 IP 的规模和价值。出版平台为 IP 的创造提供条件，因为 IP 创造需要的便利工具、资料便捷获取等是出版平台的基本设施。阅读生态圈为 IP 的创造提供动力，因为阅读生态圈的运行利于实现 IP 的价值，放大 IP 的效应。同时，IP 需要继承。IP 集成是出版平台支撑的阅读生态圈的重要功能。出版平台支撑的阅读生态圈具有内容的原创力，但仅仅靠自身创造内容满足不了对 IP 的海量要求。组织和催生内容创造、集成和整合知识构建和强化了出版平台支撑的阅读生态圈作为社会内容中心的地位和功能。因为在文化产业体系中，内容处于核心层，有了内容才会有文化产品和服务的基础，从某种意义上来说，内容决定了文化，内容创造能力和内容集成整合能力决定了文化软实力。出版平台支撑的阅读生态圈的内容数据库中心是 IP 中心，因此，IP 实力决定了在线知识出版系统的实力和在文化与社会建设中的地位、价值。

（四）出版服务定制化

未来出版的方式和模式是大规模定制出版。大规模定制出版是出版平台支撑的阅读生态圈运营模式的重要组成部分，它提供的阅读产品和服务，可以随时随地随性地满足用户的阅读需求。大规模定制出版养成用户新的阅读习惯，激发用户的阅读潜力，扩大阅读的量，提升阅读的质，进而改善社会的文明程度。因此，大规模定制出版提高了出版平台支撑的阅读生态圈和出版的地位和价值，增强其中心功能。大规模定制出版使得出版功能智慧化，互动、移动和社交是实现这种智能出版的三个关键点。线上的新型传播关系为用户和阅读产品、服务提供方的充分连接和沟通创造了条件。互动是阅读产品和服务的重要组成部分，也是高品质阅读产品和服务的重要创造条件。没有移动就没有真正意义上的大规模定制出版，移动终端的运用使得用户突破时空的限制，让阅读产品和服务伴随用户左右，成为贴心的工作和生活伴侣。大规模定制出版以围绕出版的社交为条件，大规模定制出版中心是用户、作者、出版者等多重主体以阅读产品和服务为核心的综合线上社区。

（五）出版主体用户化

出版平台支撑的阅读生态圈是在线知识出版系统，在线是其存在状态，是其差异于传统出版的显在标志。阅读生态圈是互联网的一部分，是"互联网+"的结果，既创造又依靠互联网效应。网络外部性表明，某种产品或服务对一名用户的价值取决于使用该产品或服务的其他用户的数量，因为如果网络中用户少，这少量的用户不但要承担高昂的成本，而且因为信息的流动只能在少量用户中进行，其使用效果有限。一旦用户数量增加，规模经济效益显现，所有用户都能从网络中得到更多更大的价值，而且这种网络价值的扩大和增加是几何级数的。梅特卡夫定律表明，网络的价值与网络节点数的平方相等，网络价值和互联网用户数的平方成正比。因此，海量用户是阅读生态圈的基础。在出版平台支撑的阅读生态圈中，海量用户指的是海量读者，读者是海量用户的核心身份和入口身份。用户是在线知识出版系统的支配性主体，决定着系统的状态、效果和价值。用户多了，阅读需求就多了，对阅读产品和服务的要求也就多了。当用户达到特定的规模，规模效应、系统效应、网络效应产生，作者和出版方等因为用户数量的增加和规模的形成而受益。同时，作者和出版方的充分投入，增强阅读产品和服务的供给，对已在阅读生态圈里的用户产生更好的黏性以至他们更活跃更忠诚，对阅读生态圈外的用户形成吸引力以至新用户不断涌入。在出版平台支撑的阅读生态圈中，用户、作者和出版者具有同构性和协同性。所谓同构性，即作者、用户和出版者具有趋同性，可以相互转化。所谓协同性，即用户、作者和出版者为了阅读生态圈的发展和平衡而共同提供自己的价值。作者创作时，因为输出而成为生产者。作者阅读时，因为输入而成为消费者。用户阅读时，因为输入而成为消费者。用户阅读过程中和作者互动，进行二次创作，在输出中扮演生产者的角色。出版方的编辑在内容的判断、加工中是生产者，在和作者的互动中是创作者，在阅读中是用户。用户、作者、出版者的角色是模糊的，专业生产内容和用户生产内容融合在一块，内容、产品、服务和阅读都在增长，生产力释放，系统在发展。

（六）出版终端移动化

满足阅读需要是出版的基本职能，同时，阅读推动出版发展，阅读终端移动化推动出版终端移动化。屏阅读已成为国民阅读新趋势，移动阅读发展势头强劲。2014年国内数字阅读率首次超过图书阅读率，2016年数字阅读率68.2%、图书阅读率为58.8%。尽管成年国民纸书阅读本数2015年较2014年略有增加，但是未成年人纸书阅读本数2015年较2014年减少2.16本。自2011年起，移动阅读市场进入高速发展期，自2012年起，增加了1.2亿用户。截至2013年底，移动阅读活跃用户达到4.9亿人，比2012年增长32.9%，用户规模的增长带动了阅读市场的整体发展。2012年、2013年、2014年、2015年中国移动阅读市场规模分别为34.7亿元、62.5亿元、88.4亿元（不含手机报）、101亿元，年度增长率分别为80.1%、41.4%、14.3%。智能手机、平板电脑、电子阅读器等移动智能设备越来越普及化，提高了移动阅读市场的活跃度。手机作为第一大上网终端设备地位巩固，各种应用使用率快速增长。智能手机已是第一大移动阅读终端。截至2015年12月，中国网民规模达6.88亿，互联网普及率为50.3%；手机网民规模达6.2亿，占比提升至90.1%，无线网络覆盖明显提升，网民Wi-Fi使用率达到91.8%。相较2014年底提升2.4个百分点。50%的中国人已接入互联网，网民规模增速大，同时网民个人上网设备进一步集中到手机端。手机阅读庞大的用户基数为移动阅读增值业务提供了广阔的发展空间。2015年超过60%的成年国民有过手机阅读，每天人均阅读时长超过1小时。

（七）出版市场国际化

出版市场国际化包括出版资源、出版人才等的国际范围内获取和出版消费的全球推行。这几年，我国版权贸易逆差急剧缩小，并购国外出版公司的案例增加，出版国际化步伐明显加快，力度明显加大。但是，我国出版的国际化程度还较低，还没有在国际上具有较重要地位的出版实体，还不能在国外主流出版圈展现实力、获得话语权。出版市场国际化将加速度推进，我国的出版力量将在全世界产生更大的影响力。一方面，国家的实力和战略催动出版市场国际化。国家在经济等领域的硬实力能有力支撑包括出版在内的文化软实力在国际上的发展，国家"一带一路"倡议等能有力带动出版市场国际化进程。另一方面，我国出版能力和实力的增强，能催生具有国际影响力的出版实体，会促使这些实体在国际出版舞台上充分表现。2014年、2015年，全球出版50强，我国有5家进入，其中2家进入前十。国际化战略是这些大型出版公司的基本战略，甚至是首要战略。我国出版市场的国际化是出版市场国际化的重要组成部分。我国是出版大国，是出版物的重要消费市场，是出版资源的重要来源地。这些年，兑现加入WTO的承诺，我国出版日益开放，境外出版力量逐渐融入，在某些出版领域和出版环节彰显作用和价值。日后，在外语特别是英语教育等教育出版方面、在医学和科技等专业出版方面、在文学体验和时尚设计等大众出版方面，我国出版将可能更大力度吸纳境外出版资源、出版力量。境外的优秀出版资源和出版人才汇入我国的出版市场中，将促进我国出版市场的国际化。

（八）出版运营资本化

我国的出版企业利用资本运营推动出版的发展。我国已有十几家出版上市公司，在资本等力量的作用下，出版资源、出版能力和实力等在出版上市公司的集中度越来越高。一些传统出版集团利用资本之手并购新兴出版公司，传统出版实力增强了，新兴出版带来的收入和利润在总体结构中的比例越来越高。一些新兴出版公司借助资本力介入拥有内容优势的传统出版力量中，融合发展，显现不俗后劲。资本运营将为出版的未来发展带来更多活力。资本运营会成为我国出版企业的重要发展力量，推动出版企业的并购，催生更有影响力和实力的大型出版公司。更多更大的出版力量会借助资本运营之力走向境外，在境外设立印刷企业等以转移过剩产能，在境外设立出版分支以推出满足境外读者需要的出版物。在 IP 领域，资本特别是风投借助全版权运营，激活内容，挖掘创意潜能，以立体和全象限的产业模式和商业运作开疆辟土，创造奇迹般的内容产业故事和业绩。

（九）出版组织系统化

在线知识出版系统是未来出版的组织形式，构建出版平台、打造阅读生态圈是未来出版组织的两重功能。围绕中心圈式构造是完成在线知识出版系统、出版平台支撑的阅读生态圈的路径。内圈的读者大数据中心、内容中心和大规模定制出版中心是核，外圈的文化产业体系、社会支持体系，辅助圈的技术和硬件支持，水纹扩散般由核的中心向外一圈圈拓展，表现为未来出版组织构架的外观。生存和活跃在出版平台支撑的阅读生态圈中的是无数为用户提供专业阅读产品、服务的主体，这些主体的组织小、专、美。打造若干个出版平台支撑的阅读生态圈，换句话说，形成若干个在线知识出版系统，应是国家出版战略和布局的目标。

传统出版往往因地而聚集，譬如，英国的伦敦、美国的纽约等都是该国乃至世界的出版中心。未来出版的集中在线上，没有空间的限制。若干个出版平台支撑的阅读生态圈是出版中心，是用出版组织的集中以形成和促进出版资源、出版能力的集中，进而提高出版的集中度。

（十）出版流程标准化

内容数据库是内容产业的基础和核心。内容数据化是形成内容数据库的前提。有了内容的细分和结构，内容数据库的知识体系化、智能化，可以为包括出版在内的内容产业带来更大的发展可能性。借助数字技术的力量，所有的内容资源都要有数字化版本，所有内容资源都是某种格式的数据。数字化版本和数据有标准，内容数据库建设是标准化过程。多样丰富的内容在数据化过程中，通过统一标准获得存在方式和状态。内容数据化过程和内容数据库的建设是新兴出版流程中的重要组成部分，意味着必须以出版流程的标准化适应数据化和数据库建设的标准。内容数据、内容数据库是众多甚至无数内容应用的源头，如果标准不统一，格式不匹配，那么内容无法输出，也就无法因为应用而产业化。国家在出版标准方面已着力。2007 年，全国新闻出版信息标准化技术委员会成立。在新闻出版广电总局数字出版司的领导下，出版标准体系已基本形成，其推行力度日益加大。当然，只是局限在出版领域构建标准还不够，要在内容产业的更大领域构建标准。随着出版转型的加强和未来出版对内容产业的支配，出版将掌控内容的格式等标准，吸纳传统出版内容生产的合理性，利用新技术构建全新的出版流程。

附录二

一、著作

习近平. "一带一路"国际合作高峰论坛重要文辑 [M]. 北京：人民出版社，2017.

中共中央宣传部. 习近平总书记系列重要讲话读本 [M]. 北京：学习出版社，人民出版社，2014.

鲁迅. 鲁迅全集：第 6 卷 [M]. 北京：人民文学出版社，2005.

鲁迅. 鲁迅全集：第 12 卷 [M]. 北京：人民文学出版社，2005.

吴应箕. 读书止观录 [M]. 合肥：黄山书社，1985.

老品. 外国文化名人论读书苦乐 [M]. 北京：中央编译出版社，1996.

曾祥芹，韩雪屏. 阅读学原理 [M]. 郑州：大象出版社，1992.

梁漱溟. 中国文化要义 [M]. 上海：上海人民出版社，2005.

吴平. 编辑本论 [M]. 武汉：武汉大学出版社，2005.

龚曙光. 宽度与深度 [M]. 北京：商务印书馆，2013.

赵子忠. 内容产业论——数字新媒体的核心 [M]. 北京：中国传媒大学出版社，2005.

王菲. 媒介大融合——数字新媒体时代的媒介融合论 [M]. 广州：南方日报出版社，2007.

唐润华.解密国际传媒集团 [M].广州：南方日报出版社，2003.

何建平.好莱坞电影机制研究 [M].上海：上海三联书店，2006.

陈光锋.互联网思维 [M].北京：机械工业出版社，2014.

陈威如，余卓轩.平台战略 [M].北京：中信出版社，2013.

刘锦宏.数字出版案例研究 [M].北京：电子工业出版社，2013.

孙儒泳，李庆芬，牛翠娟，等.基础生态学 [M].北京：高等教育出版社，2004.

刘宓庆.新编当代翻译理论 [M].北京：中国对外翻译出版有限公司，2012.

谢天振.译介学导论 [M].2 版.北京：北京大学出版社，2007.

李玮，等.俄罗斯人眼中的中国形象 [M].北京：北京大学出版社，2016.

孙芳，陈金鹏，等.俄罗斯的中国形象 [M].北京：人民出版社，2010.

姚建彬.中国当代文学海外传播研究 [M].北京：北京大学出版社，2016.

王帆，凌胜利.人类命运共同体 全球治理的中国方案 [M].长沙：湖南人民出版社，2017.

刘国瑛.美国出版研究 [M].长沙：湖南文艺出版社，2004.

罗紫初.比较出版学 [M].武汉：武汉大学出版社，2006.

余敏.2003 ~ 2004 国际出版业状况及预测 [M].北京：中国书籍出版社，2004.

[美]安德烈·希夫林.出版业 [M].白希峰，译.北京：机械工业出版社，2005.

[美]迈克尔·科达.因缘际会[M].陈皓，译.北京：机械工业出版社.2005.

[英]保罗·理查森.英国出版业[M].袁方，译.北京：世界图书出版公司，2006.

[俄]巴赫金.巴赫金全集：第5卷[M].白春仁，顾亚玲，译.石家庄：河北教育出版社，1998.

[美]拉里·A.萨摩瓦，理查德·E.波特.跨文化传播[M].闵惠泉，王炜，徐培喜，等译.北京：中国人民大学出版社，2013.

[美]格罗斯.编辑人的世界[M].齐若兰译.北京：中国工人出版社，2000.

[美]李·克拉耶夫斯基，拉里·里茨曼.运营管理——流程与价值链[M].刘晋，向佐春，译.北京：人民邮电出版社，2007.

[美]凯文·莱恩·凯勒.战略品牌管理[M].3版.卢泰宏，吴水龙，译.北京：中国人民大学出版社，2009.

[法]弗雷德里克·马特尔.主流：谁将打赢全球文化战争[M].刘成富，房美，胡园园，等译.北京：商务印书馆，2012.

[英]维克托·迈尔-舍恩伯格，肯尼思·库克耶.大数据时代[M].盛杨燕，周涛，译.杭州：浙江人民出版社，2013.

[意]伊塔洛·卡尔维诺.为什么读经典[M].黄灿然，李桂蜜，译.南京：译林出版社，2006.

[美]费迪曼.一生的读书计划[M].广州：花城出版社，1981.

David A. Vise：The Google Story[M]. Pan Books，2006.

Giles Clark and Angus Phillips.Inside Book Publishing[M]. London：Routledge，2008.

二、论文

周书灵.出版业供给侧改革政策解读及其误区 [J].编辑之友，2016（6）.

魏玉山.出版业：加快供给侧结构改革，满足不断升级的读者需求 [J].编辑学刊，2016（3）.

张文忠.对出版业供给侧改革的思考[J].出版与印刷,2016(1).

李刚.供给侧改革背景下图书出版结构创新思路 [J].经营管理者，2016（5）.

樊希安.关于出版供给侧改革的几点思考 [J].中国出版，2016（13）.

何华征，盛德荣.论出版"供给侧改革"的愿景及其进路 [J].出版发行研究，2016（5）.

童健.浅析供给侧结构性改革与出版集团主业发展实践 [J].科技与出版，2016（6）.

姚宝权.试论我国传统图书出版的出版业供给侧结构改革 [J].中国出版，2016（13）.

詹福瑞.陌生与熟识：经典的耐读性 [J].河北学刊，2014(6).

于友先.全民阅读的实质是"经典阅读"[J].中国出版，2017（8）.

谭旭东，陈曦.2014 年儿童文学出版状况盘点与评述 [J].中国图书评论，2015（1）.

陈曦.2016 年儿童文学出版状况盘点 [J].中国图书评论，2017（1）.

吴尚之.努力培养更多优秀编辑人才[J].中国编辑，2016（1）.

乔还田.出版精品是这样打造的——基于编辑工作视角的思考 [J].新华文摘，2016（7）.

徐同亮.出版单位社会效益论析 [J].出版发行研究，2017（1）.

应中伟. 出版企业价值链结构特征及其增值模式 [J]. 出版发行研究，2010（6）.

应中伟. 出版企业核心能力对长期绩效的影响 [J]. 科技与出版，2011（5）.

林绚晖，朱睿，车宏生. 平衡记分卡理论及其发展进程 [J]. 现代管理科学，2007（10）.

何建国，赵澄. 平衡记分卡理论与实务问题研究 [J]. 财会月刊，2011（3）.

刘建岭. 基于平衡计分卡的出版企业绩效评估体系构建研究 [J]. 科技与出版，2017（7）.

李燕. 构建基于平衡计分卡的出版企业绩效评价体系 [J]. 财务研究，2015（5）.

顾永才. 从利益相关者理论谈出版企业社会责任 [J]. 编辑之友，2010（8）.

吴子明. 试论出版社会效益和经济效益的辩证关系 [J]. 出版参考，2018（12）.

李友生. 社会效益与经济效益统一与中小出版社的路径 [J]. 传播与版权，2016（11）.

易图强. 以内容创新促出版物质量——内容创新驱动性图书质量评价与绩效考核刍议 [J]. 出版广角，2018（6）.

恭竟平，戴思俊. 精品出版融入绩效考核的制度性思考和建议 [J]. 科技与出版，2018（6）.

魏玉山. 关于开展出版单位社会效益考核评估的思考 [J]. 现代出版，2015（3）.

杨秦予. 编辑在书稿审读加工中的审美创造 [J]. 科技与出版，2009（8）.

李建红.2013-2017 年主题出版的选题特点、矛盾及对策 [J].

出版科学，2018（1）.

张怀涛 . "阅读"概念的词源含义、学术定义及其阐释 [J]. 图书情报研究，2013（4）.

张博，雷锦，楼文高 . 新闻出版领域大数据应用模式研究 [J]. 出版发行研究，2017（12）.

王余光，汪琴 . 关于阅读文化研究的几个问题 [J]. 图书·情报·知识，2004（5）.

于殿利 . 主题出版与时代之需 [J]. 中国出版，2016（7）.

余声 . 做好主题出版，更好地为党和国家工作大局服务 [J]. 中国编辑，2012（5）.

江畅 . 公众对我国主流价值文化的期待及其启示 [J]. 华中科技大学学报（社会科学版），2013（5）.

郑豪杰 . 打造美丽中国文化坐标——关于书博会发展历程之思考 [J]. 中国出版，2013（5）.

周蔚华 . 后现代阅读方式的兴起与出版转型 [J]. 中国人民大学学报，2007（2）.

杨天军 . 论读者需求 [J]. 图书馆，2007(2).

王文军 . 掌握读者需求心理，加强个性化服务 [J]. 前沿，2005（2）.

韩珊珊 . 专业出版社国家重大出版工程项目出版战略的思考——以中国水利水电出版社为例 [J]. 科技与出版，2018（9）.

孙玲 . 基于国家科技创新战略的地方科技出版转型 [J]. 出版发行研究，2018（6）.

胡红亮，郭传斌 . 行业生态变革中的医学知识服务模式创新——以科学技术文献出版社医学出版转型为例[J]. 出版科学，2018（4）.

杨川 . 传统科技图书的互联网编写模式探讨——《中国沿海

航行指南》系列丛书编写实例 [J]. 传播与版权，2018（3）.

郝阳. 创建有文化特色现代企业制度 推动国有文化企业做强做优做大 [J]. 中国出版，2018（19）.

曾学文，郭希增. 赋能出版 服务应用——中国建筑工业出版社 CNONIX 应用实践 [J]. 出版参考，2018（10）.

果庆. 大学校园书店特色经营管理 [J]. 高校后勤研究，2012（5）.

蒋正春. 独秀书房：创新打造阅读生态圈 [J]. 出版广角，2019（6）.

袁淑琴. 连锁经营要解决好统一采购与分销需求的"瓶颈"矛盾 [J]. 中国出版，2004（6）.

牛晓宏. 浅谈我国图书连锁经营的发展对策 [J]. 湖北广播电视大学学报，2006（6）.

吕长源. 图书连锁经营要注意"三防"[J]. 新闻出版导刊，2003（12）.

王海云. 图书连锁经营中的问题及成功关键 [J]. 出版发行研究，2001（10）.

辛初文. 沃尔玛，七大理念启示中国图书发行连锁业 [J]. 中国出版，2003（5）.

周一苇. 协调各种利益关系，推动连锁经营改革的发展 [J]. 中国出版，2003（8）.

郭晶. 做市场的弄潮儿 [J]. 中国编辑，2003（4）.

周立新，等. 我国动漫图书发展的瓶颈与出路 [J]. 中国出版，2006（6）.

于青. 中国动漫出版十年概观 [J]. 中国图书评论，2005（12）.

夏雪. 蓝猫打造快乐卡通图书 [J]. 出版参考，2006（3）.

林阳. 创造卡通形象品牌 [J]. 中国出版，2004（2）.

吕尚彬，戴山山."互联网 +"时代的平台战略与平台媒体

构建 [J]. 新华文摘，2016（14）.

柳晨，荣西. 定制出版可行性发展模式探析 [J]. 出版发行研究，2015（8）.

苏振才. "互联网 +" 定制出版的创新思路与举措 [J]. 出版发行研究，2015（6）.

叶新，尹璐. 美国定制出版市场的现状与发展趋势 [J]. 海外传媒，2013（7）.

邵惠滨. 定制出版：我国与英美的比较研究 [J]. 现代出版，2012（3）.

翁亚欣. 定制出版在我国的发展 [J]. 出版参考，2010（11）.

庞远燕，叶新. 美国定制出版模式解析 [J]. 中国出版，2007（10）.

曾鹏艳. 大数据背景下数字图书出版的"私人定制"断想 [J]. 科技与出版，2014（9）.

赵双阁，李剑欣：中美版权产业比较研究 [J]. 河北经贸大学学报，2014（1）.

孙赫男. 大数据时代的微版权战略 [J]. 出版广角，2014（2）.

张安律，刘安洪. 迪士尼电影的隐蕴价值解读 [J]. 电影文学，2010（7）.

刘翔宇. 迪士尼经营模式探析 [J]. 山东艺术学院学报，2010（2）.

张宏伟，孙梦梅，黄金. 全媒体时代电视剧版权运营研究 [J]. 电视研究，2014（8）.

赵晓芳. 传统出版社的数字版权运营策略研究 [J]. 科技与出版，2012（1）.

王志刚. 欧美数字出版商版权获取的主要形式 [J]. 编辑之友，2014（7）.

汪启明，刘倩倩．版权产业论：大国文化博弈语境下的经济学考量 [J]. 科技与出版，2014（3）．

蒋茂凝．促进对外出版贸易高质量发展的分析与思考 [J]. 中国出版，2019（24）．

赵海云．推动中国出版"走出去"高质量发展 [J]. 新阅读，2018（2）．

韩文乾．习近平关于坚定文化自信重要论述的四个维度 [J]. 思想理论教育导刊，2019（11）．

甄云霞，王珺．服务"一带一路"倡议 推动国际出版合作高质量发展 [J]. 科技与出版，2020（1）：8.

陈岳，丁章春．国家话语权建构的双重面向 [J]. 国家行政学院学报，2016（4）．

费孝通．对文化的历史性和社会性的思考 [J]. 思想战线，2004（2）．

陈曙光．多元话语中的"中国模式"论争 [J]. 马克思主义研究，2014（4）．

李贞．基于提高我国文化软实力的出版国际化战略研究 [J]. 出版广角，2015（13）．

谭跃．关于出版国际化的主要思考 [J]. 中国出版，2014（17）．

王志刚，度冉．华文出版"走出去"战略及实施策略探析 [J]. 出版广角，2016（19）．

陈慰．德国全民阅读推广研究 [J]. 图书馆理论与实践，2016（3）．

陈涛涛．源自何方 强度几何 我国企业究竟面临怎样的国际化压力 [J]. 国际经济合作，2001（3）．

姜汉忠．出版国际化必须弄清的几个问题 [J]. 中国出版，2016（17）．

花建."一带一路"战略与提升中国文化产业国际竞争力研究 [J].同济大学学报（社会科学版），2016（5）.

沈御风，兰林枫.中国文化在"一带一路"非洲支点的传播状况研究——以肯尼亚为例 [J].传媒，2017（7）.

何明星."一带一路"国家、地区中国图书翻译出版的现状与应对 [J].出版广角，2015（14）.

邱红艳.五洲传播出版社 that's books 多文版平台在西语和阿语地区的发展 [J].全国新书目，2015（7）.

花建.中国对外文化贸易体系构建研究 [J].学习与探索，2013（7）.

李锦霞.《红楼梦》在俄罗斯传播中的价值取向问题 [J].河北工业大学学报（社会科学版），2013（2）.

谢天振.中国文学走出去：问题与实质 [J].中国比较文学，2014（1）.

王国红.俄罗斯媒体中的中国政治形象的分析 [J].新闻传播，2017（1）.

田刚健.国家主义与市场机制下的文化大国重建之路——论当代俄罗斯文化政策的核心理念与总体规划 [J].苏州大学学报，2017（3）.

崔钰.俄罗斯汉语教材问题研究 [J].黑河学院学报，2011（2）.

岳萍.俄罗斯图书出版业发展现状（2015—2016 年）[J].出版参考，2016（11）.

顾永才.从利益相关者理论谈出版企业社会责任 [J].编辑之友，2010（8）.

曹文刚.从《狼图腾》版权输出看中国当代文学对外翻译传播 [J].中国出版，2016（19）.

姚文瑞.始于使命，源于尼山，高山流水，星罗棋布—尼山书屋创造出版走出去新样本 [J]. 出版参考，2017（8）.

方卿. 论出版产业链的基本属性 [J]. 出版科学，2006（4）.

杨根福. 出版产业链的功能效应分析 [J]. 中国出版，2009（20）.

唐圣平. 出版集团国际化战略研究 [J]. 出版发行研究，2010（3）.

高丽芳，赵玉山. 培生：全球教育出版的领航巨轮 [J]. 科技与出版，2004（5）.

杨贵山. 三足鼎立 教育为重 [J]. 大学出版，2004（3）.

刘益，赵志伟，杨卫斌. 培生集团的经营管理与发展战略研究 [J]. 出版发行研究，2009（12）.

谭娜. 生态学视阈下的文化创意产业链重构研究 [J]. 东岳论丛，2014（7）.

冯宏声. 新闻出版业“十三五”时期的科技工作思考 [J]. 科技与出版，2016（6）.

三、报纸

詹福瑞. 经典的魅力 [N]. 光明日报，2016-10-27.

张贺. 涵养一个书香中国 [N]. 人民日报，2009-04-22.

郝天韵. 书博会唱响礼赞新中国主旋律 [N]. 中国新闻出版广电报，2019-07-29.

夜雨. 科技专业社馆配联盟的“真”与“实”[N]. 中国出版传媒商报，2018-11-27.

李明远. 中国建筑工业出版社党委书记尚春明：利用新思维构建出版新生态 [N]. 中国新闻出版广电报，2018-07-30.

二零一五年度全国图书选题分析小组. 量减质更优 原创出精品 全力攀高峰——2015 年度全国图书选题分析综述 [N]. 中国新闻出版报，2015-03-20.

白烨. 聆听 2016 年长篇小说中的中国旋律 [N]. 新华书目报，2017-01-12.

才佳玉.主题出版彰显中国发展"软实力"[N].新华书目报，2018-01-26：003.

范燕莹，涂桂林.主题出版："接地气"赢市场[N].中国新闻出版报，2014-05-12.

穆宏志.书博会模式变迁见证中国书业改革开放40年[N].中国出版传媒商报，2018-07-17.

闫松.中国应抓住成为科技出版中心机遇[N].中国新闻出版广电报，2018-08-30.

李丽萍.调！调！调！地科社能否华丽"转身"？[N].中国出版传媒商报，2018-10-12.

李丽萍.地科社逆袭实招"曝光"[N].中国出版传媒商报，2018-11-20.

李奇."小书"塑造"大价值观"[N].中国出版传媒商报，2018-07-17.

季仲华.出版融合是未来发展方向[N].国际出版周报，2018-08-06.

中宣部印刷发行局调研组.生存隐忧 唯新唯变——疫情之下对实体书店困境与出路的调研及思考[N].中国新闻出版广电报，2020-02-25.

柳斌杰.把漫画做成大产业[N].中国新闻出版报，2006-11-7.

王浩.精准定制才会书香万里[J].人民日报，2015-05-31.

郑杭生.把握学术话语权是学术话语体系建设的关键[N].中国社会科学报，2014-01-17.

张维为.中国崛起需要道路自信[N].中国社会科学报，2015-04-02.

张桢."高端学术国际出版"助人大社再获"走出去"殊

荣 专访中国人民大学出版社社长李永强 [N]. 国际出版周报，2019-06-24.

四、网络

习近平 . 携手构建合作共赢新伙伴 同心打造人类命运共同体——在第七十届联合国大会一般性辩论时的讲话 [EB/OL].（2015-09-29）[2018-10-26]. http：//www.xinhuanet.com//world/2015-09/29/c_1116703645.htm.

习近平 . 习近平：在文艺工作座谈会上的讲话 [EB/OL].（2015-10-14）[2017-08-30]. http：//news.xinhuanet.com/politics/2015-10/14/c_1116825558.htm.

习近平 . 习近平谈新闻舆论工作：治国理政、定国安邦的大事 [EB/OL] [20168-11-08]. http：//cpc.people.com.cn/xuexi/n1/2016/1108/c385474-28844285-3.html.

人民网 . 习近平就人民日报海外版创刊 30 周年作出重要批示 [EB/OL].（2015-05-21）[2018-10-26]. http：//politics.people.com.cn/n/2015/0521/c1001-27038345.html.

新华社 . 习近平出席全国宗教工作会议并发表重要讲话 [EB/OL].（2016-04-23）[2018-09-10]. http：//politics.people.com.cn/n1/2016/0423/c1001-28299513-2.html

2014 年度全国图书选题分析小组 . 2014 年度全国图书选题分析报告 .[EB/OL]. [2017-09-10]. https://site.douban.com/210084/widget/notes/13276908/note/337750487/.

2016 年全国新闻出版业基本情况 . [EB/OL].（2017-07-25）[2017-09-10]. http：//www.chinaxwcb.com/2017-07/25/content_358666.htm.

2015 年全国新闻出版业基本情况 . [EB/OL].（2016-09-01 [2017-09-10]. http：//www.chinaxwcb.com/2016-09/01/

content_344617.htm.

2014 年全国新闻出版业基本情况 . [EB/OL] . （2016-05-12）[2017-09-10]. http：//www.gov.cn/guoqing/2016-05/12/content_5072682.htm.

孙海悦 .2018 年重点主题出版物选题目录公布 [EB/OL].（2018-06-08）[2018-07-05]. http：//www.chinaxwcb.com/2018-06/08/content_371787.htm.

中宣部 .2017 年主题出版重点出版物选题公布（后附名单）[EB/OL].[2018-07-05]. http：//www.cbbr.com.cn/article/112085.html.

张君成 . 盘点 2017 年出版关键词：主题出版、传统文化等 [EB/OL].（2018-06-08）[2018-07-05]. http：//www.chinaxwcb.com/2018-06/08/content_371787.htm.

马桂花 . 习近平谈治国理政第二卷全球发行突破 1300 万册 [EB/OL].（2018-02-04）[2018-03-25].http：//cpc.people.com.cn/n1/2018/0204/c64387-29804441.html.

王坤宁 . 报告文学《那山，那水》销量超 20 万册 [EB/OL].（20178-11-13）[2018-03-25].http：//www.chinawriter.com.cn/n1/2017/1113/c403994-29643318.html.

郑杨 ."一带一路" 主题图书再掀出版热潮 [EB/OL].（2017-04-11）[2018-07-10]. http：//www.cnpubg.com/news/2017/0411/34002.shtml.

孙玮 . 红色经典学术走向国际市场《生死关头——中国共产党的道路抉择》英文版面世 [EB/OL].（2017-10-12）[2018-07-10]. http：//www.cnpubc.com/newstrends/2017/1012/34182.shtml.

张旭东，张晓松 . 为时代画像、为时代立传、为时代明德——习近平看望政协文艺界社科界委员并参加联组会侧记 [EB/OL].（2019-03-06）[2019-07-29].http：//www.xinhuanet.

com/politics/2019lh/2019-03/06/c_1124197333.htm.

新闻出版广电总局，财政部.关于推动传统出版与新兴出版融合发展的指导意见 [EB/OL].（2015-04-13）[2016-09-21]. http：//www.cnnsr.com.cn/csfg/html/20150413102081297272.html.

中央全面深化改革领导小组，关于推动传统媒体与新兴媒体融合发展的指导意见 [EB/OL].[2016-09-21]. http：//www.cnfla.com/yijian/92934.html.

智能制造资源库及知识服务平台建设筹备启动会举行.[EB/OL]. [2018-12-26]. http：//www.tup.tsinghua.edu.cn/newscenter/news_3364.htm.

龚曙光.龚曙光谈传统媒体境遇：活得不赖，恐惧不小 [EB/OL].（2014-05-19）[2016-09-21]. http：//cul.qq.com/a/20140519/009588.htm.

新闻出版广电总局，财政部.关于推动传统出版和新兴出版融合发展的指导意见 [EB/OL].（2015-04-13）[2016-09-21]. http：//www.cnnsr.com.cn/csfg/html/20150413102081297272.html.

顾阳."一带一路"建设步入发展黄金期 [EB/OL].[2017-09-05]. https：//www.yidaiyilu.gov.cn/jcsj/sjrw/7528.htm.

隋艳.中国当代文学在俄罗斯传播现状和建议 [EB/OL].[2018-10-27]. https：//mp.weixin.qq.com/s？__biz=MzAxMDA5ODczNg%3D%3D&idx=1&mid=2652341842&sn=02d9e6bb41e6b75cd6e376c02f2530dc.

倪光辉.胸怀大局把握大势着眼大事 努力把宣传思想工作做得更好 [EB/OL].（2013-08-21）[2018-10-28]. http：//politics.people.com.cn/n/2013/0821/c1024-22635998.html.

《国际出版周报》记者.中国出版如何走进俄罗斯？[EB/OL].[2018-10-05]. http：//www.bjss010.com/index.php？

a=show&c=news&id=102

《中国新闻出版广电报》记者 . 一家中国书店的洋故事 [EB/OL] [2018–10–05]. http：//www.bjss010.com/index.php ？ m=&c=aboutus &a=show&id=24

后记

　　1996 年 7 月从湖南师范大学毕业后进入湖南少年儿童出版社工作，至今已 20 多年。校对、编辑、总编室主任、项目部主任、营销部主任、社长助理、副社长、总编辑、社长，出版社的业务岗位从专业类到管理型，几乎悉数承担。2005 年 9 月开始担任社领导，于今已近 16 年。其中，2011 年 2 月转任湖南人民出版社，一直做社长。2020 年 9 月担任中南出版传媒集团副总经理。如此多话描述简历，无非表明自己是这 20 多年我国出版的见证者、参与者、思考者和倡导者。

　　说到见证者，主要指这 20 多年，我国出版变化大、变化多、变化快。从计划管控下的书荒到市场状态下的买方现实，从因为书少无法找到书到因为书多不知道找什么书，从在新华书店排队买书因为不打折而抱怨到无所不在的民营书商提供折扣书，从把实体书店作为与书为伴、伴书为乐的场所到买书基本上在网店实现，从出版社几乎整合到集团进而从政府分离出来到一些集团进入股市上市，从民营出版组织的合法性平等性呼吁到一些民营出版公司上市，从国家层面的新闻出版署、新闻出版总署、新闻出版广电总局管理到管理职能和队伍直接并入中宣部，从规模效益型、质量效益型到高质量发展，从书号限制、书号实名申领到书号控制中减少，从经济效益的许可、强调、过分追求到社会效益的强化、"双效"统一的明确要求，从传帮带的编辑培养到编辑上岗职业资格证的考试、责任编辑注册，从出版物质量保障体系的建立和实施到编校质量的强化、编校不合格产品在中央电视台公布，从图书看样订货会、书市到图书博览会，从北京国际图书博览会到全世界书博会的主宾国，如此等等，太多的不一样从身边飘过，太多的新鲜变成过去。

说到参与者，主要指这20多年，在出版领域始终耕耘，留下了些痕迹。从进入出版行业开始，一是脚踏实地夯实编辑基本功。作为进入湖南少儿出版社的第二个研究生，坚持从校对开始，边校边学边写，一年的校对工作，语言基本功扎实了，很快完成向编辑转型的准备。从编辑到总编室主任岗位，从事样书管理、编务、版贸、宣传、全社选题的规划策划等，几乎每天都在办公室待到晚上10点过后，没有休息日。从总编室主任到社长助理、项目部主任、副社长兼营销部主任、总编辑，每一个岗位，让自己的选题视野在磨砺中开阔、选题结构力在思索中提升，操盘的重点书在各类评奖中脱颖而出。二是牢记使命打造优秀出版物。做出版要坚持正确导向，要以正确价值导向凝魂聚气、成风化人。正是秉持这种信念，担任责任编辑，出版了一大批导向正确、内容健康、格调高雅，有着显著社会效益的图书。担任责任编辑的图书先后获得28项奖励，其中"无人区科学探险"系列获得第六届国家图书奖、第九届中宣部"五个一工程"奖入选作品奖，"科学之门"丛书获得第十二届中国图书奖。担任湖南少儿出版社副社长、总编辑，主持出版了一批滋润读者心灵的好书，打造了儿童文学、低幼儿童图画书、新开心作文、有声图书等品牌和系列精品读物，其中，"全球儿童文学典藏"书系获第二届中国出版政府奖提名奖。担任湖南人民出版社社长期间，主持出版的《中国财政通史》《中国当代社会史》分别获第四届中国出版政府奖正式奖和提名奖。三是不忘初心做精主题出版图书。在湖南人民出版社，高质量完成党和政府交办的重要政治图书的出版任务，主持开发了一大批宣传党和国家大政方针的优秀主题出版物，其中《今天，我们怎样走群众路线》《乡村国是》分别获第十三届中宣部"五个一工程"奖图书奖、第十五届中宣部"五个一工程"特别图书奖，《中国发展道路》获第五届中华优秀出版物奖提名奖，《热点话题谈心录2011》入选第四届中宣部推荐的优秀通俗理论读物，《湘江之问》被中组部评为全国优秀党建教材。

说到思考者，主要指带着想法做出版，用出版理念指导出版实践，让出版实践升华到出版思想。一是与时俱进勤于学。通过加快知识更新，优化知识结构，拓宽眼界和视野。工作之余，广泛阅读政治、经济、出版、传播、管理、金融等书籍，撰写了大量读书笔记。2006年考入武汉大学，系统学习出版发行理论与实务，2009年获博士学位。2010年，留学英国斯特灵大学，学习国际出版管理，获得硕士学位。2015年至2017年，参加北京大学出版业管理研究培训班学习，通过广泛而系统的学习，以学益智，以学修身，以学增才。二是着眼实践敏于思。从进入出版行业开始，坚持审问慎思，围绕工作实际，开展鲁迅编辑思想研究、出版实务研究、现代出版发展研究等，发表编辑出版类专业论文、书评等近百篇，其中，CSSCI期刊40多篇，《精品出版：生成、规范、分享》《少儿出版十大流弊》被《新华文摘》全文转载，《出书结构调整直面的几重关系》等4篇论文被人大复印资料全文转载。撰写的论文在出版界有着较广泛影响。主持国家社科基金课题"国际话语权视域下出版走出去创新体系研究"，参与中宣部、国家新闻出版广电总局、湖南省的课题4个并发表论文多篇。三是学思结合落实于行。行而有思，思而行远。思维的探索为行动指明了方向。担纲湖南人民出版社，谋长远，找准出版的定位、方向和地位，确立全版权运营、数字出版、出版国际化的发展路径，聚焦重点项目和品牌，调整产品结构、锻造核心产品，14个项目入选"十三五"国家重点出版规划，在全国出版社中排名第10。以决绝的决心和务实的做法，经多年努力完成周恩来总理批示、历时近60年且多家出版社知难而退的重点项目《中国古代历史图谱》。

　　说到倡导者，主要指担任社领导时，适应和适配环境，践行出版思想，带好团队。一是以不怕死的勇气和行动推动出版改革。担任湖南少儿出版社副社长时，面对出版集团发出的改革指令，在社长彭兆平带领下在分管领域全力推进改革，撰写湖南少儿出版社整体改革方案，推动出版经营专业化、标准化，管理制度化、流程化，创造了出版社通过改革转型升级的范例。整体改革方案被集团内出版社仿效，全国多批同行来出版社调研学习。在湖南人民出版社时，撰写长达10多万字的含《社领导管理办法》《编辑工作管理办法》《营销工作管理办法》《选题生成管理办法》《薪酬改革方案》等在内的管理重构方案，强力推进和实践整体改革方案，将机关式管理转变为企业型管理，出版社的管理状况得到实质性改善。二是以破冰前行的魄力推动出版创新发展。担任湖南少儿出版社副社长时，市场书销售收入900多万元，亏损严重，全责任挑起市场书突破的重担。从理性规划定位图书，到以专业、规模和品牌为核心的商业模式，到程序化、标准化、ERP管控的管理模式，强力推动，市场书出版步步突破，成效显著。2005年到2009年，湖南少儿出版社市场书的年销售收入从900多万元增长到近6000万元；年利润从负数到占出版社利润总额近1/3，实现了靠市场书再造出版社经营规模的目标。带领湖南人民出版社团队，创新了出版社的经营模式，推进以主题出版、重点出版为核心，基于定制出版、上架书出版和数字出版的分业经营策略，规划和实践通俗政治理论读物和红色历史读物，推出了亮点书、图书品牌，成绩斐然；社年销售收入增长近亿元，在没有贷款和不良应付的前提下账上现金余额近亿元，创造了湖南人民出版社历史上的最好经济状况，成就了出版社经营的成功案例。三是以责任和使命锻造出一支出版精英团队。团队的锻造是管理者的责任和使命，在带领出版社创新发展的过程中，言传身教，以身为范，带过的湖南少儿出版社创业团队中，目前有3位成长为出版社的副社长，多人成为业务部门的负责人；带过的湖南人民出版社团队中，目前有4位成长为出版社社领导，2位担任其他出版社社长；一批新时代出版需要的有信念、懂经营、善管理的专业人才和管理人才涌现。

正是因为见证者、参与者、思考者、倡导者的四重角色，才有了本书，才有了散落在文字间的心得。需要特别说明的是，所有这些是站在前人的肩膀上获得的，是充分吸纳了同行的智慧成果后凝聚的。尽管尽力列出贤者的贡献，但也有疏漏，以致埋没了功劳。要将特别的感谢给予众多帮助过、启发过、鼓励过我的前辈、同事、同仁。要特别感谢女儿谢咏霖、妻子钟斌，没有她俩就没有我的生活，没有她俩的襄助就没有这些文字。

往事并不如烟。以此纪念。